U0427010

办公室工作手记

读懂领导 ▸

石头哥 编著

内 容 提 要

在职场中，没有三头六臂，处理事情却要千头万绪。

很多职场人对与领导相处有各种各样的顾虑、疑惑，既想走近领导，又不敢走近领导，怎样做好办公室工作？又怎么会有前途？

在人际交往和沟通中，怎样才能成为一个受欢迎的人？如何维护自己的圈子？如何在工作中脱颖而出？不懂交往的艺术，怎样才能拥有最重要的竞争力？

在职场中，脚踏实地、低头认真做事就够了吗？究竟如何办事才能成事？如何办事才能拥有核心竞争力？

本书从读懂领导、掌控关系、办事高手 3 个方面为切入点，围绕职场中真实案例进行剖析指导。全书共分为 3 册，即《办公室工作手记——读懂领导》《办公室工作手记——掌控关系》《办公室工作手记——办事高手》，它不仅是可以直接复制的操作技巧，更是一套行走职场的全新理念和方式。

图书在版编目(CIP)数据

读懂领导 / 石头哥编著. — 北京：北京大学出版社，2021.10（办公室工作手记）
ISBN 978-7-301-32314-4

Ⅰ. ①读… Ⅱ. ①石… Ⅲ. ①领导学 – 通俗读物 Ⅳ. ①C933-49

中国版本图书馆CIP数据核字（2021）第140756号

书　　名　办公室工作手记——读懂领导
BANGONGSHI GONGZUO SHOUJI——DUDONG LINGDAO
著作责任者　石头哥　编著
责任编辑　张云静　刘　云
标准书号　ISBN 978-7-301-32314-4
出版发行　北京大学出版社
地　　址　北京市海淀区成府路205号　100871
网　　址　http://www.pup.cn　新浪微博：@ 北京大学出版社
电子信箱　编辑部 pup7@pup.cn　总编室 zpup@pup.cn
电　　话　邮购部 010-62752015　发行部 010-62750672　编辑部 010-62570390
印 刷 者　三河市北燕印装有限公司
经 销 者　新华书店
880毫米×1230毫米　32开本　9.75印张　231千字
2021年10月第1版　2024年11月第6次印刷
印　　数　32001-35000册
定　　价　139.00 元（全三册）

他们在单位

脱颖而出

的秘密，

都在这里了

编完这套《办公室工作手记》，合上厚厚的稿纸，石头哥感觉自己又长进了一大截。这套书里的文章，其实石头哥并不是第一次读，有些文章甚至已经读过很多次，但每次再读，嘴里总是禁不住默念一句话："高手在民间，群众是英雄，我只算是个小弟弟！"

为什么如此感叹？大家都知道，"办公室的秘密"公众号自2015年创立，开始的时候都是由石头哥一个人撰稿，石头哥自己写的这些职场小经验，也是职场畅销书《秘书工作手记》的雏形。但到后来，公众号的更新频率上去了，石头哥工作更忙了，公众号就开始面向读者有偿征稿。这一征稿不打紧，却给石头哥打开了一片新天地。

来投稿的读者，遍布体制内职场各个层级、各种单位，还有不少处级以上的干部，水平都比石头哥高，写得也都比石头哥好。他们通过自己的文章，把一个个真实的职场人，一个个真实发生的职场故事，多年的摸爬滚打及多次的淬炼洗礼中思考、总结、提炼出来的感悟和经验，乃至工作失误后的羞愧，"坐冷板凳""被穿小鞋"的痛苦，醍醐灌顶后的欢畅，以及被领导表扬后的愉悦都完整地呈现在读者面前。因为真实，所以透彻；因为透彻，所以珍贵。

比如，我印象很深的一篇投稿，题目叫“害怕跟领导走得近，怎能做好办公室工作”，当时我看到题目，内心仿佛被揪住一样，这句话说得太在“点子”上了！新人进入单位，往往是先找同为“小白”的人做朋友，与领导保持距离，对领导敬而远之。更有人自命清高，不屑于了解职场规则，把与领导搞好关系看作是低三下四、丧失人格，觉得自己光靠能力强就能打天下。

但事实上，在单位，无论是体制内，还是体制外，与领导相处得如何，都会决定你的职场命运。为什么说得这么肯定？原因在于，对于一个组织，自上而下、令行禁止，要求领导必须有权威，而驱动它运转的根本动力也是来自领导的权威。如果一个组织的领导没有权威，那么它离覆灭肯定也就不远了。所以，只要你还在某个组织或单位里谋生，就要树立信念：要与领导好好相处，要赢得领导的信任和欣赏。《害怕跟领导走得近，怎能做好办公室工作》这篇文章，既是凝结着作者长期经验的心血之谈，更是做好办公室工作的核心要义。

类似这种“一语惊醒梦中人”的文章，《办公室工作手记》里还有很多。书里的文章，全部是从石头哥的公众号“办公室的秘密”中的原创文章中精心挑选的，挑选的时候石头哥就一个标准，是不是能让人有恍然大悟的惊喜感、获得感。石头哥和团队的小伙伴思考了很久，最终决定把公众号里精彩的原创文章从“读懂领导，与领导相处的智慧”、“掌控关系，人际交往的艺术”和“办事高手，高效能办事的学问”三个角度进行整理，来为大家提些建议，我们想，不管在哪个行业，掌握了做人和做事的方法，便掌握住了通往成功之路的钥匙。

如果说这是一套职场指导用书，那么我们希望它带给你的不仅仅是可以直接复制的操作技巧，还是帮助你构建起一套行走职场的全新理念和思维方式，让你可以举一反三，见招拆招。我们的目的不是教你讨巧，而是倡导巧干，不是教你圆滑，而是要你圆融。我们不反对埋头做事，但也要提醒你抬头看路。

此外，我们还想通过这套书传达一个信息：办公室工作人员是一个职业共同体，办公室工作绝不是简单的跑腿打杂、发报纸、开车门等，而是一个需要巧思、智慧、用心、敬业、勤奋、拼搏、进取等优秀品质的高技术工种，你不是一个人在战斗。只要心中有丘壑，怕什么江湖险恶？只管披荆斩棘，乘风破浪！

石头哥

目录

CONTENTS

01 怎样获得 **领导关注**

02

怎样领会 **领导的想法**

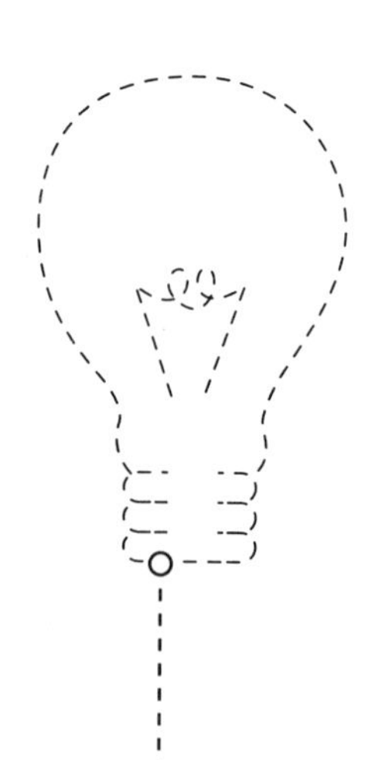

03 怎样拉近与**领导的距离**

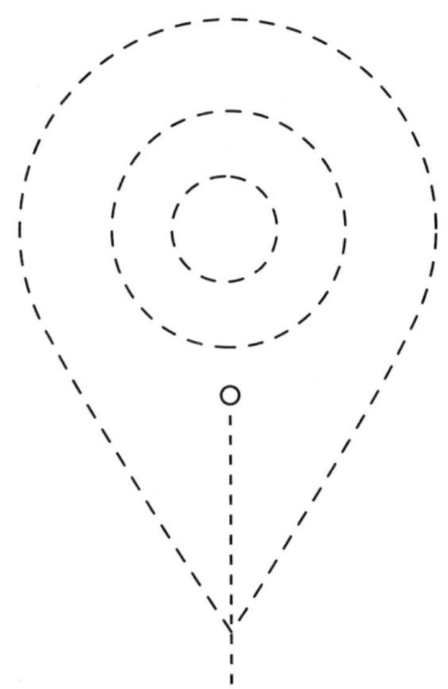

04 在平常 怎样和领导相处

05 怎样跟 领导沟通

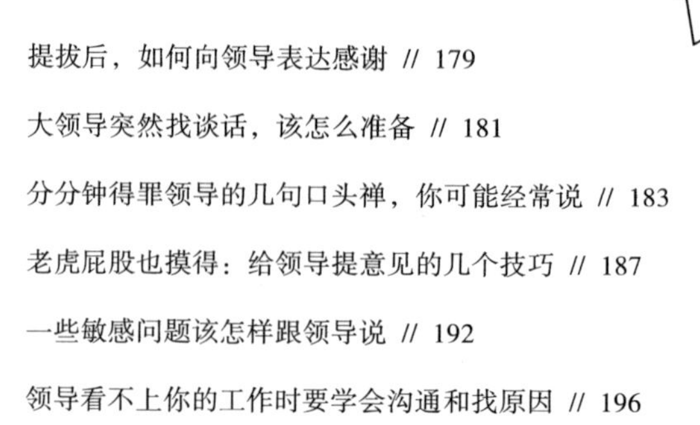

06 怎样获得 领导认可

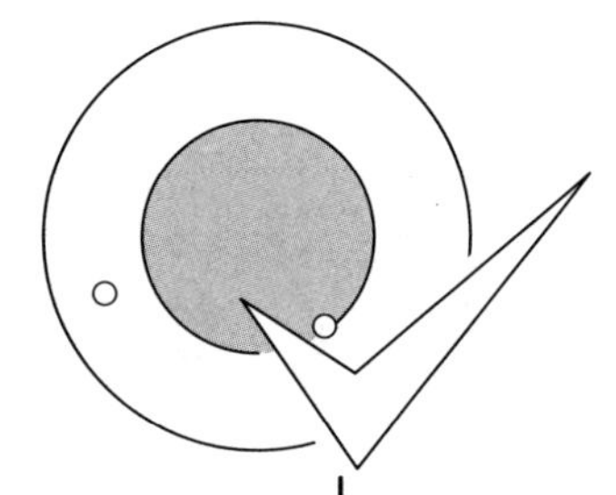

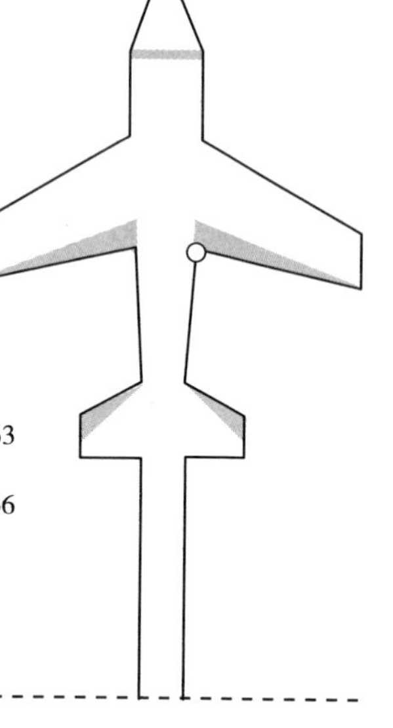

07 出差是**旅行吗**

08 领导是**最好的老师**

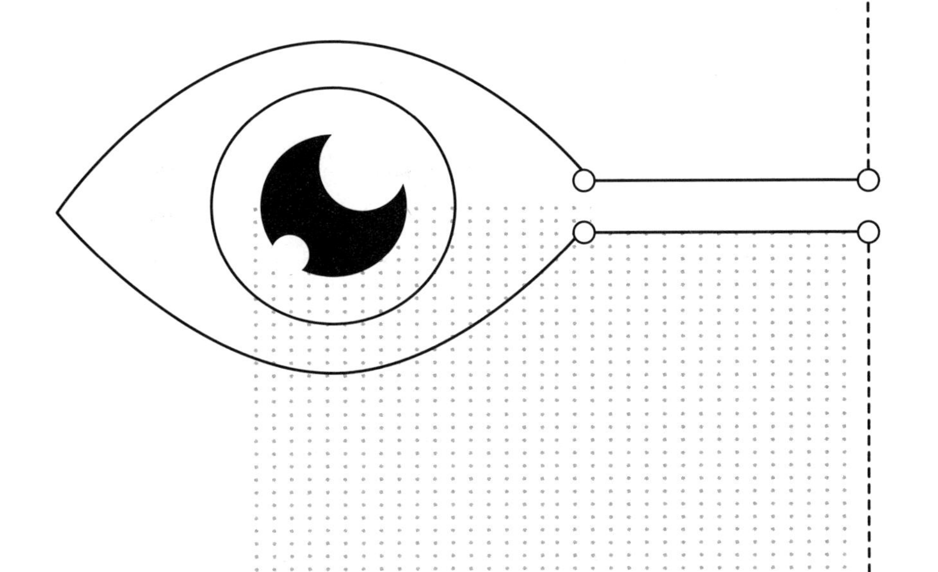

怎样获得 **领导关注**

没有背景，他怎样进入了领导视线

一位亲戚考上了公务员，被分配到了办公室。刚开始干劲十足，对一切都充满了新鲜感。可是好景不长，他便垂头丧气地来找我倾诉。从他说话的语气里，我感觉到他过得不太好。

他说，单位里的同事不是比自己有背景，就是比自己有钱，自己过得很“丧”、很压抑。他很担心、很忧虑，感觉即使自己万般努力，自己的前途也很可能黯淡无光，没有那些富贵子弟进步得快。

于是，他向我询问该怎么办，向我请教如何才能快速进入领导视线，以及怎样获取领导的信任。

我告诉他，在黯淡无光的日子里，我们更应该乐观阳光、熠熠生辉地活着。不要相信那些“寒门再难出贵子”“利益阶层已经固化”等悲观的话，要相信付出终会有回报，岁月不会辜负任何一个努力奋斗的青年。

我告诉他，既然无法选择出身，我们要做的就是适应不可改变的，改变可以改变的。

最后，我给了他三点忠告。

01

要勤奋

在读初中的时候，我总是第一个到达教室。那时，门还没有开，我便把书放到窗户上摊开读。时间久了，老师就把班里的钥匙交给我保管。后来选班干部，我竟然被选上了。原因就是我总是第一个来，班里的同学都记住了我。

斗转星移、似水流年，此事深深地影响了我的一生。它告诉我，在没有背景的情况下，勤奋是你最容易拿得出手的东西。

"一勤天下无难事。"从商界到政界，哪个优秀的人不是勤奋的人？因为勤奋，所以成功，这样的故事俯首即是、数不胜数。

而有些年轻人，在家里娇生惯养，到了单位也是一副养尊处优的模样。工作起来怕苦、怕累，连办公室都懒得打扫，天天让领导为自己打水扫地。

"一屋不扫，何以扫天下？"如果你连办公室都收拾不好，还谈什么干大事。当年的我，早早来到办公室，扫地、烧水、开窗通风，因为勤奋，从而获得了领导的认可。

所以，你要做好的第一件事就是早起打扫卫生，切记不能"三天打鱼，两天晒网"，只有坚持下去，才会给领导留下好印象。

你可能会嗤之以鼻，说我是欺负新人，让新人干累活、脏活。作为一名过来人，我深刻地体会到打扫卫生不仅能让大家觉得你勤奋可靠，更深层次的意义是能够磨炼你的心境：让你变得不急不躁、成熟稳重。

请记住，打扫卫生是每个新人必经的阶段，不是让你永远干这个，而是你必须体验其中的滋味。

除了打扫卫生，你的勤奋更体现在把任何事情都尽快地完成。比如说报纸、杂志来了，你当天就要将其送到每一个科室；领导批示了文件，你要立即把文件送到相关人员手中；需要你去其他部门拿通知，你就应该马上去取等。

多走路、少说话，不怕苦不怕累地干活，领导和同事终究会记得你。因为大家的眼睛是雪亮的，你的一举一动都会被大家看在眼里，你的所作所为都是大家谈论的话题。

02

会办事

领导负责的领域多，要处理的事情自然也很多。这也就决定了领导喜欢的人，都具备脑子机灵、办事有眼力、处理问题有方的特点。

所以，你要努力把自己打造成这样一个人：有事情时，领导的脑海里会立即闪现出你的身影。只有这样，你才能在没有背景的情况下受到领导的器重。

首先，你要把领导交办的任务高效地完成，把领导没交办的任务也圆圆满满地完成。领导没想到的事情自己应先想到，领导想到的事情自己要再考虑周全些。能做到让领导对你放一百个心，自然领导也就会对你青睐有加。人们都说情商最重要，其实情商高不高就体现在这里。

其次，你要学会处理各种疑难杂症，协调各方关系，切实帮领导排忧解难。处理问题要如庖丁解牛，游刃有余，该强硬的时候要强硬，该温柔的时候要温柔，在坚持原则的情况下灵活开展工作。

当然，初出茅庐的你，刚开始可能没有那么高的办事能力，但是你要刻意去培养自己的这种能力。

一方面，你要在小事上下功夫。比如说，要做到事事有回复，接电话把事情记清楚，下通知传达到每一个人等。

另一方面，你要向领导、同事学习，观察优秀人才的所作所为。比如说，别人处理问题的程序是什么，别人的说话方式怎么样。然后通过努力，逐渐提高自己的办事能力。

“骐骥一跃，不能十步。”要相信，随着阅历的增多、见识的增加，只要不断总结反思，你自然会练就高超的办事水平。

03

能写作

每个单位都有妙笔生花的高手，号称“笔杆子”。材料写作枯燥无味，自然无人愿意做，于是“笔杆子”就成了稀缺品。而这恰恰是你必须要做好、做到极致的方向。在没有背景的情况下，写作必须成为你的“撒手锏”。

前段时间，《机关“笔杆子”的职业悲哀你是否懂？》这篇文章在网上广为流传。其中讲到的“不可替代的人才得不到提拔”的理论，让无数想通过写材料改变境况的人失去了写作的信心。

其实，任何事情都有两面性，文章重点关注了写材料的缺点，放大了写材料的短板，却忽视了写材料的好处远远多于坏处。

我接触到的写材料高手，最终都得到了重用，都提拔到了更高的职位。特别是政府研究室出来的人都年纪轻轻就走上了领导岗位，纵使有些人年龄稍大些才被提拔，相比其他单位来说也是很快了。

为什么这些写材料的人会得到重用呢？因为他们肚子里有理论支撑。有了先进的理论做后盾，他们更了解领导的思路，更理解国家的大政方针。在开展工作的时候更具有前瞻性，更具有贯彻上级精神的意识，自然更容易做出成绩。

办事看能力，写作看潜力。你要锻炼自己的办事能力，更要提高自己的写作水平，因为材料水平的高低决定你到底能够走多远。上学是改变命运的最快途径，写材料是无背景的人实现晋升的最快道路。

所以，你一定要下功夫把材料写好。虽然过程很痛苦，但是只有把痛苦的事情留给身躯，快乐美好的事情才有可能走进灵魂。

其实，每个单位都离不开能力强的人。只要你勤奋、会办事、能写作，每任领导都会认可你、器重你。只要你有能力，到了哪个单位都有立足之地、辉煌之时。

正所谓“铁饭碗”不是在一个地方吃一辈子饭，而是一辈子到哪里都有饭吃。你要相信，是金子总会发光的，纵使现在有泥沙遮住了你的光芒，将来总有一天，随着雨水的冲刷你会崭露头角、出人头地。（作者：尘埃）

如何才能做到跟领导多接触

在体制内，主要领导在用人方面有很大的话语权。因此要利用多种形式去接触、接近主要领导，争取获得他的信任和重视。

01 充分运用工作这个平台

通过工作这个平台去接触、接近领导，通常有间接的形式、直接的形式和婉转的形式这 3 种。

1. 间接的形式，就是以优异的工作成绩展示自己的工作能力

自己要对自己的工作负责，尤其是主要领导比较重视、比较关注的工作，要集中精力，优质高效地来完成。领导可以从工作的绩效和成果中看到你的工作能力，从同事的评价中了解你的人品。这是个人获得领导认可和重视的重要途径，也是自身在单位中能够脱颖而出的关键因素。

2. 直接的形式，就是经常向领导请示汇报

事前汇报方案，事中汇报进展和动态，事后汇报结果，通过连续的、经常性的汇报，使自己的工作在领导的掌控之中，并让其从中感受到你对他的尊重和他自己的权威，他对你的好感和信任才会油然而生。尤其是工作取得成绩、受到表彰、被上级肯定的时候，更要及时地汇报。

3. 婉转的形式，就是请领导点拨困惑

对工作和成长中的一些困惑，可以通过经常性的思想汇报的形式向领导请教，汇报自己的想法和疑虑，并请领导点拨。

领导都愿意指导好学谦虚的人，自然乐意给你一些人生的经验、指导和教诲。这种互动多了，就会增加心灵的沟通和感情的交融。

比如，空缺副职时就是一个很好的机会，你可以专程向领导汇报一下自己的愿望和想法，恳请领导的关心和帮助。

02

有效运用生活这个平台

领导也是社会人，也会有七情六欲。因此在生活中要针对领导的爱好和特点，投其所好，察言观色，顺势而为。

（1）要充分利用现代媒体如信息、微信，主动发问候，给朋友圈点赞。

（2）出差或出远门带点伴手礼，礼轻情意重；经常一起聚一聚，以量变促质变。

（3）了解领导的爱好和特长，可以通过切磋技艺增加交往，实现共赢。

03

借助外力，拓展交往平台

平常可以通过跟领导关系比较好的朋友的朋友、领导的领导、亲戚的亲戚等外围方式来接触、接近领导，实现由外向内浸润，由表及里深化，这样也可以有效地增加与领导的感情。

无论采取哪种形式，始终要用积极主动的态度去思考接触、接近领导的方式，并付诸具体的实际行动。

临时抱佛脚可能会有些效果，更重要的是应从长计议，要做到圆润温和、水到渠成，这才是根本之举、治本之策。（作者：老部长）

领导对我总是很疏远，我该怎么办

在单位，总会有老于槽枥的“千里马”，而那些被伯乐赏识的“千里马”只是极少数，这极少数并不是因为偶然的机会，而是存在必然的原因。

很多人的能力并不差，但却总也得不到领导赏识，不被领导重用，不被领导提拔，其很大的因素在于自己的方法不对，导致事倍功半。

然而，如果能运用好方法，你也可以快速地被领导赏识，从而事半功倍。

01

早请示晚汇报

一个单位少则十几人，多则几十人甚至上百人，领导很难熟悉所有人的情况，如果你敬畏领导，而不去主动接近、主动靠拢，那么你被主要领导赏识的概率就会微乎其微。领导不了解你，怎么会提拔你？

毕竟现在提拔干部是要承担风险的，提拔错对象出了问题怎么办？而提拔熟悉人的风险远远低于提拔陌生人的风险。

所以必须让主要领导认识你、赏识你、重用你，需要在以下这 3 个方面上积极汇报。

1. 工作业务上积极汇报

熟悉精通工作流程和业务操作，汇报前要给领导请示：什么时间，什么地点，需要汇报哪些工作，大概多长时间。

得到允许后，你就相当于有了敲门砖，要对汇报下足功夫做好准备，领导关注的核心数据要牢记于心。一般汇报都是一事一议，切忌贪多，否则会给领导落下逻辑混乱的印象。

在汇报时要思维清晰，适当示弱的汇报有助于树立主要领导的权威。领导可能并不在意你汇报的是什么内容，而绝对在意你汇报时的态度是否诚恳。

汇报后要主动向主要领导表态，自己在工作方面能力欠缺，需要领导多指导、多批评，这就为以后汇报工作提供了方便。

2. 政治思想上积极汇报

党管干部，主要是党委在政治上、思想上和组织上加强领导。在机关单位一般情况是每个单位的主要领导都是该单位的党委书记、党组书记或者党支部书记，他们在政治上负有领导责任。

主要领导的思想观点就是该单位的业务思想观点，要朝着主要领导的业务思想观点去汇报，从思想上靠近主要领导。毕竟主要领导也需要有人高举领导旗帜，树立领导权威，彰显领导形象。

3. 生活作风上积极汇报

从生活作风上向主要领导积极汇报，是为了向主要领导表明，严格遵守党纪国法、规章制度，面对大是大非，从不马虎，坚持原则。

在生活作风上向领导看齐，从而减少领导对自己的顾虑，毕竟拔出萝卜会带出泥，所以在生活作风上不能出错。

汇报的次数多了，领导也就渐渐对你这个人有了印象，而加深印象会为你日后的提拔打下坚实的基础。

02

必须学会做事

在任何单位，工作能力和工作水平都是安身立命之本。

干一行，爱一行，精一行，最好能成为业务上的骨干，技术上的专家。这样领导才能对你委以重任，因为领导也需要进步，所以手下必须有能做事、能干事、干成事的骨干力量。如果你政治过硬、业务过硬，作风过硬、领导赏识，你就能靠近领导。

想要成为领导身边的人，必须学会做事。做大事、做细事，做成事。领导交办的工作，必须亲力亲为，事前要有请示，事中要有反馈，事后要有汇报。

要做到件件有着落、事事有回音。需要决策的事情尽量多向领导请示，千万不能自作主张，自以为是，尽管有些事领导基本上也没有意见。

能够替领导办好私事。领导把私事交给你，是对你的信任，越是办重要的私事，越说明你在领导心目中的位置重要。

你能把公事顺利完成，也能把领导的私事办得尽善尽美，领导自然不会视而不见。你满足了领导的需求，同样，领导也会找机会满足你的需求。

03

脸皮够厚，万事不愁

在任何工作中，都有出错的可能，所以挨批评是正常的，但如果脸皮太薄受不得气，那就无法成为领导。

要想成为领导，不能太在乎面子，要有无故加之而不怒的气度，并拥有处事不惊的定力，以及临危不乱的能力。

只有这样，你才能受得了委屈，耐得住寂寞，忍得住清贫，经得了考验。

很多时候领导发火，是对事不对人，甚至都不对事，就是一股无名火。这时你要能经得起考验，领导才能重视你、关心你、提拔你。

合抱之木，生于毫末；九层之台，起于累土；千里之行，始于足下。

所以，要多干，多思，多悟。如果能做到这些，那么恭喜你，你离领导又近了一步。（作者：热心市民）

单位集体活动也有学问

最近，我们单位全体出动，到外地参观学习了一次。其间，观察一些同事的表现，颇受启发。

真心发现，单位集体活动真是个跟领导接触和获得领导关注的好机会，但机会是留给有心人和有准备的人的。

下面就这次外出参观学习感受，来跟大家聊一聊集体活动中暗藏的学问，以及如何抓住潜藏的机会。

01

坐对座

机关日常中，有三种座位不能坐错，一是会议座位，二是就餐座位，三是乘车座位。集体参观学习也是如此。

1. 会议座位看安排

外出参观一般以看为主，所以涉及会议座位的时候很少，但也不是没有。

如果开座谈会或在会议室观看影像资料，就会涉及座位问题了。不过这很好把握，若主方安排座位，就按安排顺序就座。

若主方没有安排，就主动往后坐，让领导往前坐。

2. 就餐座位会熟人

对于就餐，因为现在规定严格，单位集体活动，基本都是自助餐。所以就座的基本原则，就是“不堵路”，不坐在妨碍别人取餐的位置。

虽然没有了觥筹交错，但不耽误大家交流感情。如果想要获得领导关注，取完餐后记得扫一眼餐桌，找有大领导的旁边那桌，且有比你高一层级的领导就座。最好坐到大领导直视45° 的位置，让领导一侧脸就能发现你。

同在一桌，难免会与人聊上几句。无论聊家常，还是聊参观感受，只要能聊，就能增进关系。

因为人与人之间的关系都是通过接触频次递增，而慢慢成为“熟人”的。成了“熟人”，平时很多事情就好办了。

3. 乘车座位增感情

对于乘车座位，在集体活动中，也有很好的利用价值。开会时听别人说的多，形不成交流，就餐时也是短暂的交流，不会深入。

而在很多集体活动中，乘车可谓是时间最长的，而且乘车时交流更是顺其自然的事情。

首先要按安排坐对车，一般不要换车。但座位通常是有活动余地的，除非严格要求固定座位。不过，一般不会固定座位。

外出途中，上车、下车是常有的事情，每次上车都是机会。每次上车晚点上，并注意稍微变变座位，与不同的领导或同事坐在一起，行进中交流学习体会，聊些家常，以增进感情。

大家不要感到害羞，或怕别人非议，过来人表示没必要。

关键时候多接触领导，平常时候多维系同事，彼此多熟络，这样才能拉近上下左右的关系，增进感情。

02

站好位

外出回来后，看拍的照片，突然发现，领导不仅能管大事，细节里也都是行家。

在参观听讲解时，虽然没安排，单位领导的站位真是标准极了，次序跟提前摆好桌牌似的。心底默默地佩服领导。

但目前还到不了那个级别的我们，还得想办法向他们靠拢，向更高层次努力。

参观时的站位，要靠前些，不要缩在最后面，虽然你看得见领导，但领导却看不见你。

我们不能光看领导背影，要多见领导正容，更要让领导多看到你的面孔，他才会对你有印象。

要主动站到单位领导们的边上，一般也就是第 1 排和第 2 排之间边上。领导一扭头就能看到你，而且也不妨碍单位领导后面的中层领导的视线。

领导在参观时，一般会有主动与旁边人探讨的习惯。如果领导一扭头恰巧发现了你，并跟你交流两句，这机会可是比较难得的。

而且，在参观时要认真听，认真学，别让领导一问，自己接不上话，这就该傻眼了。同时，要适当拍些照片，让领导看到你是爱学习的好同志。

03

服好务

人贵有自知之明。如果自己资历浅，有些跑腿搞服务的事就要多主动，给大家留下好印象。在机关，好印象就是资源。

乘车时，主动给领导同事递水，帮助组织人员点人数。

参观时，帮主管领导拿包，给领导拍照，给同事递学习资料等。

吃自助餐时，给大家递纸巾，给全桌拿水果，不要光拿自己的。

住酒店时，帮主管领导拿行李、找房间、烧热水等。

罗列的这些，并不是让你全做，你得看时机，需要你做时你就去做，不需要时莫强行，强行反而印象不好。

待人接物的尺寸是最难掌握的，需要大家多一点悟性。

跟好队

跟好队的基本要求是，要跟大部队集体活动，不要远离。因为，随时有可能改变参观路线或个别活动。

有次外出，有个同事就单独行动，结果大部队到大幅党旗前，领导临时起意，集体重温入党誓词。结果刚刚宣完誓，人赶到了，领导和同事都看着他，异常尴尬。

虽然跟好队不代表有机会，但不跟紧大部队容易出丑。相对而言，做到不出丑也算珍惜了机会。

跟好队的机会还在于早起健身和饭后散步。领导都有早起锻炼和饭后散步的好习惯。

早晨你要早点起，比领导还要早点，先跑两圈，等领导下来了，主动向领导问好，并跟上领导，一起锻炼。

不仅能和领导交流，而且能让领导看到你是个爱运动的人。

爱运动预示着活力、毅力、自律等，何不给领导留下这好印象呢？

饭后也是，主动跟着领导散步，让领导看到你是个爱健康、会养生的人。

俗话说，身体是革命的本钱。知道劳逸结合、保持健康的人，是前途无量的。

总之，集体活动里机会多多，如何把握全在自己。愿大家共同提高，步步高升！（作者：水草）

领导挂在嘴边的成熟稳重，必须要具备

在机关工作，成熟稳重应该是干部必备的基本素质或第一要素。它体现的是修养，反映的是素质，表现的是能力。

当然，做到成熟稳重非一日之功，而需要在日常的修炼和阅历的积累中逐步形成。

1. 遇事不急，三思而行

不管遇到什么事情，都要先从多角度去思考，并善于换位思考，站在别人的角度想一想，还要周密谋划，谋定而后动。事前要思考，计划要周密一点；事中要思考，实施要认真一点；事后也要思考，总结要深刻一点。

比如，当接到一个通知时，先按耐住冲进领导办公室汇报的冲动，把前因后果及可能被问的问题琢磨一下，打一个腹稿，想一想方案，被问倒的可能性就会小很多。

这种做事不急不躁、有条不紊的态度是形成成熟稳重的条件之一。

2. 注意形象，言谈举止有度

通常，人们都觉得沉稳男士脸上有厚重感，还有几分沧桑感；成熟

女士大多稳重得体、举止大方。

因此，男士平时不要油头粉面，也不要穿得过于休闲而又潮流，多穿西装等正装会显得沉稳而有内涵。即使内心还是少年，也总要把头发梳成大人模样，再穿一身帅气西装。

女士在妆扮方面不要浓妆艳抹，着装要得体，不要太花里胡哨。

要会说话，尽量少说话。平时叽叽喳喳说个不停，甚至乱说话、瞎说话，都会给人以轻浮的感觉。

说话是一件很耗费精力、体力的事，话说得多了，耗费的能量多了，用来想事的精力就少了，犯错的概率就大了。

因此，平时说话要有分寸，尽量少说话，说话前要考虑别人的情绪，而不是想到什么就说什么，说话不过脑或语速过快，往往会给人一种很幼稚的感觉。尤其是不要在别人还没说完的时候，就急着接话或者插话。

3. 善于控制情绪，不乱发脾气

对于性格急躁的人，如果遇到事情，情绪容易大起大落，给人以毛躁慌乱的感觉。

人和人之间本来就存在差异，没有必要相互说服，别太较真。遇到分歧时，要避免呐喊来发泄情绪。因此，要学会善于控制自己的情绪，并能主宰自己的脾气。

即使遇到大事急事，甚至不公平的事，也都要稳住自己的心神，把自己的脾气控制好，不要喜怒形于色，而应在脸上表现出始终如一的淡然、镇定、平静或者微笑，做到任凭风浪心中起，都能稳坐钓鱼船。

4. 多读书、读好书，加强修养积淀

古人云，腹有诗书气自华。成熟稳重不是装出来的，而是内心沉淀

的外在表现。

因此，要坚持多读哲学、历史、文化等经典名著，以从中汲取智慧，涵养心智，积淀底蕴，磨炼自己的性格。

除了读书之外，还可多做一些修身养性的事情，譬如下棋、书画、体育项目等，培养自己的兴趣和爱好，提高自己的韧性，使自己的个性和风格变得宁静、稳定、平和。（作者：老部长）

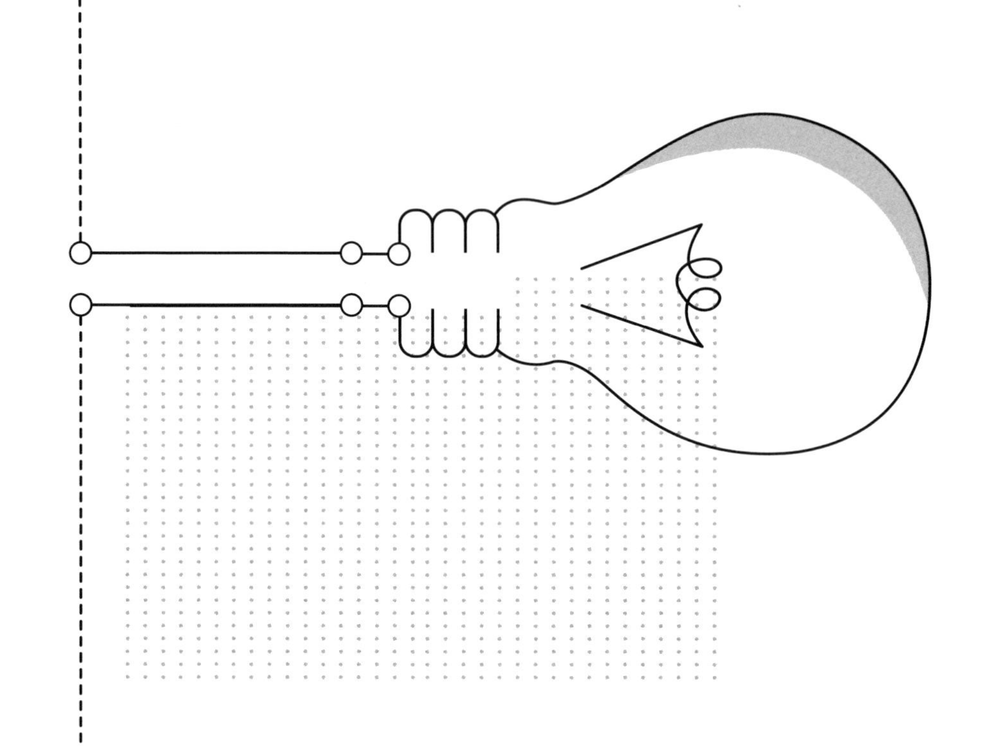

02

怎样领会 领导的想法

学会把领导分类，是读懂他们的前提

正所谓兵熊熊一个，将熊熊一窝。

战国时期赵国主将赵括纸上谈兵，就活活坑了四十万队友；秦国大将武安君白起率领秦军攻无不克、战无不胜。这就是领导的能力与手段。而历史在今天依旧上演。

01

理论型领导

此类领导大多数是某一行业的理论专家或学者，多以知识渊博著称，常常出现在大学讲堂和各种理论研究机构。

从国家宏观政策、党的领导方针，到基层微观的物价指数、群众的生活状态，可谓是熟透于心。

他们常常是理论功底深厚，从几千字的调研报告，到几万字的学术论文，常常信手拈来。

可当面对具体的事件时，常常抓耳挠腮，却没有具体可操作的办法和手段，空有满腹理论。

02

实践型领导

此类领导多数为省市单位的副职和基层干部，常常分管某一领域具体事务的分办、交办、督查、督办。

其特点是宏观层次不高，全局观点不全，但实际操作能力却极强，能够在实际办事时独当一面。

以基层实际工作为例，在应对突发事件和群体事件中，他们常常以简朴的地方方言和具有地方特色的办事风格，使得基层工作和具体工作落地有声，开花结果。

03

协调型领导

此类领导多为省市县“四大家”的秘书长、办公厅主任或办公室主任。

其处在承上启下、联系左右、协调内外、沟通四方的枢纽地位，承担着大量的文稿起草、综合协调、会议筹备、信息反馈、督促检查、应酬接待等多项任务，是各级党委、政府或各部门领导的左右手。

他们能及时掌握核心资料和一手信息，位置不高，能量却不小，往往是单位一把手的心腹和嫡系。

技术型领导

此类领导从事的工作多为技术型岗位，以科研所、网信办、各大信息中心及媒体等的工作居多。

小到剪辑、拍摄、电脑蓝屏，大到软件开发、系统瘫痪处理，他们总能在有限的时间内保质保量地完成任务。他们是各个单位的“安全卫士”“防火墙”。

长年累月的技术攻坚使他们技术炉火纯青，也使得他们提拔和外调困难重重，因为他们是单位最不可或缺的那群人。

05

话筒型领导

此类领导多从事媒体和宣传工作，其特点是口才极佳，思维敏捷，口若悬河，滔滔不绝，对话题能无限放大，也能极限缩小。

他们能够在极短的时间内对各种事件作出判断，并迅速发声，这类优秀的人才，常常出没在外交部发言人、新闻中心发言人、宣传口对外发言等岗位。

他们总能将思路与主要领导的执政方针紧密结合，常被认为口吐莲花、铁齿铜牙或者金口玉言。

06

权威型领导

此类领导常常犹如蛟龙入海、猛虎下山，以绝对的权威和强硬的手段，令人折服，常常是省、市、县、乡的党委书记和各个局办的一把手。

他们能眼观六路，耳听八方，熟悉运用权术、平衡术、驭人术等方法统领全局。

他们对事物所把握的高度和深度非一般领导所能匹敌，并具有很强的政治性和全局性，既能进行宏观政策理论研究，又能踏石留印、抓铁有痕。

此类领导可谓是综合性极强的人才，往往他的意见就是省、市、县、区、局办党委的意见，俗称为“一把手的拍板”。具有独特的个人风格和领导艺术。

07

太极型领导

此类领导的特点是不作为，能推就推。他们常以推太极为手段，怕担责，怕受处分，只求平稳落地，对政治仕途无所追求。

这些人通常形式主义走过场，官僚主义不作为。

推太极分为软推与硬推。

软推是以没有政策、任务太重、没有时间为借口，敷衍了事。看似有理有据，实则尸位素餐。这种人是官场较为聪明的一种人，爱惜自己的羽毛，怕得罪人。

硬推常常以强硬的手段和态度，坚决抵制和拒接执行，对上级政策和施政方针置若罔闻。属于蛮干型的领导，容易得罪人，也很难得到主要领导的重用。

08

蜗牛型领导

此类领导的特点是效率极低，速度极慢，动作迟缓。对上级布置的工作任务常常是高高举起，轻轻放下，通过消磨时间来消极抵抗。对交办的任务虽然也会积极响应，但对工作的具体落实却如老牛拉破车，缓缓推行。

领导追问工作进展时则以还在进行来搪塞应对，容易出现烂尾工程和豆腐渣工程，导致好的政策、好的办法难以落实，或即便落实了也大打折扣。

这种领导的行为是典型的不作为，乱作为，其政治仕途也渺茫，常处于单位边缘化。

09

汇报型领导

汇报型领导也有一个特点是不作为，此类领导不作为的惯用手段是：这个事目前没有先例，也没有可借鉴的经验，我一个人说了不算，得经过局党组开会讨论，得向主要领导汇报工作，向上级领导反映情况汇报工作，这样才能把问题解决。

往往半个月过去了，事情的办理情况却还在汇报中，主要领导还在向上级领导汇报。就这样踢皮球，导致好的机会、好的政策白白错过，致使工作难以开展或者没法开展。

此类现象在基层工作中极为突出，这样的领导常常是单位的副职，或者退居二线的调研员等。

这类领导通常政治仕途无望，看到天花板就等着安全退休，也是没有作为的领导。

在工作中如果想要走得更远，一定要先熟悉身边的领导是哪类人，然后跟对领导去拼搏、去磨砺、去成长。（作者：子提同志）

听到领导说这几句话，你的提拔就悬了

在与领导沟通时，要学会听，要能通过领导云淡风轻的一句话听出弦外之音，这样在工作中就会少走很多弯路。

01

“以后还有机会”

“以后还有机会”，这应该是领导谈话中使用频率最高的与干部提拔相关联的官方语言，近乎口头禅。

这句话听起来很有温度，很感动人，也能使人产生无限遐想和期待，但其杀伤力也是最大的。

你只要听到领导跟你说这句话，这次提拔肯定是没戏了，泡汤了，没有挽回的余地了。

至于以后是不是真有机会，其实大多数领导心里也是没底的，只有天知地知了。

如果你第一次听到这句话还可以将信将疑，那么第二次听到这句话

就表明以后的机会也十分渺茫了。

20世纪80年代初我还在县里工作时，有一名干部是当时局里第一批三梯队的人选，但不知何故，就是每次提拔都没有他，在领导一次又一次的“以后还有机会”的谈话中慢慢老去，临到退休也没能得到提拔。

“要经得起组织的考验”

这句话往往表达的是自己最能代表组织的意思，最具有权威性，似乎不容置疑。

它的潜台词是这样的，你提拔的各种条件已经都具备了，组织上就是要有意再考验考验你，就看你是否经得住考验。

你若能做到泰山压顶不弯腰，华山崩于前而面不改色、心仍跳，革命的小车一如既往向前推，那么组织上下次就可能会考虑你。

你若心里表达那么一点不满，脸上露出一丝不快，工作上有丁点儿懈怠，那充分说明再考验考验的决定是多么正确！

在实际生活和工作中，确实有一部分人能经得住考验，但很多人都被反复的考验“烤软”了，甚至有一些人被“烤焦”了，“烤糊”了！

“领导们的意见还不太一致”

对你的提拔，领导们的意见还不太一致，还需要做进一步的沟通。

领导在跟你说这句话前，你既可以看到他一脸的无辜、一脸的无奈，甚至是一脸的委屈，又能感受到他无限的关心。

这句话要表达的意思是：干部问题是组织决策、集体决定的，我已经尽力了，但有别的领导还有一些不同的看法，还要再做做工作。

至于是哪个领导不同意，这当然是组织原则，不能说。至于什么时候领导能够达成一致，那也不能说，这也是组织原则。

04

“这次主要是有结构方面的要求”

这样的话一般是在各级领导班子换届时，领导们做思想工作的金字招牌，万能模板，屡试不爽。

一般在这种情况下，说者是理直气壮，胸有成竹，很有底气。

言下之意，班子结构是上面定的，不能突破，不能搞变通。

听者是一脸茫然，甚至无言以对。不能提拔怪谁？好像既不能怨天，也不能怨地，既不能怨组织，也不能怨领导。怨就怨自己少壮不努力，在职混日子……最后你还要跟领导说一句：感谢组织关心！

05

“你可是老同志了啊”

一句饱含深情的“你可是老同志了啊”，其内涵可谓博大精深！这句充满褒奖的话，领导一般不是说你的年龄大，而是说你在单位丰富的资历和不可替代的骨干作用。

这可不是什么人都能享受的政治待遇。老同志，政治觉悟肯定高呀，应该高风亮节、顾全大局、大公无私，在各个方面发挥带头示范作用，当好榜样。不应太看重提拔，而应在岗位上继续建功。一官半职与组织对你的培养相比算得了什么呀？要把岗位职责看重再看重，把职务看轻再看轻。这才是一个老同志应有的境界和觉悟。

这样一来，实际上你是什么理由都不能讲，什么要求都不能提，而且什么遗憾的表情都不能有。

你只能打脱牙齿往肚里咽，还要诚心诚意地向领导表示，不会因为这次没有提拔而背上思想包袱，以后会更加严格地要求自己，更加努力地工作。（作者：老部长）

多年后，我才明白领导这些话的深意

从大学毕业踏入社会至今 5 个年头了，做过企业销售、村官、组织人事、安全生产监管、办公室文秘等，也经历过各种各样的领导。

在机关待久了，总算了解到领导的一些潜台词、驭人术，明白了其中的深意。

01

“有事就请假，个人的事情也很重要”

一位对我帮助很多的老领导，记得刚做他下属的时候，是从事基层组织工作，老领导经常讲的一句话就是“有事就请假，公家事重要，个人的事也很重要，不要有负担”，刚入单位的我听到这话感觉从头到脚的温暖，这真是好领导！

对于组织工作很多人都了解，工作特点是大家所说的“5+2”“白加黑”，经常是上级组织部门下发一个通知我们就要忙活一晚上，加上办公室人员并不多，每个人身上的任务就更加繁重。

而且在基层时都很注意“义气”和感情，如果自己的工作任务完成了，而其他同事没有完成，都会主动去分担其他同事的任务，从而使大家能够一起更早地完成全部任务，但这容易造成大家的时间都被占用，而且最关键的是，基本没有能够完全完成任务的时候！

因为任务总是一个接一个地扑面而来。这种时候，如果你想请假，通常领导是不高兴的，甚至不给批假。

我的老领导要好一些，一般会给批假，但是请一天批半天，请半天批两小时，很多时候是到了时间就会电话催问什么时候能回去，当然，我也是很知足了，毕竟工作就是工作，还是要放在最重要的位置上的。

因此，领导说“有事就请假”这种话，千万别太当真，特别是对于年轻人，一定要摆好位置、端正思想，要以工作为重，灵活处理好个人与工作的关系。

02

“这事你们看着办就行”

我到办公室工作之后，有一次需要整合全市的优秀调研成果，出一本成果集。科长跟我说了工作任务之后，我就马上动起来了，什么印刷公司、设计师、各方面报价等一通找，然后分门别类列好表格，想着能让领导一目了然地看出不同印刷公司的价格、质量等，方便领导选择一家公司，我们就可以开展下一步工作了。

我把自己的工作进展向科长汇报后，科长找分管主任汇报，可是主任有出差任务，一连几天没有在办公室，这事也就一拖再拖。之后的一天，科长请假没来单位，电话安排我有几件工作向主任做出汇报。

我自认为印刷调研成果的事情已经向科长汇报过了，既然之前找主任找不到，现在找到了应该马上汇报，于是自己就将价格表一齐向主任做了汇报。

没想到主任对其他几件事情都能够认真审阅材料并微笑着听我汇报，而看到我做的表格时，笑容突然消失了，只是略看了一眼，然后说道："行啊，这事你们看着办就行。"当时我还暗自高兴，觉得这是得到了领导的认可和信任。

直到后来科长上班之后告诉我，主任对我没有经过科长直接向他汇报这种没有提前沟通过的事情很是生气，而科长也对我没有经他允许就擅自增加汇报事项表示不满。

这件事让我很吃惊，但也给我一个警醒，即做事一定要注重程序，需要与科长沟通和汇报的事情，自己千万不要越级汇报，而对主任的那句"这事你们看着办就行"，后来我也终于明白，这并非表示信任，而是表达不满。

03

"小伙子很不错，很实在"

我从小就比较中规中矩，上学时成绩不算差，但也不是最好，勉强过得去，为人比较实在，别人说的话总是理解字面意思，虽然不至于经常吃亏，但也常常领会不到说话人的真实意图。

工作之后一直勤勉，希望靠自己的一番努力能够有所作为，别人不愿意接不愿意做的苦活累活，我去接、我来做，再艰难自己也咬牙坚持。于是，常常听到领导评价自己的时候说"很实在""人品好"，就差发“好人卡”了。

但是有提拔或者进修的机会，领导总是给了其他人，自己也怨过也气过，后来才明白，在机关工作，“实在”并不是个褒义词。

领导说你“实在”的时候，也就是说你不会灵活处理问题，不能够很好地领会领导意图，办事也办不到领导心坎上，工作只会用蛮劲而不会用巧劲，重表面而轻深层。

当然，在人心浮躁的社会中，实在的确是很好的品质，起码领导会放心交给你一件任务，虽然你未必会做得出彩，但一定能够保质保量完成。但我们的工作不仅要“做完”，更应该“做好”，所以还是要机智灵光一些，既要做到领会意图，又要能够落实到位，才能够成为领导认可的好同志。

04

“忙完这件事，就让大家好好歇歇”

我经历过的一个领导，个人能力非常突出，但为人比较张扬，说话总是带着几分讥讽和挖苦，而自己作为年轻同志，认为领导有能力就应该向他学习，也不会太在乎其他。

这位领导最喜欢的就是为下属“画饼”和灌“鸡汤”，常常会向下属许一些提拔、发展的承诺，例如，“下一步你就是副科长”“好好干，我准备让你承担更多的工作，以后进步能更快一点”。

后来大家都习惯了，甚至有吐槽“画再大的饼，也没法配着毒鸡汤一起吃下去了”。

我记忆最深的一件事，是在 2016 年下半年，工作特别多特别忙，连续几个月基本没有休息，每天晚上能在八点之前下班，就感觉谢天谢地了。

我的那位领导，在最初忙碌的一个月里，前后在公开及私下场合不止一次提到“大家再咬咬牙，加把劲，等忙过这阵让大家轮休、放假”，结果忙过了几件大事，又来了几件大事，忙完了又有大事。

就这样，七八个月的时间，在领导的“望梅止渴”和“画饼充饥”战术下，我们一帮人没日没夜、没黑没白地工作，完成了一个又一个任务，处理了一件又一件大事、要事，最后几乎家家“后院着火”，家人强烈质疑工作忙碌程度，爱人甚至想过离婚。

我们纷纷要求休息、放假，甚至请假也要回去陪陪家人、安抚孩子，就在这样的情况下，我的这位领导依然用自己认为非常好用的“画饼”方法，单独找每个人谈话，私下许诺继续努力工作会有晋升机会，但是大家都已经不再上当。就这样，科室的心散了，也就没有战斗力了。

在这里想说的是，领导有领导的艺术，但我们也应该权衡工作与家庭，如果牺牲家庭去做好工作是没有必要的。

兼顾事业与家庭，既是我们每个工作者应该学会的处世之道，也应该是领导应该考虑的事项、学会的能力，毕竟人不是机器，不可能总是不间断地工作，也需要休息。（作者：揽越凝晖）

“领导总说我没头脑，我到底错哪了？”

之前遇到一位朋友跟我抱怨，说自己工作兢兢业业、任劳任怨，可非但没有得到领导的认可，反而被领导说自己没头脑。其实呢，这事真不能怪领导，自己应该领会领导这句话的意思，并从中反思，才能将工作做得更好。

01

关于领导说你没头脑的情况分析

当领导说你没头脑、楞的时候，就是在批评你说话做事不善于动脑筋，欠思考。具体可能有以下这几层意思。

1. 没有站在领导的角度上去考虑汇报和处理问题

领导往往是站在全局的高度来考虑大事和要事，而不是基层的一些具体事。

比如部门说这个事很急，要你抓紧汇报反馈；部门说这个事儿很大，也要你抓紧汇报反馈。而你总是站在部门的角度和自己的角度去向领导汇报。那么部门说的急事和大事，在领导那里可能就是小事和缓事。

这个时候你就要站在书记的角度上来判断部门反映的这个事究竟是大是小，是急是缓。在分清轻重缓急的基础上，该什么时候汇报就什么时候汇报，而不是按基层的意见办。

2. 处理和汇报问题没有考虑领导的感受和想法

比如，在领导开会的空档，就去汇报部门打来电话的请示事项，也许领导这时候正在利用会议休息时间思考、谋划会议怎么开得更好，他要强调什么重点，需要解决什么问题，而你的汇报恰如半路上杀出了个程咬金，打断了他的思绪和思路。此时，他肯定会很不高兴。

3. 没有按照领导的工作习惯、作风和节奏来汇报和处理问题

每个领导都有自己的工作习惯、作风和风格，比方说有的领导不喜欢在晚上或下班的时候打扰他，有的领导不喜欢在会场或其他公开场合当面向他汇报工作，有的领导喜欢一事一汇报，而有的领导喜欢打包式的汇报。

像朋友的这个领导，很可能就是不喜欢一事一汇报经常打扰的方式，而喜欢半天集中打包汇报一次的方式，而他恰恰犯了领导的忌讳，下面一有请示，就不讲时间和方式地去打扰领导，当然会让领导很烦，感觉没头脑。

关于如何改进的问题

既然领导说自己没头脑，那就应该自我反思了，反思完又该如何

做呢？

1. 研究分析领导的性格、习惯、工作方法和风格

研究领导的特点，顺应他的风格，调整自己的工作思路和工作方式，在实际工作中做到以领导的思路为思路，以领导的方式为方式，以领导的习惯为习惯。

如果领导不愿意事事被打扰，那么你就要注意用打包式汇报；如果领导不喜欢在公众场合向他汇报，那么你就私下单独地向他汇报。这样才能把事做到顺他的心，合他的意。

2. 善于察言观色，准确领悟领导的意图

在掌握领导的性格特点和作风以后，还要善于察言观色，通过他的语言、表情或其他肢体性动作，准确掌握他内心的所思所想，领悟他灵魂深处的真实意图。

有的领导说话直白，有的领导说话婉转，有的领导甚至只用面部表情或眼色来表明自己的态度。这你就要认真揣摩领导的想法，察领导之未说，办领导之所需。比如领导感到瞌睡了，你肯定应该立马送去枕头，而不是去送杯水。

3. 摆正位置，关起门来当领导

说话办事方面，一定要站在领导的角度上去考虑和处理问题，尤其是部门催得急、报得大的事，一定要从全局和领导决策上考虑是否真的很急。

一定要深刻认识到，领导认为急的事才是急事，领导认为大的事才是大事，领导的标准才是衡量事务性质的标准，而不是部门和下级说的

标准。

4. 经常反思，做到与领导同频共振

在上述工作的基础上，还要对自己适应领导的行为进行反思和总结，研究和判断哪些习惯与领导的不一致，从而做出适当调整。

通过经常反思，不断发扬成绩，改正缺点，进而做到在思想上与领导同振动，方法上与领导同频率，步调上与领导相一致。那么领导就会认可你了。（作者：老部长）

领导说你很本分，未必是夸你

在工作中，领导说你很本分，可能是一种表扬，但也可能是一种善意的提醒。

所谓表扬，就是称赞你为人比较诚实，干事勤恳扎实，不会搞花里胡哨的表面文章，也不会给领导找麻烦、添负担，一心扑在工作上，很少考虑自己的事，没有私心，领导比较放心。

所谓善意的提醒，就是说你平时不够积极主动。包括主动思考的能力不够，准确领会贯彻领导意图的思想不够；不善于发散变通，主动作为不够；向领导汇报工作和思想太少，领导对你的工作、想法和愿望知之不多，了解不深。

领导本想为你解决一些实际问题包括提拔的问题，但你本人表现得无动于衷，领导认为你不在意、不看重、无所谓，因而没有做进一步的考虑。

既然领导提出来这个问题，自己就要高度重视，认真反思，找准症结，采取切实可行的措施加以改变。

01

注意察言观色，善于领会领导意图

跟随领导这么多年，应该对领导的性格、爱好、习惯都比较了解。领导想办的事不一定都会直白地说出来，而可能要靠你去揣摩。

所以，平时要注意观察，从他的表情、手势及潜台词等非语言肢体动作中，领悟领导内心真实的想法，并且贯穿和落实在工作中。

02

找机会向领导汇报思想和工作

平时要多找机会向领导汇报工作和思想，汇报想法和愿望，包括提拔等争取自己利益的事。

这样一方面领导可以感受到被尊重，另一方面，双方还可以在多联系、多沟通中增进感情和互信。

不要怕汇报，领导也是人，也是平常人，你就把他当成自己的长辈或兄弟一样，多沟通，多交流，多交心，这样才能增加感情，提升认可度。

03

多做一些工作之外的感情交流

与领导的相处，除了工作上的汇报、沟通和交流，工作之外也要注意交流情感。

比如经常给领导送点他喜欢的小礼物，经常帮他或家里做些力所能及的事，主动帮他解决一些个人不便出面的困难和问题等，这样才能让关系更加亲近，更容易走进领导的内心。（作者：老部长）

在单位一定要知道这些“潜台词”

对于资深公务员、领导在职场中的表现，有的如影帝、影后一般，新人必须读懂办公室剧本里的“潜台词”，才能保证沟通顺畅，提高效率，避免出错。

（1）这个工作你要跟某某结合一下——迅速主动找到对方，沟通、商量、对接，询问工作进展情况、借鉴已有成果，完成新工作。（这是各层级领导都喜欢用的一句话。）

（2）好的，完成得不错，还有别的事吗？——你说的我知道了，我这还有一大堆事要做，你别耽误我的时间，该哪玩哪玩去。

（3）某某最近在忙什么——大家这么忙，怎么没见他干活？（工作不积极，汇报不主动，领导很生气，再不积极采取补救措施，后果将会很严重。）

（4）我也不太清楚他最近忙啥呢——领导，你问我我哪知道啊，那家伙根本看不到人影，压根就没来上班。

（5）这个活动的方案有了，你看看，有什么好建议——有啥好点子，麻溜地说出来，跟我一起想想这个怎么做。（只有在少数人的场合，才是真心实意想听意见，想要你拿出好点子、好想法，如果奏效，那么下次有事领导还会找你，进而逐渐扮演参谋、左膀右臂的角色。）

（6）这是我的想法，大家有意见尽管提——就这样吧，方案我已经定了，你们照我说的撒丫子去干吧！

（7）某某可是个很有性格的人——这人贼不好相处，火一点就着，最好不要招惹他。

（8）某某这个同志很有性格嘛——我可不想用他，不稳当、不踏实，用着不靠谱。（职场新人最忌讳锋芒毕露，要学会收敛，等羽翼渐丰再显露个性、展示风格吧。）

（9）某某科室有个材料，你给把把关——某某科室的水平太次，材料写得太烂，我懒得瞅，你比他们强，在他们材料基础上大改吧，改好了拿给我。（“把把关”绝不是单纯提点修改意见或打回原科室，要负责到底。）

（10）这事你看着办吧——事情难度不大，希望你能掌控局面，我不要过程，但对于结果，我很重视。

（11）这件事回头（或改天）再说吧——这个想法纯属扯淡，我现在不想谈了，你别磨叽了，赶紧下一个话题吧。（没有明确说“回头”“改天”是什么时候，就是没时候。）

（12）这件事改天再碰碰，记得提醒我——事情很重要，但今天没时间了，改天专门拿出时间讨论商定。（从第二天开始，每天提示领导一遍。）

（13）这个事，我原则上同意，但可以稍作调整——大部分不同意，必须按我下边说的改。（岂不知，“原则”二字恰恰是弹性最大的词，“原则同意”只是给提案者的一个台阶，“稍作调整”才是重点。）

（14）出现这种事情，是哪个环节出了问题，谁的责任——你小子怎么搞的，干啥啥不中！（你以为领导真是来调查真相的？错了，这么说就是认定你有责任，如不主动承认自己的疏忽，还真的在哪个环节或哪个人身上找问题，更显得你没有责任心。）

（15）这个事情你找个时间办一下——赶紧、马上、立刻去办，办完向我汇报。（如果这个任务就是你的分内工作，你还真想以后找个时间再办？赶紧办吧！并且要第一时间向领导反馈。）

（16）这个事这样不太合适吧——你想干啥，挑衅是吧？（无论谁说出此话，都是极度不满。）

（17）你牵头，以你为主，其他人配合，必要时我会协调——从策划到总结，你要带头干，定期向我汇报进展，如果需要别人帮忙，我可以出面给他们派点活，但是不到万不得已别找我……

（18）领导说了，你牵头，我们配合——你干去吧，跟我们没太大关系，如果心情好就帮帮你。（只要你牵头，这事基本全是你的了。）

（19）你要配合某某，做好这项工作——你要听他使唤，跟你要啥资料要无偿提供，需要你干活时要服从指挥。（点名道姓指出要你配合，那你要认真地配合。）

（20）你觉得某某怎么样——他表现怎么样我还不知道吗，我最想知道的是你和他的关系怎么样，再看看你的站位高低。（实事求是，客观评价最好。）

（21）这个活儿不急，慢慢来——如果你真以为不急，三两天后才开工说这个事儿，那么你可能已经引起领导的不满了。（要统筹安排时间，提前打理好。）

（22）这个活儿差不多就行了，只要领导满意就行。——我自己都不满意，领导会满意吗？我不过拿领导说事儿，你得把工作做好。（每一项工作任务都是自己的名片，都得认真对待。）

（23）这个事儿你直接给领导汇报吧——这个活儿太缠手，我不想介入/既然你习惯于越级汇报，这次索性成全你。（一切按程序来，切忌越级汇报。）

（24）这个字儿你替我签吧——如果你签了，没事就一切都好。如果将来此事引起争议，完全可以将责任推给你，理由很简单：我不知道，这不是我签的字。（签字有风险，落笔须谨慎。）

（25）你这几年干得真不错——下面很可能就是转折，动员你给其他人让路。

怎么样？中国语言文化博大精深，身处职场，要多听多看，细细揣摩，不断总结积累，久而久之，新人也能变“大咖”。（作者：落花人独立、岳阳）

领导说“你定吧”，他心里到底在想什么

办公室小刘，是一名刚入职的科员，为人踏实，工作扎实，对领导总是一副唯唯诺诺的样子，从不敢发表半点个人见解和要求。

可就是这么“老实”“听话”的一个人，这天，在办公室又被领导骂了。而且，领导的训斥声很大，感觉传遍了整个楼道。

原来，前两天，小刘接到上级部门电话，需要上报近期亮点特色工作总结。小刘向领导汇报，领导当时在忙别的事情，跟小刘说：“你定吧。”

看到领导对自己这么信任，小刘心里比吃了蜜还甜。当天就熬了个通宵，根据自己的理解，洋洋洒洒写出了一篇总结就上报了。

后来，领导把小刘叫到办公室，劈头盖脸训了一顿：小刘，你做事怎么这么敷衍了事？让你写个总结材料，为什么不给我看一下再报？要不是上级领导来电，我还不知道你已经报了。你这纯粹是在完成任务啊……

小刘心里满是委屈：明明是领导说“你定吧”，结果听话的人，怎么就闹得个出力不讨好？

其实，这就是所谓的“听锣听声，听话听音”。有的领导说话喜欢让下属去揣摩，如果听不懂领导的“话里有话”，必然会栽跟头。

像上文中的小刘，他是因为没有理解领导那句“你定吧”，想当然地认为那是“你写好后直接上报吧”，所以最后弄得自己很被动。

那么，当领导说“你定吧”，千万不要单纯地以为领导把事全部交给自己执行了。

01

清楚自己能定什么

在职场，认清自己是谁很重要。

只有明确自己的岗位职责，清楚自己的定位，才能知道应该干什么、怎么干、干到什么程度。

就像前面提到的小刘，他是办公室的一名科员，扮演的只是一个末端执行的角色。他能定的，就是忠诚与执行：领导安排什么，就做什么；领导意图是什么，就执行什么。

至于那些要往上级报送的材料或以单位名义行文的材料，是代表整个单位的，如果领导没拍板，他是不能直接上报的。

当然，如果小刘是办公室主任，接到通知上报办公室亮点特色工作总结，那么，这就可以自己写好直接上报。否则，写好后，还是需要给领导审定。

所以说，领导那句“你定吧”，到底是定什么？需要先结合自己的岗位职责多揣摩，不能妄自推测。

02

清楚领导想定什么

职位越高的领导，越不喜欢明确表明自己的意见，越是喜欢让你“猜”。

一来，他要考验你；二来，他也没这么多工夫跟你娓娓道来。你要做的，就是多悟多学。

一般地，领导说“你定吧”，有以下这几层意思。

1. 顺水人情

有些经常性的工作，你每次都要跟领导汇报，但每次汇报的内容大同小异。领导那句“你定吧”就是说：以后这类事，你自己决定就好了，不用再向我汇报。

2. 信任你

如果你的工作能力得到了大家的认可，领导又喜欢放手让下属去干工作。那么，他那句“你定吧”就是说：你办事我放心，放手去干吧，但是，事后也要记得有反馈。

3. 试探你

领导自己也没有思路，他先放手让你干，试探你，看你的工作能力。他那句“你定吧”就是说：你先自己拿个方案，到时候再向我汇报。

4. 敲打你

如果你经手的事情领导不满意，但是他又不想明说，只是短促有力地说“你定吧”。这种时候，领导的语气就带有警告意味了。那么，他那句“你定吧”就是说：这个事情，你回去再好好琢磨琢磨吧。

5. 甩锅于你

有的事领导不想插手，所以一句“你定吧”，意思就是：你去办吧，与我无关。毕竟，这是没有办法的事儿了，我是领导，总不能让我当坏人吧。

03

明确自己该怎么办

当清楚了自己的职责、领导的意图之后，接下来，就要结合当时的情境，对照职责、意图找对策了。

（1）如果这件事简单，自己能拍板，你告诉领导，目的是告知他有这么回事儿。那么，遇到领导那句“你定吧”，你就直接放手去干即可。但要注意的是，凡事有交代，件件有着落，事事有回音，既然你接了这个事情，无论最后办到什么程度，都要有个交代。

即，如果定了，怎么定的，要有交代；如果没定，需要延期或遇到难题了，也要交代。

毕竟，领导对你的信任是建立在对你工作认可基础上的，你要学会反馈，让他放心，这样才不会辜负他对你的信任。不然，下次遇到类似情况，领导就不敢放手让你去干了，甚至还会影响你在他心目中的印象。

（2）如果这件事复杂，自己不能拍板。你跟领导汇报时，领导很重视，会有思考，有询问，但没有发表太多意见。那么，可能是他考虑得还不够深入。当他说“你定吧”时，你可以答复“收到，我进一步修改完善后再向您汇报”。随后，你就要回去再好好琢磨琢磨，待拿出更成熟的方案后，再跟领导汇报。

（3）如果这件事复杂，自己不能拍板。领导说“你定吧”，随后你又去修改方案，但领导还是那句“你定吧”。后来，你从多方面了解发现，自己的观点跟领导的相左，那就要及时调整方案，再跟领导报告。甚至，你要彻底放弃做这件事，不然，是会费力不讨好的。

（4）如果这件事棘手，自己不能拍板，领导也显得漠不关心。那么，在没有其他办法的情况下，你就要做好替领导“背锅”的准备了，跟领导说：××领导，我先去开展×××项工作了，如果有不懂的地方再来向您请教。

最后，如果事情进展顺利，领导开心，你也开心；当然，如果东窗事发了，领导会出来“灭火”，指责你的不是，这时更能体现领导管理的智慧。

总之，在职场中，如果你听不懂领导的话外音，自行其是，甚至背道而驰，不但得不到领导赏识，还可能会“背黑锅”，吃不少“莫名其妙”的亏。

只有学会察言观色，准确把握领导的意图，才能正确办事，把事情办到点子上。

饭局上领导为啥总让你出去催催菜

这天，以前的同事小王跟我抱怨：自己明明没做错什么，竟然在饭局上让领导不高兴。

事情是这样的：前两天，领导请人吃饭，饭局由小王全程组织。但席间，领导却 5 次让小王去催菜。

饭局结束、送走客人之后，领导微怒，冲小王说：平时工作很踏实，但为什么饭局上总要我喊你去“催菜”呢？

小王听到这句话，心里想不明白，明明自己很努力在组织饭局了，席间领导安排什么就做什么，怎么就被“批评”了呢？

其实，领导让你出去催菜，可能有以下几点原因：要么，是上菜太慢；要么，是你在饭局上表现欠妥当，领导及时打断你；要么，是领导有别的安排。

一次饭局，领导竟然 5 次喊小王出去催菜，显然，小王这是缺少眼力见儿，没有弄懂领导“催菜”背后的意图。

01

领导为什么总是让你出去催菜

1. 先弄清自己的任务

饭局，更多是“局”。饭局上的一切问题，都应该围绕自己在“局”中的任务寻找答案。

一般地，这类饭局，无论是领导考验你、锻炼你，还是切切实实需要你。作为下属，无非有如下几个任务：一是做好饭局的组织工作，在吃、行等方面为客人、领导服好务；二是维护领导权威，遵从领导的指令；三是暖场、不搅场，让宾主尽欢；四是要有保密意识。

2. 要理解领导的意图

一般地，领导让你不停地“催菜”，无非有下面这几种原因。

（1）上菜确实慢，而你一直无动于衷，领导感觉怠慢了客人。

（2）上菜速度虽然不慢，但领导还有别的事情，想尽快结束这场饭局。

（3）你在饭局上有些行为举止让场面尴尬，需要提醒、打断你。

（4）饭局上其他人有秘密要说，你碍事，需要暂时离开饭局。

02

怎么应对

饭局上，领导总是不停地让你出去催菜，无非你的任务没完成好、他的意图没能实现。你要做的是围绕任务找原因，围绕意图找对策。

1. 上菜确实太慢

这是最简单的情况。一般地，餐厅上菜太慢，领导担心客人饿肚子，会让你去催菜，那你直接去催就是了。

但是，为什么会出现“一直让你出去催”的情况？

要么，是催的方法不对，没催到位，催了之后，餐厅上菜速度还是那么慢，菜迟迟上不齐。要么，你虽然照做了、催菜了，但在座的不知道菜何时能上齐、不知道为什么上菜这么慢。

当然，为了避免“多次被喊去催菜”，你在第一次出去催菜的时候，就要对照自己参加饭局的任务反思了：是不是自己饭局没组织到位？客人、领导的情绪没照顾到位？

因此，第二次“催”的时候，一定要跟餐厅沟通到位，协调尽快把菜上齐。

“催”了之后，你要给客人一个交代，告诉他们为什么上菜这么慢，告诉他们还有几个菜没上齐、大概还要多久才能上齐，好让他们心里有个数。

2. 场面尴尬

有的人倒好，本来肩负着“暖场”的使命、任务，结果，大家在一起吃饭、聊天，他就一个劲儿自顾自地刷手机，不聊天也不搞好饭局服务，搞得场面多多少少有点儿尴尬。

有的，主次不分、分寸拿捏不得当，自己虽然只是下属，但在饭局上喧宾夺主、显得过分活跃。有的，不会说话，还硬要表现自己，结果口不择言，不仅让气氛尴尬，而且给别人留下了不好的印象。还有的，稍微喝点酒就开始失控了，说话语无伦次、口无遮拦……

这些情况下，领导让你催菜，其实是在打断你。

所以，当菜上齐了，其他方面也没有不足时，领导让你催菜，那就要从自身方面找原因了。

如果是自己说话不当导致场面尴尬，那就要及时纠正，不要等到领导一次次让你催菜，那就被动了。

3. 领导有要事商量

餐厅上菜慢，领导想提前结束饭局，你的某些行为让场面尴尬……如果这些情况都不存在，领导却老让你去催菜，那你就要多个心眼儿了。

如果饭局已经接近尾声，自己也吃得差不多了，那不如到外面等一会儿透透气，谁知道让你催菜到底是不是个借口呢。

也许，领导是特意把你支开，有一些单位隐私，不方便让你看到或听到；当然，也可能是一些对你不利的事情，你需要回避。

我以前也遇到过类似情况。当时是三个人的饭局，某上级领导、我的领导和我。饭局快结束的时候，领导跟我说：看还有没有水果上。

其实，菜单我是提前给领导看过的，菜品也是领导亲自点的。当时，所有菜都上齐了，不存在“催菜”一说。

当“催菜”两字从领导口里说出来时，我就知道他的意思了：他有些话需要两个人单独聊，我需要回避一下。

4. 执行力很重要

其实，不管领导是出于什么原因让你“催菜”，你要做的是执行。

一来，领导叫你催菜，自然有他的考虑，你只需要照做，这是最保险的方法。

二来，当着客人的面，你的执行力代表着领导的面子。不然，如果你反驳，或者“耿直”地跟领导说“领导，菜都上齐了，您是不是记错了”，那都会驳领导面子，让领导难堪。

因此，如果我们听到领导的指令，就立即执行，不管有没有理解领导的意图，至少不会显得拖拖拉拉、不听招呼，至少不会在外人面前留下不好的印象。

总之，饭局的重点在于“局”，我们既要理解自己的任务，更要理解领导的意图，二者综合，针对领导“催菜”的指令，才能做出正确的答复。

当然，不管领导“催菜”背后的意图是什么，我们首要展示的是自己的执行力。

领导突然问你有空吗，满分回答是怎样的

一般情况下，领导说“好”“辛苦了”“不好意思”“收到，谢谢”“好好干，不会亏待你”等陈述句时，作为下属，无须思考太多，直接回复就行，甚至压根儿不用回复。

但有时候，领导说的是疑问句，比如，领导问你：××，有空吗？每次弹出这种消息，是不是都心头一惊？那么，该怎么回答？

答对了，领导满意，可能更看重你；答错了，可能对你有意见，甚至给你穿小鞋。因此，必须认真对待。

一般地，领导问“有空吗”，会有两种不同的情景：一是当面询问；二是下班后，领导在电话或微信中问。

针对这两种不同的情形，回答策略大致相同。

01

先冷静下来

职场中，很多人都容易先入为主。认为下班后或者工作中，领导那

句“有空吗”，八成是要给自己额外安排工作。

因此，只要听到领导的“有空吗”，内心早已经闷闷不乐了，及早被负面情绪所控制，以一种近乎“敌对”的姿态应对领导。

他们不分青红皂白，只要领导继续说下去，或者给安排点什么事情，就开始情绪化拒绝，造成尴尬局面。

其实，你要做的，是迅速冷静下来，老老实实听领导说，再仔细分析，拿出合理的解决方案供领导参考，而不是一味拒绝或者极不情愿地接受。

曾经，我有一个同事A君，在职场很容易情绪化。有一次，A君正和我们闲聊呢。突然，领导过来问他“有空吗”。

A君一听，估计心情烦闷了，本来挺阳光的脸，一下子变得阴沉沉，领导也没再继续问下去，径直去了别的办公室。

后来才知道，领导那天是想找人问点事情，并不是给大家安排工作。而A君先入为主，搞得气氛尴尬，也影响了在领导心目中的形象。

02

及时、正面回应

不管你正在奋笔疾书写材料、埋头找资料，还是在楼道、电梯偶遇领导，或是下班后，微信接到领导询问“有空吗”，相信你内心都会是焦虑和担忧的。

收到请回复，已经是一种基本的职业素养。不管你内心有多么不情愿、不高兴，你都要及时、正面地回应他。

你不回复，领导虽然没理由怪你，但心里别扭是必然的，甚至可能在心里给你记一笔。

你不能回复“没空”，直接拒人于千里之外，那很扫领导面子，说不定今后的评优评先都会与你无缘。

你也不能回复“有空”，不然领导会觉得你工作太不饱和了，原来整天都无所事事。

更不能反问“您有事吗”，不然领导会觉得你很不耐烦。

正确的回答是：对于他说出来的话，不正面回复；对于他没说出来的话，要及时、正面地回复。

显然，领导那句“你有空吗”，八成是想给你安排别的任务。只是有时候，他们安排任务也得按你手头的工作量来定，这也是领导处世的艺术与方法。

与其纠结要不要回复有空或者没空，还不如直接问领导：××领导，啥事，您指示。

一来，没有打断领导的兴致，不至于让他觉得你有推诿工作之嫌；二来，直接绕开了“自己有空没空”这个话题，不至于让有些小心眼的领导多想；三来，一切回归工作，直指领导问题的根本，让他觉得你干工作挺主动。

诚恳反馈

及时、正面地回应领导问的“有空吗”之后，你跟领导间的沟通才刚刚开始。可能，他会继续询问你；可能，他要给你安排工作。但不管怎样，你都要正确应对。

如果领导接下来是询问某些事项，而你又负责这一块，那就要如实回答；如果自己不负责这一块，那就要跟领导汇报说自己需要先找×××了解下情况，再跟他汇报。

如果领导接下来是给你交办事情，那就要迅速分析，看自己手头有哪些工作，领导交办的工作难度怎样、完成时限有什么要求等，综合分析后再妥善处理，看是接受还是婉拒。

如果领导交办的任务难度大、耗时长，自己确实很忙，那可以这样回复：领导，我现在手头负责×××、×××等几项工作，而且都是××日前要完成的任务，您看您刚才交办的事情，是否可以先由其他人接收，待我完成手中工作的情况下，再出力帮忙。

这种情况下，领导自然懂你的难处了，一般会采纳你的建议。

当然，还可以这样建议：领导，我现在手头还有×××、×××等工作，您刚才交办的任务，如果不着急的话，能否等我完成手头工作后再着手去完成？您放心，您交办的任务，我会尽力完成的。

总之，对于领导那句“有空吗”，我们先要冷静情绪，不要“敌对化”；不要直接回答有空或者没空，而要直指问题关键，问需要帮领导做什么。

当领导说出他的要求之后，就要分析领导的事情急不急，领导安排的工作跟自己手头的工作是否有冲突。如果有冲突，那就要先告诉他，把你的难处先说出来，给领导提提建议，最后再让领导决定你先办哪件事。

局长的“骂人之道”：骂人即驭人

我们局长是出了名的急脾气，工作中如果有人稍有疏忽，他就会像狮子一样大吼，整个楼道都会颤动。

但工作归工作，他只是对事不对人，局长严厉批评的只是干不好工作这件事，他从没有当面对下属进行过人身攻击（骂人），跟其他戾气型领导一对比，高下立判。领导骂人，其实也是一门艺术。

我们局长管着全县的几十所学校，正校长、副校长上百人，科长、副科长十几号人，看对眼的有，看不对眼的也有。局长偶尔也骂人，但从不当面骂。

最近，局长经常跟张科长抱怨一中的高校长胳膊伸得太长，该管的管，不该管的也想管，没有摆正自己的位置。有时候指责和严厉批评中还飙着脏字，情到深处把桌子使劲一拍，大吼出一句“高 ×× 他竟然都不把我放在眼里！”，张科长听了直哆嗦。

但是当高校长来到办公室汇报工作的时候，局长又对他客客气气的，以往的怒气仿佛都烟消云散了，还经常提醒我给他续杯热水，两人那是相谈甚欢。

难不成这个校长根深脉广，让局长有所忌惮？这背后一套当面一套的，局长是不是有点窝囊？

这种情况其实不只出现在校长们身上，同样也出现在其他几个科长身上。例如在A科长面前严厉批评B科长哪里哪里不足，在B科长面前严厉批评C科长哪里哪里不好，在C科长面前又严厉批评A科长哪里哪里有缺陷。

虽然局长批评的事情都属实，但为什么不当面说？这一度让我很迷惑。

如果说一中校长可能让局长有所忌惮的话，这几个科长完全没有让局长忌惮的理由，我琢磨良久，最后悟出不是“敢不敢”的问题，而是“想不想”的问题。

01

发泄不良情绪，同时杀鸡给猴看

在A科长面前严厉数落B科长时，A科长可能有一些侥幸，但是心情并不能完全放松起来。可以脑补一下A绵羊眼睁睁看着B绵羊被宰杀时的情形，顺便计算一下此时A绵羊的心理阴影面积。

虽然遭殃的是B绵羊，不是A绵羊，但毕竟他们共同处于一个级别，有B绵羊遭殃的时候，肯定也有A绵羊倒霉的时候。

由于A科长亲眼看到B科长被严厉批评，A科长的内心发生了震颤，第一反应会是“我也存在这些问题吗”，这种被动的反思是自保的条件反射，有则改之，无则加勉，对自己也是一种提高。

然而这么做的原因也可能是一箭双雕之策，在发泄自己的不良情绪的同时不让B科长承受心理打击，又可以吓唬吓唬A科长。老虎不发威，你还把我当病猫了？看你平时干事还敢不敢偷懒。

02

增强彼此认同感，同时激励下属卖力干活

平时几个科长一起工作，利益总会有分配不均的时候，几个科长之间难免有摩擦，同时也存在为了争宠而“争风吃醋”的问题。

局长在A科长面前严厉批评B科长的时候，A科长想起平时和B科长的矛盾，总会有一些报复后的“愉悦感”，同时产生自己比B科长优秀的错觉，更能激励自己百尺竿头更进一步，忠心卖力地为局长干活。

学生是夸出来的，机关干部也不例外，批评别人而没批评自己也算是夸奖的一种，这种委婉的夸奖方式可能比当面直接夸奖更有效果。

同时，局长在A科长面前严厉批评B科长时候，会让A科长倍感亲切，认为局长把自己当成了自己人，因为只有自己人跟自己人聊天才会掏心掏肺，所以生活工作中会忠心地为领导鞍前马后“办事”。

03

不自降格调，不破坏利益共同体

当面骂人有点像村霸的所为，科级以上干部如果当面骂人就是自降格调，为人所耻笑。

与此同时带来的不良后果是，被批评的当事人以后会对自己产生

抵触心理，以后再找当事人办事就如逆水行舟，无论公事私事都会很困难。

关于科级以上干部的威信，其实还有一个灰色地带，怎么判断一个领导牛不牛，能办的事越多就越牛，怎么办呢？做利益的掮客（中介的意思），具体步骤如下。

（1）请 A 为 B 办事，欠 A 一个人情，B 欠自己一个人情。

（2）再请 C 为 A 办事，把 A 的人情还上，自己欠 C 一个人情。

（3）让 B 把 C 的人情还上。如此一来，自己没动用任何公权力，却为三个人办了三件事，欠的人情也都还上了，别人间接通过自己办事还能树立老大哥的形象。

当面骂人那是自降格调，更重要的是，如果得罪一个，工作利益共同体里就会少了一个同盟，自己的老大哥形象就会受损。

04

谨言慎行，不给自己留下一丝后患

机关是棵大树，枝繁叶茂的大树下面是盘根错节的老树根，无论是当面指责校长还是当面怒骂科长，都承担着背后被使坏的风险，所以领导们飞扬跋扈的少了，谨言慎行的多了。

正所谓兔子急了也会咬人，人被逼急了也会反抗。

所以打人不打脸，揭人不揭短，属下被逼急了，即便他们背后没有靠山，也有纪委这个最大筹码，一旦被纪委盯住，有几个局长心里不虚？（作者：咕噜咕噜）

“听话”的艺术

办公室工作的特点就是被动性，无论是贯彻执行领导的指示，还是请示汇报工作，你都要按照领导的要求，把工作做好，不需要太多的主观发挥和创新，说到底就是要做一个会“听话”的人。

其实具备“听话”这种素质不是指拍马屁，更不是指没有自我，而是办公室工作所必须具备的一种素质和能力。其实是一件小事让我深深明白了具备这种素质的重要性。

话说本部门有个读书交流的平台，文化部门也有一个交流的平台，前者想安排一个小伙子来分享读书体会，但刚好此时文化部门也要搞一个读书交流的活动，于是这位小伙子就说：那个交流活动也安排我去分享了，干脆我就在这个交流活动上分享了吧。意思就是本部门的交流平台就不分享了。

这个年轻人很单纯，想法有点自以为是。本部门活动是本部门的，人家的交流活动是人家的，能一样吗？自己的读书交流活动不去搞，反而去人家那里，其实这也没有关系，但是问题是人家的活动要搞，自己的就不搞了吗？这两个活动完全是两码事，怎能混为一谈？

推己及人，对于领导来说，有一个会听话、能听懂话的下属，有多么重要！

领导不是任何想法都可以、方便、愿意和你敞开说个清楚明白的，所以，当你不明白领导的意图和想法时，首先要做的就是听话，按照领导意图行事，这不是拍马屁或者没主见，而绝对是一种对领导思维和处理能力的认同和尊重！

那么，做一个听话的人需要具备哪些素质？

1. 要有较强的领悟能力

如果领导交代一件事情，你觉得有点不合常理，你会怎么做？有些人会本能地在心里不以为然，如果是跟领导关系稍微随意一点儿的话，可能还会表达出不同意见。但你有没有往深处设想过？如果连你都觉得不合常理的话，领导会不知道？

他肯定是有更深层次考虑的。当然也不排除领导临场发挥出现偶然性、无技术含量的失误，但这种概率还是很小很小的。在大部分、正常情况下，领导的思维方式、视野和处理问题的水平是远远高于你的，所以要听话，不要太自以为是。

2. 要有较强的心理素质和主见

如果你天天跑领导办公室，各种请示汇报，可能会担心别人反感，有溜须拍马之嫌。其实，大可不必有如此顾虑，你要端正心态，办公室工作主要就是服务领导的，不天天去领导那里请示汇报，难道天天跟路人甲八卦，这样别人就不会说你、不反感你了吗？说到底还是心态和目标没有摆正的问题。

办公室工作、行政工作，都是上传下达，说到底都是围绕领导的意图展开的，如果不去全心全意领会领导意图，反而瞻前顾后，那就是心态问题。因此要有很强的心理素质和主见，明白自己的定位是什么，工作的目标是什么，就不会这么患得患失了。

还有一点就是领导当时的心情和语气。人都是情感动物，有时候领导给你布置工作的时候，可能会带点小情绪，也可能是因为你，也可能不是因为你，但这都不重要，重要的是你要端正心态，透过领导的情绪，清晰准确地把握领导的意图，如果不确定，宁愿冒着被指责的危险也要复述一次，以保证让领导的准确意图得到执行。从这方面讲在办公室工作一定要有较强的心理素质，不能被任何人的情绪所干扰，头脑始终要保持清晰、理智。

3. 办事效率要高，回应、回复速度要快

当你端正态度和思想，清楚地领会了领导的意图之后，接下来是干什么。要落地、去执行。只有把领导的“话”转化成了行动力，成了推动工作进展的力量，这“话”才是真正发挥了效率。

领导需要的不是应声虫，也不是当面一套、背后一套，或者听完了像大风刮走一样不入脑、不入心的人，而是需要你把他的指示和意图贯彻到工作中去，说到底是执行力。而且办事效率要高，回复速度要快，如果领导主动问起这件事儿，说明你的行动滞后了。所以要快，办事快，反馈回复快。这样才算是给“听话”这项素质画上了一个圆满的句号。（作者：薏仁）

看懂领导表情动作，才能踩在“正点”上

人的喜怒哀乐往往会展现在面部表情中，在人与人交往中，学会察言观色是一切人情往来的基础。

在公务接待中，懂得隐藏情感是情商高的表现之一，而能够看懂领导的“微表情”也是一项高情商的体现。

01

懂得适时适当

你是否有过向领导汇报事情时，被领导莫名臭训一顿的经历？这不仅是因为你没有掌握好适当的时机，更是因为你没有看懂领导的表情。

（1）要懂得在适当的时间汇报。如果你的事情不急，还非赶在领导忙着开会，或者有各种紧急情况的时候去汇报，那你就是找挨训去了。

（2）要懂得看懂领导的表情。有很多人喜欢在路上碰到领导就汇报各种事情，因为领导不好碰呀，赶上机会就赶快汇报，可是你却不知道

领导现在是否想听你的汇报。

如果领导迈着四方步，闲庭信步地走着，也许心里还哼着小曲的时候，你汇报的事情如果是好事也就罢了，如果是糟糕的事情，不仅破坏领导难得的好心情，还容易把汇报的事情搞砸。

如果领导正走着，你上前打招呼，这时若是领导正面向你，双脚尖朝向你，说明领导有时间听你汇报，你可以建议领导到你办公室或者他办公室继续汇报。

如果领导正走着，你上前打招呼，领导脸朝向你但身子却侧向一边，双脚尖与身体侧向一致，说明领导不想和你谈过多，或者领导有更着急的事情要办，你就应当识相地赶快结束谈话。以上身体朝向及脚尖朝向也可以应用到办公室内谈话。

02

懂得查看心情

当一个人的眼角、嘴角和整个面部略向下垂时，说明这个人正处于愤怒的边缘，没有十分紧急的事情还是不要碰触。你可以在身边备一面镜子，自己摆出表情或动作来加深理解。

当一个人双手交叉于胸前，而且位置很高，下巴与脖子的角度大于 90 度角时，建议有多远躲多远，因为这种状态代表着此人正处于暴躁的边缘。此时任何事情都不能让他感到一丝轻松。

03

懂得看清动作

身体是最容易出卖主人的，不论观察者还是被观察者，在外交场合都要避免以下动作。

一是抖动。古语有云“男抖腿贫，女抖腿贱”，说得不无道理。抖腿在各种场合均能看见，抖其实也代表着“不耐烦”“等不急”。

如在开会汇报工作时，领导身体后倾，跷着的二郎腿在不断地抖动，其频率代表着他的不耐烦指数，这时你就要言简意赅地尽快结束汇报。

如果领导对你所汇报的感兴趣，他的身体会尽可能靠向桌子，双手或拄起抱拳，或交叉伏于桌，他的目光会直视你，或认真看你的材料。而一手抚摸嘴或下巴，代表着他正在思考你的汇报，很有可能会随时询问。

二是绕指。开会时如果他身体后倾，全部身体都靠椅背，拇指绕指，一方面代表他正在思考如何答复你，也可能是想反驳你的观点。绕指另一方面也代表他内心的纠结、紧张，想要厘清，尽快树立自己至高的威严。

04

看懂目光

都说眼睛是心灵的窗户，当你直视对方的眼睛时，如果他心里对你有亏欠，会躲闪你的目光。

如果这个人对你厌烦，他看你的眼神会从其眼角射出，即使他的个头没有你高，也会抬起头斜睨你。

当你和领导对话时，领导连脸都不愿对向你，只是转眼珠来看向你，这是很明显的不耐烦，劝你尽早结束这次对话。

05

看懂细节

从细节了解人，是需要用时间去摸索、去揣摩的。

之前单位有个新上任的领导非常严肃，刚上任两天，已经训了好几个科室主任，单位里的人惶恐不安。

这时上级来人调研，和新上任的领导虽然是平级，但毕竟是上级来的人，领导想尽办法在规定范围内各种安排。

办公室小刘本来以为能够顺理成章地提职成主任，被新领导训了几次，感觉提职无望了。

有一天小刘看到新领导接待时拍的照片，新领导采取的姿势是熊抱，而两位领导都是男性，被抱的上级领导一脸的尴尬。

小刘从中看懂了什么，几个月后提职为办公室主任。一是对于刚认识的人，很少有人能够采取熊抱这个姿势。二是对于上下级关系，很多人采取的都是握手，最深的就是搭肩。三是能够对刚认识的领导采取熊抱姿势的人，其内心也会很看重这种表面形式。

因此，平常要多观察，多了解，才能发现生活中的细节。对领导也是一样，多接触多观察才更容易解读其微表情，让工作事半功倍。（作者：职场小白）

如何确定领导是否真心器重你

在机关单位工作，工资不高，工作量却不小。我们这些小科员拼死拼活地干，无非是求个奔头，渴想有朝一日得到提拔。

有时候，累得半死不活，领导一句鼓励的话，会让我们激动半天，犹如奄奄一息的秧苗得到了春雨的滋润，瞬间又充满了斗志。

可是，工作时间久了就会发现，领导鼓舞人心的话不能全部都信，那些只是领导的工作艺术罢了。

当我们埋头苦干的时候，也要抬头望望天空，想一想领导是否真的器重我们。因为领导小小的决策可能就决定了我们的一生。那么，如何才能看出领导是不是真的喜欢我们呢？

01

是否带你出入各种圈子

人与人之间的交往讲究志同道合，也就滋生了各色各样的圈子，比如说酒圈、麻将圈、篮球圈等。而进入这些圈子，也会有很多好处。

首先，你会了解到谁和谁关系密切，厘清错综复杂的关系网，知道找人办事的时候托谁合适。

其次，这里是分享信息、资源共享的平台。比如说饭局，大家在饭桌上会畅聊：某人今天干了什么事，领导是什么意见，事情进展到了哪一步……很多信息流就喷涌而出，从而达到互通有无的目的。

你有没有发现，身边有几个人吃饭的时候总是一起去，从不带别人。其实这就是一个圈子。

如果领导把你带进他的圈子，办事对你从不避嫌，说明他把你当成了自己人，这也是司机比秘书与领导关系更铁的理由所在。

如果，领导从不带你去私人圈子，那你就不要自作多情了，因为你根本不是他点的“菜”，自己该干什么就去干什么去吧，正所谓“圈子不同，何必强融”。

02

是否为你担当各种责任

1. 替你办好事

刚步入社会的年轻人没钱、没本事、没关系，但是需要处理很多涉及自身利益的问题，或者遇到这些烦心事，如果你求救于领导，领导爽快答应，在力所能及的范围内为你处理各种事务，自己解决不了的还会托人解决。

那么，你一定要好好珍惜这样的领导，赶紧努力工作。因为在这个社会，求人办事是最难的，人情用一次少一次，领导能为你的事动用自己的人脉，对你的器重也就可见一斑。

2. 替你挡坏事

在单位，做的事越多，出错的概率也就越大。年轻人干事创业难免办事不周，考虑不全。这个时候，有的领导会主动靠前，勇担责任，把错误揽在自己身上。

我曾经就遇见过这样一位领导，大领导如果批评他的下属，他立即就和领导怼回去："你可以批评我，但是不能批评我手下的人，出了问题是我的责任。"

此类领导身上的高贵品质值得我们好好学习，此类领导也值得我们去追随。

03

是否和你谈论各种事

领导是上级，同样也可以是朋友。领导是普通人，自然也有普通人的烦恼。闲来没事的时候和你拉拉家常，讨论单位的一些情况，谈谈社会上的一些事，开展全面深入的谈心谈话。这样可以为你们的关系增添润滑剂，也足以显示出你们关系的不一般。

你要明白，有些话是不能随便对别人说的，领导对你说，是信任你，是相信你的为人。

和你拉家常，是关心你的个人生活，看看你是否有什么困难。和你谈单位的事，是想听听你的意见和建议，是相信你的工作能力，从而作出全面谨慎的决策。和你谈社会上的一些事，是和你进行思想灵魂的交流，洞察下你的内心世界。

如果领导和你只是工作关系，没有一点私人关系，有事的时候叫你，没事的时候对你爱搭不理，不和你商量任何事情，只是让你工作、工作、再工作，那么你就得好好考虑一番了。

04

是否为你指明各种路

中国官场上有句名言："扶上马，送一程。"每个刚步入公务员队伍的年轻人都希望级别比自己高、资格比自己老、经验比自己多的德高望重的人来为自己指点迷津。

多年前，当我自己只是一名初出茅庐的教师的时候，我单纯无比，对整个世界充满无限的爱。我傻傻地认为老教师就应该把自己的经验分享给年轻教师。

但后来，一位关系好的老教师私下对我说："别人为什么要告诉你？难道是为了培养一个竞争对手？难道是为了把自己的奖金分给别人？你只不过是一厢情愿罢了。"

时至今日，我终于明白，这世界没有无缘无故的爱，也没有无缘无故的恨。获取别人的知识自己是需要付出代价的。

如果领导时刻提醒你注意工作细节和方法，告诉你如何和人打交道，指点你如何处理各类事务，把自己的本领全部教给你、无偿奉献给你。这样的领导就是你一生的老师。

上面的 4 种情况，领导能够做到其中两点就是真心器重我们，如果能够做到三点就是把我们当成接班人来培养，如果能够全部做到那么就是我们一辈子的福气和幸事。

器重自己、赏识自己的领导可遇而不可求，一旦遇到这样的好领导，我们应该全身心地投入工作，以工作业绩来证明领导的慧眼识才、来回馈领导对自己的厚爱和支持。同时，我们也要怀着一颗感恩的心去尊重领导，并回报他。（作者：尘埃）

领导为啥不喜欢跟你讲道理

俗话说“官大一级压死人”，有时不管你觉得自己多有理，如果领导不听你那一套，你也只能干瞪眼。

其实更多的时候，领导的“不讲理”也蕴含着许多的“道理”。我们应该做的是，懂得这些“道理”，并在这些“道理”的指导下和领导融洽地相处。领导的“不讲理”可能有以下几种原因。

1. 领导是想树立权威，可能你抢了他的风头

小李陪领导外出检查，小李一马当先，当场指出了受检单位的一个明显错误。

当时领导只是小声地和小李说了一句，的确应该让他们改正啊。

可是在向受检单位集中反馈时，领导并没有提及这个问题。对此，小李愤愤不平，觉得明明自己说得很对啊。

在随后的检查中，小李沉默了许多。这次遇到同样的问题，领导反而严厉地给受检单位指了出来。

其实，领导这种“不讲理”就是一种领导手段，是一种“谁说了算”的宣示。

2. 领导是想统一意志，不想听你的借口

小李向领导报告工作情况。有一项任务，有的县完成了，有的县没完成。实事求是地讲，完成与否，很大程度上取决于所在县里的客观条件。

但是，领导把正在解释的小李堵了个哑口无言，并严厉地批评了没有完成该任务的县。

事后，在向没有完成任务的县传达领导指示的时候，小李还一度抱怨领导不实事求是。

其实，领导这种“不讲理”就是一种对待工作的态度，一种与困难相抗衡的施压手段。总不能让领导的思路跟着下属跑，不去攻坚克难完成工作吧？

3. 领导是想推进工作，找个理由堵住你的嘴

一年到头，每个人都觉得自己不容易。年终评优也就成了单位最难办的一件事。

小李的领导公道正派，开会让大家投票。可是投票归投票，并不当场唱票。

人选定下来后，领导在通报情况时，还不忘加上一句“经大家投票选举得出”。小李不停地在心里嘀咕，是不是大家投的鬼才知道。

其实，领导的这种“不讲理”就是一种推进工作、不授人以柄的手段。

大家的表现，领导看得一清二楚，一定会让辛勤付出的人，得到应有的回报。（作者：刘三月）

领导有话不爱直说，有经验的老江湖会怎么做

生活中，我们都喜欢别人有话直说，没有那么多弯弯绕绕；但又时刻提醒自己，不要心直口快、直抒胸臆，以免带来不好的影响。

但有些领导说话总喜欢绕弯子，说话总有弦外之音，喜欢说半句留半句，甚至说的话跟自己内心的想法相反。其实，这种虚虚实实是一种说话的艺术。

作为下属，很多时候都需要去领会，动脑子多琢磨。

那么，如果一个领导说话做事讲究含蓄，喜欢下属自己去“琢磨”，应该怎么去应对呢？

01

日常工作交流时，要听懂话外音，投其所好

你先尝试站在领导的角度来考虑问题，洞察他的意图，这样方便理解他的“话外音”，以做出合理应对。

这就要求你：不但要听领导讲了什么，还要听领导没讲什么，更要

知道领导这么说的目的是什么。

十几年前，我被单位书记点名陪同去某地出差。说实话，我跟这位一把手平时交集并不多，我在单位也很低调，他对我的了解也很少。我想不通他为什么要点名让我陪同出差，可能是因为我对那座城市比较熟吧。

我和书记两人来到出差城市，已是晚饭时间。这时他说："一晃就到晚饭时间了，小 ×，你想吃点什么？"

一听到书记问我想吃什么，我很惊讶，也有点"受宠若惊"，但这种感觉转瞬即逝。

我想：我刚入职不久，能被点名跟单位一把手一同出差，已经很幸运了。书记问我想吃什么，是为了展示其亲民，但绝不可能按字面意思这样理解，站在书记角度考虑，他应该是想问我准备带他去吃什么。

稍作思索，我便回答道：书记，我看您是 ×× 地人，要不我带您一起去吃 ×× 菜吧。

一说完，书记立马来了兴致，随后和我一起去了 ××。席间，书记赞不绝口，对我的安排很满意。

这次出差，无论是吃饭还是住宿，我时时处处都设身处地为对方考虑，表达关心和细心，给书记留下了一个较好的印象。出差回来后，书记就比较重视我了。

所以说，面对领导有话不直说时，重点是了解他的真实心理，他的利益点在哪里，他的为人和喜好是什么，再为其需求画像来应对他。

当然，这个换位思考是建立在真实的事情上，在不啰嗦的情况下越具体、越真实越好。毕竟，每个人都讨厌做作、虚伪。

02

工作执行中领导绕弯，我们绝不绕弯，不懂就要请教

很少有人会拒绝一个向自己诚心请教的人。有时候，领导下达的指令不是特别清楚，即使我们尝试换位思考也不能琢磨出个所以然来。或者，领导有其他意思，但个人站位、获取信息量所限，不能完全理解领导意图。那么，就应该以适当的方式进行委婉提问。

如果理解出现偏差，一知半解就去执行或者自以为是地去做，都是很忌讳的。出了差错，挨骂是轻的，如果最终造成工作被动，那就得不偿失了。

可以这样跟领导说：领导，您刚刚那句话的意思是 ××× 吗？/领导，根据您刚才说的话，我是这样理解的，下一步我将 ××× 办，您看行不行？

如果，他没有反对，那就说明你理解的没有问题；如果你理解错了，他一般会给你指出来的。

如果当时领导手头有别的事情，事后还可以向身边的同事请教。特别是领导身边的红人，要么有过人之处，要么能准确领悟领导意图。可以多问问他们，遇到类似情况该怎么说、怎么做，该怎么回、从哪个角度回。

一般地，领导都有自己的套路。要多看多想多请教，经常反思不明白的原因，以及正确的理解是怎样的，一回生二回熟，只要摸准了，就能对症下药，领悟力自然就提升了。当然，如果当场实在没听懂，要表达出真实的想法，不要装明白。

03

有一种智慧叫“点到为止”

有的领导，喜欢通过“说话绕弯”来体现自己的水平，对于一些事情，他们不会轻易说出自己的真实想法，而要下属去悟；即使你猜中了他的真实想法，他也不置可否。这时候，对于一些无关紧要的事情，不要打破砂锅问到底了，免得双方尴尬。

要么，领导不愿意多说；要么，他自己都没想明白。既然这样，干嘛要追问呢？

当然，有的时候，领导讲话绕来绕去，有可能是工作出现了失误，需要甩锅。其本质指向了一点，那就是问题需要解决，但领导不会出面，不能因此丢面儿。毕竟，在他们眼里，作为管理层，主动承认错误就相当于承认自己能力不足，意味着威信的缺失，意味着不能服众，意味着今后道路的风险增加。

弄清楚领导“绕弯”背后的逻辑之后，如果领导的失误是由团队造成的，那可以想办法分锅；反之，如果是领导自己造成的，再一味地甩锅，那么，就要做好两手准备了。

作为下属，无论领导的出发点是什么，无论遇到什么样的领导，相处的核心思路都是一样的：换位思考，理解对方的需求和出发点。

领导为啥不爱发朋友圈

朋友圈就像一个剧场，又像一个江湖。你站在桥上看风景，看风景的人也在楼上看你。

通过朋友圈我们可以获得一些信息，从而生成对他人的评价，同时别人也在品评我们。

那么，如何看待朋友圈的作用？朋友圈是应该随心所欲，还是有所取舍？不妨先看看不同人的朋友圈再做结论。

01

普通人的朋友圈五花八门

（1）入世青年方阵——名门正派，学历水平不低，咬文嚼字能力较强，圈内充满原创的心灵鸡汤、岁月静好、正能量，是朋友圈的一股清流。

发圈者多是一个单位中层及以下干部，会表达、能思考，看电影、看书、看新闻等角度与众不同，其在工作中也能脚踏实地，是中坚力量。偶尔可见“加班的夜晚窗外的月亮”“凌晨 1：00 办公室的咖啡”等各种花式晒加班，说明他们很有上进心。

（2）修仙代购方阵——“×× 今天打 8 折”“祛斑神器已到货”，晒单、晒钱、晒机票，飞日本、飞韩国，网店清仓又打折。

不用说，发圈者是在兼职做代购、开网店，对于他们来说，钱才是比较现实的，单位的工作只是每个月工资卡上的固定数字，代购有单就笑脸相迎。

（3）逍遥烧钱方阵——晒图是朋友圈主要风格，九寨沟、布达拉宫、哈尔滨的大冰溜子，广东叉烧、四川火锅、内蒙古的烤全羊，啥也不用说，美景美食馋到你怀疑人生。许多人看后戏谑地评论：“第几次休年假了？”“你们头儿喊你回单位加班。”

这些人有雄厚的家庭经济实力做后盾，人生得意须尽欢，千金散尽还复来，领导叫干啥就干啥，进不进步无所谓。

（4）晒娃宝妈方阵——家中有宝万事足，晒完一胎晒二胎，亲子互动、外出表演、考试成绩、才艺展示，在家是贤妻良母，在单位是善良大姐，跟他们请教如何做饭、如何手工裁剪衣服，将会是最好、最快的接近方式。

（5）悲情发泄方阵——“连续几天没好好睡了，快挺不住了！”“都在我眼前消失”，常常抱怨别人对自己多么不好，现实多么不公平，满腹牢骚，散播负面情绪。这类人有着一颗脆弱的玻璃心，不太懂得排遣不良情绪，将朋友圈当成了表达不满、释放压力的渠道，也没有什么朋友。

（6）隐身潜伏方阵——仅展示最近三天的朋友圈，除了给别人点赞，几乎看不到他们的动态。这类人一般成熟笃定，认为发圈比较“小儿科”，对过去不留恋，对未来不空想，情绪写在心里，踏实工作，久久为功，活在当下，理智看待进退去留。

02

领导的朋友圈“惜字如金”

领导的微信好友跟我们一样，有上级、有下级、有管理服务对象，级别越高的领导，越少发朋友圈。

很多领导的朋友圈，一年的更新也不会多于三条，少部分领导的朋友圈甚至停留在两三年前的更新。即使偶尔发朋友圈，也是转发政策法规、新闻报道、传统文化之类的文章，很少发表自己的观点。原因有如下几点。

1. 不想暴露个人信息

作为领导，一方面不需要刷存在感，反而要保持神秘，不随便透露自己的喜怒哀乐、兴趣爱好、行踪动态，以免给别有用心的人机会，惹来不必要的麻烦。

另一方面，领导们都有自己的人设，一言一行代表着单位，代表职务与身份，必须谨言慎行。

2. 没时间发朋友圈

想象自己就是单位一把手，某天早晨到了办公室，屁股还没坐稳，已有一群副职和中层干部围了过来，“书记，这个需要您签下字哈”“领导，某某项目问题还没解决，咱们什么时间去一下？”“镇长，昨天上边开了个 ×× 会，安排部署了 ×× 工作，您看，咱们是不是开个大会传达安排一下”……

当这群人好不容易散去，还有一摞文件没有批阅，电话、微信轮番轰炸，办公室主任又来了，“上头有个紧急会，您得赶紧走，回来后，有个省督导组过来，中午您陪一下吧”。

这时，你可能就会理解“我将无我”的意思了，当了领导，真的没有自己的时间，级别越高越是如此，管着那么多人和事，哪有时间和心情发朋友圈啊。

3. 容易被人过度解读

领导是一个单位的核心，即使是转发现成的朋友圈，也比普通人更容易被关注。所以，他们的朋友圈多是这样的：“这些上访行为涉嫌违法”“最新权威解读《土地管理法》”——业务政策法规；“CCTV带你览胜神州”“大美中国河山”——爱国情怀；“五十岁，生命最好的状态”“人生四大天规、六大智慧”——人生哲学；“某某项目落户我市”——本地本单位工作动态；等等。

如果朋友圈这样发，原意可能会被曲解。

“累死你的不是工作，而是你的工作方式”——下属可能会想，难道自己的工作方式出问题了？其实他只是认同该工作思路。

“相思苦，苦相思，为君相思君不知”——卧槽，有婚外情了？其实是几阙《长相思》词集锦配了好听的古筝曲，随手转发的。

03

到底该不该发朋友圈

其实，朋友圈只是生活中的点缀，多数人的朋友圈会随时随地记录日常生活，很少有人在发圈前会深入思考发还是不发，或者怎样发。

但是，进入体制内，无论是朋友圈还是生活中，都应做到谨言慎行。

先不提有人因造谣传谣被警察请去“喝茶”，有人因为连续发圈在外旅游，坐实了“不在岗”证据，单是每天抱怨、吐槽，久而久之就容易让人生厌。

要知道，为你的成功、幸福感到欢天喜地的人屈指可数，对你的痛苦感同身受的人也寥寥无几，大家多是不痛不痒，一“刷”了之。

因朋友圈加分不太容易，反倒是随心所欲会给人留下不太好的印象。所以，还是努力工作，谨慎发圈，莫要授人以柄，力争锦上添花。（作者：落花人独立）

领导开始嫌弃你的征兆盘点，你碰到过吗

职场中，能让领导赏识、喜欢，并得到提拔重用，是每个有上进心的年轻人都梦寐以求的事。但是，对于职场新人而言，得到赏识是需要时间和机会的。初入职场，首先别让领导嫌弃你，进而逐步留下好印象。

哪些表现说明你已经被领导嫌弃了？下面列举一些现象，给出一点对策，以防患于未然。

01

怀疑你的工作能力

本是你负责的工作，却不再征求你的任何意见，直接命令式安排你如何如何完成——不信任你，觉得你的工作思路和方法“跑偏”，不适合独立开展工作，只适合执行命令、跑腿。

危险指数：★

对策：调整工作思路，可以向老同志请教，翻阅以前的工作档案，照猫画虎，确定思路无大的偏差，揣摩领导工作思路方法，查找差距不

足，使自己尽快“上道”。

02

重视程度下降

当你汇报工作的时候，领导经常在埋头发微信或看文件，敷衍地回复你，或漫不经心，不再给出具体建议，甚至下逐客令，“知道了，没别的事了吧？”——对你的重视度已在下降。

领导如果重用某下属往往会给出中肯建议，甚至会告诉下属自己当初怎么实施这项工作，有过哪些失误，即使你的汇报做得不错，也会提出一些改进措施、注意事项，或者提出表扬。

危险指数：★★

对策：想想是哪里的问题，是汇报时机不对，还是汇报方式不妥。有问题及时调整，同时为以后争取一些重要工作的机会，哪怕一件事也要干得漂亮，并充分准备再去汇报，效果肯定会加分。

03

分配工作含量低

分解工作任务时，别人的任务比较重要，交给你的总是技术含量较低却耗费时间的打印校对资料、打电话下通知、跑腿送东西等，把本应由你负责的重要任务交给别人，或领导直接亲自上手——对你不放心，觉得你的能力与职位不匹配，以后也不想重用你。

很多人感觉领导分配轻松活是好事，殊不知轻松活干多了，在单位影响力几乎为零。

危险指数：★★

对策：千万别向同事抱怨，把小事、杂事做好，打印校对材料不出错误，下通知要有效传达到位，给领导留下吃苦耐劳、踏实认真的印象。在单位活动中展示特长、才能，适时主动向领导争取工作机会。

04

事情有所保留

经常打电话把你同科室人员单独叫走，只剩你一个，事后也不明所以——有些事情不想让你知道，对你保密，没把你当自己人。

危险指数：★★

对策：不是你业务不精、能力不强，多半是对你了解不够充分，不太放心。创造机会多接触，多表态，多刷存在感，在单位多说领导的好话，多说本科室多么精诚团结，让领导觉得你是个可靠的人。

05

态度转变太大

以前经常找你，突然不烦你了、不骂你了——对你失望了。

领导不断安排任务、施加压力，一些人会觉得很累很烦，受到领导批评更是难受，其实很多时候，是领导对你抱有很大期望，在刻意培养你，让你尽快提升与进步。如果领导突然不烦你了，则表示他失望了。

危险指数：★★★

对策：开始很关注你，后来态度大转弯，多半是你很优秀，但后来发现你盲目自信、过分张扬，领导认为你恃才傲物，态度有问题，没有谁地球都照样转。所以还是谦虚谨慎，低调行事吧，主动向领导靠近、示好，重新获得认可。

06

参加活动不叫你

同事们提起跟领导参加的某个重要活动、重要工作、重要饭局，你一概不知——领导在重要场合不带上你，而带其他同事去，说明你已被边缘化，不再是他核心圈子的成员了。

危险指数：★★★

对策：如果带你只会给工作添乱，“领导夹菜你转桌，领导发言你唠嗑”，那肯定就不带你了。这种场合重点是要发挥作用，要学会察言观色，眼观六路耳听八方，做好服务员、资料库，最重要的一点，保密工作要做好。

07

接电话不耐烦

领导不接你的电话，这倒没什么，可能在开会或者会见重要客人，也可能在休息。但如果不止一次不等你说完就挂断电话，且语气不耐烦，“行了行了，知道了”——糟糕了，说明对你说的内容不怎么上心，且不想与你有更多交流。

危险指数：★★★

对策：知己知彼，百战不殆，“死也要死个明白”。电话中不知道领导是什么状况，多做面对面汇报吧。领导那儿如果人多事多，要言简意赅，及时抽身；领导如果清闲心情好就多说两句，说说工作遇到的困难，怎么加班加点克服的，怎么坚决完成任务，表达下自己的敬业。

08

态度冷漠不理你

对你很冷漠，即使见面你主动打招呼，他也面无表情，目不斜视，没有目光交流，或是从鼻子里“哼”一声，然后就没什么反应了——不愿意跟你过多接触。

危险指数：★★★

对策：如果你没有站错队，没有散布他的不良言论，没有公开反对他，那就是地位太低、作用太小、可有可无，你只要铆足了劲工作，不是中层也要成为本科室挑大梁的，直到有些工作缺你不可，那就会有所变化。

09

鸡蛋里挑骨头

鸡蛋里挑骨头，一点事小题大做，引申到你曾经犯过的错误，罗列起来，夹枪带棒，上纲上线——对你不满意已很久了。

危险指数：★★★★

对策：你得承认，屡次犯错就是你的问题。一个字，改！少出错，不出错，如果还是继续明显针对你，说明领导心胸也没那么宽，可以考虑换个科室了。

⑩

私下批评变公开

从私下批评变成公开批评——私下批评是关注，公开批评则是极度不满，特别是对于你犯的错误，在公开场合说“咱们单位某些人如何如何”是拿你当作反面典型，以后翻身机会极小。

危险指数：★★★★★

对策：什么问题让领导这样不满？多找找自身原因。在他的任期内你基本没啥提升的希望了，即使你改正或改进了，变得非常出色也没啥希望，因为领导需要顾及面子。要么他升职，要么你调走，吸取教训，重新开始。（作者：落花人独立）

领导为什么都喜欢开着门办公

还记得，我刚进入县委工作的时候，一位老大哥也是一位老领导，拉着我指着县委那座楼语重心长地说："这座楼里所有的人七拐八拐都能搭上关系，这座楼里充满了秘密，可这座楼里也没有秘密！"

时隔多年，我才对老大哥这句话慢慢琢磨出味儿来。

领导喜欢开着门办公这在职场上应该是一个很普遍的现象，可领导为啥喜欢开着门办公这也应该是办公室诸多秘密中比较有内涵的一个，体现着领导的办公哲学，需要每个刚踏入体制的小白慢慢细品。

01

体现自己勤政作为

勤与绩都是体制考核的重点，而这种考核分值往往体现于两方面的评价，一种是来自单位同事的，另一种是来自上级领导的。那么，树立起一种兢兢业业和勤政作为的形象对领导晋升有着不同寻常的意义。

领导通过开着门办公，一方面可以向外人展示自己的勤政与敬业，让下属们感觉领导这么努力，在组织部门来考核时自然就有了口碑。另一方面，规避了暗访组或者上级领导来单位视察时的潜在风险，又给上级机关展现了领导忙于工作的形象，留下好印象，说不定什么时候便能派上用场。

02

为了激励下属工作

在体制内，一个位置和一扇门都被赋予了不同的内涵，代表着与众不同的地位。

俗话说得好，不想当将军的士兵不是好士兵。在体制内，单位领导最害怕的是那种工作上资历老但事业上没有上进心的人，开除不了，说多了又容易被冠上不尊重老同志的帽子。

一个成熟的领导从来不害怕下属抢自己的位置，就害怕下属没有野心，因为下属做得再好也是自己领导有方。

领导通过开着门办公，首先彰显出自己与下属处于同一阶梯，始终与普通干部在一起，体现了自己亲近下属的态度，同时又给下属以心灵上的暗示：今天的我的位置就是你们的，你们得努力。激励大家好好表现，以此带动大家的积极性。

03

适当体现自身威严

领导与下属的关系经常忽远忽近。领导与下属关系太近会有损领导威严，不利于领导开展工作，关系远了又难免落下脱离普通干部的坏名声。所以领导必须要有威严，但要以适当的方式体现。

领导通过开着门办公，便是适当体现自己威严的一种有效方式。让下属有一种适当的内心紧迫感，从而好好工作，不会让“山中无老虎，猴子称大王”的现象发生，在一定程度上压缩了懒政的生存空间。又可告知下属们领导在上班，下属汇报工作时要准备充分，避免降低自身评价。

表明自己光明磊落

在体制内多年，最大的感触是人言可畏。很多传言并非信息在传递过程的失真，而是真的人心和人言都可畏。

领导之所以为领导，那必然有不同于普通人之处。作为领导必然会爱惜自己的羽毛，维护自身光明磊落的形象，这样才能长久。

领导开门办公可以避免有女同志来汇报工作或者不明身份者来访等情况下出现的尴尬，告诉别人自己的光明磊落，能打开天窗说亮话。

便于各种信息收集

还是那句话，楼里是没有秘密的，楼里又都是秘密。

领导作为一个普通人，内心也会有好奇，好奇干部错综复杂的关系网，好奇小王工作是不是认真，小胡是不是迟到等，他会对每一个干部都有自己的评价。

但是领导有着自己的骄傲和格局，他不会刻意地盯着哪个干部去看，也不会刻意地去打听，那么他只能通过自己的日常观察来判断。在这种情况下，领导开着门办公，无疑是一个很好的信息收集方式。领导通过这种方式可以做到眼观六路，耳听八方，即便不出门，单位的事也能了然于胸。

为了保守内心秘密

有人可能会产生疑问，开着门怎么保守秘密？对了，正因为开着门才能保守秘密。

在体制内，正如老大哥所言，处处都是秘密，但也没有秘密可言。任何的争夺和算计往往是摆在内心深处而非流于表面。一个成熟的领导往往能做到心中所想与口中所述天差地别。

领导开着门办公，一方面是时刻提醒自己，要将秘密都放在暗处，另一方面给客人以明示——在大庭广众之下，什么该说什么不该说要做到心中有数。

领导们通过开着门办公便可以在明面上做到自己毫无秘密可言，但没有秘密就是最大的秘密，起到了保守秘密的作用。（作者：老李）

给领导订盒饭，我是这样体现工作水平的

骄阳四射，还有 5 分钟下班，局长说直接午休不去吃饭了。主任说：下午上班我给你带份饺子吧。

下午上班前半小时，主任抵达，一盒饺子，两根黄瓜，一小瓶腌野菜。主任就是主任，把局长的口味拿捏得相当到位，局长睡醒就要开吃。

这时主任突然想起：哎呀，忘带筷子了。我说，用勺子吃也一样吧，局长有个咖啡搅拌勺。

主任果断拒绝了我的建议，用勺子可以吃，但是没筷子就是工作失职，于是匆忙去隔壁仓库找筷子。

我倒是觉得没必要费那劲，去别的办公室问问或许有意外收获。闭门造车不如学会借力，有时候问别人一句话比自己摸索大半天都省事。于是我到隔壁找筷子，大家纷纷表示没有，唯独没敢问向来严厉的科长。

一分钟后，我和主任回办公室汇合，谁也没找到筷子，六目相对，很是尴尬。局长正要拿手去抓饺子，办公室门响了，不是查岗的，是隔壁科长来送筷子了，科长竟然有筷子。

这个科长平时很严肃，关键时刻心也够细，抽屉里竟然备着筷子，想必餐具、茶具、针线用具和日常药品也都有准备。看来给领导带饭这件事上，也有不少门道。

01

领导说不吃了，不是真不吃了

有时候领导或困或累或晚或醉或身体不适不想吃饭，饭点直接去休息室睡觉。

在办公室你需要清楚，不管领导吃还是不吃，都需要给他带饭，而且要在下午一点以前放到他办公桌上，要有饭盒要有筷子要有汤，这是最基本的。

午饭放到了桌子上别忘了发条短信，默默走出办公室，毕竟他吃着你看着，吃也吃不踏实。说不定十二点不饿，下午一点就饿了，再晚点儿一点半就上班了，班上吃饭毕竟影响不好。

02

领导说吃啥都行，也不能随便应付

平时摸清领导口味，如果要吃饺子，弄清楚是煮饺还是蒸饺，弄清楚是韭菜鸡蛋馅还是猪肉大葱馅，不懂没关系，问问他最亲近的人，不要因为腼腆而带错饭，不对口味的饭谁都懒得吃。

主食有了，副食也要有。领导喜欢喝什么汤，喜欢吃什么水果，都要摆上。如果吃的东西容易塞牙，牙签也要备好，如果吃的东西味道太浓，口香糖也要有。除此之外，一次性筷子和汤匙要当面用开水冲一下，剩菜剩饭要及时倒掉。

一切程序都要悄无声息，手法娴熟。科员的第一要务是做一个好服务员，服务好工作的同时也要服务好领导的生活。

03

领导说吃*N*个，要买*N*+1个

有时候领导说不太饿，告诉你带一个五块钱的驴肉火烧吧。你不能真的只带一个，要带两个（不要带三个），而且肉要加倍。

他说带一个那是本职，再带一个就是你的关怀了。至于多带的一个，他吃或者不吃有那么重要吗？

还有一点，他吃完饭给你钱坚决不要接，本来饭菜没有多少钱，不必计较太清楚，关心一下领导也是应该的。但如果平时总用你的私家车办公事，要给你加油，那还是不用推脱了，互不相欠也能保持领导心理平衡。

04

领导说要吃饭，要有人陪着

为了省事，不少领导都在食堂吃，如果领导没有固定饭友的话，办公室科员们就要顶上去了，没有哪个领导喜欢孤孤单单一个人吃饭，尤其是女领导。

如果领导形单影只，而你也想高升，无论中午你家饭有多香，记得

中午做个饭友。

总之，做好科员的同时也要做好后勤。衣食住行安排好了，对你的印象才会更好。不要总想着给领导送礼，工作做好了，午饭安排妥当了，才是送给领导最好的礼物。（作者：悟空）

有哪些道理当了领导后才能明白

事非亲历不知难。当我们还只是一名普通职工时，觉得当领导很风光，立志要当一名领导。而等当了领导后，观念、思考问题的角度等都发生了变化，才发现，当领导其实并不容易，有其酸甜苦辣。

01

领导也是人，也会怂

当下属时，总觉得领导的话必须坚决执行。

其实当了领导才知道，给下属传达一个指令，如果他不执行、找理由推托，或者简单应付了事，而你手头又没有绝对制约他的权力，更多时候，你是一点办法也没有的，下属也不会因此损失什么。

02

饭局不风光

之前，觉得当领导就会经常有人请客吃饭，能参加各类饭局，拓展各种人脉，又能享受各种美食是多么风光的一件事儿。

可是，等当了领导后才发现，饭局是多么累、多么无聊，回家吃饭喝粥、简简单单吃食堂是多么幸福的一件事儿啊。

03

不开会不行啊

成为领导前，总觉得领导喜欢开会搞“形式主义”。等当了领导后才发现，很多时候，有的事情不开会讨论梳理下，很多人都不知道自己手头有什么事情要做。

很多时候，有的人是人浮于事，如果不开会指出问题、打打鸡血，工作进展恐怕难以推动。

04

管理是孤独的

当领导之前，熟悉每一个人，感觉跟每个人都相处得很融洽。比如，谁对单位的 ×× 事项有看法，谁喜欢走上层路线、拍马屁，谁喜欢抱怨，谁被大家普遍讨厌……

张家长李家短的这些信息，我们每时每刻都能获取，我们觉得自己比领导混得明白。但自从踏上管理岗位，就会发现，管理是孤独的，你会看到，下面的全是笑脸。

05

别人尊重的是你的位置，而不是你

当下属时，在别人眼里，你就是个办事的。甚至，一段时间下来，有的人还叫不出你的名字。

但当上领导后，在“官本位”思想的影响下，你会得到他人认可，那些以前看到你就马上转头的人，现在看到你后老远就会跟你打招呼，你时刻享受着被人尊重的感觉。

但是，你要知道，别人尊重的只是你的位置，而不是你。

06

要学会放权

当领导后才发现，凡事亲力亲为，是干不好工作的。

所谓“领导”，就是领而导之。我们要学会把合适的人放到合适的岗位上，要充分调动下属的工作积极性，要适当给予工作指导，要学会放权。

只有带着信任，把工作交给下属，培养下属的责任心、事业心，才会让他们为单位创造价值。并且，下属工作干得好，也是做领导的一份成就。

07

有些事必须亲力亲为

当领导前，我们都是具体事务的具体执行者，凡事都要自己动手去执行。在一面抱怨事情太多忙不过来的时候，也期盼有朝一日能体验“给人指方向”的感觉。

当了领导后，分配任务时，告诉他们具体目的、任务的大致框架和达成标准，再适当追一下进程，剩下的都由下属自由发挥即可。

但会发现，很多人的责任心、事业心不够强，指挥什么才去做什么，你需要通过一些机制约束他们，甚至更多时候你也要亲力亲为完成任务。

08

容易膨胀

你会发现，当领导后，好听的话听多了，不自觉就膨胀了。

甚至，习惯于在一片赞美声中，听不见任何不同意见，反而认为一切都是理所当然。

就像“皇帝的新装”所表达的一样，膨胀的背后，更多的是“自我深度的迷失”这一人性弱点。

09

需要时刻学习

虽然，当领导了，可以安排下级干工作。但是，别以为当领导就可以坐办公室不学习，不接触业务，不加强思维战略方面的训练提升。

领导岗位，对能力素质有更高挑战。不然，一不小心就被下属糊弄了；甚至，与其他高层次的人交流，也是文不对题，最后贻笑大方。

⑩

错怪领导了

做下属时，总认为领导没人情味儿，不晓得为下属利益考虑。认为自己当领导后，会对下属更好，会多为大家考虑。

可是，当领导后才发现，原来，领导上面有领导，很多事情不是自己能决定的，你要做的是执行。

原来，即使时时刻刻为下属考虑，很多人也不一定领情，甚至还可能误会你。

⑪

领导更关心一条线、一个面上的事情

做下属时看到某些人在某些岗位不认真工作，总是拖沓应付，总想建议领导把这些人换掉，第一时间把这个问题解决就好了。

但是，你会发现，这种“头痛医头，脚痛医脚”的工作思路，在领导那里是过不了关的。他们关心的，是整个面上的事情。

他们会站在更高的角度去思考，是不是干部成长、考核机制不够健全，他们会从整个考评体系上花工夫去解决问题。

⑫

要时刻能扛事

在领导岗位，所承受的压力和挑战无时无刻不在。

如果总干不成事，或者干脆不干事，那么，会让跟随你的下属对你产生怀疑，甚至会动摇军心。最后，让自己成为“孤家寡人”或“光杆司令”。

因此，当上领导后你会发现，会出现各类问题，但绝不能怕这些问题，而应该想办法去应对，并且顾全大局。

13

逐渐喜欢了曾经“讨厌”的人

当下属时，看到有的人天天没事往领导办公室跑，觉得这些人不学无术，只会拍马屁。

但后来，自己当了领导后发现，这些没事跑来办公室汇报工作的，最起码是衷心的，毕竟，当领导也会感觉孤独啊。

当下属时，电梯里遇到领导，领导问我“最近忙不忙”，会觉得大声回答或顺势找领导拉家常、汇报工作是令人所不齿的行为，只敢怯怯回复“还好”了事。

但是，当了领导后发现，其实，下属回复“还好”，是明显不自信、沟通协调能力不强的表现。

14

慈不掌兵，情不立事

当领导前，可能你性格软弱、好说话，这样跟同事相处也许没什么。但是，当你当领导后，你会发现优柔寡断是做不成事的。

甚至，当你性格软弱，不懂得为下属、单位争取利益时，很多人都不服你，更不会支持你。所以，要有魄力，说话、办事都要坚定。

⑮

格局很重要

当我们还是下属时，更多地，领导安排什么我们认真完成什么就可以了。

但是，等我们当了领导，发现低头做事的职工，最大的问题就是缺少格局，只会盯着眼前那点事儿。

这样做的后果是，虽然在埋头做事，但不知道这样做的意义。

因此，作为领导，还要带领团队一起前进，既要管人，也要管事，要有格局、有眼界。

⑯

评判一个人的标准是多样的

当我们是学生或是下属时，总觉得，只要学习成绩好或者工作业绩好，评先评优应该会被优先考虑。

但等当了领导后发现，评价一个人往往有很多标准。比如，综合协调能力、领导管理能力、担当能力等。

⑰

批评你不是讨厌你

当下属时，面对有些领导的批评，常常是满脸委屈。明明自己已经努力在做工作了，为什么还要受到批评？于是，自己很不理解，甚至埋怨领导。

其实，当了领导后会发现，真正批评你的是对你好的，内心爱护你的。有的人，表面对你忍让，后来就给你穿小鞋了……

总之，因为岗位的不同，作为下属，我们很多时候都不大理解自己的领导。很多事情，等自己当了领导时，才会恍然大悟。

不管怎样，好好感谢当年领你入门的那个领导吧。

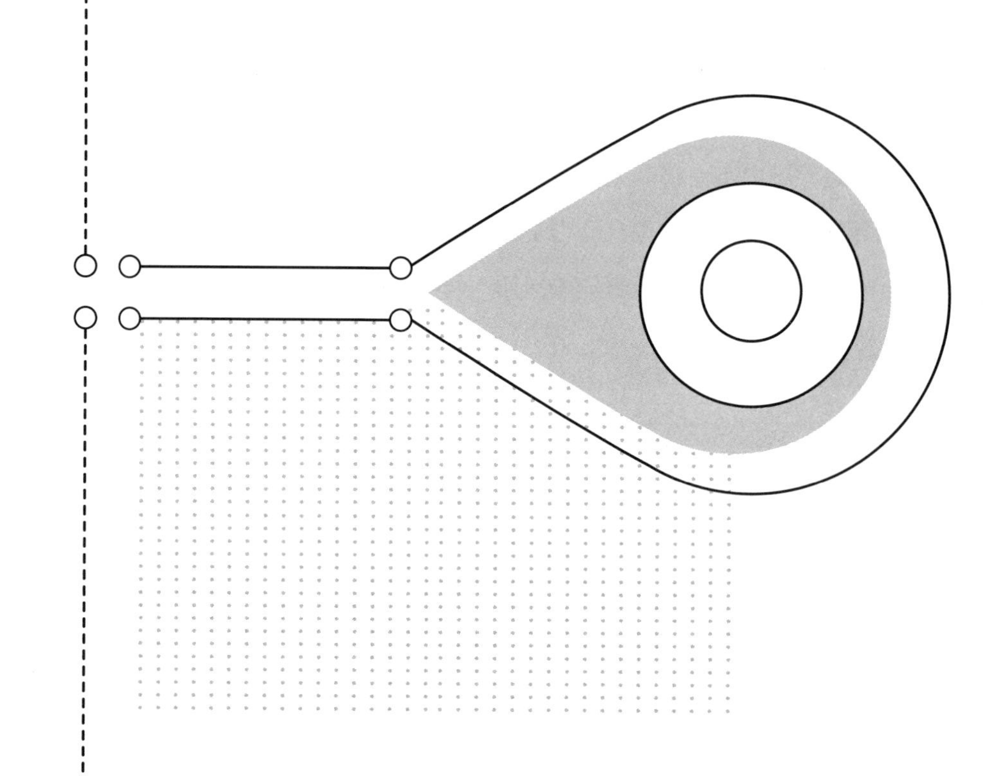

怎样拉近与领导的距离

害怕跟领导走得近，怎能做好办公室工作

因为工作调整，我在一年前调入本单位办公室工作。虽然年纪不小了，但按从事工作的时间，在办公室这一块我只能算是个新手。一年的时间，我对机关办公室工作有了大致的了解。忙、杂，是最直观的印象；吃力不讨好、吃亏不能声张，是常有的事；要沉得下心做事，还要受得住委屈，即便挨批也要保持良好心态。办公室工作说到底是做服务工作的，跟业务是否精通关系不大，做好服务最关键，那就是要“先做人，后做事”。作为新手，我有三点体会。

01

与领导正常交往，不卑不亢，不矜不盈

在办公室工作，免不了天天和领导打交道，要学会适应。我刚上岗时，不免紧张，怕做错事、说错话而让领导怪罪，经过一段时间的磨炼，才发现担心都是多余的。我遇到的领导其实特别和蔼，也特别能包容。我是以办公室副主任的身份牵头办公室各项工作的，看到我对待

某些事特别谨慎小心，局长就鼓励我大胆去做，还说“事情不大，能由个人做主的事情就果断决定，凡事都请示领导由领导把关，这样个人也得不到成长”，听到这话我备受感动，说明在工作磨合之初，局长先于我敞开心扉关心我的成长和进步。平时局机关内部的会议纪要、局长在某个场合的讲话材料等多由办公室起草，再送他审阅定稿。因为水平有限，加上还没有了解他的讲话习惯，我最初准备的稿子总是通不过，但局长从未批评过我，他只是提出修改意见，并陪着我一遍又一遍修改，无论加班到多晚，电话打过去他都还在办公室。有一次，因我所在的分局几项工作在全系统比较落后，分局要开个工作推进会，我花了一天时间准备了讲话材料，修修改改后发给局长，局长没提任何意见，我暗自高兴，还自以为写得很好，一次就通过了。等到他在会上发言时我傻眼了，没有一个字是我写的。原来，通篇完全背离了局长想表达的意思，改也没有什么基础，局长就亲自提笔写了。事后，我不好意思地表达歉意，局长平淡地说：“不怪你，你还不能站上这个高度，多学学就好了。”听了这样的话，能不好好学吗？再后来，局长会在多个场合表扬我整理的会议纪要，说没有漏洞，堪与上级单位媲美，听到鼓励的话，我似乎见到了曙光。

跟领导走得近，完全是因为工作需要，内心要坚定，不必担心、害怕别人说闲话。一个害怕跟领导走得近带来麻烦的人是搞不好办公室工作的，相反，要多跟领导沟通和接触。

第一，办公室的工作需要领导支持。像某些工作需要起草文件推动，要得到领导的首肯，某些工作的督办需要知道领导的真实意图，还有宣传报道工作，要不要宣传，到什么程度，用什么媒体，也是要得到领导同意的。第二，领导就是领导，不得不承认在对事物的看法、对问题的分析、对事情的处理上，领导就是高人一筹。常与领导沟通和学习，不仅可以保证工作上少犯错误，也能增长自己的见识，使自己处理公务的能力得到提升。同时，因为比其他同事接触领导的机会多，领导对自己的关心可能会多过旁人，但都是因为工作，并不代表你有多优秀。清楚地认识到这一点，才能更加平静从容地面对自己，更加认真努力地对待工作，更加真诚友好地与同事往来。

02

与同事真诚交往，主动伸手彰显情谊

在局机关，好多工作都是办公室口径安排且需要全机关同志配合，如，组织责任区的卫生清扫，组织募捐，参加有人数规定的政府会议等，能不能迅速得到响应顺利安排下去，就看办公室平时跟各科室之间的关系了。

说到与科室之间的关系，颇像朋友之间的友谊，你来我往，有来有往，来而不往非礼也。办公室能为各科室做的事情很多，如将科室起草的文件方案等及时进入公文流转程序，向局领导呈送；各科室在后勤方面的需求供应；针对部分工作协助联系政府；等等。这些服务工作说到底是办公室的本职工作，当然是不允许拒绝的，若因为事情多，在特殊情况下拖一拖也情有可原。但要想体现出服务态度，就要不论缓急，全都当成急事来办，来了就办，办得及时，办出效率，办得主动，办出友谊。一来形成立说立行的工作习惯，当日事当日毕，让工作有条有理。办公室工作忌拖拉，小事一拖也许会变成大事，常规工作拖得太久会成为督办问题，拖拉容易造成工作积压，在心理上形成不利情绪。二来，科室找到办公室要有求必应，不论手头是否有工作在忙，都要先应下来，这是办公室服务态度的体现。能办则马上办，若不能现场办，同时解释一下原因，弄清楚对方的要求，用热情响应对方，以得到对方的谅解，然后在最短的时间内回复对方办理结果，对方往往会很感动。另外，办公室分管考勤会比别人知道更多关于干部职工的私事，出于对普通同事的关心，在他人生病时要主动问候，对他人家庭困难提供力所能及的帮助，主动伸出援手等。一次两次，友谊就这样在从不推却的公事公办和在主动关心的私事中深深地结下了。等到办公室的工作需要其他科室配合的时候，望着你殷切的眼神，可能没有人好意思说出拒绝的话。

当然，也有其他做法，你按部就班地做你的事，该上班就上班，到点就下班，也没人说出责怪的话语。但是当你去安排工作的时候，也许会听到很多理由，“不巧，那天刚好有点事情，不如这次你安排别人，下次到我”“不好意思，我可能去不了……”面对或许是托词的借口，你也无从说起。

这样一来只好求助领导，若是安排下去了，也是人家看领导的面子，若是安排出了差错，免不了有人要挨批评，有人要被问责。到了这种时候，才会悟出办公室的协调工作有多重要。

03

与内心坦诚对话，敬畏之心诚于人事

办公室对外负责联络，对内负责协调，处于上传下达、联系左右的重要位置，稍有不慎就有可能造成不良影响，从某种意义上来讲，办公室就是单位的发言人，意味着深层的责任，要高度重视并做到谨言慎行。

在全市某项大型活动中，全市各系统、全区各单位都会参与，并建有相应的微信群。在这个群里需要发表简短的信息，展示各单位的工作进度，既可以让领导知晓工作进度，也可以在本单位或兄弟单位之间进行交流，因此从建群之日起就比较热闹。有一次，二级单位在经分管领导把关之后，报给我一条信息，我一看标题觉得很不错，立即在微信群上转发，谁知道群里马上就有人公开置疑其中的一个问题究竟是不是本单位的职责，上级领导也即刻在群里强调：各单位在安排工作时，一定要注意和区委区政府及部门之间充分沟通。我局领导也打来电话，问我发布信息的过程。我照实汇报，信息是 ×× 写的，×× 领导把关了送到我这里来的，我只对文字进行了审核，未对内容进行把关。

我们领导只说了一句话，让我记忆深刻，他说："凡事经过你的手，就不再是与你无关的事情，方方面面你都得核实清楚，那是在代表单位发言。"

我顿悟，把内心那些"我不是作者""×× 领导把关了"的借口心服口服地咽了下去。不得不承认，我在这件事上不严谨、不负责的态度马上得到了教训，好在，那还只是本系统内的一个微宣，没有引起不良的后果。

在经历多次类似的事件后，我终于领悟到办公室工作无小事。在办公室工作，虽然会更近距离地接近领导，但也许并不会带给你多少好处，相反，它总是让你时时绷紧一根弦，并在一不小心出了差错之后提醒自己还有很多不足。（作者：叶子）

见了领导就哆嗦，还谈什么前途

有些年轻人（也包括一些在单位工作多年的老人），一见到领导，特别是单位一把手，就会非常紧张。

有些人平时特别会说话，但在楼道里、电梯里偶遇领导，他们连招呼都不知道怎么打了；在汇报、请示工作时，领导一提问题，大脑就会突然短路，支支吾吾词不达意，这表现连自己都不满意。

基于这样那样的“惨痛”经历，谈“领导”就色变，有了抵触情绪，从而背上了心理负担，见到领导就有一种逃避心理，想绕道而走，汇报工作时也一拖再拖，能不去就不去，造成了恶性循环。

01

原因

其实，在跟领导请示、汇报工作时犯怵、紧张无外乎以下几种原因。

1. 底气不足，自我否定

这种不自信首先是对自己与人打交道的能力不自信，“我天生不擅长交际”“我最不会与他人处关系”“我这个人嘴笨，反应慢”，顾虑重重。

其次是对自己工作能力不自信，觉得自己懂得太少，思路不宽，解决问题办法不多，工作上无法达到一个让自己、让领导满意的结果，担心被领导发现问题，留下不好的印象。

2. 跟领导接触太少，有距离感

在某些人心目中，领导高高在上，在“金字塔”的顶端，是“神一般的存在”，从而害怕冒犯。再者摸不透领导的脾气秉性，认为领导与自己不可能有共同语言。见了领导不知道该说啥，即便心里有话，也不知道怎么表达，于是很紧张。

3. 准备不充分，功课做得不足

不管是请示还是汇报，都是会跟领导有互动交流的，所以，这一过程有很多不确定性，领导会问相关问题，互动交流的走向掌握在领导手中。

有的人担心自己答不上来，描述不清楚，其实就是对这一过程准备不充分，平时功课做得不足，好容易有了直接汇报的机会，“还是等科长回来让他去吧，这项工作我不了解”。

4. 给自己压力太大，期望值过高

有些人很想给领导留下好印象，但又认为“不打无准备之仗”，一定要“尽善尽美”，对自己要求非常高，搞得自己压力非常大。

从一个礼拜前开始，心里就开始打鼓，弄得比公务员面试还紧张，明明准备了好久，一张嘴却语无伦次。

02

解决办法

那么，到底应该怎么看待汇报，怎么做好汇报呢？

1. 职场小白，初次汇报，充分准备，打好腹稿

临场发挥、随机应变确实是一种能力，这需要长时间的锻炼、经常性的思考、学习、总结，并非一时之功。

对于有准备时间、确定内容的汇报，必须要充分准备，特别是领导叫不上名字、初次汇报的年轻人，这是个很好的机会。

对此项工作的背景、意义、任务、目标、措施、时限、要求都应该掌握，对任何人来说，这都是做好一项工作的基本要求。

有人说，我也汇报不出啥新东西，没什么亮点。

初出茅庐，一次普通的汇报，不可能让你天花乱坠，搞成个人演说，要搞清楚角色，没人要求你必须创新，多读读上级文件，了解掌握本地基本情况，记下一些重要数字。

汇报的时候即便不能脱稿但也要言简意赅，思路清晰，眼神可以离开手上的报表，与领导交流一下。实在不行，可以自己先演练演练，找找感觉。

2. 中坚力量，精通业务，展示自我，力争出彩

当你已经在单位一段时间，科室业务掌握差不多（前提是你得踏实工作），并积累了一定的工作经验后，你的想法应该相对成熟了。这时候汇报工作，可以展开上级政策、规定是什么，单位的工作进展到了哪

一步，往年是怎么搞的，成绩如何，兄弟单位做得如何，以及下一步打算是什么。

有了好的想法，可以跟领导提一提，领导虽然每天日理万机，但工作业务方面可能不太熟悉，其实，也很愿意听一听下属的好想法、好点子，如果大笔一挥，采纳了你的建议，会觉得你靠谱、有想法，无疑这是一次成功的汇报。成功的汇报，会让你越战越勇。

3. 找机会多汇报，拉近距离，熟能生巧

我们跟好朋友讲话比较随意，主要是因为熟悉和信任。跟领导汇报会紧张，也可能是因为不熟悉。俗话说“一回生、二回熟”，跟领导汇报时，第一次紧张，第二次紧张，第三次、第四次肯定要好一些。

所以，那些说“我天生不擅长交际”的人，不要给自己找借口，只要创造机会，多实战演练，不怕失败，每次进步一点，就离巧舌如簧、思维敏捷更近一步了。

记得有一句话是“你汇报的次数永远比领导期望的少一次”，所以，在工作中要主动争取机会，多跟领导接触、汇报吧。

4. 卸下包袱，调整心态，放轻松

不要指望一次汇报就能全面展示自己的才华或者显露卓尔不凡的能力，不要对自己要求过高。

对于年轻人、一般同志，出个错也无妨。领导都是从基层干过来的，比我们资历老，阅历丰富，能够体会基层的苦衷，体谅无伤大雅的差错。

而且，领导都是聪明人，你说的话即使没能完整、确切地表达，他也基本能领会意思。

其实，你适度的小紧张也能让领导的权威感得到满足。退一万步讲，说错了赶紧纠正过来即可，或者再找机会给领导汇报一次也无妨。所以，不要让一次汇报把自己变得很紧张。（作者：落花人独立）

如何走近领导？主任两句话道破玄机

我从到单位以来，一届五个领导，经历了三届半，从职场小白到天天跟各个领导打交道的党办主任，总结了两点就是：有好的事情时，要把领导当作普通人看；有不好的事情时，要特别把领导当领导看。做到这两点，基本上就能判断出来你该怎么去做。

01

有好的事情时

有好的事情时，要把领导当作普通人看。这句话的意思是，要学会换位思考，遇到好的事情时希望别人怎么做，然后来决定自己的行为。

1. 送祝福任何时候都是适宜的

你高升或者取得好成绩时，希不希望别人祝福你呢？当然希望。俗话说礼多人不怪。谁收到祝福的短信会不开心呢，不论职级差，还是级别差的领导，发个短信祝福一下，一点都不唐突。给领导留个好印象，也方便以后更容易打交道。

2. 要适时地送上真诚的关心

记得我刚到单位时，还是一名小科员。有段时间我们领导一直在外出差，忽然有一天我在食堂看到了他。我一脸惊喜地打了个招呼："领导，您回来了，感觉最近好久都没看到您了呢。"他哈哈大笑说，确实，最近会太多了。后来他跟别人提起最近特别忙的时候，还专门提到"我们办公室小王看到我都说好久没在单位看到我了"。

3. 要及时合时宜地送上自己的反馈

领导有一些新做法、新措施时，要及时送上你的反馈，让领导觉得有回声。

我刚当上党办主任，我们新领导第一次讲完党课时，讲完我就收拾会议室离开了。我们领导问我："王主任，你不给点评一下？"我才知道，领导做很多事也不是全都运筹帷幄决胜千里的，也想看到大家的回应，于是我赶紧认认真真地有理有据地给了他反馈。

但是，要记住是反馈，千万不能是不切实际的吹嘘。

4. 对领导高明的举措和惠民的政策，要及时送上感激

说实话，领导要给大家争取一点点福利，是特别不容易的事儿，并不是我们所想的"领导一句话的事儿"。

所以领导辛辛苦苦创造了点儿福利，一定要及时送上感激的话，让领导知道为下属创造点儿福利，同志们是会感恩的，是会记在心里的。下次领导才会更有劲头地为大家争取福利，并且也会对懂得感恩的人有好感。

02

有不好的事情时

有不好的事情时，要特别把领导当领导看。意思就是领导都需要被尊重，所以在有不好的事情时，要特别注意给领导尊重。

1. 挨批评时，要记住领导是领导

挨批评时要态度诚恳地接受，并且要高度重视。

有些人跟领导平时关系不错，所以有时面对领导的批评不当一回事，慢慢就会对自己有不利影响。领导批评时，不管是笑着批评，还是严厉批评，都得高度重视，要尊重领导的威严。

2. 领导布置工作，要记住领导是领导

对于领导布置的工作，哪怕是再小的工作。也一定要有回应，要有落实，因为领导就是领导，他有布置工作的权力，你有落实的义务。

3. 领导出现错误时，不要当众指出

要记住领导是领导，要给他足够的面子，领导出现错误时要悄悄指出，而不能当众直接指出，这样会让领导挂不住面子，下不了台，因为领导的自尊心会比一般同志更强一些。

4. 有先后顺序或次序时，要记住领导是领导

处理这些事要敬字优先，内心怀着尊敬。比如上车次序、座位排列、酒桌礼仪等，只有记住领导就是领导，自己才能避免出现大的错误。

和谐的职场关系，会让工作更开心，有一位赞赏自己的领导会让自己在职场中得到极大的助力，走得更顺遂。而掌握一些技巧，会让你工作更顺心、舒心、开心。（作者：王主任）

自从找到女朋友，领导看我的眼神竟变了

都说谈朋友耽误工作，单身狗才能一心一意写材料，其实不然。不信你看，把恋爱的招数运用到与领导的相处中，居然也那么管用！

01

追求篇

茫茫人群中，总有个女生让你心动，爱意的萌发驱使你想尽办法和她从陌生到相识，从相知到相爱。

参加工作，走上岗位，总有个人站在前面，ta 叫领导。燃烧着青春热血的你用心工作，盼望着走进领导的视野，得到成长和进步。

1. 多参加活动，让她想认识你

人群中，你看见了她，那一刻仿佛自己被丘比特的箭射到了。可是她还不认识你，怎么迈出恋爱的第一步呢？

想想当年的自己和宿舍里的兄弟，段位低的直抒胸臆“同学我想认

识你”，她却疑虑你不怀好意；段位高点的巧妙搭讪，要到了QQ，要到了电话；段位更高的则是多参加她也在场的活动，精心准备，完美表现，魅力四射，引人注目，让她主动认识自己。

这些当年你我都会的追求女生的招数完全可以运用到工作中，从而让自己走进领导的视野，知道有你这号人物。比如刚刚讲到的巧妙搭讪，运用到工作中或许就是在电梯里碰到了领导，只有两个人，这个时候就要勇敢地搭讪，先问声领导好。然后可以利用这短短数十秒的时间聊聊你到单位的好的感受，你的工作体会等，千万不要尴尬地站着，一声不吭看显示屏。

当然，更为高级的做法便是多参加些单位组织的活动，如演讲比赛、征文比赛等，精心准备，取得优异的成绩，你的名字便自然而然地会被领导记住。这样，你的第一步就迈开了。

2. 巧用搭桥战术，见机行事

总算和妹子认识了，总算和妹子聊上了，总算约妹子吃了几次饭了，感觉还不错……这时很多兄弟就按捺不住内心的激动，于是在一个月明星稀的夜晚向妹子表白了。

结果得到了什么样的回应呢？“你是个好人，但是我现在还不想谈恋爱”又或者“你是个好人，你会找到更好的女生”。多少兄弟在“战役”刚刚打响就“阵亡”了！

当“战役”进行到了这一阶段，切记：不要轻易表白，甚至要抛弃表白这样的手段，而运用搭桥战术就能比较容易实现我们的目标。

具体来说，就是要“收买”她身边的人、她的闺蜜，通过她们来向妹子传播你的“优良品德”，增加妹子对你的好感；通过她们来打探妹子对你的态度，然后再见机行事决定要不要表白。

要打开领导的心门同样如此，功夫在平时，要多去观察哪些人和领导走得近，和领导关系好，然后你和这些人建立良好的关系，要善于通过他们在领导面前讲讲你的“先进事迹”。想想《水浒传》里的浪子燕青，不就是和李逵搞好关系后才迅速进入了宋江的视野嘛，须知李逵可是宋江最最腹心的人啊。

3. 关键时刻挺身而出，一举俘获芳心

没有正式承认恋爱关系的感情，那叫玩暧昧，本文追求篇的终极目标是确定恋爱关系。

《红楼梦》里说女人都是水做的，所以女生骨子里都很温柔，容易被感动，尤其是在自己遇到挫折和困难的时候，特别需要男人的关心和帮助，如果这时候男人可以解救女人于水火，帮助女人脱离困境，女人就会深深地感恩和感动。

你的真心付出，女人都会看在眼里，记在心上，如果男人在这时候向女人表白自己的真情，即使再铁石心肠的女人也不会轻易拒绝的，更何况如果对方是善良女人，更不会轻易拒绝有恩的男人。所以，关键时刻，自己要勇敢地站出来，送去你的温暖。

要成为领导的得力助手，同样也是如此。面对棘手的工作、繁重的任务，你要敢于为领导分忧，平时多积攒工作能力，好让自己在关键时刻使得上劲。

相反，现在很多年轻人往往是拈轻怕重，遇到加班就抱怨（至少不要表露出牢骚），这样自然很难获得领导的认可。

如果运气好，为领导搞定了一个急难险重的工作，不想被领导看重都难。

02

巩固篇

恋爱关系确定后并非可以一劳永逸，相反，这仅仅是开始。如果你是真心爱她，想和她走下去的话，接下来你还要思考巩固、加深你们的感情，思考如何避免被人“挖墙脚”等。工作中又何尝不是呢？！

1. 记住重要的时间节点，时刻准备小惊喜

一些重要的时间节点要记住，比如确定恋爱关系的那一天、她的生日、情人节、七夕节等，提前准备好小礼物，在这些时间节点到来的时候给她个小惊喜。这样，恋爱关系才会越来越巩固。

在工作中对待我们的领导也是如此，一年之中像春节、端午、中秋、国庆、元旦等节日，还有领导的生日，准备个小礼物聊表心意。

有人可能会问了，这会不会违反纪律？领导会不会反感？

如果你送的是不贵的小物品自然不会和违纪沾边，如领导爱抽烟又咳嗽，你送个过滤烟嘴便很能表达心意。俗话说，伸手不打送礼人。

能当上领导的，情商不可能低，所以，不用担心反感，毕竟你已经有了之前长期的铺垫了。

2. 准备几次旅行，铭刻共同的记忆

一起出去旅游，绝对是增进感情的一个很好的方法，当然首先要经济条件许可。在旅途中，通过你做攻略、拍照、拎包拖行李等，可以展示你对她的关心和疼爱，可加深彼此间的了解。而且身在异地他乡，她会对你更加依赖，加上又有美景美食，更增添几分浪漫，彼此间的感情

将会不断升温。

工作中也可以如此，比如陪同领导出差，服务工作做好了，领导对你自然更加认同。又或者领导私人请你帮个小忙，比如帮忙做个 PPT、校对个人文学作品等，都是很好的机会。

3. 多刷存在感，警告潜在竞争者

确定了恋爱关系，并不意味着可以高枕无忧，不见煮熟的鸭子还有飞走的时候吗？如果谈的对象是美女，难保不会有人来“松松土”。所以，要在她的身边多刷刷存在感，宣示自己的主权，适当地秀秀恩爱，以切断潜在竞争者的幻想。

在工作中同样如此，你好不容易成为领导的得力助手，说不定哪天就有个挑战者冒出来。所以一方面要坚持学习，保持较高的工作能力；另一方面，也得适当刷刷存在感，避免被忽略。

4. 工作有规划、生活有保障，让她安心

女人是天生缺乏安全感的动物，所以在恋爱中你要让她知道你对事业有规划，你们未来的生活有保障，比如工作上要怎么发展、怎么进步，房子、车子会有的，等等，这样她才会安心，否则担心跟着你没有未来，那这就很麻烦了。

工作上同样如此，平常自己对工作要有思考、有计划，要多思考自己科室、自己单位工作的重点是什么，工作的难点是什么，以及怎么做好工作等。

如果一无所知，领导会觉得你是个不想事的人，只是个接受指令的工作机器，那未来就很难有太大的发展了。

5. 闹别扭时少讲道理

两个人相处，总难免有吵架、拌嘴的时候。大家是怎么做的，结果又是怎么样呢？

有的兄弟分手了，因为他选择了讲道理，歇斯底里地非要辩个明白，非得搞清楚是非对错。而有的兄弟还继续向这个世界撒着“狗粮”，因为他选择了不争、不吵、不辩、不闹的“发展模式”。

两个人走到一起是因为感情。她会跟你闹，往往是觉得你冷落了她、忽略了她，会跟你闹就表明还很爱你。如果她选择的是沉默，兄弟，那你可得当心了。

所以，我们要透过表面看到本质，一杯奶茶、一张电影票胜过一百次的辩白。

跟领导相处同样如此，领导批评你时，你的解释在他看来就是掩饰。更有甚者，你在公开场合抱怨，在他看来就是对领导权威的冒犯。最好的选择就是不争、不辩，是自己的错误立马改正；不是自己的错误，就先“亡羊补牢”，以后再找机会向领导透露事情的原委。

03

升华篇

如果恋人带你去见父母了，那说明你们的恋爱关系得到了升华，因为这是谈婚论嫁的前奏。

内心激动又不免紧张，把自己收拾得衣衫齐整，拎着大包小包的礼物，走进准岳父母的家门，这就是我们很多兄弟的真实故事。

工作中，也很类似，如果哪个领导带着你去见大领导，比如科长领着你去局长办公室坐坐，又或者带着你去参加有大领导在的饭局，那么，你懂的，你的领导已经开始把你当作心腹了。

此时，你要做好服务工作，少说话便是良策。（作者：任异）

情人节狂想：追女孩的那些招数对领导也管用

刚一上班，同事就向我诉苦，有一个会议的通知忘记通知领导了，被领导一顿训斥，又抱怨到 2 月 14 日了，还没有想好给女朋友买什么礼物。听了这些话，我不由得哈哈大笑，其实，服务领导跟取悦妹子，是有共通之处的。

01

像对待女朋友那样对待领导

记得读过一篇文章《像对待领导那样对待父母》，很有感触。同样地，如果我们像对待女朋友那样服务领导，就像经常开玩笑的那句“领导虐我千千遍，我待领导如初恋”，对待领导如果更加细心、用心，会取得意想不到的收获。

02

服务领导的几个技巧

第一，把领导放到与女友同样的地位对待。

对于一个“求生欲”满分的男生来说，老婆的话不敢不听，老婆的要求不敢不答应，老婆的心思不敢不琢磨不揣测。对待领导亦是如此，对于领导的脚步必须紧紧跟随，对于领导的需求必须时刻关注，对于领导的要求必须坚决执行，对于领导的思路必须理解到位，否则，伺候不好老婆，更服务不好领导。

第二，尽快适应领导的风格。世界上没有同样的两片叶子，也没有性格完全一样的人，更没有性格完全一样的女人！对待自己想要追求的女孩，必须充分接纳她的独立存在，承认她的独一无二，像对待初恋一样对待每一次恋爱。

不能像对待前任一样来对待现任，领导风格更是各有不同：有的脾气急、有的性子慢，有的喜欢安排下属干，有的喜欢自己亲自干。我们不能经验主义，觉得其跟某位领导风格比较像，于是用同样的方式去对待，这样做早晚会吃亏。

记得一位资历丰富的老前辈曾经讲过，服务不同领导有时候就像又一次恋爱，想要服务到位，就必须通过相处尽快了解脾气癖好，像对恋人一样尽心尽力、无微不至地做好每一项服务。

第三，对待领导像对待女友一样虔诚。无论是追求女孩还是服务领导，我们的态度都是十分虔诚的，不虔诚你可能压根就得不到女孩的欢心，不虔诚更不会得到领导的认可。

在具体操作过程中，都必须认真、认真、再认真，细心、细心、再细心。曾经有一位做领导秘书的老哥，为人素质极其全面，性格也比较圆润。

服务领导生活方面，他能够保证领导每一项工作的时间、地点分毫不差，甚至将领导需要服用的药品剂量都提前备好，领导到办公室的时候水温适中，可以马上服用；服务领导决策方面，领导的每一项工作，他都提前做好规划，提出自己的思路，并有针对性地点出一些可能出现的问题，供领导参考。

后来他服务的领导提拔到外地工作，唯一的要求就是把他带走。

而这位老哥在生活中也是非常美满，夫妻俩幸福和睦，一个女儿乖巧可爱，学习成绩优异，堪称“人生赢家”，由此可见，能够将服务工作处理得当的人，家庭生活往往也是非常幸福的。

第四，善于从服务领导的过程中提升获得感。恋爱中最有收获感的事是能让对方高兴和满意，这会让两个人的爱情指数噌噌上涨。

试想一下，在一顿氛围恰当、档次到位的烛光晚餐之后，再来一场电影的视觉盛宴，最后一束玫瑰捧到面前，女友怎能不开心？

在工作中也是一样，如果一篇领导讲话稿你写得文采飞扬、妙笔生花，内容行云流水、分析到位，让人读后拍案叫绝，领导特别满意，非常正式地表扬你“小王这篇稿子写得不错，有高度有深度，很好”，你啥感觉？

如果你牵头组织一个会议，会后领导说“会议组织得不错，内容也紧凑，开得很有效果”，你啥感觉？

如果领导交办的一项任务过程复杂，困难很多，但是你通过各种协调和操作最终圆满解决，领导非常满意，对你很是欣赏，你啥感觉？

但话又说回来，我不推荐带有目的性地去取悦对方。

无论是恋爱还是工作，让女孩高兴不是别有所图，让领导高兴也不是为了权力兑换，而是我们尽心尽力做好该做的事情，这种心态带来的成就感，是最真实、最踏实的。

服务领导是一项工作，但也是一项能力，不要想太多的厚黑学、潜规则，更应该立足自己的性格特点，妥善处理好家庭与工作的关系，不虚伪、不遮掩。

因为说到底，性格决定命运。（作者：揽越凝晖）

害怕和领导打招呼、寒暄，有什么心结

对于害怕和领导打招呼这件事，首先，我们该问问自己社交苦恼的背后隐藏了什么？我想应该是想知道在领导面前到底会呈现一个怎样的自己。不管是落落大方、稳重踏实还是能说会道，抑或是羞羞答答、不善言辞，我们每一个人都一定不想把自己笨笨的、不擅长的、呆呆的一面呈现给领导。想清楚这个问题，或许有些问题就迎刃而解了。

第一，如果是乘坐电梯，那就是几秒的事情，也说不了几句话。不然楼层到了，这边话题还没有结束，些许有些尴尬。不过，如果什么也不说，也不礼貌。

第二，若是坐车、等车等，则视情况而定，若遇到的是大领导、大Boss级别的，谨言慎行为佳。可以简单打个招呼。若是领导平时风格相对平易近人，可以从以下话题方面简单聊几句。

有政治追求的人都知道，领导不会因为跟你聊几句就完全认定你是怎样的人，而从此让你的职业生涯一帆风顺，一个人给别人形成整体印象、风格等需要长时间的交往与全面考察。比如，穿衣风格、言行举止等。毕竟，日久见人心的确有道理。

具有细致的观察力是我们做许多事应具有的基本能力，社会基本交往更不例外。我们大多苦恼纠结的是不知道怎么找话题！

而一个细心的人则善于发现聊天的突破口，比如对方今日的新发型、新背包等小元素。社交问题每个人都会有许多困惑，但旁观者清。自己可以多观察，多琢磨，学会整理心得。

1. 简单打招呼式

比如“×× 领导，你好 / 早上好 / 下班啦”之类的。有些话听起来是废话，但有时候真的是很必要的。我们并不一定要说妙趣横生的乖话，更重要的是，说话时的态度与整个面貌很重要，也就是“怎么说”。

可以想一下，一个人在说“你好”的时候，慌里慌张的或者畏畏缩缩的，相比之下，另外一个人站有站相、面貌精神，笑容真诚，充满感染力，这个时候，最重要的是他说了什么还是他怎么说呢？

2. 点头微笑式

笑的时候不只是嘴巴咧一下，眼睛最重要。那些感染人的笑容，眼睛也是弯弯的。如果只是嘴巴咧一下，会给人“皮笑肉不笑”的冷冰冰的感觉。

那么，如何寻找话题呢？有以下几种情况可以了解。

（1）随口说天气这个话题应该是不分性别、年龄的百用法宝，如“今天突然降温了，真冷啊”“今天天气真好，人的状态也好”“这天一下雨感觉一下子有点像秋天了”之类的。

（2）看到对方带个包或者整体架势似乎要出去办事，可以说：“领导，您要出去啊？”（注意这句话的语气，这只是一种寒暄，并不是一种质疑的方式。）

（3）女性面对女性领导，如果觉得领导穿着得体大方，可以说“领导，您今天穿得看起来很精神呢”“您最近气色看起来很好”“您的丝巾搭配得很精致”。

（4）可以快领导一步走进电梯帮领导按电梯，从问“领导您去几楼”打开话题。如果是中途进电梯遇见领导，可以面带微笑、温和淡定，打招呼直接说“领导，您好”“你们好”，同时别忘了，周围还有其他同事，可以点头或微笑示意。若是先离开，可以说“领导，我先走了”。若是领导先离开，可以说“领导，您慢走”。

生活处处皆学问，人情练达即文章。有人会说，考虑这么多，人累不累啊，真有心机，真会拍马屁、阿谀奉承。恰恰相反，我觉得这些小事做好了会反映出一个人的精神面貌、家教修养，这也正是我们作为社会人应展现的基本的素养与礼节。

上学读书，去旅游，增进见识扩大视野，这些并不是简单的游乐与虚掷光阴，有些东西一定是会存留下来的，带给我们熏陶与滋养，并能实实在在地反映到我们一言一行、一举一动上。（作者：蔷蔷）

在单位跟领导打招呼的几个疑难问题

有一个问题让我困惑了好久，那就是不同情境下，怎样恰到好处地和领导打招呼。经过 *N* 年的磨炼，总算有了点心得。

(01)

当一大波领导向你袭来——称呼很关键

大家都知道，作为年轻人，遇到领导、同事们要主动打招呼，特别是一些年龄大的领导、同事们，会非常在乎你是否主动跟他打招呼。

一句“您好”或“您早”能拉近人与人之间的距离，提高你的亲和力。

那么问题来了：当你正在上楼，恰好一大波领导一起下楼，眼看要撞满怀，怎么办？

记住千万不能扭头返回，这样会显得你非常小家子气，这一个举动会给领导们留下不好的印象，认为这个年轻人没礼貌、不大方，不能委以重任。

可是，迎面走上去，怎么打招呼呢？这里有A书记、B镇长、C副书记，还有D主任、E所长，职务不等，称呼也不一样，总不能视而不见吧？

这时候，千万别慌神，微笑地说一句“领导好”，然后，侧过身体请领导们先走。落落大方，不卑不亢，举止有度，可以打高分。

这一声“领导”，既包含了主要领导，也包含了副职领导，至于所长、站长，有人称呼他为“领导”也会很受用。

这个称呼也可以延伸利用到其他情境中。比如，科室收到了上级一份要求做某项工作的文件，里边有些地方存在歧义，你的领导要你跟上级沟通，正常渠道当然是打文件上的联系电话咨询。

你不知道这位联系人是什么职务，或者不知道接电话的是谁，那么可以自报家门：“领导好，我是××单位××科室××，想就××工作请教……”

再如，上级单位到你单位检查，你叫不出来人的职务、姓名，也可称呼“领导”。

02

电梯里遇到领导——主动寻找话题

电梯里只有领导和你两个人，如果不说话那就太尴尬了！低头玩手机，这样也不好，其实，这是让领导加深印象的好机会。

先说一声“领导好”，如果楼层不高，眨眼即到，不用刻意有什么言谈举止，领导下电梯，可为领导挡一下电梯门，如果自己先到，可以点头示意“我到了”。

如果楼层很高，应该找一点话题，避免尴尬，可以主动开口说说天气、新闻，女领导可以适当称赞一下服饰、发型等。

领导如果心情好，可能会顺着你的话题聊下去，学会倾听、表达，电梯间一次偶遇，不亚于一次单独汇报工作。

03

反复碰见怎么办

有的人跟领导处在同一楼层，或者办公地点较近，一天要跟领导打几次照面。

第一次可以说"××领导早"，以后的可以只叫一声称呼，或者点头微笑，然后忙你的去。

你的状态应该是忙着报表、反馈，所以步履匆匆，而不应该让领导发现你在楼道煲电话粥，或总是从其他办公室出来，有不好好工作的嫌疑。

无论怎样称呼，年轻人始终应该记住，对领导应充分尊重，主动热情。（作者：立花君）

电梯里领导问“最近还好吧”，满分回答是怎样的

去年某天，在电梯里遇到了大领导，同乘的还有小刘等几个同事。

“小刘，最近还好吧？”大领导冲小刘问道。大领导平时不露声色，严肃刻板，总能给人一种不怒自威的感觉。

面对大领导的询问，小刘头都不敢抬，怯生生回了句“还好”，就没了后文了。大领导皱皱眉，两人间的对话就此结束……

小刘一脸茫然，虽然知道回答的令领导不满意，但是，不晓得也不敢去补救。

本以为事情就这样过去了。但是，在后面的一次内部会议上，人事科提议小刘升职副科，被大领导以“这个人胆子太小，情商不高，上不得台面，带不了团队”“电梯里都不敢正眼瞧领导”为由给否了。

显然，小刘吃亏就吃在那次跟领导同乘电梯，在领导心目中留下了不好的“印象”。

也许有人会说，不就是共乘电梯没有好好跟领导聊天嘛，怎么就被上纲上线到情商不高、带团队能力不足上面了呢？这个领导也太小心眼了吧？

其实，职场中很多事，还真是见微知著、以小见大。作为领导，他们考察干部，绝不仅仅是看看档案、资料或听听汇报，更多地，他们是通过平时来掌握了解。

那么，遇到这种情况，该怎么应对呢？

01

主动迎上去

领导虽然不怒自威，让人觉得难以靠近，但他毕竟是人啊，有什么不敢靠近的？他们问话，为什么要畏畏缩缩，甚至以“还好”“还行吧”等敷衍了事？

很多人认为，自己是下属，为了表示对领导的“尊敬”，就要显示“怕”领导：领导说什么，就老老实实回答什么；领导站在他面前，他就要有个下属的模样，更不要去跟领导对视；特别地，领导没提的永远不要去找话题。

其实，这是典型的“下属思维”。

站在领导角度，可就不这样想了：电梯里有那么多人，领导主动跟你打招呼，说明领导是关心你的，领导表示出了他的热情；如果领导说什么，你仅仅回答什么，领导会觉得你不想跟他对话，会觉得你很敷衍，对你印象不好。

如果你连头都不敢抬，更不敢正眼瞧领导，领导会觉得你“上不得台面”“胆小”。所以说，你所谓的“尊敬”领导，在领导眼里可能是敷衍他、不喜欢他、上不得台面。

更重要的是，领导都很忙，你指望他主动了解你，是不可能的，你得主动迎上去，把握机会让他了解你啊！

因此，遇到这种情况，首先要自信起来，要改变观念，主动迎上去。

02

不当“邀功精”

同样是电梯里遇到领导，以前的同事小李的表现就“大方”多了。

小李平时工作兢兢业业、任劳任怨，但话不多，与人交往少，属于那种“老黄牛”型的。

有一次，小李满头大汗、抱着各种文件资料冲向电梯，正好遇到同乘的单位领导，领导关心地问了句“小李，最近是不是很忙？”

不知是不是急于表现，还是其他原因，听到领导的“关心”后，小李回答道：谢谢 ×× 局长关心，最近很忙，每天都要加班到凌晨，特别是我负责的 ×× 工作，从头到尾我都在推动跟进，几乎付出了我全部的时间和精力。

领导脸色一沉，只是对小李说了句“辛苦啦”，就没再说什么。

显然，小李邀功心切，还显露出抱怨情绪，一不小心还把“队友”给卖了（你天天加班到凌晨，队友干嘛去了，工作量有这么大吗？是不是觉得单位亏待你了），领导对小刘的回答自然是不满意的。

所以说，当我们克服紧张、畏惧情绪后，也不要走极端，可以有“邀功”心态，但不能当“邀功精”，不能让人反感。

就像上文中的小李，为了展示自己，把自己说得那么辛苦。其实，你辛不辛苦，领导都知道；或者，领导根本不关心。

毕竟，这是你职责范围内该干的事情。

03

回归工作本身

所谓听话听音。在职场，领导的任何一句话都不可能是随便说的，因此，一定要想清楚领导的“暗语”。这种情况，一般会有以下几层意思：表达对下属工作、生活上的关心；想知道下属最近在干什么；侧面了解下属的工作思路、态度、情商、精神状态及其所在科室工作分工情况、团队运作情况等。

有的人会说，不就简单一句话吗，至于这么费心思琢磨吗？

其实，领导要面对那么多下属，每天工作那么忙，也不可能有那么多时间、精力去跟每个下属沟通交流。

领导遇见并询问某个下属，这本身就是个“小概率”事件。这个“小概率”事件，看似偶然，其实更多是必然，这其实也是考验下属的一种方式和手段。

礼多人不怪，认真对待才不会有错。

围绕“领导想问什么”，在回答“暗语”的基础上，尽可能把自己展示出来：告诉领导近期在忙什么；透露出自己的工作状态，是努力工作还是得过且过；聊一聊下阶段的工作计划；提一提你的直接领导、所在团队的工作状态。

不管你怎么回答，都要记住：话要短而精。要条理清晰、言简意赅地表达，毕竟，乘电梯时间不长，你要在短时间内让领导直接抓住重点。

比如，当领导问到你“最近还好吧”时，可以这样回答：“谢谢领导关心，我最近在具体负责 ××× 等几件事，临近收尾阶段，确实挺忙。不过，我在工作过程中收获了很多，特别是 ×× 等领导、同事，给我做了很好的表率，从他们身上学到了很多。”

这样一来，你至少向领导展示了这几层意思：我最近工作充实；我的工作氛围很好，领导、同事都很棒；我很积极上进，习惯在工作中学习；请您放心，对下步工作，我有清晰的规划和打算。

所以说，这比直接回复“还行”好很多，跟领导互动的内容也多，给领导留下的印象也更深刻：这是个情商高、有眼力见儿、有团队精神、有个人职业规划、不抱怨的人。

总之，在职场，我们不能做一个只会做具体事、不懂协调资源、不懂积极沟通的人，要眼观六路、耳听八方，凡事多想一点、想全面一点。

也许，领导随口一问，并不仅仅是表面上的“关心”，你要品，其实会有更多内在的事情在里面。

偶遇领导，怎么寒暄体现水平

在路上难免会遇到领导，遇到领导不能躲着走，而要迎上去，这才能体现自己的素养。遇到领导也不能仅仅打声招呼，如果顺路就少不了要寒暄。但怎样寒暄才能体现出说话的水平呢？

01

问候子女

“王局，您的孩子开学了吧？又该离家了，假期真快啊。”

“王局，您的孩子放假了吧？还是家里待着踏实，晚上给孩子做啥好吃的？”

“王局，您的孩子在学校还适应不？”

“王局，您的孩子搞对象了吗？”

“王局，您的孩子喜欢什么类型的？我给他牵个线。”

每个父母对孩子都一百个上心，领导也一样，说起孩子来，领导的态度也会百般柔顺。

不过，对于要不了或者不想要孩子的领导，注意，千万不能说：“科长，你们怎么还不要孩子啊？”

02

询问生活

“王局，您的感冒好点儿了吧？多喝点儿热水，这场流感真是太讨厌了，我家孩子也感冒了呢！”

“王局，这个周末去哪玩啊？听说郊区新开了个滑雪场，同事小张去玩了，说特别有意思！”

“王局，您的新房子装修得怎么样了？快入住了吧？什么时候乔迁让大家去‘燎锅底’啊？”

不过，聊天的时候领导可以揭别人短，但你可别嘴欠：“王局，刘科长是不是更年期了，最近脾气好大啊！”

03

夸奖品味

“王局，您的这件衣服真好看！哪里买的？”

对于阔绰的领导千万别忘了问问价格，当她自豪地说“七八千”的时候你的马屁算是拍到位了。

“王局，您的香水真好闻，什么牌子的？我的香水是山寨的，跟您的可差远了！”

对于女领导可以问香水、衣服、化妆品、汗蒸等方面的问题，对于男领导可以问手表、汽车、车牌等方面的问题，相信领导定会滔滔不绝。

也可以夸夸他们的对象：“王局，嫂子漂亮又贤惠，您俩真般配。”

“王局，姐夫每天锻炼身体，身体肯定很棒，我最近都快胖成猪了。”哪个领导都经不住夸，哪个领导都希望别人夸，但要夸得到位。该夸就夸，别吝啬。

04

聊点八卦

“王局，听说沈阳乐天玛特被人包围了，您知道吗？咱们这也没个乐天玛特，想发泄一下都没机会，你说气人不？”

“王局，听说杨幂跟刘恺威离婚了，佟丽娅跟陈思成也离婚了，娱乐圈是不是太乱了？”

“王局，听说省长昨天开会被带走了，哎，真是风云突变啊。”

不过，省部级领导落马可以聊聊，身边的领导落马千万要闭嘴了，说不定就是亲戚朋友。

“王局，咱们大院刘局进去了，听说要判八年呢”，说完你就得出局。

05

说说天气

“王局，听说明天要降温，真是倒春寒啊，可得多穿点衣服。”

“王局，听说明天还要下大雪，真是瑞雪兆丰年啊！”

“王局，这天气又是雾霾预警，您的车也限号了吧？”

不过不要说本级政府做得不对，“王局，您说这么好的天还发布雾霾预警，咱们这的环保局真是吃饱了撑的瞎跟风！”

聊天内容要紧贴时代，最好能聊点领导的兴趣，那才是关键点所在：“王局，周末去钓鱼了？鱼情怎么样？肯定钓了不少吧！”

当然聊什么都可以，最好别聊工作，如“王局，我昨天写的报告还有需要修改的地方吗”，这是典型的“脑残”。

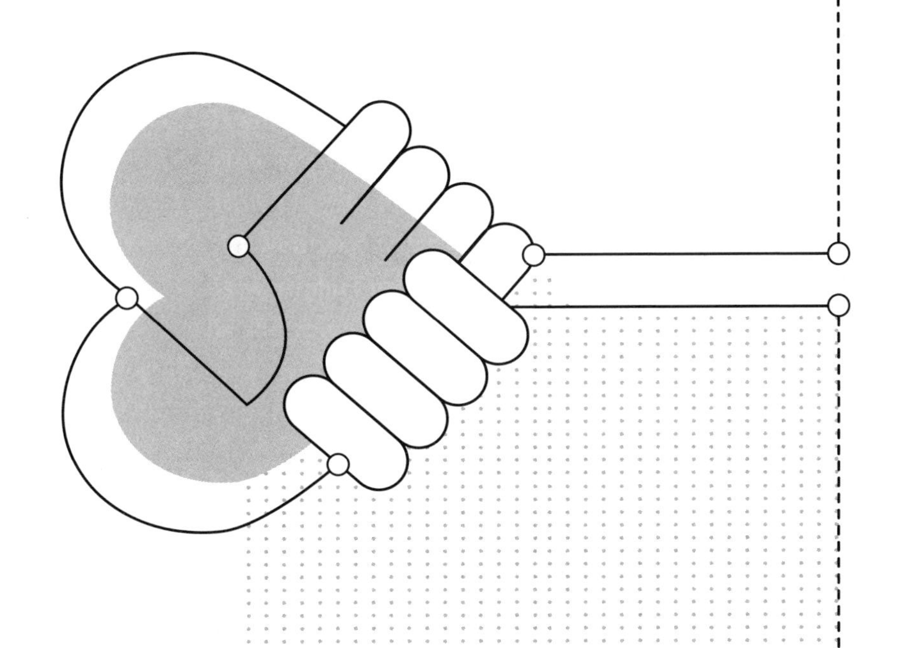

在平常

怎样和领导相处

遇到领导一个人在食堂吃饭，要坐过去一起吃吗

这两天，有个小伙子困惑地问我，在单位食堂，看见领导一个人坐着吃饭，其他人都是聚众吃饭笑语不断，不知道自己要不要去领导那桌陪吃寒暄。

不过去坐吧，看着领导着实有点孤单；过去坐那儿吧，一方面担心被人议论，说自己是马屁精；另一方面，又不知道聊什么，怕最后弄巧成拙，于是左右为难了。

我的建议是，当然还是坐过去，尤其是作为办公室的工作人员，就更要坐过去。

01

为啥呢

我们可以从以下两个维度来进行分析。

从第一个维度来讲，领导也是普通人。作为一个普通人，看到别人都是三五成群，在一起嬉笑聊天，时不时拿余光瞟过来，自己却一个人

坐着吃饭。可想而知，心里多少还是有些尴尬和发慌的，有点质疑自己的人缘和凝聚力，所谓如芒在背，这是人性。

从第二个维度来讲，身为领导。之所以能成为领导，还是喜欢交流、爱张罗事儿，喜欢前呼后拥的比较多，性格太内向的往往也成不了领导。即使原来性格内向，当领导时间长了，也习惯门庭若市了，也很怕“冷淡”二字。

所以说，从这两个维度看，身为部下，似乎都应该坐过去。

事实上，领导之所以一个人坐，其实往往并不是领导想一个人坐，而是他确实没有什么同事，也没有好闺蜜可以时常一起约饭。

往往就是高处不胜寒，一个人坐不是他享受或者是刻意为之的一种状态。

如果你是办公室的同志，就更不用犹豫，服务领导也是本职工作，有义务去体谅领导的感受，维护领导的形象，不要让领导陷入尴尬和难堪的境地。

我在食堂就见过这种事，曾经有一个办公室的小伙子，特别有眼力见儿，本来已经坐下跟同志们谈笑风生，一看领导一个人孤零零地端饭坐下，马上端着餐盒坐到了领导的对面，领导感觉很开心，松了一口气。

当然，你如果对领导的性格有确切了解，领导就是那种喜欢离群索居的领导，就是喜欢在安静中冥想沉思的领导，那不去打扰他也行。

聊啥呢

至于方式，可以做得自然一些，比如说叫上一两个同事一起坐过去聊聊天，既能避免领导尴尬，又没有刻意脱离群众。

至于过去后聊什么，也要讲究一些话术：除了聊聊天气环保、军费开支、各国大选、全民公决等国际国内、省际省内、市际市内、单位内外等大事、要事、喜事、急事、突发事等共同感兴趣的公共话题外，主要是看菜吃饭、量体裁衣，根据领导的工作性质、性格特点、爱好特长来找话题。

一是聊与领导工作相关的。分管业务的聊业务，分管稳定的聊信访，分管群团的聊活动，分管党建的说从严治党。

二是聊领导平时比较关注的话题。有的领导关注国际大势，有的关注经济走势，有的关注股票金融，不一而足。

三是聊领导个人特长爱好的话题。工作之余，有的领导书法好，有的擅写作，有的懂绘画，有的搞摄影，等等。

四是看领导性格。性格外向善演讲的可多聊，性格内向平时话不多的可少聊。

总之，偶遇领导是机遇，重视对方莫随意！（作者：老部长）

领导当众表扬你，怎么回答还能继续加分

人人都喜欢被他人夸奖，因为受到夸奖时候的满足感，会让人特别愉悦。但是，如果你不知道怎么去应对别人的夸奖，就会让愉悦的场景变得有点尴尬。

比如你要是回答：哪里哪里，我做得还不够，还需要继续努力。

这样说，特别是当着副局长、处长，尤其是其他处室同事的面，会让人感觉很虚伪、不真诚。

比如你要是沉默、不说话、没反应，好像更不合适，有点显得不领大领导的情，显得不懂礼貌。一个愉悦场合的温度顿时降低到了零下。

其实，应对领导的夸奖并不难。

如果你是不善言辞的人，就可以真诚地说一句“谢谢领导肯定，我会继续努力，争取写出更好的”，来表达你收到领导的肯定信号了。

但是在面对别人夸奖时，如果能稍微转换一下回应的方式，做到能够让对方也开心，让在场的人也开心就是更高明的方式。

有一次我参加一个宴席，一位领导夸另一位领导酒量真好的时候，那位领导回答说：“酒量好不好还要看跟谁喝，跟你一起喝酒量当然好啦！”

然后，宾主尽欢，其乐融融。

这个场景给我的印象特别深，我发现在受到夸奖时，如果能借着机会，夸奖下对方，将会带来特别好的效果。

简单来说就是把别人夸你的话很自然地转移到别人的闪光点上，转移到在场其他人的闪光点上。

你可以转移到处长身上：谢谢局长的肯定，我这次从选题到定稿，处长给我提了很多意见，给我修改了好几次呢。

你可以转移到在场的其他处室人员身上：谢谢局长的肯定，这也是前一段时间看到 × 处 × × 发表的文章，给我的启发，我才能写出来的。

你可以转移到副局长身上：谢谢局长的肯定，这个课题是副局长布置给我们处的任务，是我们处长带着我共同完成的。

你可以转移到局长身上：谢谢局长的肯定，这点小成绩都被您看到了，对我们真是莫大的鼓励啊。

你情商足够高的话还可以转移到在场的每一个人身上：谢谢局长的肯定，上次 × ×（在场的其他人）的文章得到了您的肯定，激发了我，所以我就认真写了这篇，还劳烦 × 局（副局长）和我们处长给我改了好几遍呢。

或者：谢谢局长的肯定，这点小成绩都被您看到了，对我们真是莫大的鼓励啊，写这篇文章的过程中，我得到了 × 局（副局长）和我们处长的多次指导，一些我拿不准的地方还请教了 × × 和 × ×（在场的其他人）呢。

语言的力量是很惊人的，一句走心得体的回答，会让领导印象深刻，人际关系融洽，给你的职场生涯带来强大的助力。（作者：王主任）

与领导接话满分回答是怎样的

一句巧妙的接话，不仅会使沟通气氛活跃顺畅，还会给领导和同事留下极其深刻的印象。

有时候一句巧妙的接话，比你所做的重要工作都重要，会让领导记忆很久。分享几句我职业生涯中遇到的会让领导和同事印象深刻的巧妙的接话。

01

“你就当在沙滩上碰到我吧”

我是我们单位招录的第一批女生。来我们单位之前单位都是男同志，可能他们在单位也比较随意。

一天，我下班后加了会儿班，等我从办公室走出来在楼道恰好看到某领导（应该是运动完后）在卫生间冲了个澡出来，端了个盆，光着上身穿了个大裤衩和拖鞋。

职场小白的我有点尴尬。

这时这位领导开口说话了："啊，忘了单位有女同志了，没事，今天你就全当是在沙滩上碰到了我吧。"然后云淡风轻从从容容地走了过去。

这一幕让我印象特别深，尤其是他那从容的神情和丝毫没有慌乱的步伐。

02

"咱们局历届局长都很帅"

我们局长调到上级部门当领导去了。

一个月后，作为上级部门领导，送新局长来任职。

我们在单位办公楼前迎接。我们老领导介绍新领导时，忽然问我："小王，你们新局长是不是很帅啊？"

我毕恭毕敬地回答："咱们局历届局长都很帅。"老局长、新局长、迎接的同志们都哈哈大笑。

后来，这句话被他们多次提到。

03

"单位的大美女"

还是上文的局长，现在到我们局已经三年多了，他刚调来时我接的那一句话，他在人前不知道提了多少次。

他刚到我们局时，副局长们陪着他挨个熟悉每位同志，看到我时，局长说："他们说，你是我们局的大才女，以后你还要继续加油啊。"

我笑着接话："好的，局长。但是您听说的不太准确，其实，我是咱们单位的——大美女。”

结果，全体领导都笑了起来，局长说：“我记住了哈，才女 + 美女。”

后来，在大小领导面前，他把这个梗提了好多次。

04

“谁的照片”

我女儿小时候，头发很短，照片上看不出是男孩还是女孩。

一位年纪稍微大点的男性领导，拿着我手机看到了手机屏幕上我孩子的照片，就开玩笑地问：这是我儿子照片，还是我女儿照片？

我笑靥如花地接了一句：“叔，这是您孙女照片。”

后来，他再也没敢跟我开玩笑了，并且一直对我比较尊重。

05

“领导放心，时刻准备着！”

我们单位有一项重要工作汇报，原计划是另一位同事负责。

因为临时有变，忽然领导打算让我负责。领导有点不太肯定地问我：“王主任，这项工作让你负责，你能行吧，有准备吗？”

我怔了一下，回答：“领导放心，时刻准备着。”

这句话打消了领导的不肯定和我的一点犹豫。然后我分秒必争地抓紧准备。

后来，提拔我的时候，领导专门提及，对这种时刻准备着的同志，一定得重用啊。

06

“去新疆办离婚”

一天，我们领导和我们在聊天，忽然说到了结婚证。

领导说：“我和我爱人是在新疆结的婚，结婚证是汉语和维吾尔语两种语言。前几天我们去房产中心办事，人家看了半天说没见过，怀疑是假的呢。”

我们七嘴八舌地说：“是不是啊，我们也都没见过呢。”

这时，我一个同事接了一句：“呵呵，那你们要是离婚，还得去新疆办理呢。”

顿时，鸦雀无言，一阵寂静。（作者：王主任）

不巧遇到“奇葩”领导，我是这样应对的

我在一所学院办公室做秘书时，由于 A 领导晋升一级，离开了现任职位。上级又指派了 B 领导来接手 A 领导的工作。上任第一周就发生了许多事，让大家对这位新领导颇为不满。

第一件事是学生邀请他做交流会，因为在演示幻灯片首页写了他的全名加职务，致使他大发雷霆，回到办公室就让秘书对学生广而告之，以后不许直呼其名。只能在职务前加姓氏，否则就是对他的不尊重。通知下发下去，自然是引发一片争议。学生委屈说道，姓氏太普遍，难以区分才直呼其名，何况后面加上了职务名称。而且在正式场合介绍重要人物都是全名加职务。

另一件事是学生举办活动来邀请领导参加，一周前就发了请柬，结果领导在活动当天突然发难，责问活动为何没经他批准而直接举办，直接把一众下级数落一通。其实在他还未上任前，这件事是报备过的，学生已经在着手准备了，并筹备了几个月。负责活动的小姑娘本来激情满满，被领导一责问，顿时委屈地失了气势。这其实是一件小事，没有涉及金钱或者其他纠纷。如果这两件事都只看作“新官上任三把火”，

为了树立领导威信倒是无可厚非。后来的事情让人对领导越来越失望，甚至怀疑他的人品。

有一次带领某专业的学生参加一次比赛，领导也作为指导教师和领队一路同行。但全程对活动十分不感兴趣。其中还对学生的专业予以负面的评价，流露出赤裸裸的鄙视，直言不讳让人尴尬。且不说作为指导教师应该对学生参加专业活动进行鼓励，作为一个领导，人前不顾形象发表片面言论也实属不恰当。

领导在办公室经常对身边其他同事的工作表示不满，并私下与我议论。每次我只是听着，从来不参与讨论。并且我也已经领悟出了应对这类领导的办法。

第一，事事报备，无论大小。因为领导要求事事必须知晓，我自己处理一些小事反而被他看作自作主张。

第二，充分掌握领导性格和爱好。比如，领导喜欢别人对他十分尊敬，在其他同事每次汇报工作时，我都会适当点拨提醒，避免引发领导的负面情绪，也造成我工作的不便。

第三，针对领导在工作上个人爱好分明的特点，我会在其他领导也在时才提出建议。譬如他不看好的那个专业近期需要订购活动资源和器材，我在其他领导在场时提出，他也就不好直接拒绝，而是转而与其他领导商量讨论，我只能尽我最大的努力，使教学资源合理分配。

第四，自身做好情绪管理。领导有时候十分不尊重秘书工作原则，虽然根据工作经验做出判断后，往往还被否决，并被批评一顿。这个时候千万要控制好情绪，放下一般化的工作选择，根据领导的工作特点和习惯转而拟订出让他感到满意的方案。

在工作中，我们会遇到各种各样的领导，我们不能让领导来适应我们，只能通过调整自己来适应他。在这过程中，工作方法可以变，但工作信念不能抛弃，我们可以巧妙地迎合领导，但却不能失了基本的原则。（作者：poison）

与架子大的领导该怎么相处

“你一看就是个干部模样。”日前，湖北省鄂州市召开全市作风建设大会，市委书记王立在面对全网直播时，痛斥干部作风之弊。

在这位王书记的讲话中，“干部模样”的公职人员有这样的形象：腆着个肚，迈着方步，背着个手，打着官腔，嗯哼啊哈的，故作威严……

他们“官本位”意识浓厚，踮起脚尖走路，时刻觉得自己比普通民众、下属高一等。

你同他交往，他总是一副高高在上的姿态，很少正眼看你；你千辛万苦完成的工作，他草草一看，百般挑问题指不足；你稍微有一点没有顺他的意，他就开始劈头盖脸地大骂。

特别是前往基层调研时，如果当地主要领导不陪同调研或就餐，不分时间、地点、场合，不高兴就骂人……

这类人品质修养不够，特别是被提拔到领导岗位之后，浑身上下更是充满了优越感，权力欲极强，对下属颐指气使，特别强势。

这类人思想意识出错，认为只有摆出“官架子”，才能在群众、下属心目中有威信，他们依靠自身的权威来“逼迫”职工干活儿。工作经验不足，职场上却顺风顺水，没有遇到什么挫折与考验，自认为这种“耍官威”的模式在职场很吃得开。因此，在他们的意识里，下属必须时刻做到有令必行、有禁必止。

那么，在职场，遇到这类“官本位”、爱耍官威的领导，该如何对待?

01

放下幻想，接受事实

所谓“江山易改，禀性难移”，在职场，不要试图去改变一个人的性格。特别是对于这种爱耍官威的领导，不要梦想着改变他的观念。作为下属，你首先要做的，是放下幻想，接受事实。

毕竟，领导的这种观念、性格、工作方式等，都是长年累月养成的，很多已经深深刻地在他的骨子里。

先不说改变别人，很多时候，我们改变自己都很难。比如，在职场遇事容易冲动，总是喜欢情绪化解决问题。每次，跟同事发完脾气之后，会为自己情绪失控感到不好意思，会跟别人道歉：我今天心情不好，所以冲您发了脾气，还望见谅……并且在心里告诉自己：一定要好好改掉这个坏习惯。但其实改变起来不是这么简单，之后还会乱发脾气，跟人道歉，一直在试着改变。

所以说，每个人的成长轨迹、工作生活环境不一样，对事物的看法、个人品性难免会不一样，遇到“爱耍官威”的领导，就接受现实吧，短期内不要幻想着他能改观。

当然，适当的时候，如果这个领导心胸不狭窄，该给他提建议还是提提建议吧。

02

分析初衷，服从为主

要分析领导“爱耍官威”的初衷，是想通过耍官威来树立威信、抓工作？想通过耍官威来满足自己的控制欲？还是长期工作方式所致，连自己也没意识到这个问题的存在？

不管原因是什么，他“耍官威”最想得到的反馈是“听话”。因此，在工作中都必须小心谨慎、认真对待，及时将工作完成好，及时将领导下达的指示落实到位。

如果，一不小心触犯了领导的威信，工作落实不到位，触犯了领导的神经，让其不满，一定不要跟其对着干，更不要跟其争辩。毕竟，站在领导角度考虑问题的话，他需要的是“听话”的下属，能推动单位整体发展，这就是他的目标所在。

如果你破坏纪律、规矩，不听招呼，挑战他的权威，甚至公开与其争辩，领导心里自然会不舒服。

领导面子不仅代表着他个人的面子，更代表着领导层的面子，代表着整个单位的颜面。既然他“官本位”思想严重，那就给足他面子，认真做好自己的本职工作来帮他解决问题。如果他总是耍官威，那他在工作上肯定会翻车的。

03

辩证看待，调整心态

在职场，很多烦恼都来自我们的内心，都是我们自己想太多，又不会调节自己。面对“爱要官威”的领导，我们要学会合理调整心态。

1. 多学经验方法

面对这类领导，如果实在心里憋屈，可以多看一些职场类经验书籍，从中学技巧、学方法，多调整自己的心态，积极应对职场。

2. 多从自身找原因

他在你面前爱“要官威”，在你同事面前却平易近人：因为你干工作总不能让其满意，可能你被领导误会，可能你背后说了领导坏话却又传到了他的耳朵里……你要做的，不是抱怨连连、牢骚满腹，而应该细心观察领导的性格和工作方法，多改正自己的缺点和不足，这样才能在工作中更好地让领导满意，实现良好的合作。

3. 多辩证看问题

任何事物，都不可能是绝对的。同样，一个领导，无论在你面前多么地爱要官威、多么地难以接近，也不可能是“十恶不赦”。

世上没有白受的委屈，没有白干的工作。特别是有的领导虽然爱“要官威”，但在涉及晋升提拔、立功等关键时候，却比较照顾部属，记挂下属的发展。

因为他们也知道，由于自己性格、成长经历等方面的原因，平时对你发脾气、“要官威”较多，让你受了很多委屈，虽然事后他们也为此自责过，想要改变，但难以改变。对于你承受的工作压力，他们心里有本账。再加上你平时的辛苦付出，他们都看在眼里，因此，一旦到了晋升提拔等关键时候，自然会力挺你的。

04

充实自己，另谋出路

在职场，任何人都不喜欢爱“耍官威”的领导，特别是有的领导，遇事只考虑自己的利益、自己的面子，耍官威、官腔、官风。而每个人都有自己的喜怒哀乐。作为下属，被“耍官威”多了，难免会不高兴，情绪也会受到很大的负面影响。

如果一直得不到应有的尊重，不妨转移注意力，在“不吃眼前亏”、明哲保身的前提下多学习，充实、提高自己，学着另谋出路。

比如，你可以偷偷考同城或者其他城市的选调。选调公告可以到本地人社部门、组织部门网站找到，一旦选调公告有适合自己的岗位和单位，那就可以去报名。

一般地，选调考试形式灵活，有的只要面试；哪怕需要笔试，也只是写一两篇简单材料。并且，从报名到考试，再到政审，各个环节都比较紧凑，非常适合那些在原岗位郁郁寡欢想换个工作环境的人。

此外，你还可以选择遴选。遴选一般只需要考《案例分析》这一门笔试，侧重的是对公文写作能力的考察。

遴选的题目，很多都是在平时工作中常常遇到的，一般都不难。所以，如果想离开目前的工作环境另谋他就，参加遴选不失为一种好方法。

但需要注意的是：千万不要因为领导的几句“官话”“批评话”“冷言冷语”而丧失了理智，轻易提辞职。职场不可能一帆风顺，如果因为跟领导相处不开心就轻易辞职去换未知的前程，是不值得的；并且，一旦退出来，再想回去是永远不可能的。所以，要懂得控制住自己的情绪，三思而后行。

送个文件惹领导震怒：在你眼里我就是个签字的？！

在办公室里，对于一份不是很重要但是必须领导签字的文件，怎么去呈，呈的时候说些什么，领导关注的点在哪里，之前这些在我看来稀松平常的事情，却在一次经历中有了刻骨铭心的记忆。

我清晰地记得领导发飙狂怒的样子，比这记得更清楚的是领导说的那句话。领导说：在你眼里我就是个签字的？！

01

漫不经心

在我刚进办公室时，还多多少少存在这样的观念：在一些例行性且简单的工作上，我认为由我们这些办事人员把事做好，签字的时候告知领导让他知道事情我们做好了，没必要因此费太多精力就行了。特别是在一些统计上报工作上，就是简单的加减乘除，真心感觉不应该耗费领导宝贵的时间和精力。

如果你认为领导也是这样想的，那说明你还处于“菜鸟”阶段。

那一次的呈签经历就证明从职场“菜鸟”到“老鸟”，还有一段很长的路要走。

要呈签的是一份关于上报党费收缴情况的文件，需要政治部门和保障部门联合行文，也就是说需要两个部门的领导签字。

我工作在政治部门下面的科室，负责对这件事的牵头和承办，在前期收到上级下发通知和撰写情况报告的时候都有向本部门的领导报告，在签字的时候本部门的领导很顺利地签了字。

所以我便误以为保障部门的领导也会顺理成章地签字，这本身就是个统计上报的简单活，而且相关数据已经报给了上级。领导肯定只会简单扫一眼，用不了十秒就签字。

02

领导震怒

可是当我站在保障部门领导的办公室，领导拿起文件翻着翻着，气氛便有点不太对劲。

“以前也没让联合行文，怎么现在也需要我们签字了？”

“领导，是上级文件要求的，可能是从今年开始的。”

“什么文件，我也没看到啊！”

“一个月前下发的文件，看领导您工作太忙就没打扰您！”

文件中只是要求让保障部门联合行文，其他都是政治工作方面的，所以当时只跟本部门领导进行了汇报。

领导显然有点不悦，指着文件后头的附件问道：“党费报表的附件呢？”

本以为领导不会看到附件就签字，所以也没把列有密密麻麻数字的报表放进去，没想到领导还要看这份没什么技术含量的报表，我一时傻了眼。

“领导，因为上级催得急，报表我们已经上报了！”

只听“啪”的一声，呈签的文件夹被重重地摔在桌子上。

“又没有前期的文件，又没看到报表，在你眼里我就是个签字的？！”领导双眼一瞪，发起飙来。

我一时语塞，喏喏地离开。

03

吸取教训

回到科里，我将此事告诉了科长，科长作为过来人，跟我说了三条：一是呈签的时候必须想好领导的关注点在哪里；二是再小的事在领导那里都可能是大事，毕竟是签他的名字；三是有疏漏和小错没关系，但必须想办法把事办圆满。

有了老大哥的宽慰和鼓励，我认认真真地对事情进行了反思，发现自己在以下三个方面没做好。

一是事前没有向领导汇报好，认为主要是政治部门的文件，其他领导可以不汇报。

二是事中没有把文件准备好，人为地减少了文件的内容，造成领导有掌握不了情况的担心。

三是事后没有补救好，没有掌握说话的技巧，造成领导有没被重视的感觉。

在这件事情上，保障部门的领导最关注的是党费收缴有没有核对清楚，以及使用情况是不是符合规定，而这点却被我忽略掉了。

接下来的补救措施中，我找到财务部门的领导审核并加盖了印章，同时将相关文件准备齐全，并在给领导翻看文件时赔了不是。

“领导，实在不好意思，之前事情没考虑周全，感觉事情比较小，害怕耽误了您的时间！”

“嗯，没什么，我们这么做也是为了保护你们！”领导的态度显然缓和了不少。

作为一个办公室新人，这件事给我留下了极为深刻的印象，它时刻提醒我千万别把事情想简单了。

在面对领导的时候，一定要做好充足的准备工作，做到领导问不倒，一定要把事情想周全，找到领导的关注点，让领导时刻都能掌握好情况，千万别给领导造成“你来找我就是签字”的感觉。（作者：水天一色）

“工作狂”式的领导，其实挺好相处的

在单位，相信你遇到过“工作狂”式的领导。这类领导很具有奉献精神，对单位发展具有极其重要的推动作用。但是，从长远来看，“工作狂”的工作方式无论对领导自身还是对职工来说，都不利于身心健康。

那么，该如何与这类领导和谐相处？

回答这个问题之前，我们先来看看成为“工作狂”的主要原因。

01 “工作狂”原因分析

1. 迷失了自我

这类领导很希望通过工作来实现自我价值，从某种意义来说，他们纯粹是为了工作而工作，甚至是为了外界的评论而工作，并且会在这个闭环中自我沉溺，逐渐失去自我，甚至听不进任何不同意见。

2. 完美主义

其实，很多单位、部门的工作量是不多的，但是，有的领导却总是

在忙于工作。原因是他们对每个工作环节、每项工作内容的要求都接近完美，不自觉地就加大了工作量。

3. 害怕失败

有时候，恐惧比成功的欲望更能驱使工作，正因为害怕失败的焦虑，导致他们选择了不停地埋头工作。

4. 工作生活失衡

对于工作上瘾的人来说，他们大多对生活不大关心，从而有大量的精力来忙于工作。

5. 没能从目前工作状态中抽离开来

有的领导其实内心是很排斥“工作狂”这种工作模式的。而更多时候是身不由己，不得不被工作推着往前走。

正因为工作量太大，导致他们无暇顾及其他，他们关注的只是手头正在做的工作，他们心里想的也是尽快把这个阶段的工作干完，从而使他们一直处于忙碌状态。

既然导致领导成为“工作狂”的原因有自身原因还有外部原因，那么该如何正确与这类领导相处呢？

02

如何与“工作狂”式的领导相处

1. 保持好的心态

有些事情，我们无法改变，那就只能适应。如果遇到了一个“工作狂”式领导，而自己又没有办法解脱开来，那就试着适应他吧。

与其每天因为领导的工作安排、工作方式变得烦躁，还不如及时调整自己的心态。

要知道，跟着“工作狂”式的领导虽然很累，但是也能学到很多东西，同时也不需要操心太多事情。相比来说，只要老老实实跟着领导干工作就可以了，没有其他方面的担忧。

2. 要跟上领导的节奏，投其所好

“工作狂”式的领导以队为家，以工作为第一要务，对工作要求也很高，他自己是这么要求的，也是这么做的。所以，你必须跟上领导的节奏，把主要精力放在工作上。

多揣摩领导的工作思路与习惯，领导布置的工作要按时按质按量完成好、多为领导服好务、多为单位尽好责，这样才能让领导觉得你把心思放在了工作上。

3. 要多和领导保持充分的感情交流

要以感情带动工作，而不是以工作带动感情。虽然“工作狂”式的领导一门心思干工作，甚至让单位工作氛围变得压抑，但领导也是人，也会面临排解压力的问题。

所以，工作之余，可以经常性地陪领导聊聊天，聊家庭、聊人生、聊兴趣爱好等，这样一来，既能缓和紧张的工作氛围，又能增进你和领导的个人感情，何乐而不为？

总之，世上没有绝对好的领导，也没有绝对不好的领导，无论领导的工作模式是怎么样的，自己都要开开心心工作，这样才能在工作中收获成长和进步。（作者：暮春秋色）

05

怎样跟
领导沟通

提拔后，如何向领导表达感谢

体制之内，最让人开心的事就是得到提拔。

而提拔之后最应该感谢的，是提拔我们的领导。连古人都说过：“投之于木桃，报之以琼瑶。”

提拔之后，最好的方式就是在第一时间当面向领导表示感谢，让领导感受到你真诚的心意。

如同千里送鹅毛，礼轻情谊重，向领导表示感谢的重点是心意，可主要表达两层意思：一是表示感谢和感恩，二是表达忠心和决心。

表达感谢时，大概可以这样说（附实际话术）。

首先，非常感谢领导给了我这个宝贵的机会和平台。

我深知，我个人的能力有限，有幸提拔到新的工作岗位上，很重要的原因就是得益于您平时对我的严格要求和悉心指导，得益于您关键时候为我说话和撑腰。

可以说，没有您，我不可能走上这个岗位，这个知遇之恩，一辈子都不会忘怀，无以报答。

今后，无论是在工作上还是在生活中，您都是我敬重的领导和学习的楷模，您的教诲和指示我都会铭记心中。

并且心无旁骛按照您的要求，勤勉工作，抓好落实，尽心竭力搞好服务，不辜负您的栽培和厚望，为您争光，让您放心！……

言为心声。当面说这些知恩、记情、表态的话很重要，但你的精神状态更重要。

感谢的时候，态度要真诚，感情要真挚，眼神要坚定。

这样，领导就会真切地感受到你的感恩之心，你的感激就会取得比较好的效果。

当然，最好的感谢是在今后的工作中，准确领悟领导的意图。始终与领导保持高度一致，尽心尽力搞好工作，做出让领导满意、同事信服的成绩来。（作者：老部长）

大领导突然找谈话，该怎么准备

大领导找干部谈话，主要目的一般有两个：了解你；通过你了解别的人和事。

领导开场后，谈话一般有三个环节。

1. 汇报环节

这个环节的内容主要有以下两点。

（1）简要自我介绍基本情况。一方面是个人的基本情况和学习工作经历等；二是家庭情况，包括父母妻儿兄弟姐妹的基本情况。

（2）自己的工作情况。这是汇报的重点，一定要把自己工作成绩的亮点突显出来，感悟和体会要有自己的观点。

2. 互动环节

在你汇报完之后，大多会有互动。

一是领导可能问到你的爱好，8 小时之外主要干什么，喜欢看什么书，等等。二是可能就某个人、某个事或某项工作听取你的看法或意见。

这两个问题都要实事求是，一是一，二是二。

3. 领导的指示环节

在领导做指示的时候，一定要认真记录。

作为个人，一定要抓住领导找你谈话的机会，把谈话作为领导认识你、了解你、发现你的机遇。认真做好准备，展示自我。

一是汇报的情况要准确。包括数字、事例要精准，不能有大概、可能之类的词语。事前要充分准备，如有可能打好腹稿，熟练背诵。

二是要诚实，实事求是。尤其是涉及听取别人意见的时候，如实表述，适当圆融，话别说得太狠，会显得不懂得团结。

三是表达要流畅，层次要清楚。这个要求比较高，最好能按条陈述或分析。

四是形象要端庄，神态要自然，衣着要得体。头发胡子理一理，不要蓬头垢面，衣服要合身得体，最好是夹克正装，不能随随便便。

五是谈话自始至终都要正视领导。谈话时要有眼神和表情的交流，不能把眼光只盯着自己的脚尖。更不宜四处张望，或一激动就指手画脚。一定要集中精力，眼神目视领导，表情自带微笑，可以频频点头。

六是带个简易公文包、笔和本。对于领导的指示要认真记录，并表示牢记于心，落实于形。全程关闭手机。（作者：老部长）

分分钟得罪领导的几句口头禅，你可能经常说

也许你很困惑自己明明很努力，为什么领导总是不冷不热？你兴致盎然的一句话为什么领导却神色黯然？

可能是因为你不小心说错了话，而不自知，导致你的总体印象被降了分。

01

“领导，您在哪呢？”

打电话时开口就问“您在哪呢”或者“您在干什么呢”，这是我们给朋友打电话经常用的开场白，可是在职场中给你的上级打电话这么说就不合适了。

领导在哪里、在做什么需要向你汇报吗？所以合适的方式应该是，打通电话后问“领导，您现在方便吗？”然后再开始说你想说的话。或者是先发个微信问一下领导，“我有个事需要电话向您汇报一下，您接电话方便吗？”

02

“领导我给您说一下”

给上级报告工作或事情，开口就说：“领导我给您说一下。”

说一下是告知一声的意思，作为下级对上级领导说“说一下”显然不太适宜。

合适的方式应该是“领导，我给您报告一下”、“我向您汇报一下”或者“我给您请示一下”。

03

“我希望各位领导多给我批评指正”

在个人总结或者汇报结尾时说“我希望各位领导多给我批评指正”。

这句话虽然表达的意思没有问题，但是“希望”一般应是上级对下级或者长者对幼者的期待，而下级对上级使用这个词则不太合适。

合适的说法应该是：“我恳请各位领导多给我批评指正。”

04

“我代表我们领导……”

在对外场合中，说：“我代表我们单位，或者我代表我们领导……”

一般只有领导才能代表单位，如果你是一个部门的负责人，你也只能代表一个部门，上级能代表下级，下级代表上级就不太合适了。

所以即使被安排代表单位出席活动，也应该说：“我受我们领导委托……”这样会更为适宜。

05

“这事不归我负责”

领导或者同事问你一件事，你开口就说“这个事不归我负责”或者“这个我不清楚”。

虽然你说的可能是实话，但是会让人听了不舒服，会让人觉得你爱推活不愿担责。如果问的事确实不是你负责或者不在你职责范围内。

如果回答“您问的这个事好像是 ×× 负责”或者“您提的这个事是 ×× 处的职责”会让人感觉更舒服。

因为肯定的回答总会比否定的回答让人感觉更好接受，而且也会让领导感觉到你对单位工作、职责的了解更全面、更用心。

06

“您听明白没”

在对上级汇报完工作或者跟同事说一件事后，不要问“您听明白没”或“您听懂我的意思没”。

如果想确认自己说的话对方是不是完全理解了，应该问“不知道我说清楚没”或者“不知道我说明白没”，把说明白的责任归结于自己，而不是把听明白的责任归结为对方，这样会让人更容易接受。

总之，同样的一句话，敬字为先，谦逊低调，会给人一种无害且有教养的感觉，有助于你收获良好的人际关系和领导的青睐。

07

学会说“好的”有多重要

我花了将近10年时间才知道在体制内会说这“好的”两个字的重要性。我是学法律的，学法律的人有一种思维模式，叫作否定式思维。因为要锻炼在法庭上的对抗模式，我们曾经有专门的练习，就是对方不管说什么，我们的回答都是“不”，然后再阐述自己的观点。

当然，否定式思维模式并不是法律人的专有属性，很多人都有。

但是，我毕业后没有从事专门的法律业务。而是进入体制成为一名跟公检法没有关系的公务员。我发现，这个思维模式减缓了我的进步速度。因为在体制内，服从是很重要的一项要求。尤其是，你还不够强大时，不要过多地太着急或太坚定地表达自己的观点。

我发现会说“好的”这两个字尤为重要。领导给你布置工作，先别急着阐述思路，或者提出困难，先回答“好的”，再慢慢阐述，领导会比较容易接受。

同事跟你商量事，不要急着否定或拒绝，先说“好的”，再进一步沟通，协商起来会更顺畅。

因为，“好的”这两个字，代表的不是你的立场，更多的是代表你的态度。只有在态度良好的基础上，才会有更好的沟通效果。（作者：王主任）

老虎屁股也摸得：给领导提意见的几个技巧

在机关工作，难免会遇到需要给领导提意见的时候。有时是会议要求，如参加征求意见座谈会、民主评议会等，轮到你的时候不发言也不行。有时是自己心里想给领导提意见，给领导个善意的提醒。

无论哪种情况，给领导提意见总是个高技能的活儿。意见提得好，领导会更认可你这个人，“小伙子，有想法”，从此信任有加；意见提得不好，领导可能会对你产生厌恶，“这家伙真不识相”，从此打入“冷宫”。因此，给领导提意见一定要慎重，可能因言得宠，也可能因言招祸。

01

反面案例

有一天，某局召开绩效考评工作通报大会，请了各分管领导班子、各科室的负责人和负责绩效的干部一同参加。会上，分管绩效领导对各科室绩效工作进行了通报，可能因为信息有误，某科室被通报了，说有一项绩效工作还没有开始。

这个时候，心急的小李就插了一句嘴："我们科室今年的任务几乎完成了呢，各项指标没有超时的，怎么会垫底呢？是不是绩效考核统计不对啊？"随后，该科长马上拉了拉小李的手让他别说了。

分管绩效领导看了看绩效统计数据说："这是我手头上刚拿到的数据，前几天才统计出来的，难道我们统计漏掉了你们科室的？那你说说你们科室完成了哪些工作？"场上突然静寂严肃起来。

案例分析

第一，小李对于领导通报的质疑没有充分的证据，没能及时提供依据就立即纠正。

第二，对于领导的错误，小李不分场合和时机就脱口而出，没有考虑领导的感受，让领导难堪。

第三，小李纠正的态度不够谦逊，一直是责备和质疑的语气。

第四，小李没想到他这么一说带来的不仅是分管绩效领导的不满意，还降低了他在整个单位的影响。

正面案例

前段时间，局长让小张写一份关于为该局申请公务车的用车请示。不久小张的请示就写完了，科长也看了。

某天，局长向小张了解请示写得如何了。小张赶忙送到领导办公室，局长看到公务车只申请了一辆，就说："现在单位这么多人，这么多工作，一辆怎么够用呢？"显得很不高兴，有点怪小张自作主张的意思。

小张连忙仔细地向局长解释："申请一辆公务车的原因是由于我们单位现在行政编制 ××× 人，按照 ××× 文件要求行政编制在一定数量才能申请 ××× 辆公务车，以我们目前的情况建议申请一辆公务车比较符合文件规定，所以才写了一辆。之前没有事先跟您沟通是我的疏忽了，抱歉局长，下次注意。"

小张解释的同时翻开了文件的依据，找出了关于公务用车配置标准。领导皱着的眉头就松了一下，笑着说："我没注意到这点，那就按照这个先报过去吧"。

案例解析

首先，小张在解析的态度上比较诚恳，没有直击领导错误的语气。

其次，小张解释的时候比较注意条理，能够将事情的各项事由解释明白。

最后，小张给领导纠错的时候，文件依据提供得比较充分，并给予的是建议，而不是一直在反驳领导。

03 提意见技巧

那么，怎样给领导提意见才能趋福避祸呢？

1. 少说

话不要多，要精，点到为止。十句话中九句话为铺垫，其中一句是批评。批评意见不要太多，1~2条为宜。提意见不是表现你口才的时候，千万不可长篇大论来论证领导的不是，不然就会以偏概全误导听众。心直口快要有意识去控制，动辄就给领导提意见，领导肯定会反感，认为你是个“刺头”少招惹为妙。

2. 私下

要注意提意见的场合，外人在时尽量不提，正式场合尽量不提，做到内外有别，“家丑不可外扬”。尽量不要在公开场合提意见，否则会给旁人留下不好的印象，也会伤领导面子，容易被领导误解为指责。有错误当场指出效果不一定好，最好找一个私下聊天的场合，风轻云淡地回顾下当时的情景，自然而不刻意地提出意见。

3. 委婉

先扬后抑，指出美中不足。其实质也是在一个问题上全面评价，避免管中窥豹。“这方面领导做了大量的工作……，领导尽力了，但效果没达到预期，如果……可能会更好。”不要一上来劈头盖脸就喷，毕竟听众不清楚情况，一顿评价后，听众只知道领导的不是，不知道他背后的付出。

4. 认可

如果要求在会议上提意见，尽量在会前和领导进行一次沟通，征求领导意见，“领导您看，我这样讲不知道合不合适？”同时，领导事先知道你要提什么意见，也才好有个准备。若是会议上临时冒失提出，领导可能会感到突然，会有些措手不及。

当然，除了注意以上4个一般原则，还要特别重视摸清领导的脾性。领导能接受什么程度的意见，在什么场合提出意见，以及意见如何表达，都要对领导的口味。因人而异才是给领导提意见的根本法则。（作者：onion 等）

一些敏感问题该怎样跟领导说

在工作中，除了日常的工作沟通和汇报，有时候也会有一些比较敏感的话题跟领导说。但是，遇到这种情况该怎么跟领导说呢?

01

领导要火线提拔一位同事，怎么表达反对意见

在单位内部提拔一个干部，是调动员工积极性的有效方法和手段，作为部门正职，在非极端情况下一般应该积极支持。

对于领导要火线提拔某一个同事这件事，如果你跟领导的关系十分亲密，当然可以直接拒绝。反之，则不宜直截了当地拒绝领导的意见，而应以婉转的态度表达自己的想法。

你可以这样汇报说：领导，对您提拔某某的指示，我完全服从。先表达出同意领导的指示，再委婉表达出这项指示怎样做更能树立领导的威信或促进工作。有以下两点建议可供参考。

一是可不可以再对某某继续考察一段时间，这样看人会更全

面、更准确、更可靠，大家也更服气，更重要的是，有利于树立您的威信……

二是如果必须提拔某某，建议交流提拔为好，因为某某在办公室工作时间太长，长期在一个岗位工作容易形成疲劳感，而轮岗交流提拔，新岗位对他也有新鲜感，这样更有利于调动其工作的积极性。

然后，你可以顺势提出其他部门的副职交流到办公室担任副职的建议。

如此委婉地表达自己的想法和愿望，既达到了目的，又顾及了领导的面子，同时即使某某知道此事，也不会对你有太大的意见。

02

刚提拔就想去上级机关，该怎么跟领导说

可以找一个比较合适的机会，表现出忐忑的神态和心情向领导汇报。可用自谦 + 心愿 + 说明 + 表态的模式展开。

大概可以这样说：

“报告领导，小 × 斗胆向你汇报一个想法，若有不当之处，请您批评指正。

刚刚接到组织部的通知，说要选调一部分年轻干部去市直机关挂职锻炼，我内心十分渴望到这样高层次的平台去历练和学习。但我深知，组织上和领导对我一直十分关心和关怀，最近又提拔我担任办公室主任，本该心无旁骛用心工作，以出色的业绩回报组织和领导的关心。

现在提出这样的请求，实在是有点得陇望蜀，但这个机会确实难得，也是我最后的一次机会，恳请领导关心关照……

作为一个年轻干部，我坚决服从组织上的决定，如果您批准了我的请求，我将认真学习，努力为单位争光。

如果组织上需要我留下来继续工作，我也愉快接受，没有任何想法，将以更加饱满的热情投入工作中，尽心尽力搞好服务工作，不辜负您的厚望！”

03

答应提拔你的领导突然调走了，怎么办

答应提拔自己的领导突然调走了，如果提拔已经进入程序，那就要顺势而为往前走，不宜打退堂鼓，因为退堂鼓的后遗症非常大。即便领导突然调走了，也还是有希望被提拔。在靴子还没落地的情况下，目前要用最大的努力做工作，去争取最好的结果。

为这次悬着的提拔，做工作的方式有以下几种。

一是向单位现领导汇报，请他出面帮助。你是新领导上任之后单位安排出去的第一个干部，安排不好他脸上也无光。从这个角度上看，他应该会积极帮助。因此，要尽快向他汇报你的想法和愿望，争取他的关心和关照。

二是继续向原领导汇报。老领导才离开不久，并且又是提拔，请他帮忙再做做工作，说话会更直接更方便一些。

三是直接向组织部部长汇报，在表示感谢的基础上，婉转地提出自己的想法和愿望，恳请领导关心和关照。

04

实在写不动材料了，怎么开口跟领导提换岗

如果想调换科室，不再从事文稿综合工作，肯定不能向领导汇报说自己不想干、不愿干等主观原因，那样会给领导留下怕苦怕累、工作懈怠的印象。

最好是从客观上找理由，重点向领导汇报说，长期从事文稿工作给自己身心健康带来的负面影响和后果。

比如长期伏案工作带来的颈椎、腰椎的毛病，长期加班熬夜带来的失眠、视力突降等。进而反过来又影响到文稿的质量和工作的效率，恳请领导关心和关怀，对岗位进行适当的调整，这样比较容易争取到领导的理解和支持。（作者：老部长）

领导看不上你的工作时要学会沟通和找原因

前几日，与从事文秘工作不久的好友聊天，好友向我抱怨说，有些领导对她所在科室的工作并不理解，认为就是个送文件的，没有什么技术含量，干好干坏也就那么回事。

好友说，没接触之前，自己也觉得秘书无非就是跑跑腿、送送文件这么简单，但接触之后发现，里面的讲究很多，也有很多可以学习的地方。

只是一些领导的态度让自己的工作激情和劲头被消磨了大半，自己非常苦恼。

领导看不上自己的工作，这是一个普遍存在的问题。单位各领导的成长经历不同，接触过的工作也不同，如果不是分管自己科室、处室的领导，也就了解不到工作的艰辛和重要性，对自己从事的工作有些偏见也在所难免。

特别是像秘书这种需要经常跟领导接触的工作，在与不理解自己工作的领导交流起来，气氛就会比较尴尬，对此有以下几点建议。

01

一如既往踏实工作

继续踏实工作，其实这里讲的是工作的专业性。

我周围有一些同事，对认可自己工作的领导敢于汇报、勤于沟通，对不理解自己工作的领导就发怵、害怕，于是推给他人，甚至影响到工作开展。

其实，这都是工作不专业的体现。

无论领导理解与否，工作该做必须做。对于该说的话、该办的事，还是都要说、都要办。

因为工作就是工作，是自己的任务就必须要去完成，不能因为领导对自己的态度或对自己职位的态度而区分对待，最终影响了工作。

02

扎扎实实钻研业务

既然领导已经不理解自己的工作了，如果自己工作再不细，业务也不精，那就不仅是对工作不理解的问题了，还会影响领导对自己工作能力的看法。

比如，当接到一个文件后，一定要认真阅读文件内容，找出与自己单位相关的内容。

如果有要求不明晰的地方，要及早与来文单位进行对接，将所有领导可能会询问和了解的地方问清楚、搞明白。

然后挑出重点，简洁明了地向领导汇报，征求领导的意见，做到自己出手的文件无差错，而且要熟悉文件内容，做到有问必能答，要有理有据地把工作内容展现在领导面前。

03

不卑不亢汇报交流

在心理学中，人与人之间的能量场相互影响，你对对方有抵触、厌恶的情绪，哪怕你脸上笑靥如花、嘴上甜言蜜语，对方也能够感受得到你的敌对情绪。

所以你可以不喜欢这个领导，但不要有抵触、害怕等情绪，而应不卑不亢、有礼有节地向领导做好汇报。

同时要坚持原则，对领导的不理解、超出工作职责的要求做好合理解释，通过自己正面合理的交流，不断增强领导对自己工作的理解和认可。

对于领导不理解的工作，不光要干好，还要吆喝出来，反复强调自己工作的重要性，以更新领导的认识。你自己不说自己重要，别人更不会替你说。

另外，在工作交流中，自己每说过的一句话、每做过的一件事，不仅仅代表自己的形象，更代表着自己的科室、自己的单位，所以对工作要有责任感和主人翁意识。自己觉得自己做的工作重要，才会让别人也觉得自己的工作重要。（作者：揽越凝晖）

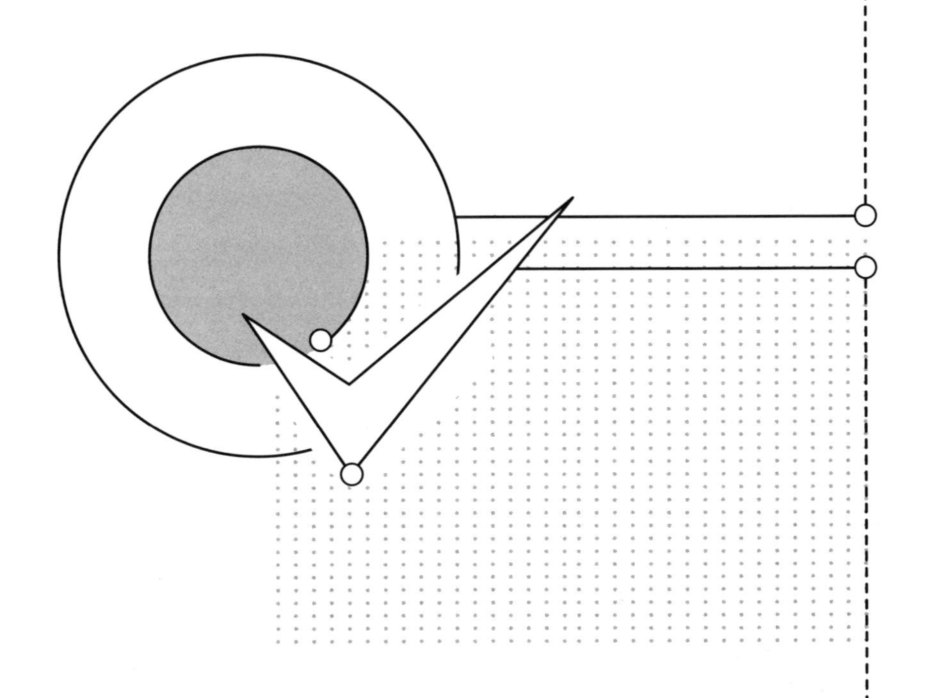

怎样获得
领导认可

秘书随口一说，竟然犯了大错

上周一刚一上班，我就收到小马微信："老部长，我犯大错了。您有时间没？帮我指点下。"我一看，赶紧回信："来吧来吧，现在来我办公室吧。"

小马，某 211 大学经济管理专业硕士研究生毕业，选调生，在我区 A 镇工作三年后，于今春被遴选到区政府办公室秘书科工作，主要联系服务区政府"一把手"。

不多时，小马来到我办公室，说清了事情原委。

今年五月，在落实领导干部报告个人有关事项规定和领导干部个人有关事项报告查核结果处理办法的工作中，区长在填写个人申报事项后跟小马说："帮我看看有什么不符合要求的地方。另外，我爱人最近以她的名义在某小区买了一个车库，只是签了合同，交了两万元定金，估计明年才能交房，需不需要也填上？"

"这还没影儿的事，等明年收了房再填也不晚"，小马随口一说。区长也没说什么。

今年七月中旬的一天，区长收到了市委组织部函询，通知说："根

据 ×× 规定，我部对你个人报告事项进行了抽查核实，发现有未如实报告问题，现请你就配偶名下的某小区车库进行说明。”

虽然区长没有责怪小马，小马却老觉得这次领导被函询是自己的责任，是自己误导了区长。

听完小马的汇报，我思忖片刻，语重心长地对他说：这个事抛开区长自身的责任不说，你确实错了。

从这个事中小马需要吸取的教训很多，最重要的有以下这么几点。

1. 首先提高政治站位

提高政治站位不是虚的，必须从小事做起。领导干部向党组织报告个人事项，这是党的十八大以来，党中央从严治党、从严治吏，加强干部队伍建设的重大举措，因此，必须在思想上高度重视，行动上具体落实，一丝一毫都不可大意，更不能随意。

党的组织首先是政治组织，党政机关首先是政治机关，从这个意义上讲，讲政治不是抽象的而是具体的，不是空洞的而是现实的，不是只对上面不对下面的，更不是只对领导干部的。

秘书为领导服务，首先要提高政治站位，无论大事小事、公事私事，都要从讲政治的高度看一看，想一想，不能就事论事，这应该成为一种习惯和自觉。

当然，这要求我们平时要加强党性修养和党性锤炼，不断增强政治敏锐性和政治鉴别力，能够一叶知秋。

2. 服务不光是跑跑腿、办办事，必须加强政策理论法律学习

秘书工作，既有体力活，但更多的是智力活；既是一个服务岗位，更是一种学习提高的岗位，除了可以亲身学习领导的思维、特长外，还

要运用岗位优势加强理论学习，提高政策理论水平。

只有学习政策、掌握政策，才会知道哪些事该办，哪些事怎么办，哪些事不能办；只有熟悉政策，遇事才不会盲从，能为领导当好千里眼、顺风耳，能成事而不坏事。

因此，秘书只有具备较高的理论素养，才能为领导提供优质、高效的智力服务。

3. 不能图省事，拿不准的应及时请示汇报

秘书工作事无巨细，当个事事知晓的“万能”秘书是不太现实的，怎么办？这就要求秘书必须把握一条“万变不离其宗”的原则：拿不准的及时向领导或权威部门请示汇报，不可图省事、想当然、凭感觉。

很多条例、准则和文件都在最后一条写上“本条例由 ×× 部（委）负责解释”，原因就在这里。具体到这件事，个人事项报告解释权是组织部，拿不准应及时向组织部门请示。

俗话说，不经一事、不长一智。工作出错在所难免，并不可怕，重要的是要总结教训，并举一反三，这样才能把工作做得更好，自己也才能尽快成长。

听完我的一席话，小马凝重的脸色渐渐开朗起来……（作者：海青）

领导比较看重什么样的下属

又是一年毕业季，又有一批年轻人通过能力选拔，崭露头角，走上职场。

有不少人一开始踌躇满志，工作后不久遇到各种不适，便开始怀疑人生，怀疑社会，从而变得或世故或颓废或满腹牢骚。

作为一名体制内的过来人，在单位担任大小领导二十年有余，也没能研究透所谓的“办公室哲学”，但自己在工作中积累了一些感悟。

01

细节决定成败（细心）

刚参加工作的年轻人，不少人有丢三落四的习惯，特别是在综合岗位，其实不是他们记性不好，而是对领导安排的事情关注度不够，也还没适应规范严谨的工作岗位。

举个接听电话的例子，有不少刚入职的年轻人掌握不住要素，如果接电话者是位大马虎的话，就热闹了。电话接到通知，不知道对方的单位，不知道姓甚名谁，也没问清楚具体部门，也不清楚要求上报的材料是电子版还是纸制版等具体要求。

如果挂电话之后再去逐个核实具体事项，往往会带来重复劳动，不但浪费时间，还可能错过提拔。

02

协作精神很重要（公心）

无论是综合岗位还是业务岗位，协作配合很重要。

每一项工作都不可能独立完成，都要有部门与部门间或者人与人之间的前后衔接和协助。

年轻人刚参加工作，上进心强，也急于表现自己的才华，有时过于强调自己的能力和作用，可能会忽略配合协作和集体的力量，时间长了，会出现工作被动或孤立的局面。

03

工作取巧不能偷巧（善心）

工作学会找窍门会事半功倍，这是每个单位都积极倡导的，如果偷巧则可能会“反蚀一把米”。

现在的年轻人在大学期间，通过参加社团活动及学校组织的各项校外兼职和义工，有不少的社会实践经验。特别是在学校担任学生干部的年轻人，走上工作岗位适应能力更强一些，往往被领导称赞。

这时要注意在领导面前和领导背后的表现是否一致，如果离开领导的视线，则是另一种做派，即“光干眼前活”。

长此以往，会在同事们面前留下不好的印象，同样，领导也会有所听闻。

04

虚心是进步的阶梯（虚心）

自信、自我认知度高、有自己的想法，是现在年轻人普遍的特点和优点，这是社会进步的表现，但如果把握不好度，也会成为缺点。

能够考到体制内的年轻人，都是通过层层选拔的，能力素质都很高，但却常常锋芒毕露，不懂得虚心。

特别是刚到工作岗位一两年后，较出色地完成了一两件工作后，更是自信满满，唯恐他人不知晓，在不同场合进行有意的“显摆”或暗示，这种表现就太骄傲了。要收敛自己的行为，并且要懂得厚积薄发的深层含义。

你的工作表现，你的直接领导和分管领导都很清楚，获得他们的认可，比你自己的宣传要强百倍。

05

对前后领导不要厚此薄彼（感恩心）

体制内部门之间的调动是常有的事，年轻人会在不同时期面对不同的领导。

领导对每一位年轻人一般都会付出真情来帮助他们成长进步，不断矫正他们前进的脚步，提醒他们在初来乍到时应该注意什么。毕竟工作实践与年轻人在课堂里学到的东西相差很远，特别是专业性强的职位更是如此。

这些领导有的说话方式直接，有的说话方式委婉，只要是有利于自己进步的，就应该心怀感恩。

年轻人在工作岗位调转后，切忌对前任领导，特别是对你在工作上用心帮助和指点的领导表现出很大反差，这种前后不一的行为是自毁形象的做法。

06

请再多一些等待（耐心）

机关工作的分工有时并不是那么明确，踏实肯干，能力又强的人，常常被分配不同类的多项工作，使他们一时难以招架。

在工作任务集中时，领导也许安排了不是你分内的工作，这肯定是领导觉得与其他年轻人相比或许是你能力强，或许是你工作认真踏实，或许是你服从意识高，总之你在某些方面会强于其他人。

这时，与同时进单位的其他年轻人相比，或许你多做了一些工作，多付出了一些努力和辛苦，但这些都是历练。虽然一时看不出什么差别，要相信时间，相信你经历的磨炼，会使你的能力比同龄人更胜一筹。

职场的升迁，或许会有比较“幸运”的，但是只要你坚持做到以上几点，相信你一定会成领导喜欢的年轻人。（作者：安之乐之）

原来，领导总是通过这些细节判定一个人

怎样才能赢得领导的信任呢？这个问题是我苦苦追寻多年的职场谜题。

有人说：要紧密地团结在领导身边，做领导的贴心人。

有人说：要时时处处维护领导的地位和尊严，保持坚定立场。

有人说：要务必听话，学会送礼，懂得拍马屁。

凡此种种，各有心得，各抒己见。

在我的职场生涯中，遇到过这么几件事令我触动很大，引起了我对这些答案的反思。

01
眼力

一次，我到一个基层单位调研工作。临行前，大家都没注意当地天气情况，穿着单衣就去了。

次日，天气突变，忽降大雨，温度骤降。一身单衣的我们尴尬了，身体的冷还可以接受，可是看到周围人都是厚装在身，那种仿佛从赤道

穿越到北极的不自在更让人难堪。

当地单位有名年轻的秘书小赵看到这种情况，二话不说，火速从单位同事那儿借来几件厚衣服，逐一发给调研人员。

当天调研完毕回到宾馆后，我仔细观察了一下这些临时借来的衣服。虽然颜色款式五花八门，但小赵在交给我们的时候，却是有心按照职位不同区别发放的。因为我看到，穿在领导身上的大都中规中矩，工作人员的就各有不同了。

次日，我就对小赵特别观察了一下。发现他的眼睛时刻不离领导的视线，我们走到哪儿，他就跟到哪儿，距离时刻保持在 5 米之内。

调研完毕后，我特意安排工作人员把衣服洗净送还小赵。没过一会儿，工作人员就回来反馈说：赵秘书说不用咱们辛劳，明天统一拿回家一块洗洗。

这件事让我对小赵留下了很深刻的印象。不久后，我就听说这个小伙子提干了。

02

能力

某单位有名领导，大家都说他很难相处，其主要表现是做事不讲情面，对下属的要求非常苛刻。

还听说，他的上级领导给他搭班子，往往过不了一个月，就有人来告他状，说他性情乖僻，不好相处，主动要求调离。一时间，这位同志成了烫手山芋，没有人愿意与他搭班子。

我特意了解了一下，这名领导并没有很深的政治背景。然后就纳闷，组织部门为什么不给他降降职，磨磨他的锐气？

偶然一次党建巡查工作中，我遇到了那位领导。我发现，工作人员无论问到什么问题，理论的、实践的、工作的，他都对答如流，俨然成为其他领导们的代言人。他的上级领导在尖锐的问题面前，根本就不用说话，只赔笑就行了。

从这件事上，我见识到了这名同志过硬的业务水平，真的是百问不倒。

03

韧劲

原来在组织部门工作的时候，领导让我给他选择一名生活秘书。

当时，我初选了三个年轻人，有三个月考察期。大约过了一个月，三名优秀的小伙子就和办公室人搞熟了，经常在一起吃吃饭、喝喝酒，聊聊天。其中有个小伙子姓王，大家觉得他被选上的希望不大，因为平常看起来有点木讷，话少，有点孤僻。

这个印象我也有。因为有一次，领导和他们三人一块吃饭，其他两名小伙子口才都不错，与领导交流得很顺畅，而且大方得体，唯有小王相对弱一些。

三个月后，领导让我给他推荐人选。我就建议从另外两名中挑选一个。领导摇摇头说：他想选择小王。

自认为眼光不错的我就有点不解了，就主动向领导求教。

于是，领导列举了小王的两个事例。

其一，每天上班，小王总是第一个到办公室、最晚一个回。有那么几次，他遇到小王在没有人的时候也在默默地打扫办公室卫生。

领导说:这个孩子家是农村的，有些勤奋的本性和慎独的优良品质。

其二，有一次领导去开会，走到半路想起没带笔，此时恰好碰到他们三人，问谁多带笔没有？三人同时拿出笔让领导选择，而唯有小王手中有两支，领导就用了他的。

领导说，小王不是偶然带两支笔，而是天天带着，说明这是个有韧性的孩子。

以上这三个都是发生在我身边的真实故事。

职场中，随着阅历增长，我们慢慢戴上了面具和保护壳，将初入职场的本真逐渐掩盖。

但不曾想，当绝大多数人都变成了“老油条”的时候，那些一直坚持负责、实干、苦干的人就成了稀缺资源，占据了真正的职场优势。

俗话说，“小赢凭智，大赢靠德”。漫漫职场路，唯有不忘初心、坚持奋斗的人才能笑得更灿烂。（作者：龙行江上）

99% 的领导都喜欢这样懂事的部下

我曾先后在党政办公室、司法所、便民服务大厅工作过，后通过遴选考入市直部门，还有在两个科室工作过的经历。粗略算来，先先后后换了 5 位直接上级领导。

对于像我一样刚入职几年的体制内的年轻人来说，懂得如何与上级相处是日常工作中的一项重要功课。因为上级对你的态度影响着你工作的心情和精神状态，更决定着你的前途和命运。

那么，什么样的部下，才能叫懂事呢？

1. 要“识得庐山真面目”

要真正认识和了解上级。

珍惜与上级接触的每一次机会，去真正了解上级，包括上级的处事风格、工作习惯、特长爱好等。

而认识和了解是为了避免说错话、办错事，以及犯低级错误。

2. 要“不惧路漫漫，上下而求索”

真诚地倾听和适应上级。

工作中每次去见上级时一定要拿上笔记本，领导说话时千万别抢着说。要耐心认真地记录下领导说的话，倾听他讲的内容、要求。

过后要去思考怎么适应此要求，以及怎样完成目标任务。

3. 要“打铁还需自身硬”

保持积极的工作态度，练就处理各种问题的能力。

对上级安排的事要表现出积极的态度和必胜的信心，显示出独立完成任务的能力，并且最好能超出领导预期。即使是像发个传真这样特别细微的事情，也要做到事事有回音，不要自己想当然认为领导忙，没时间。

事后要及时反馈、汇报是最基本的素质。

4. 要展现“青青子衿，悠悠我心”的形象

给上级留下朴实清新的形象。

作为领导，谁也不希望下属，尤其是身边的人城府很深。在上级面前一定要做到大智若愚。

不该说的，不该知道的，即使了解也要假装不知道、不清楚，尤其是一些世故、关系学。领导还是希望手下的年轻人尽可能简单、单纯一些。

5. 要明白“可远观而不可亵玩焉”

永远与领导保持适当的距离。

能受到领导赏识，固然是我们的幸运，但是千万要保持最起码的清醒。上级对你再好也绝非哥们弟兄，不可能平起平坐，所以保持距离是必须的。切不可忘乎所以，否则有时候会吃不了兜着走。

6. 要“俏也不争春，只把春来报”

把出头露面的活儿让给上级。

一方面，上级出面档次高、力度大，对你的工作有好处。

另一方面，这种“亏”一定要吃，尤其是上级知道的“亏”。

上级看到你不揽功、不争名，是个懂事有规矩的人，对你日后的发展自然大有好处，这就是“吃亏是福”的道理。（作者：唐长老的玉兔精）

领导眼中的可造之材是什么样的

俗话说，“朝中有人好做官”。对于我们这些普通的小科员来说，能获得领导的认可和关注，是很值得高兴的。因为这意味着自己进入了上升的快车道，意味着自己获得了实现理想抱负的机会。

而想要获得领导的认可却并非易事，要想让领导在茫茫人海中发现我们，我们就需要有与众不同的闪亮点，要尽量把自己打造成可造之材。

那么，哪些人是可造之材？可造之材有什么共同的特征呢？

01

有上升的潜力

炒股的人都知道股票有绩优股、垃圾股、潜力股之分。大家都喜欢潜力股，因为潜力股的升值空间大。而我们要做的就是成为那支潜力股，来得到领导的欣赏和投资。而要想成为潜力股，必须具备下面两种能力。

1. 学习能力

“你的气质里藏着你曾读过的书。”对于体制内人员来说，读过多少书、看过多少报、做过多少笔记，不仅决定着我们的气质，更决定着我们的能力。

领导不会喜欢只会喝酒、打麻将的人，而是喜欢学习能力强的人，为什么呢？一方面，学习能力强代表这个人有追求，干事情有劲头，而且实干苦干的人成功的概率比较大，领导自然喜欢这样的人。另一方面，现在流行遴选、公选干部。学习能力强的人，很容易考试成功，往上走的机会多，领导自然会培养这类人才。看来“学者非必为仕，而仕者必为学”这句话一点都没有错。

2. 领悟能力

领导都喜欢悟性高的秘书，这样的秘书放在身边用起来得心应手。对于我们这些科员来说，悟性的高低体现在我们是否把工作做细。

比如说吃饭的时候，领导总是吃炒鸡蛋，如果发现了这一情况，最好让后厨再炒一盘呈上来。事情虽小，但却能体现出用心。

悟性的高低还体现在我们是否善于归纳总结。举个简单的例子，有位同事每天早晨拿拖把拖地面，拖完之后，有时候地面很干净，有时候地面却有泥丝。而如果拖地之前把地面上的土扫一遍地面就会干净，反之则不同。可悲的是，有些人只是浑浑噩噩地工作，从来不去思考，出了差错才明白自己的不足。

02

有统一的思想

物以类聚，人以群分，如果我们的思想和领导思想一致，领导自然会将我们团结在他的周围，并会进行培养锻炼。一说起和领导思想一致，很多人的脑海里就可能呈现出对领导点头哈腰、卑躬屈膝的画面。其实，这只是大家的误解。和领导的思想一致，指的是工作思路一致、处理问题套路一致，并不是刻意去逢迎。

比如说你有正义感，你有大格局、大思维，刚好领导也是这样的人，你们自然会惺惺相惜。《人民的名义》里李达康倾向于改革，而沙瑞金书记刚好也是改革派，沙瑞金自然倾力支持李达康。

如果你总是和领导唱反调，领导能喜欢你吗？当然，如果领导确实错了，可以私下沟通交流，说出自己的想法，争取领导的理解。

03

有感恩的心扉

我们应该尊重每一个人，并学会感恩自己的领导，这不是巴结，也不是阿谀奉承，而是最起码的礼仪和道德。

有人可能会说："为什么要感恩领导？我什么好处也没有得到，还总是和我作对。"如果领导和你作对，肯定是你有错在前，每个领导都不愿意得罪别人，除非出于公心、万不得已。

而我们要做到的，就是记住别人的好，而不是记住别人的不好。这么多年的体制内生活告诉我，只要你发自肺腑地感谢领导，肯定会换来意想不到的好结果。

感谢领导不是三更半夜去送礼，也不是前后左右拍马屁，更不是唯唯诺诺装下人，而是不卑不亢，从心底里尊敬。

我们要做的就是在生活的点滴中，让领导感受到自己的那份情谊。逢年过节，去领导家看看。过生日，送上一句祝福。家里有事，主动前去帮忙。这些事情虽小，却会让领导倍感欣慰。

在现实中，我们会经常遇见这样的人，表面上对领导恭恭敬敬，私下里却骂领导这不好那不好，实属阳奉阴违，这样的人终究不会有所成就。

善待别人就是善待我们自己，尊敬别人就是尊敬我们自己。我们每个人都应该怀着一颗感恩的心去感恩领导，感谢领导的照顾，感谢领导的点拨。

其实，生活在体制内的人都明白，个人的成长进步是由很多因素来决定的。我们要做的就是努力成为可造之材，正所谓“努力交给自己，前途交给命运，而命运终将眷顾有准备的人”。（作者：尘埃）

领导这么依赖我，原来是看中了我这些优点

局长要调任了，由民政局调财政局，看似平调实质是升迁，成为诸多局长里面当之无愧的实力派“老大哥”。

局长调走的时候，特别想让我跟她走，对于“心腹”会计反而不闻不问，我一介小科员真是受宠若惊。除了帅以外，到底是哪方面让领导这么器重我呢？

我仔细想了想，可能是以下几个方面。

01

着装干净利索，并拥有服务意识

我本懒人，但自从当了局长秘书，我洗澡的次数频繁了一些，在穿着上也逐渐“检点”了一些。

皮鞋、西裤、简洁T恤和时尚版的小西服成了我的标配，最起码在视觉上会显得干净利索一些。在机关，着装相对正式是对工作的尊重，也是对女领导的尊重。

大家都知道菲佣，菲佣之所以出名是因为服务态度和水平高。同样，在领导面前，秘书也要具备服务意识。

个人之前对这种类似于下人伺候主子的模式也很反感，自己好歹是名牌大学生，怎么可以低人一等呢？三年之内我都很抵触，但工作岗位的性质却要求自己这么做，既然是工作职责，那就尽力做好。

服务群众的同时也必须服务领导，所以我早上一般提前半个多小时到岗，拖地、烧水、浇花、擦桌子、倒垃圾……等领导进门的时候，屋子是干干净净的，茶水温度是刚好的。

02

领导着急的，我比领导更着急

做人要将心比心，做公务员要急人所急，急群众所急，急领导所急。

某天晚上九点党政综合办突然来电话，说后天要召开招商汇报会，要求所有局长做汇报，我立即短信转告了局长。而明天又是周末，看来又要加班了。

其实本可以明天上午去加班，但一想局长是个急性子，恐怕不妥，一不做二不休，我穿着睡衣骑着电动车就到了单位。

要说这活也不难，在之前基础上进行了增删，20 分钟搞定，然后将电子版通过微信发给了局长，并将纸质版放到了领导小区保安亭子里。对方发来一个大拇指的表情，说明领导还是比较满意的。

其实，当局长秘书，时间观念实在太重要了，你可以准备好了材料等局长，但不能让局长等你准备材料。

所以效率和准确率就显得特别重要，会干只是初级阶段，而快、准、稳才是王道！

03

领导说到的，我肯定能去做到

日常工作中，假如领导说明天早上要材料，就算今晚不睡我也要写好。记得有一次，写群众路线的材料从上午七点多一直写到半夜三点多，真是累惨了。然而，有了这次通宵加班的洗礼，平时加班到晚上九点、十点什么的都是小事情了。

其实有时领导随意说的话就代表他的真实想法，领导可以随意说，但我们不能随意听，而要当成一件具体的事去办。

比如有次领导自言自语道“最近大伙加班都挺累的，有时间得让大伙放松放松”，第二天我就提交给了领导活动方案，参加人员、时间、地点、菜品、设备、活动环节、活动道具等都标记清楚了，领导一看当即通过，也算是为大伙谋了个福利。

只要领导说到的，我都洗耳恭听，铭记于心，肯定能想方设法做到。

领导点到的错误，我都用便利贴贴在电脑边上，也坚决不犯第二次。领导交代的事情不推迟，也不拖拉，因为领导都很看重钢铁般的执行力。

04

领导没说的，我必然也能想到

领导说过的，你能办到，那不是本事，因为这体现的只是执行力。如果领导没说过的，你也能办到，那就是你的本事了，因为这还能体现出你的悟性，而职场最缺这种有悟性、有自觉性、有执行力的人。

无意中听到领导说要竞聘，我二话不说，第二天就拿出了竞聘稿，领导笑眯眯满意地点点头。

其实很多活，早晚都是自己的，晚干不如早干，因为晚干往往太仓促，而早点动手能够充分准备，心情会更坦然。

作为领导秘书，生活中也要担负起照顾领导的任务。虽然听起来好像很低下，但也是实际工作。

局长喜欢中午在食堂吃饭，办公室主任中午回家吃，这陪餐的任务就落在了我头上。渐渐地，局长吃饭都喜欢叫上我。

类似的事情会有很多，比如即便领导开个再随意的小会，会议室也要提前通风，提前倒好水，会议要拍照，会后要总结。如果有机会周末跟领导出去玩，也不要忘记自己的工作使命，路线要精挑细选，并提前订好酒店，门票要全部买好，要像旅行社一样贴心，闲暇时光你的细心周到更容易得到领导的好感。

总之，既然是工作，就要干好，要有服务意识、担当意识、较强的悟性和坚定的执行力，这大概就是机关工作的精髓所在吧。（作者：花间一壶酒）

领导青睐的“有悟性”，可以这样快速培养

领导曾对我说过如下一段话。

作为单位一把手，工作繁忙，人情复杂，挑战颇多，必须时刻关注上级和单位里的事务，了解每位同事的工作和生活状况。

有时候，有些事有人会告诉你；有时候，有些事没人告诉你。这时就会有种“能力撑不起梦想”的无力感，需要你从纷繁复杂中去琢磨，预知某些情况，这就是常说的所谓悟性。

有没有悟性，职业发展的前景大不一样。

悟性的本质是什么？其实就是，你必须学会联想，拥有“联想思维”，俗称“举一反三”。心智成熟的人，都特别重视“联想思维”。如果想成为领导，必须先拥有这种思维方式。这会让你快人一步知晓事务的发展阶段，从而提前做出决策。

不要小看“快这么一点”，有时候就是这一点让你有了人生出彩的机会，有时候就是这一点让你遗憾终生。

要想于无数人中脱颖而出，崭露头角，你必须能力配位，思维缜

密，拥有“联想思维”。

细细品味领导的话语，这不是空洞无物、平淡无奇的大会讲话，而是几十年人生阅历提炼的精华，是人生成功的不二准则。

从此以后，“联想思维”这个词语一直在我的心头萦绕，无论散步、上班，还是冥想的时候。

根据多年职场经验，我明白，当脑海里反复出现某个词语的时候，表明这个词语对我们来说非常重要。

01

什么是“联想思维”

达利欧在《原则》里提到自然如此运行是合理的，这告诉我们自然界一切存在的事情都有合理性。

所以，工作生活中出现的任何点滴事务都具有必然性，我们要做的就是把这些孤立的点，通过逻辑思维、因果关系串联起来，形成自己的认知和判断，从而做出合理的决策，这就是“联想思维”。

如果用一个成语概述就是“见微知著”，能够通过蛛丝马迹来判断推理出可能出现的状况。

02

“联想思维”到底有多重要

通过“联想思维”能够对存在的问题进行多方面分析，做出合理判断，以帮助我们在工作上少犯错误。

某天中午，领导在后院楼房休息，临时决定出去调研，由于时间太急，工作人员忘记通知我，而领导所需的材料还没有放到车上。

当时，我听到负责调研工作的同事，在楼道里一边急急忙忙跑，一边大声打电话："快点把车开过来。"稍后，办公室主任突然问我："大领导来办公室了吗？"我非常疑惑，这个时间领导都在后院楼房休息，来办公室干什么呢？

凭着职业敏感性，当事情一反常态的时候，肯定有某些事情将要发生。此时，我运用"联想思维"把这两件事情串联起来，产生了以下的逻辑：领导可能要出去调研。第一，同事的言行表明正在发生的事情，可能和调研有关系，但我还不能确定。第二，办公室主任的话语表明领导可能已经不再休息，要办公了。

把这两个可能联系在一起，就是领导可能出去调研。我立即打电话向同事确认，事情豁然开朗，领导果然是要出去调研，于是，我立即带着资料飞奔而去。

03

把"联想思维"作为一种习惯

"联想思维"是一种更高层次的思考，是一种感知事物、领悟问题的能力。我们所要做的就是把"联想"培养成一种习惯，减少唤醒大脑的时间，形成条件反射，遇到事情第一感觉就是运用"联想思维"。

那么，如何把"联想思维"培养成为一种习惯呢？

1. 通过实践的打磨

没有一定的人生阅历作为支撑，有些道理是悟不到、悟不透的，有些能力是培养不出来、提升不了的。

而实践能够让我们懂得自身的缺陷在哪里，并告诫我们需要提升自我来破局。

比如，为什么有的同事能够了解到领导关注的重点，而我却不知道呢？为什么别人都能够明白领导的心思，而我却办不到呢？

经历过一段时间的痛苦挣扎、自我反思，以及别人的指点后，就会突然发现“联想思维”是一项很好的“护身符”。有了它就会少犯错，多出成绩。

所以，年轻人要去多经历一些工作场景，多接触一些人，在一次又一次的实践检验过程中，将会对“联想思维”产生更深刻的认识，并能体会到它的好、感受到它的魅力。

2. 通过刻意地训练

任何能力的获取，都需要经过大量现实难题的考验。

出身不能改变，但思维可以训练，通过训练可以使思维波动与身体反应相一致。

在生活中，可以时时关注身边的事物。

当朋友在朋友圈总是抒发悲伤的情感、闷闷不乐时，要能够联想到他不开心的原因。如果可以，就在合适的机会、合适的场合去帮助他一下。

善于用多元化的角度去看待身边人，就能够体会到别人的欢乐与痛苦。然后，和他一起分享快乐和承担痛苦。

在工作中，要多思考事项之间的联系。当领导因为某件小事而对你谆谆教诲时，就应该联想一下，最近是不是还犯了其他错误。如果想到了，就抓紧改正，并利用适当的机会向领导承认错误，表明态度；如果没想到，就再努力想一下。

在职场中，多学一点，就会少走一些弯路；多学一点，就会让自己变得强大一些。

通过“联想思维”这一方式，能够帮助我们厘清自己的思路，总结提炼自己的心得，从而实现人生的进步和事业的跃迁。（作者：尘埃）

那些被领导放弃的人，到底做错了什么

最近，领导秘书小 A 的饭局多了，不是步步高升，也不是乔迁新居，而是领导不再重用自己，从而心情不佳，只能借酒消愁。

每当微醉，小 A 就处于滔滔不绝或低声抽噎的状态，声泪俱下，闻者无不动情惋惜。从风光无限到潦倒落魄，有几人能承受这样的打击？

此情此景让我不断思考：小 A 从被重用到被冷落，到底哪里出了差错？我们会不会成为下一个小 A？

追问其衰落原因、研判其所言所行，对于我们每一位职场人，都具有深刻的镜鉴之义。

01

把领导的话当成耳旁风

领导经过小 A 办公室，看到办公桌乱糟糟的，顿时皱起了眉头，委婉地批评："办公桌不仅是办公的场所，更是展示形象的平台，赶紧收拾一下，该归类的归类，该扔掉的扔掉。"小 A 连忙点头。

看到小 A 诚恳的态度，领导继续说：“最近，我总结了一些整理办公桌的小技巧。比如养成哪里拿、哪里放的习惯；物品应按使用频率分类，最常用的东西放在能随手拿到的地方；把同样、同类、同时使用的东西放在一起。”

最后，领导补充道：“收拾办公桌事情虽小，但意义重大。寻找物品轻松容易，我们的大脑才有精力去抓重要事项，去思考关键问题。”

小 A 说：“请领导放心，今天一定收拾完毕。”

领导走后，小 A 想：“还是先刷会抖音吧。”在哈哈大笑中，领导交办的事情早已抛到九霄云外。

几天过去了，办公桌依旧很乱，丝毫没有收拾的迹象。领导来了，看了一眼就走了，但是眼神好像有些不对。

时代抛弃你，连招呼都不打；领导冷落你，一个眼神就够了。

领导也许会想：物品没有改变，办事拖拖拉拉，说明执行力不强，要是把重要的事情交给他，会不会耽误工作呢？

另外，物品摆放杂乱无章，没有次序和层次感，说明逻辑思维能力不强，如果让其负责一项工作，肯定没有章法、抓不住重点，只能是胡子眉毛一把抓、东一榔头西一棒槌，看来小 A 能否重用，还需要观察。

02

同样的错误竟然出现两次

小 A 的办公桌上贴着一张便签——“事交我办请放心，文经我手无差错。”这是刚来单位时，领导送给他的箴言。

可是，小 A 好像从来没有认真体悟过这句话，总认为“人非圣贤，孰能无过”，犯错是正常的。

其实，人和人之间的差异，不是在学识上，更不是在金钱上，而是在思维方式和做事方法上。

小 A 有如此轻率大意的想法，决定了其办事自然会犯错，事实也确实如此。

有一次，小 A 负责全体委员会报告的起草工作，既要高度评价工作成绩，又要描绘发展蓝图，重要性不言而喻。

小 A 披星戴月、废寝忘食，数易其稿、多次推敲，终于打磨出了一份初稿。该初稿确实是上乘之作，在谋篇布局、起承转合、遣词造句上可圈可点，深受领导欣赏。但材料中出现的小失误，让小 A 尴尬无比。

全体委员会召开时间预定在 2018 年 12 月 25 日，回顾 2018 年一年的成绩，应使用词语“今年以来”。

后来，全委会推迟到 2019 年 1 月 10 日。回顾一年的成绩，应使用更准确的词语，即将“今年以来”变为“去年（2018 年）以来”。

可小 A 忽略了这个词语，幸好被领导审核发现。领导问小 A 平常如何校稿，小 A 支支吾吾说不出来。

领导语重心长地说：“校稿要讲究技巧：一要慢慢地读出声音，千万不能走马观花地快速浏览；二要抓住重点，比如看时间是否正确，看标题序号是否正确；三是开会前再看一遍，重要的讲话稿，到最后时刻一定要检查一下，极有可能会发现新的错误。”

小 A 吃一堑长一智，告诫自己一定要认真校稿。谁知后来又犯了错。2019 年 3 月 3 日，要召开领导干部大会，小 A 为领导起草讲话稿，标题下面的时间是 2019 年 3 月 3 日。

谁知会议推迟了一天，等开会的时候，小 A 直接打印材料，没有修改时间。

虽说标题下面的时间领导不读，也不影响会议效果，但领导看在眼里，却急在心上："接二连三地犯错误，这已经不是工作方式、方法的问题，而是工作态度的问题——浮躁。方法可以学，但态度不易改。写材料是件苦差事，如果耐不住寂寞、静不下心来，是写不出精品的。写材料在机关单位是安身立命之本，材料写不好，未来的发展就有局限性，看来小 A 还需要好好打磨自己。"

03

抱怨起来没有底线

领导经常鼓励大家："我们单位工作忙、事情多，早出晚归、夙兴夜寐虽然是家常便饭，但只要坚持下去，不断修炼自我，最终都会有好的归宿。"

同事们之间比学赶超，都无怨无悔。时间长了，小 A 的态度发生了些许变化，思想有了波动，特别是每天听着媳妇的唠叨，简直不胜其烦。

后来，朋友请他吃饭，如果去不了，他就抱怨："哎，不能和朋友一起嗨了。"

媳妇让陪着去旅游，如果无法去，他就抱怨："哎，陪家人的时间都没有。"

有时候自言自语："我用尽全力，却过着平凡的一生。"引得同事们哄堂大笑。

总之，只要是因为工作耽误了私人事情，他就抱怨。

机关是个神奇的地方，你发下牢骚，可能就会被"好事者"立即传到领导耳朵里，而且还是“放大一百倍”。

领导知道大家辛苦，偶尔发一下牢骚也可以理解。但小 A 时不时地就发牢骚，让领导非常不满意。

感冒会传染，负面情绪也会传染，小 A 的所作所为严重影响了单位的士气。

听着小 A 的抱怨，领导想：一个人抱怨生活，就是逃避生活，没有鼓足勇气去改变现状，没有深思熟虑去规划未来。如果让其去收拾单位的烂摊子、去攻坚克难干事业，肯定是成事不足，败事有余。

最后，领导认定小 A 确实不能重用。

此时此刻，用深邃的眼光、宽广的视角，把小 A 的一系列事情串联起来，我们就会明白：从被重用到被冷落，问题均出在“细节”上。

“天下难事必做于易；天下大事必做于细。”一张凌乱的办公桌、几个错别字、几句牢骚话，看似风轻云淡，背后的深层次问题却早已昭然若揭。

领导历经沧桑，早已拥有见微知著的能力。其实，很多时候，领导从来没有抛弃我们，只是我们放弃了自己。

所以，无论是工作还是生活，都要从最坏处去着眼，从最好处去努力。（作者：尘埃）

只知道低头做事，就别奢望什么发展了

工作中有些人假公济私，不择手段，这些行为都是让人所不齿的，而有些人默默无闻、无私奉献，这是值得我们敬仰和学习的。

但大多数人是想埋头把事做好，又想个人得到发展的。可鱼和熊掌不可兼得，想发展、进步，就别光顾埋头做事。

01

要始终与领导保持高度一致

这句话中“始终”的意思是你的始终，也就是你在领导手下的时间，得与你的上级领导保持高度一致，如果你突然转走了，不在这个部门工作了，那么保持一致不一致，就看你个人了。

这句话中的“保持高度一致”有两层意思，一是领导交办的事情，要坚决、快速、不打折扣地去完成；二是领导没有交办的事情，就不要盲目去做，即使这件事有可能是对的。

时间久了，你自然会树立起可靠、能干的印象，得到领导认可。

02

高调做事

做人要低调，别穿得花里胡哨，显摆好车好房。尽量与同事们的档次保持一致，说话轻声细语，走路不紧不慢。

做事要高调，现在是信息爆发的时代，工作中各种微信群、门户网站，都是宣传自身工作的阵地、利器，干工作就要在这些阵地上发，而且要多发。不要认为这是在邀功请赏，实在是领导都喜欢有执行力的员工。如果你是领导，每天打开微信，涌入眼帘的都是同志们积极干活的场景，你会不高兴吗？

03

学会站在领导的角度思考问题，站在自己的角度去做事

《三国演义》中，曹操攻打袁术，相持不下，粮草快用完了，于是让粮官王垕小斗放粮，权且救一时之急。

王垕按令去做，将士因吃不饱，差点造反，为平兵愤，曹操以盗窃官粮罪把王垕推出去斩首，借粮官的人头以稳定军心。

这就是只知道站在领导的角度思考问题，不知道站在自己的角度去做事情的典型例子。

领导有时候做出一些决策是为了全盘考虑的，自己有可能就是那个被牺牲的棋子，如果你这个时候还义无反顾地按照领导的意思去做，那么牺牲的就是自己。所以凡事要学会站在领导的角度思考问题，站在自己的角度去做事情，不能不动脑筋思考，稀里糊涂地去执行。（作者：另维）

进步快的同志，用对了什么方法

追求进步向上是年轻人应具备的优良品质，那么要如何实现过河这个目标，就要在桥和船上想办法。

我们常说，一个干部要成长进步，一靠个人努力，二靠组织培养。那么在实际工作中，就要围绕提升自己能力、取得领导信任这两个方面来下功夫。

01

打造培养特长能力

办公室事务繁杂，要想在竞争中胜出，自己一定要具备一两样拿得出手、有别于他人的手艺。即使是非常平凡的工作，也可以通过想全一点，想细一点，多做一点，做深一点，做精一点，成为自己的核心竞争力。

比如说你做会务，就要把会务做到天衣无缝、滴水不漏；你搞接待，就要比其他人做得更细、更好；你写材料信息，要能使领导拍案叫绝，上级采用。

举两个本单位的典型例子。

一个是做文书工作的女干部。过去的文书就是负责收文件、送文件、传阅文件，但这个女干部接手文书工作后，她每次收到文件总是先学几遍，然后把文件的重点尤其是关键内容、时间节点用铅笔划出来，便于领导抓重点。

遇到普阅件比较多的时候，她会在不同的文件首页贴上黄色的小标签并写上涉及农业、工业、商业工作等提示，便于不同的分管领导阅示。

对领导签批的意见，她都会及时向领导反馈什么时间转给哪个单位或哪个领导落实……

她把传阅文件的过程变成了落实工作的过程，变成了事事有回音、件件有结果的过程，班子里每位领导都对她赞赏有加。

还有一位分管接待工作的女干部，真是心细如麻。

市里大领导经常来区里考察调研，在前往考察点的路上，见到沿途一些工厂总喜欢问这是什么企业呀，效益怎么样啊。平时大家对这些并不在意，有时候区领导都答不上来，颇为尴尬。

这位女干部敏锐地捕捉到这个细节，每逢领导考察，她都要把沿途企业逐个走到，把每个企业特点、产品、效益、规模等情况摸得仔仔细细，包括马路边绿化栽的什么树，都要问个一清二楚，打这以后再也没有出现被大领导问倒的情况。

在两年时间内，这两个女干部先后都得到了提拔重用。

办公室工作虽然平凡而杂乱，但只要用心学习，用心琢磨，用心思考，用心去做，善于触类旁通，举一反三，发散思维和工作，也可以做出精品。千万不能把自己变成万金油，什么都能做一点，但什么都做不精、做不好、做不出特色。

02

始终呈现朝气蓬勃的精气神

一个人的精神状态是一个人内在品质和气质的外在表现。精神状态的好坏留给领导的印象截然不同。

对于好的精神状态，能够让人心情愉悦，如沐春风。

一是心态向上有激情。打心眼里热爱工作，追求事业，始终充满热情，有主见，有胆识，充满正能量。

二是外在表现有活力。给人以朝气蓬勃，充满活力，浑身有使不完劲的精气神，而不是暮气沉沉、萎靡不振、一身疲惫，甚至发牢骚说怪话。

三是实际工作有干劲。对工作精益求精，主动作为，有一股不怕困难、不怕挫折的勇气，一种不做好不罢休的豪迈，一种不甘落后的胆识，凡工作自己不满意不上交。

不要把工作当负担，不要能推则推、能躲则躲、能拖则拖，如果做一天和尚撞一天钟，敷衍应付，工作将会止步不前。

03

抓住一切表现自己的机会

对单位或上级举行的每一次活动，比方说开会发言、讨论交流、发表文章、演讲比赛、领导调研、各种比赛等，都要精心谋划，认真准备，展现最好的自我。

针对领导的爱好，平时在办公室送点小礼物，爱喝茶的送点儿茶叶，爱书法的送点儿笔墨纸砚，爱读书的送点儿有品位的书，逢年过节发个问候信息等。

这都是展现自我的一个重要的方式。

04

注重经常汇报，善于沟通

要注重运用工作这个平台，多接触领导，接近领导，把开展工作的环节变成自己汇报的过程。通过汇报使领导加深对你的了解，并尽可能地当面请示汇报，这样可以增强互动、增加信任、增进感情。

汇报是争取领导了解和信任的最好方式，不能只做不说，更不要有“我做好了领导自然会知道”的想法。（作者：老部长）

提拔不提拔，谁说了算

有一句插科打诨的话：基层公务员都有严重的“副科病”。即在基层，只有副科级以上才能被称为“领导干部”，在乡镇，也只有副科级才能进班子，从副科级到正科级，只有一字之差却难以跨越，有的人工作几十年还是副科级，于是自嘲患上了“副科病”。

然而在现实中，基层领导职位数非常有限，大部分人会在科员这个级别上走完全部仕途，约九成公务员是科级以下干部，连得“副科病”的机会都没有。

从科员到副科级，怎么进步？

有人会说靠背景、走捷径，作为只有“背影”没有“背景”的大多数，你的提拔谁说了算？

01

本级组织和领导

对于一个单位的干部管理，俗一点说就是用人，当然是组织和领导的事。好的领导知人善任，谁适合哪个岗位，谁有协调能力，谁业务精，其实领导都看在眼中。

年轻公务员小王和小李，在不同科室都是业务尖子，责任心、上进心都很强，得到领导和同事们的一致认可。

听闻单位要调整岗位，小王在一次工作汇报后，向领导委婉表达了自己想多多接受锻炼、争取进步的意思；而小李比较内敛，他认为只要工作出色，领导肯定会想到自己。

恰好本次轮岗，有个所的站长要退休，小王和小李成为组织考察人选。领导考虑小王有过此想法，而且工作出色，决定让小王担任该职务，而小李想提拔，只能等下次。

同样的起跑线，两人自此拉开差距。

所以，年轻人必须努力工作，好好表现，尽早让领导认识你，让组织发现你。必要时，要向领导表明你有进步的志向和意愿，这一点非常重要。

02

群众基础很重要

在一个单位，领导是核心，但绝不能拜高踩低，只围着领导转。

要知道，提拔干部要进行民主推荐和测评，良好的口碑、人缘，优良的人际关系都很重要，组织和领导提拔干部，会考虑群众基础，临时抱佛脚是没有用的。

你不能做到让每个人都喜欢，但也不要四处树敌，单位的关系网左右交织，要尽可能地跟大家处好关系。

对口副职、主任领导你的工作，当然要指哪儿打哪儿。

其他副职、同事也要尽力维护关系，周末的活动要适当参加一下，说不定哪天就有求于人。

注意千万不要得罪收发室的大爷，他走过的桥比你走的路还多，可能跟某位领导说得上话，一句“那小子狂得很”就会影响你的进步。

保洁大姐、保安大哥找你打印点东西，能帮就帮，少休息几分钟掉不了肉。

总之一句话，要想提拔需要有好的群众基础，维护关系要靠平时。

03

上级赏识，另辟蹊径

无论是什么样的机缘认识了上级领导，都要展示出你的优秀、你的实力，能够让他愿意在提拔干部时向组织推荐你。

我的一个朋友因工作原因，在上级单位抽调了几个月。一般抽调是没人愿意去的，姥姥不疼、舅舅不爱，光干活不说，到最后还是要回到原单位。但我这位朋友在抽调期间，一直踏踏实实，对工作高度负责，赢得了抽调单位领导的赏识。

抽调结束，其他人都回去了，又继续借调他负责一项工作。为做好工作，他经常加班加点、起早贪黑，最后该工作在全市考核中名列第一，领导非常高兴。

一年以后，全县提拔副科级干部，恰好抽调单位有编制空缺，领导便与原单位沟通，并向组织推荐，将我的朋友提拔为副科级干部，从而守得云开见月明。

所以，年轻人，千万不要幻想因为某一项任务完成得好或某一篇材料写得漂亮，就会获得从天而降的机会。任何人的进步都源于积累、坚持，机会从来都是垂青勤奋、努力、有准备的人。

04

时间会给你一个交代

一位老领导对年轻干部的提拔有过一个形象的比喻：“桃子熟了摘桃子，苹果熟了摘苹果。”言外之意，年轻干部要沉淀、磨炼，历练够了，自然会水到渠成。

你可能是上级领导和组织眼中的“小李”，虽业务精练，但不善表达错过了良机，也可能因为一句话得罪了某同事，抑或是没什么机会结识上级领导。但人人心里有杆秤，时间长了，大家都会对你有个正确认识。

假如你积极上进、与人为善、精通业务、出类拔萃，你可能不会那么早被提拔，但也是早晚的事。

塞翁失马，焉知非福，试想一个工作时间不长的年轻人，如果直接提拔为某单位一把手，对于怎么管人、怎么管事、怎么管钱等，什么都不懂，那么也无法顺利开展下面的工作。

当一个人的经历、能力与岗位不匹配，也将会无比尴尬，倒不如厚积薄发、韬光养晦强大自己，晚一步或许会走得更远、更平稳。（作者：落花）

你为什么还没提拔？这些原因准得吓人

在体制内，一个人的成长进步，一离不开个人努力，二离不开组织和领导的信任。

如果你工作务实，能力较强，但迟迟没有被提拔，还是应该多从主观上找原因。也许存在以下几种原因。

一是没有表现出强烈的进步欲望。

你可能从没有向领导汇报过要进步的想法和愿望，也没有在同事面前表现出志在必得的欲望。领导和同事认为你很满足现在的岗位，乐于现在的工作，并不在乎政治上的追求和职务上的提拔。

二是没有表现出应有的领导素质。

你在工作中专注于业务，虽然过多地表现出了作为技术骨干的专业素质，却没有表现出一定的领导素质和能力，领导认为你只适合做技术性的工作，而不太适合做领导工作。

三是没有主动争取领导的信任。

你把主要精力和时间都用在了工作上，忽视了人际关系，尤其是忽视了与领导和主要领导建立良好的人际关系，导致领导缺乏对你的认可、信任和感情。

四是没有把握好时机。

例如，正值岗位空缺的时刻，有的同事虽然工作能力强，具备领导素养，但不巧的是要面临生二胎，这大概需要离岗 6 个月左右的时间，所以这个时机很不适宜。此时，领导大概率不会把一个科室长职务交给一个在较长时间不能到岗上班的人。

因此，不必灰心丧气，在发现问题后要调整心态和方法，有针对性地采取措施，有的放矢争取进步。

01

积极向领导表达自己要求进步的愿望

找一个合适的机会，分别向主管人事的领导和一把手汇报自己的思想和工作，可主要表达以下三层意思。

一是表示感谢。对领导一直以来的关心和培养表示感谢。

二是表明愿望。就是表明自己要求进步和提拔的愿望，恳请领导关心关照，为自己提供一个机会。

三是表明态度。就是表明自己服务领导、紧跟领导的忠心，勤勉工作、多出成绩、不负厚望的决心和信心，使领导感觉到你的忠诚，增加对你的信任。

02

充分利用工作和生活两个平台，同领导建立良好的人际关系

在工作上，要向领导尤其是主要领导多做请示和汇报，有工作就汇报工作，有问题就请示问题，无工作、无问题也要多见面多接触，经常问候，多交流多沟通。

在生活上，也要与领导多联络，经常请他聚一聚，逢年过节发信息问候；根据他的爱好，时常送点他喜欢的小礼品等，使领导感受到你的真诚和心意，从而拉近双方的心理距离，增强双方的感情。

03

注重培养自己的领导能力

当技术骨干和当领导的要求是完全不同的。技术骨干只需要能干事、干好自己的事儿就行了，而当领导主要是会管事，侧重于组织和指挥其他人干事。

因此，平时要注重从技术圈子和事务圈子里走出来，多跟上级、同级及下级接触联系，多向领导学习，向身边的典型学习，多做一些统筹、协调、沟通、联系的工作，不断提升自己的综合素质和能力，树立自己具备担任领导干部资格的形象。（作者：老部长）

人事调整时，这几种做法千万不能有

近日，单位进行了人事调整，前前后后持续了近一个月，一纸命令宣布后，几家欢喜几家忧。

有的如愿以偿暗自得意，有的想法落空唉声叹气，还有的不动声色波澜不惊，可谓是众生百态。

经历过多次人事调整后，我由衷地感到，一个成熟的职场人，在人事调整时要特别避免出现三种心态。

01

事前——佛系心态

所谓事前佛系心态，就是个人对自身成长的进步诉求不够关切，或者说是想进步但又不好意思表现得过于直接。

在人事调整前领导问及个人想法时表现出过于“平和”，甚至无所谓的心态。

单位里的 A 君就是其中一个代表，A 是单位的“老”同志，现职级时间近6年，因为担任的不是十分重要的岗位，所以对自己这次能够提升不够自信。

单位直接领导问到他时，他表现出了“超高”的政治觉悟，希望领导能关心下个人进步，但同时又表态如果确实为难也不必强求，整个就是顺其自然、无欲无求的佛系心态。

每次听到类似这样的回答时，心中总是感到有些好笑，我想领导在思想摸底时也最喜欢听到这样的话。

本来领导正愁着如何解决你职务提升的问题，结果你自己却先打起了退堂鼓，领导正好借机找到了台阶：“你提升的问题我们一定尽力向上级反映，不过你也要像你说的那样做好两手准备。”

向上级汇报情况时，本级领导能不能做到极力推荐，你的态度就显得尤为关键了。

领导会暗想，你自己都没有表现出强烈的进取心，我凭什么使这么大的劲。再者，你的态度摆在那里，即使没提升，对领导也造不成太大压力。

所以说，同等情况下没有被提升任用，问题有可能就出在自己的佛系心态上。

02

事中——急功近利

在进行思想摸底之后，人事调整将进入拟订方案阶段，这个时候人事部门一般会把初步的调整方案与本人所在单位的领导进行沟通。

大部分领导会将调整进展情况及时跟部属进行沟通，让部属有个心理准备，一些不成熟的部属在了解情况后容易出现两种情况。

一种是如愿的人翘起尾巴。

有些同志在提前得知愿望即将实现时，立马原形毕露，之前刻意夹紧的尾巴便露了出来。

去年单位在人事调整的时候就出现过这种情况，四个已经列入提升方案的同志相约提前聚会庆祝，在一地方 KTV 喝酒唱歌，违反了党员管理相关规定。本来收敛点也没多大事，可是四人当中有个更是得意忘形，直接把当晚的喝酒盛况发在了朋友圈。

很快，他的朋友圈被单位纪委书记盯上，并介入调查，最后的结果不仅是提升泡了汤，四人还在单位做了检查。

另一种是没如愿的人乱跑乱要。

有的同志在得知愿望没有实现后心态容易失衡，感到受了天大的委屈，到处找领导要说法，甚至向上级写告状信。

前几年单位有个 B 君就是这种情况，因为调职愿望落空，愤怒之下向上级写了举报信。

上级纪委调查核实后，认定举报情况与事实不符，属诬告。该同志因为乱告状，不仅个人愿望没有实现，还因此做了检查，在单位也一直不受待见。

03

事后——破罐子破摔

人事调整方案公示后，人事调配工作也将进入尾声，大部分同志也都知道了自己的调整情况。这个时候不同的人会有不同的情绪反应，表现出的也是高低不同的情商和逆商。

文章开头提到的A君，后来我们又见面聊过一次，他气急败坏地说：“竟然又不给我提，老子准备直接躺倒，以后有什么事都不要来找我！”

他的这种心情我十分理解，但是这种做法却非常不值得提倡，这就是我们常讲的“破罐子破摔”：既然单位不替我考虑，那我也不管单位死活了。

这次人事调整公示当晚，我的一些工作群和朋友圈便成了没能如愿同志的情绪发泄地，直接一点的在朋友圈写到：“算是看透了，以后工作重心全部转移，不能太傻！”含蓄一点的写到：“足球运动的最大吸引力在于只要努力进球了便能得分，如果不努力也能进球，甚至不进球也能得分，那还有什么意义！”

这样的朋友圈我从来不会去点赞的，其他同事和领导也不会，因为大家都清楚这样做只会证明自己也是个失败者，大家虽然表面不说，但内心可能会慢慢疏远你。

同样都是体制内的办公人员，另外一些人在面对提升未能如愿时却展现出的是超高的情商。

我曾经有过一个直接领导，在岗位任职满四年时得了糖尿病，上级考虑他的身体状况打算安排他到轻闲的岗位，眼看提升也基本无望，他却做出继续在重要岗位干的决定。而且工作干得更加出色，到了任职满五年的时候，大家都认为这次该给提升了，结果还是没有给提。

在大家都认为他第六年的任职一定状态平平时，他却展现出了比之前更强的精神状态，我经常见他一边给自己打胰岛素，一边和下属谈着心。

任职满六年后，他终于获得了提升，而他的提升也赢得了所有人的掌声。用他自己的话讲，没有经历过沧桑感的提升都不值一提！

一年一度的人事调整又画上了句号，一切的躁动又将归于平静，经历过多次人事调整后，我感到每一个办公室人都应该学会避免出现以上三种心态。

只有做到在人事调整前积极争取，在人事调整时坦然面对，在人事调整后不放弃，这样我们的路才能越走越宽，越走越顺。（作者：文正）

当众介绍领导，说职务就够了吗

称呼，可以界定人和人之间的关系。称呼正确、适当，对方便会感觉受到了尊重；反之，则会引起不必要的误会。

有一次，在向一名会计介绍领导时，我忽略了一个点，引发了一场不小的尴尬。

我在税务局工作时，办公室里有我和我师傅两个人，刘师傅是位老税务干部，工作经验丰富，有种“不怒自威”的气质。

一天，科长在我们办公室向刘师傅交代些事情。这时某个公司的办税员会计小王过来了。

小王刚入职这家公司不久，他所在的公司属我们科室管理，之前由于工作上的关系，我们接触过一两回。我于是向大家介绍说：“这是 ×× 公司的会计小王。”

说完，我几乎是顺理成章地向小王介绍我们科长：“王会计，这位是陈科长。”

这时，尴尬的一幕出现了。

小王平淡地跟我们科长说了声“你好”，然后立马三步绕过我们科长，走到我师傅老刘面前，双手递了根香烟，接着一声又一声的“刘科长”称呼着我师傅交谈起来，全然忽视了我们科长的存在。

此时此刻，我心里恨不得跟小王狂呼：陈科长才是我们科室的领导啊，你忽视我们领导的存在也就罢了，还一口一个“刘科长”地喊着，这让领导威严何在啊！

可我又不敢在师傅谈事的时候插话，更不能讲其实我师傅还只是个科员，身陷尴尬境地的我默默地把头转向电脑，装作有事在忙。在余光中我瞥见领导轻轻咳了两声就离开了。

我明明合乎常规地向会计介绍了领导，没什么问题啊，这会计还是太嫩了，不懂事儿！

真的这么简单吗？

仔细想想，事情还真不是这么简单，我介绍领导时忽略了一个很重要的点——区分度。

其实，并不能将会计小王的举动归结为他不懂事儿，相反他还是比较懂事的。

第一，是我的介绍导致他认为陈科长只是普通干部。因为现在称呼别人往往喜欢加高一级。比如对方明明是科员却喊成科长、主任等，不仅不少干部这样做，群众也这样做，俨然成了一种“潜规则”，小王喊我师傅为“刘科长”就是明证。

所以，“这位是陈科长”这句话的介绍并没有多少区分度，而我师傅人又长得比较威严，难免会让初次见面的小王误将领导认为是普通干部。

第二，既然是普通干部，那就不会特别受到重视，所以小王才会绕开陈科长径自和我师傅谈事，连递根烟这点小事儿也没有想到领导。

从此以后，但凡有领导在场，向初次见面的群众做起介绍时，我都会着重说明领导的地位，突出“区分度”。像开头提到的尴尬事儿便再也没有发生过了。

比如，“这是我们科室的领导 × 科长”“这是我们科室分管 ×× 工作的 × 副科长”“这是我们的分管副局长 ×× 局长”这样有“区分度”的介绍，可以避免真正的领导被忽视的尴尬。（作者：任异）

如何成为领导眼中最青睐的人

工作时间长了，我们就会发现，每个单位总有那么一两个特别优秀的人。他们话说得圆满，事情处理得到位，让人佩服得五体投地。

天黑了，他们知道为同事、领导开灯；天冷了，他们知道在工作群里提醒大家注意保暖……时间久了，他们自然会进入领导视野，获得提拔升迁的机会(抛开背景等资源不说)。有时候，你不得不感慨他们真的很优秀。

其实，这些优秀的人身上都有一种独特的本领素养，这种本领素养可能是天生的，但大多数情况是后天刻意练习而来的，他们的成功不是偶然而是必然。

01

同事A：精力无限充沛

对于同事 A，夙兴夜寐，日夜在公，这些成语用在他身上再合适不过；撸起袖子加油干、苦干实干拼命干是他的真实写照。

从早晨八点半开始，稿子改了一稿又一稿，事情办了一件又一件，同事A对工作仍乐此不疲。我很纳闷他的精力为什么这么旺盛呢？

A说：“我何尝不知身体是革命的本钱，但作为无背景、无资源、无金钱的寒门子弟，我只能以时间换空间，以数量换质量。

网上有人说，不管生活还是工作，归根结底拼的都是精力，我对此深信不疑。为了让自己每天保持活力，我坚持做三件事情。

第一，坚持锻炼。原来工作没那么忙，我每天早晨起来跑步；后来，工作忙了、应酬多了，早晨就起不来了。想了想，换一种锻炼的方式吧。

考虑到单位离家不远，就每天骑自行车上下班，把时间算下来，每天可以锻炼至少半个小时。有时候，晚上有时间了，就陪着孩子去公园散步、溜达。

当初我也不喜欢运动，但周围的大领导都天天锻炼。刚开始没感觉，锻炼的时间长了就会发现锻炼的好处：精力充沛了，工作有精神了。尝到了好处，我自然利用一切可以利用的时间去锻炼身体。

第二，补充营养。营养这种东西的效果在哪里体现呢？当你连续加班好几个晚上，精疲力尽的时候，大鱼大肉吃一顿，第二天精神立马焕发。

领导很忙，自然注重营养的摄入。领导天天吃的东西，有时候我们小科员也吃不起。所以对于我们来说，不一定山珍海味，只求适合自己。早晨补充一个鸡蛋，晚上回到家再吃一个苹果，补充下水分。

第三，保持充足的睡眠。有人特别能熬夜，但我觉得一天两天不睡觉可以，时间长了肯定不行。不睡觉的直接后果就是智商下降、情商失控、身体垮台。所以，犯困就不要做决策，犯困就不要硬撑，直接去睡觉。有时候，白天被杂事缠绕，环境氛围也嘈杂，只能晚上加班熬夜起草加工材料。

为了保证睡眠，只能是好好午休一场。对此，我从淘宝上买了一个折叠床，吃完午饭立马睡觉，任凭别人如何玩手机、嬉笑打闹，我岿然不动。”

02

同事B：思维异常敏捷

头脑清醒记性好，随机应变能力强，这些称赞都是夸奖同事 B 的。他时刻把事情考虑在前、行动在先，让领导满意、同事放心、群众感动。

B 说：“事非经过不知难。当年我也犯了很多错，挨了很多批评，才让自己的思维稍微有点起色。

第一，远离手机。手机这物品，简直是毒品。让人欢喜让人愁，让人爱不释手，又不得不放手。看手机时间久了，头脑迷糊，反应迟钝。

有一次，在会场只顾着玩手机，大领导出去了自己都没发现，没有跟着跑出来。回来，主任自然把我狠批了一顿。有时候，工作节奏确实很忙，需要考虑的事情多，一不留神就会犯错误，一不小心就有事情考虑不周到。所以，果断远离手机，控制好看手机时间。

第二，读点书。读书能够陶冶情操，放松身心。当然，指的是阅读纸质书籍。

有时候，读书不仅仅是为了提升技能，获得知识，而是让自己沉浸在美妙的空间，享受精神食粮，远离世俗烦恼。

第三，放松大脑。有人说大脑是用来思考的，而不是记事情的。

为了让大脑充分发挥作用，我一方面学习办事技巧，比如说‘三分钟原则’‘轻重缓急原则’等时间管理方法；另一方面，每天把要做的事情写到便签纸上，完成一项划掉一项，尽量不让大脑记事情。

把重要的文件等资料存到手机上，领导需要什么就能立即调取出什么，只有这样才能让大脑在关键的时候发挥最重要的作用。”

03

同事C：能力提升极快

你在埋怨自己原地踏步的时候，有些人总在进步。你在憎恨自己天天坐井观天的时候，别人已经找到阶梯爬出了深井。

同事 C 从刚毕业的稚嫩学生，迅速成长为能独自支撑一片天地的科室主任，其转变提升之迅速，让人看在眼里、赞在心里。

同事 C 说：“哪有什么职场秘籍，只不过是把一些普通得不能再普通的小技巧坚持下来罢了。

第一，复盘总结。人人都知道它的好，却没有利用好它。我现在不管工作多么忙，都要抽出几分钟的时间总结一下今天的得失成败。其实，很简单，拿出手机在备忘录上敲打写文字就可以了。写的多了，归归类、提炼提炼，没事的时候，看一看，错误自然不会再犯。同样的事情，下次遇到自然会做得很完美。

第二，学习他人。‘三人行必有我师’，古人早就告诉了我们这句话。只不过，大多数情况，我们是看不惯别人的优秀，在轻蔑挖苦中离别人的差距越来越大。

我一直坚信，学习优秀的人如何做事，才能让自己成为优秀的人。

我们要见贤思齐、认真学习，把别人身上的优秀素养全部转化成自己的真实本领。当然，在学习的过程中，自然有一个阶段，刚开始是形似，最后才是神似。

第三，发散思维。如何才能发散思维呢？就是漫无目的地去思考。遇到难题，或者明天有任务的时候，我就拿出一张白纸，在上面胡乱地写，也不知道自己写的什么，反正上面就是一些文字、一些箭头（现在这被称为思维导图法）。

先想出大概轮廓，然后分出层次、明确重点、让事情更有逻辑性。最后，归纳总结出自己的语言和方案。”

我们每个人都是一个矛盾体。看见别人迅速升迁，心中澎湃万千，感觉自己也应该成为那样的人。

可是，我们总是在幻想，在徘徊，却没有真正去改变现状、去改变自己。一天又一天，在感叹中荒废了岁月、蹉跎了人生。（作者：尘埃）

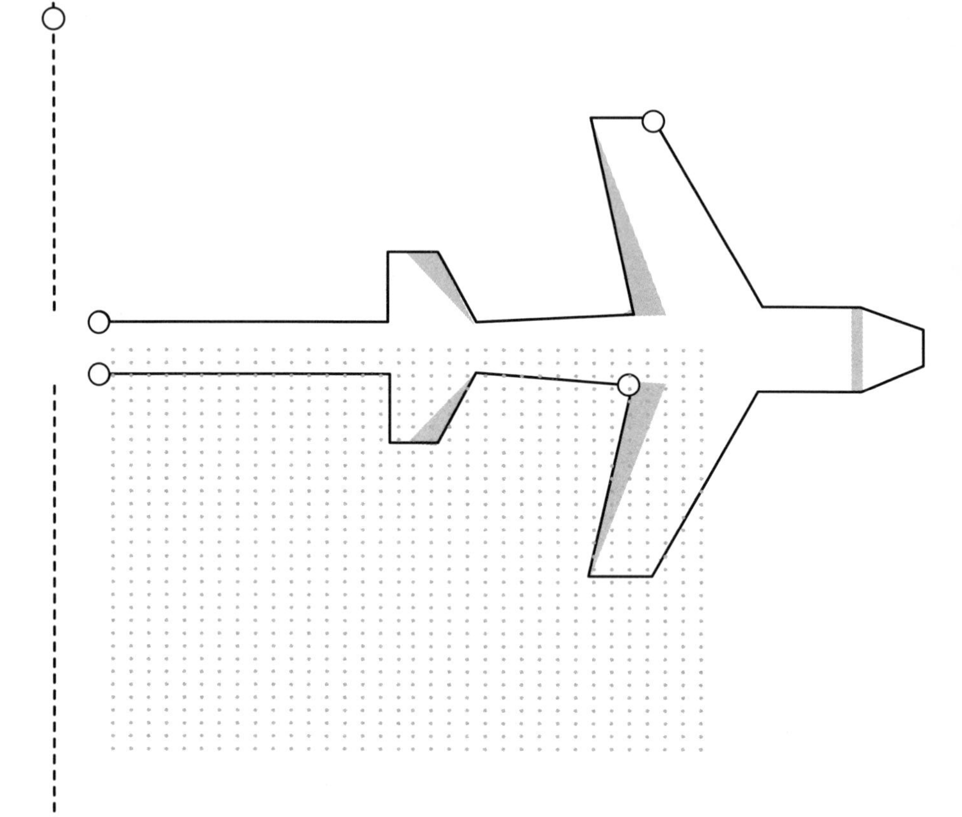

07

出差是
旅行吗

陪领导出差须知的服务工作清单

如何做好机关工作，让自己工作更有成就感，每天工作更舒心，能力更能被领导认可，在机关向来是只可意会不可言传的事情。领导会在心里默默掂量你这个人的能力，却一般不会给予具体化的指导。在同事之间，办公室的秘密更是讳莫如深，你的同事可能永远不会告诉你真实的关系、真实的细节。

如果父母在机关事业单位工作，那他们会无私地将自身经验传给孩子。而对于一般没有背景无人指点的年轻人，就只能自己一点一点地积累，一条一条地注意，积少成多，做事的纰漏才会越来越少。

既是在出差途中，接下来就说说陪领导出差这件事中的几处小细节。

01

明确自己的角色和目的

陪领导出差时，若领导带了贴身秘书，你的任务可以减轻一些，但也绝不能离场。你要做好协调工作，各项安排要多多提醒领导秘书，有事情也不要自作主张，要多问领导的秘书，请其做决定或者请其请示领导做决定。

如果自己担任秘书的角色，对于领导出差期间的行程，以及生活的方方面面都需要更加重视。

02

关注几项关键事项和节点

跟随领导出差，你可能面对的是陌生环境，也许方向都分不清，这个时候最该记的是什么？

一日三餐的时间和地点，会议的时间和地点，联络人的手机号，这些一定要记好。

如果领导级别高，到下级调研时，或许每次餐前和会议前都会有人来请。但作为秘书，掌握时间和地点仍然是非常必要的，因为每天领导问得最多的就是这件事。

每到中午和晚上休息前，要提醒领导下午或次日的时间安排，试想如果你这个秘书连这种最基本的提问都回答不了，或者别人都来请领导了，领导还没睡醒，你这个秘书是有多不合格。

03

把自己照顾好是最重要的前提

很多时候，给领导做秘书相当不容易，比如出差行程安排紧张，会议结束后要立即登车前往下一站，这时候大家都要登车了，而你想去卫生间怎么办?

这样的例子并不少见，我的同事就曾经历过这样的尴尬事，他自己去了卫生间，却不料领导和其他人已经乘车走了。当然在走出一段时间后有人发现他不在车上，又掉转车头回去接他，但这样既耽搁本就紧张的行程，也给领导丢面子。

遇到这种事，一定要跟司机或同行者打个招呼，让大家稍微等一下，当然更可行的办法是在会议结束前找好时机把问题解决掉。作为秘书，也要注意在登车出发之前清点一下人数，看看有没有落下谁。

另外，要把自己照顾好，还包括出差期间的身体状况要保持好，如果没照顾到领导反而自己先病了就不太好了。

再比如睡觉前要再三查看闹钟，确认已定铃，并且不要忘了把开会时调到静音的手机调回声音模式，早晨因为闹钟没调好而自己睡过头的事情也是出差中容易出现的。

04

跟领导在一起，沉默不意味着尴尬

出差期间领导既要开会讲话，还要应酬各种场合，很容易疲劳，所以坐车的时间是一个重要的休息机会。

如果和领导坐在一个车里，这时不用刻意寻找话题，就安安静静地让领导休息好了，当然也有领导的习惯不同，还要因人而异，如果对领导不甚熟悉，要注意观察，不要逮着机会说个没完。

05

细节处多留心

细节方面往往能显示出工作的水平，一个优秀的秘书在细节处做得妥妥帖帖，让被服务的对象甚是舒服，旁人看着也会叹服。而如果不是专职的秘书，偶尔随领导出差做到前面几点也基本不会出大纰漏。

对于细节方面，可以注意以下几点。

给领导的材料自己要带一个备份的；领导要在主席台讲话，要提前摆好材料并检查，防止漏页少字；领导的习惯要多掌握，喜欢喝什么茶或喝什么水，做好端茶倒水的工作是基本功；坐车坐到正确的位置；提前给领导摁电梯、开车门……

机关工作拼的不是智商，最重要的是有心，做秘书工作更是如此，多向优秀的人学习是我们通往优秀之路的开始。（作者：无艳）

好多人不知道的陪领导出差的注意事项

能够跟着领导出差，可在一定程度上说明领导对你的重视。所以要提高的认识就是“跟着出差不是出来玩的，是一份更加繁重的工作”。

这份工作打破了你休息和上班的时间界限，也就是说你除了睡觉，只要醒着就是工作，而且事务繁杂，非常琐碎，方方面面都要考虑到。

（1）接到出差通知：你首先要明确好这次出差的目的、时间、地点，列出行程表，如下表所示。

出差行程表

时间	行程安排
××月××日（天气、温度）	21: 30　×××机场起飞，乘坐SC×××（随行人员×××，需要提前半个小时值机，带好身份证、公务卡等有效证件和会议需要的文件资料）
	00: 25 抵达目的地××机场（接机师傅×××，电话为×××，车牌号为×××）
	1: 10（提前用百度地图估计一下行程时间）抵达××酒店，联系电话为×××
××月××日（天气、温度）	8: 30 早餐（酒店一楼餐厅）
	9: 00 召开会议

（2）认识好自己的角色，出差的你是记者、服务员、秘书，甚至是保姆的角色。从出发开始你的工作就开始了，要提前一天发短信给领导，告诉他天气、温度，提醒领导要注意添减衣物。

（3）确认好时间后就订酒店，一定要根据出差住宿标准来办理酒店住宿，否则无法报销。

（4）乘坐飞机时，提前到达机场，帮领导拿行李，办理值机（提前在手机上选好位置，根据领导是否喜欢靠窗来选择，一般领导都喜欢比较前面一点的位置，可早选座来确保选到）。

（5）提前跟接机的司机联系好，定好接机时间和地方，一到目的地就立马打电话问司机到没到、在哪里，你好引导领导去停车场。

（6）到车上后，告诉领导大概车程多久，快到了还要提前给酒店前台联络，让其提前办理客房，以减少办理时间。

（7）等帮领导办理好住房，将行李送至房间后，身为随行人员不是要回去休息，而是提前走一遍路线，包括确认早餐的地方（一般五星级酒店都包含早餐，早餐部都在酒店内部）、会议的具体位置（几楼，怎么走，早餐几点供应，会议座位位置）。

（8）要跟领导确认要不要安排酒店叫早服务。

（9）如果就入住一晚上，最好提前一天把发票打印出来，以防第二天早上弄，时间来不及。

（10）行李一定要少带，推荐用可以直接拉到客舱的小拉杆 20 寸行李箱，或者只背双肩包。否则你将会手忙脚乱，因为你还要帮领导拿行李，跑来跑去。

（11）建议平时做个出差包，里面包含出差需要的一些零碎却非常有用的小东西：便利贴、党徽、感冒药、晕车药、喉宝、口香糖、名片、纸巾、U 盘、充电器、多头数据线、零钱、笔、笔记本、创可贴、擦眼镜酒精片、湿巾、小零食（给自己补充能量）及其他领导需要的东西，比如处方药。

（12）不建议带充电宝（容量过大无法上飞机，而且不方便）和折叠伞（如果不下雨就不用带，因为乘坐飞机还要单独拿出来安检，耽误时间）。

（13）电脑或相机根据自己的实际情况进行携带，能不带就不带，毕竟太重了。（作者：独家经验、梦）

一个人能力行不行，出趟差就看出来了

听到“出差”二字，不晕车的同志可能首先联想到的是“风景名胜”“差旅补助”等字眼，兴奋得不得了。但是，身为办公室的工作人员，当领导跟你说“小明，我下周一去三亚开个会，你帮忙准备一下”的时候，你该如何反应呢？

如果你第一反应是查找旅游攻略，那你就大错特错啦！作为资深秘书，特分享几个出差小技巧，让领导在差旅途中对你狂点赞。

01 出差前

1. 交通

（1）接到出差任务后，第一时间要找到出差通知并详细阅读，确认食宿、地点、时间，还有交通方式、费用谁包、是否需要发言、着装如何、对方联系人。

如果是对方邀请的会议，全程有专人接待，那就少操许多心，只要

谨记联系人的联络方式，就可以轻松应对。

（2）如果需要自己预订食宿、交通等，一定要在出发前按照财务报销标准全部确认好，最好提前换好登机牌、高铁票，避免到了机场和车站手忙脚乱。到车站、机场一定要预留充足时间，以免堵车。

（3）细节方面也要注意，有的领导喜欢坐靠窗的位置，有的领导喜欢坐靠近过道的位置，而现在高铁票也可以选位置了，要记得提前选好。

另外，关于飞机，如果是用“公务行”APP预订的飞机票，里面不包含保险的，需要到现场购买。如果是叫合作的中介送票上门就可以代购保险，自己少操一份心。注意机票是不需要携带出门的，寄到单位就可以了，登机只需要登机牌。

2. 财务

一定要提前确认财务报销限额标准，时刻牢记在脑海中。领导住宿旅馆的时候要确认规格是否超标，询问你的时候如果答不上来就很尴尬了。

有的酒店需要纳税人识别号才能开发票，所以要把纳税人识别号和单位的统一信用代码记下来备用。

身上携带好公务卡（确认消费额度是否充足）和适量现金（分开放，按照每天一千元的标准携带）。

到酒店住宿要时刻谨记退房时间和结账发票，不要因为退房而耽误统一乘车时间。

另外，如果是食宿自理的话，离开前一定要记得索取发票。

3. 生活

提前了解领导是否晕车、当地天气等，准备好晕车药、肠胃药、感冒药等。

保温杯、纸巾、双肩包、雨伞是必备物品，必要时要携带录音笔、手提电脑、相机等。

根据领导性别询问领导是否带上刮胡刀、啫喱水或者卫生巾之类。

另外，注意手机充电器、其他各种电器充电器确保带好，领导手机型号的充电器也确保带好。

4. 会议

提前了解好会议议程或路线安排，确认领导着装要求和讲话稿要求，提前一周准备好讲话稿，电子版和打印版（至少一式五份）都需要。

如果需要写报道，就要带上录音笔、手提电脑和相机（会议进行的时候记得拍照）。

02

差旅途中

在出差时，帮领导开车门、按电梯等服务的细节不必多说。要记得出门在外永远以领导为先，以和为贵，不要争辩，被领导批评先要自我反省，并且立即改正。

细节：行李箱贴个标识，带几个贴纸去，帮领导行李箱也贴上，以免行李箱混淆。

03

回来后

（1）及时收集发票、出差通知等做财务报销，注意不要超过公务卡还款日，否则影响信用。

（2）及时撰写会议报道、督查总结等。如果有工作需要分工布置落实，那就需要筹备分工的工作会议。

（3）检查领导的物品是否遗漏在自己行李里面，并及时归还。

（4）整理本次工作日志，以后可以参考。（作者：修竹）

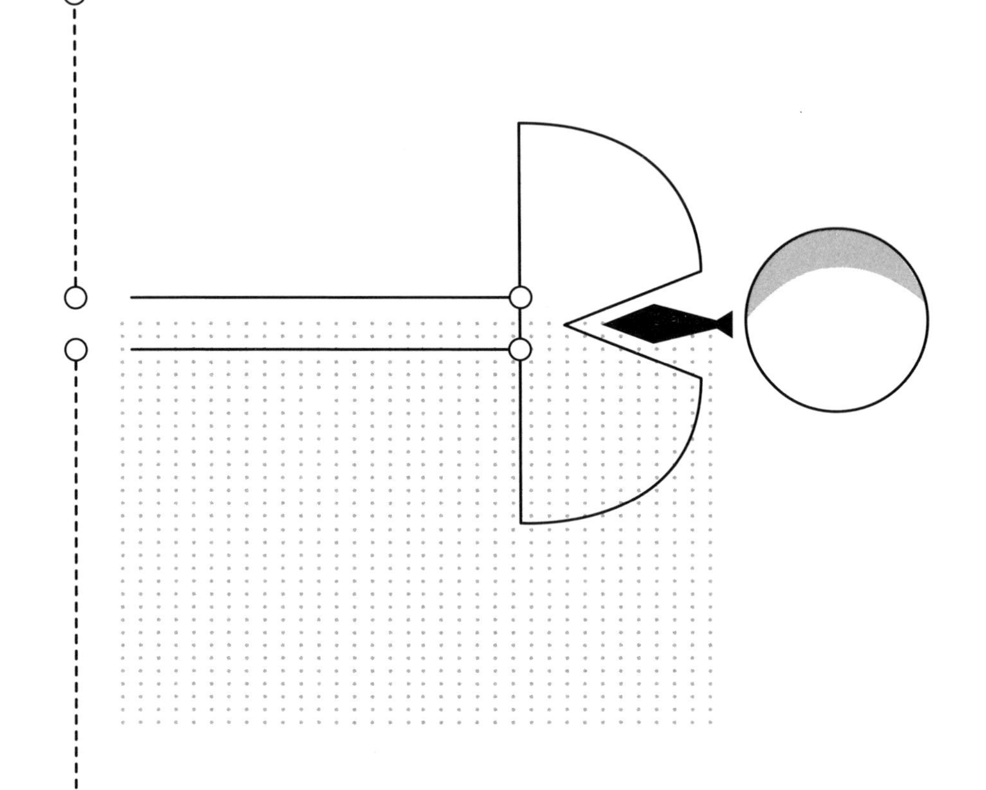

08

领导是 最好的老师

领导说的水平高且有用的几句话

我到单位以来，一届五个领导，经历了三届半，在聆听这么多领导教诲后，我总结出了八条最有用的，这些深深地影响着的我工作和生活的方方面面。

（1）“多看别人的优点，你就会越来越优秀，总看别人的缺点，你的路就会越走越窄。”

有一次我在跟领导抱怨某个人的缺点的时候，领导对我说：“挑别人毛病和错误谁都会，难的是从别人的做法中找到可以学习和借鉴的地方。多看别人的优点，你就会越来越优秀，总看别人的缺点，你的路就会越走越窄。”

（2）“当你实力不够强大时，太会表达未必是好事。”

记得我刚到单位时，每次发言都很积极，虽然说得还算精彩，但是无形中被列为出头鸟。

一位爱护我的领导语重心长地跟我说：“当你实力不够强大时，太会表达未必是好事。是小白兔的时候不要发出狮子的声音，否则会引来大灰狼。”

（3）“不要随便说自己处室、单位的坏话。”

有些人，经常会向别的处室、科室人吐槽自己处室、科室的领导或同事，讲他们这里不好、那里不行。

我们一个领导说：“经常说自己身边人不好的人，在别人印象中也一定不会很好。所以，不要随便说自己处室、单位的坏话。”

俗话说，大河有水小河满，大河无水小河干，说的就是集体不好，你怎么可能会好？

要注意对外维护集体的形象，对内提升集体的能力。

（4）“认真学习是一件于公于私都有好处的事儿。”

我们一位领导在强调学习的重要性时说：“你学到的知识不仅仅有利于更好地为单位工作，更重要的是提升了你自己的能力，而这项能力谁都拿不走。认真学习是一件于公于私都有好处的事儿。”

（5）“能栽花的时候千万别种刺儿。”

有一次我们领导当着一位同事的面儿对我说了一句，×× 也很喜欢读历史啊。

因为这位同事水平并不是很高，所以我当时就开玩笑地回了一句，没看出来啊。

下来之后领导跟我说：“你这样的回答不是很妥当，会让别人不舒服，能栽花的时候千万别种刺儿，不要在语言上逞一时之能。”

（6）“爱指出问题是天性，踏实做事才是本事。”

领导说：“每个单位都会存在这样、那样的问题，完美的公司是不存在的。爱指出问题是天性，踏实做事才是本事。”

把问题说出来没什么了不起，人人都有这个本事。重要的是要么有本事、有能力解决问题，要么是能够在改变不了这些问题的情况下，还能踏踏实实做好自己的事情。

（7）“不怕下属有想法，就怕下属无所谓。”

领导说：“不怕下属有想法，就怕下属无所谓。”

对领导来讲，最好管的人就是有想法的人，只要你有想法，就是可用之人，因为为了实现你的想法，你就会在工作上花心思努力，也会有所顾忌。

如果一个人什么都无所谓，没有可顾忌之处，这样的人就不好用。所以不要害怕适时地向领导表达自己想进步的愿望。

（8）“换一个表达方式，让你的想法更容易被接收。”

领导给我讲过一个故事，一位失明的老人在街头乞讨，他的乞讨罐旁边有一张纸，上面写着：“我是盲人，请帮帮我。”但是罐子里没有一分钱。

后来，一位广告文案从业者把这句话改成了“今天是美好的一天，你能看到，我却看不到”，路过的行人马上开始往罐子里投钱。

领导对我说：“想说服别人的时候，首先要让对方感同身受，才能更好地达到自己的目的。所以，换一个表达方式，让你的想法更容易被接受。”

下面是大家分享的一些领导的高水平金句。

（1）没事儿，不要紧，有我呢！

（2）上不与下争利，下不与上争名。

（3）发牢骚不要紧，发牢骚说明你是想干事、干成事的人。

（4）任何时候都要流自己的汗，吃自己的饭！

（5）前十年放得开，中间十年收得住，最后十年走得稳！

（6）不要太把自己当回事，也不要太不把自己当回事。

（7）当一个好领导，家里的门槛要高些，办公室的门槛要低些。

（8）按规矩办，按程序办，自己看着办。

（9）你能吃多大的亏，你就有多大的舞台；你把自己培养得多大气，你就能走多远！

（10）播种和收获不在同一个季节，要学会坚持和忍耐，要相信你的付出所有人都看在眼里，总有一天会收获。

（11）我在政治上没有追求，不等于工作上没有要求！工作要做实，要做细！

（12）人啊，就像是一滴露珠，掉进土里就什么都没有了，也什么都不是了！

（13）年轻人不要总说没希望，要知道有为才有位。人生有无限可能，不要自己困住自己。

（14）做不做是态度问题，做没做得好是能力问题。

（15）把长远的事情做对，把眼前的事情做好。

（16）脑中有弦，眼中有活，肩上有责，心中有数，手上有招，脚上有力。（作者：王主任）

我在领导身边看到、学到的那些事

前几天，有个朋友问我："你天天伴随领导左右，从领导身上学到点儿什么没有？给我讲一讲。"他这么随口一问，让我觉得自己该好好总结一下工作了。

坦率地讲，换了几个单位，体验了多个岗位，只有目前这个岗位让我感觉到最累。我们这些当秘书的人，在外人看起来风光无限，其实背后的艰辛只有自己最清楚。"为了工作，放弃了家庭"，这句话用在我们这类人身上一点也不为过。

做秘书工作虽说比较累，但我非常珍惜这个岗位。最重要的一个原因就是：在领导身边，我会遇到从未见过的场面，我会学到从未了解过的知识，我会明白从未感悟过的人生哲理。那么，我到底学到了什么呢？

领导的所思、所做、所说，这些都是我应该学习，也是我正在学习的知识。

01

要学会运用一种思维方式

这种思维方式就是：遇到事情要多问几个“为什么”。

同事向领导汇报工作的时候，领导总是问：“为什么要做这件事情？能做成吗？会有什么困难？如何克服困难？”

领导的思维裂变得比较快，脑子里装着一张思维导图。通过连续的发问，以迅速地把事情的来龙去脉搞清楚。

领导经常对我说：“遇到事情，你要想三个问题。第一，这件事情发生之前发生了什么？第二，我们现在处于什么状况下？会遇到哪些事情？如何解决？第三，将来会遇到什么困难？如何解决？只有经常考虑这三个问题，才能思虑周全、办事稳妥。”

领导把这种思维方式用到了极致，开展工作自然得心应手。

为了培养自己的这种思维方式，我每天定闹铃，备注上“思维方式”四个字，用这种枯燥无味的重复提醒法来强迫自己学习。

02

要努力做好两件事情

1. 夙兴夜寐地工作

我的办公室常备一盒巧克力，为什么呢？因为领导总是工作到半夜才回去休息，有时候开会开到半夜两三点，这个时候一块巧克力就可以帮领导恢复精气神。

领导精力充沛，不管多晚休息，早晨依旧准时上班，中午基本上也不休息。

领导的成功固然有很多因素，但拼命工作肯定是其中一个很重要的维度。

看看领导的工作节奏，再想想网上那些成功人士的作息时间表，我突然明白了“不是因为看到成功才努力，而是因为努力了才看到成功”这个道理。

对于我们这些普通人来说，与其羡慕别人的荣华富贵，不如脚踏实地地干好自己的工作。

2. 废寝忘食地读书

领导说：“我为什么要读书呢？因为要天天开会发言，如果不读书，我就没有新的词语来充实我的观点，我的发言就会重复啰唆或者苍白无力。”

他的话可谓一语中的。领导喜欢读书，原来是希望通过阅读来形成自己的理念。

领导鼓励我要不断地去读书，他的书柜里有许多历史、经济方面的书籍，他说：如果你喜欢，可以随时借阅。

在鼓励我读书的同时，他也教我如何更快地吸收知识。他说：“读书必须摘抄，每天不必多写，可以写个半页、一页的纸，但是一定要把书中最精华的句子写下来。

摘抄的时候，要在标题旁边备注上关键词，以利于以后翻看到的时候，快速地找到自己需要的材料。

重要的句子下面可以划线，更重要的句子直接画圈。如果你觉得这一段非常重要，可以直接在这一段上画上一个大对勾。”

03

要最终实现三个目标

1. 业务精通

领导说："很多官员出了问题，主要是因为业务不熟，办事程序不对，最终让自己很被动。"他在大会上不止一次地强调要学业务，要钻研业务。

他的话让我备受鼓舞，让我明白无论干什么事情都需要专业的人来干，这样才不会出错，才不会劳民伤财，才会经得起历史的考验。

2. 数据准确

领导说："你汇报的时候，大家最看重的是你的数据，大家会对数据进行加减乘除。如果数据都不对上的话，你还有什么可说的呢？"

从此以后，我学会了列数字的方法。写材料时，我尽可能地列出详细数据，尽可能地对数据进行分类，从而让阅读者一目了然。

3. 做人和蔼

刚来到领导身边的时候，我是异常的谨慎和小心，最后才发现领导是那么平易近人。

有一次，领导上车，出于礼貌，我把手放到了门上面，以防领导碰着头。领导说，这种事情以后就不要做了，纯粹的形式主义。

坐电梯的时候，下属看到领导在电梯里都主动退出来，领导把大家又请了上来。

从他对待我们的态度上，我真正地体会到南怀瑾的"上等人有本事没脾气，中等人有本事有脾气，下等人没本事大脾气”这句话的含义。我想，每个人都应该和善地对待别人，这样社会才会更和谐。

最近，翻阅人民日报，看到一篇文章《人生需要目标感》。其中的一句话“明确目标、认知目标并建立目标，不仅变得异常重要，而且有助于让行动更有指向性”让我铭记在心。作为体制内的一分子，我们的目标是什么呢?

进步自然是要考虑的事情，但是作为青年人，我觉得我们更应该把精力放到学习上。当知识积累到一定的厚度，就会量变引起质变，进步自然是顺理成章的事。（作者：有风就有雨）

跟随县委副书记接访，我竟深受教育

到县委办公室工作好几年了，上周二跟随县委张副书记到县信访局接访的见闻，让我感悟很多，深受教育。

01

干部要坐到群众中间，不能总坐在群众对面

上周一下午快下班时，办公室陈主任对我说："明天是县委张书记信访接待日，小王（平时主要负责联系张书记）生病了，你明天早上7点30分准时赶到信访局，为书记接访做好服务。"

周二一大早，当我提前5分钟赶到信访局时，只见张副书记正和信访局的同志把接访室的桌子往外搬，又把一些椅子搬进去，围成了一个半圆形。我不解地问，平时领导接访都是与信访人隔桌而坐的，今天怎么这样？

张书记笑笑说："对来访的群众，我们坐到他们中间岂不是更好，为什么总要坐在他们对面呢？"

张副书记这句话听似平常，但对我内心产生了强烈的震撼。是啊，

如果连接访我们都不能做到与群众平起平坐，那么平时我们怎么能跟群众坐到一条板凳上、打成一片？如何能做到心连心，拧成一股绳呢？

干部只有常进村头、常到地头、常坐炕头，才能真正跟群众交朋友，了解他们的真实生活、真实想法，也才能听到真话。

02

学会对群众说声“请坐”“好走”

对每一波上访群众，不论人多人少，他们进门时张副书记都微笑着起身相迎，热情招呼大伙让他们坐下来说。当他们离开时，张副书记也总是起身相送，说声“大伙好走”，十分自然且和蔼，没有半点刻意做作之态，一下子就拉近了他与上访群众之间的距离。

坦诚地讲，干部平时对上级、对领导比较尊重已成为一种习惯，但对尊重群众尊重基层尚没有形成自觉。

我们常说干部与群众关系是“鱼水”关系，我们干部这条“鱼”，对赖以生存的群众这盆“水”，应该始终做到敬畏、敬重，这才是回归本位、体现本分啊！

03

让群众把话说完天塌不下来

接访中，一位70多岁的农村老汉为土地确权证上少写半亩地的事，从土地改革说到吃“大锅饭”，又从联产到户大包干说到土地承包，前后重复好几遍。我几次想打断他，让他说简单点，张副书记都用手势阻止了我，并让老人家慢慢说，莫着急。老汉讲了近一个小时才抹了抹嘴，说“就这些……”。

下午一点多，在接访完去机关食堂的路上，张副书记对我说，有一些群众来上访并没有太多太大的事，实际上是平时憋了一肚子气，想到这儿来撒撒气，让他们敞开把话说完了，他憋的气可能就消了，气顺了，就可能息诉罢访了。

愿意倾听、学会倾听、耐心倾听群众的酸甜苦辣，真心实意地让他们把话说完，这或许是我们干部走进群众心里的总开关。

04

不要简单地说“搞不成”

对群众上访反映的问题，有明确政策规定的，张副书记当即打电话给部门主要负责人，要求他们抓紧调查核实依据政策限期解决回复；对一些政策不明确的问题，他批示有关部门要抓紧研究提出意见。

对一些政策明确规定不能解决的，他也不是简单地说“搞不成”或“不能搞”了事，而是耐心地讲政策、讲纪律，说清楚为什么不能办，办了有什么危害和后果，从而最大限度地争取群众的理解和认同。

“好话一句三冬暖。”工作和生活中跟群众打交道，说他们愿听、愿信的话，比生硬地说“搞不成”“不能搞”效果要好得多。以理服人，以情感人，以政策引导人，应该是我们干部的常规课。（作者：梓文）

领导上任，一般靠哪几招站稳脚跟

最近，突发奇想，如果让我当领导，如何才能把工作搞得轰轰烈烈、卓有成效，让领导信得过，让群众夸口赞？

不想不知道，一想吓一跳，自己竟然毫无头绪、无从下手。

毛主席曾讲过一段话："我们队伍里边有一种恐慌，不是经济恐慌，也不是政治恐慌，而是本领恐慌。"确实是一语中的、直击要害。

因为工作原因，和各单位一把手接触较多。慢慢意识到，当一把手并不容易，官场深似海，光鲜亮丽的背面，是无数次的小心谨慎和无奈挣扎。

如果没有看家本领，工作就会被动落后，处处受制于人，挨批挨训也就成了家常便饭。工作多年，亲眼看到了无数人从大单位被安排到小单位，更有甚者，直接向主要领导请求离职回家。

只有具备一定的本领素养和工作艺术，才能游刃有余地推进各项工作和左右逢源地处理人际关系。

细心观察就会发现，每一位成功的领导的洞见力、敏锐性等能力都远远超出了我们的理解和想象。特别是，他们到新单位后，那一番错综复杂的操作，那一系列干脆利落的决策部署，让我们叹服不已。

原来，一切都有套路，万物皆有规律。

01

第一个月，静观其变

1. 分工不变

单位换了新领导，每个人心里都有微妙的波动。

和前领导关系好的人，心想：新领导还会重视自己吗？和前领导关系紧张的人，心想：终于迎来了光明，我要大干一场。

聪明的领导，到新单位后，一般都不调整分工。人员还是和以前一样各负其责、各尽其能。

其间，如有分工不清的地方，则谁工作职能接近谁负责。聪明的领导，还会做到责任到人，小到会议室的花谁浇、报纸谁送，都安排人员盯紧盯死。

2. 拜访老干部

新领导上任，一般会马不停蹄地拜访单位的老干部，这样做的目的有许多。

第一，争取老干部的支持和理解，便于以后开展工作。

第二，更深层次了解单位的各种事情。老干部对单位有感情，什么都愿意讲；况且都退休了，什么都敢说。

第三，向全体人员展示尊老敬老的品质，塑造自身良好形象，做到以德服人。

第四，向大家传递出一个明确信号：我不会忘记为单位做出贡献的任何人，只要大家好好干，就一定有好结果。

3. 了解人员背景

单位里的人际关系错综复杂，只有搞清楚背后的关系网，才能有的放矢、权衡利弊，否则，开展工作就会遇到意想不到的麻烦。

了解人脉关系，一般通过两种途径。第一，查看单位的人事档案（有的单位有），快速了解人员的基本家庭状况，勾勒出大概的关系网。第二，饭局上仔细听，领导一般不直接问谁和谁是什么关系，只要吃饭喝酒时认真聆听，总有好事者顺口说出，故意让领导知道。

02

第二个月，凝聚人心

1. 培育文化

单位里，人与人之间只有和谐共处，才能迸发激情去工作。如果互不信任、恶意诽谤，形成一盘散沙的状况，个人和单位，都会蒙受不可估量的损失。

现实生活中，有些大单位，人员众多，科室都比较强势，谁也不服谁，给工作带来了诸多不便。聪明的领导，必须积极打造核心价值观，靠文化来凝聚人心。

不同的领导有不同的方式，有的领导开会的时候经常务虚，谆谆教导，循循善诱，营造积极向上的正能量；有些领导喜欢开展文艺活动，靠活动来熏陶人心，进而达到统一思想、维护团结的效果。

2. 以情动人

中国人重感情，很多情况都需要通过私人关系来处理公家事情。如果时时处处按原则办事，可能会遇到阻碍。

所以，必须让大家从内心里喜欢你、认可你，至少不抵触你。

刚到单位的时候，大家会有点生疏，第二个月后，心理上基本就没有了距离。此时此刻，聪明的领导会通过点滴小事拉近人与人之间的关系。

比如，和大家一起用餐，让人感觉你平易近人；在重要节日或者大家比较辛苦的时候，在微信群发个红包等。

03

第三个月，谋篇布局

1. 提出工作理念

当单位的情况稳定下来之后，就应该考虑打造理念，谋划工作，让人感觉你是一位思路清晰、目标明确的领导，是一位有能力、有本领、有气魄的领导。否则，单位里有些人会认为你没本事，越是这样，越会在背后给你出难题。

聪明的领导，会通过阅读有关书籍，根据有关文件，和班子成员共同商量之后，提出自己的工作理念和思路，绘制发展蓝图。

蔡昉在《读懂中国经济》中写到“应该有所预判并及早研究，形成政策储备”。

所以，要想做一名优秀的领导，必须有大量的知识储备，有意识地积累所需知识，这样就会轻而易举地形成独特的工作理念。

2. 打造亮点工作

有一次主要领导视察某单位，说："你做的工作不少，什么都做了，但又感觉什么都没做。原因就是没有特色，缺少让人眼前一亮、为之一振的那种内心惊叹。有了特色工作，汇报时才能拿得出手，才能给上级领导留下深刻印象。"

聪明的领导，会在每年研究 1～2 个重点工作，然后搞几个专项行动，有心全力打造。

这样到年底的时候，才会有实实在在的好成绩，好比家里增添了几件不错的家电，谁都看得见、摸得着。

有人说工作好比行走江湖，江湖有江湖的规矩，工作也有工作的法则。

所以，作为一名领导，智谋策略必须修炼到家，工作艺术必须胜人一筹，否则，纵使背景再强、关系再硬，最后也会失魂落魄，痛失大好前程，让人心生惋惜。（作者：尘埃）

拉开主任的办公桌抽屉，我发现了他受赏识的秘密

对于公务员来说，一个人的进步由很多因素决定：机遇、平台、能力、运气等。许多人在个人进步中可能会遇到这样那样的不公。

面对这种局面，我们无须抱怨，也不必惆怅，我们要做的就是做自己能够把握的，改变自己可以掌控的，正所谓“努力交给自己，命运交给时光”。

网上有人说：“一切不给具体方法的鸡汤都是要流氓。”那么，我们要做的、能做的具体是什么呢？

一个词——学习：学习领导的办事方法，学习领导处理问题的思维，学习领导的一切优秀品质。

今天，我们就学习一下领导办公桌上的物品是如何摆放的？虽然这个领导只是一个办公室主任，但他办事效率却很高。

主任分管工作多、签批文件多、处理问题多，这决定了主任必须在有限的时间内干净利落地完成各项工作。要了解主任办事效率高的原因，看看他的办公桌我们就知道了。

01

抽屉

办公室主任的工作并不简单，因为有很多突发事务需要去处理，而主任的抽屉这个时候就成了“急救箱”。

抽屉虽小，但东西不少。看了主任的抽屉，我才明白主任的用心良苦。抽屉里面有什么呢？

1. 照片

大家都知道，领导因为工作原因偶尔会需要个人照片，比如说：党代表审核表、政务公开栏里的个人照片等。这就要求我们保存各类照片，需要的时候可以立即提供。

比如说小二寸、二寸的照片，红底、蓝底的都要有。有的人可能会问：“我们保存电子版就可以了吧？”大错特错，领导需要，你能够马上提供，才能够显示出你的与众不同。

2. 身份证复印件

领导办业务需要身份证复印件，这就要求我们保存几张领导的身份证复印件，但你不能总拿领导的身份证去复印吧？

有人可能会问：“领导工作上能办什么业务呢？”除了工作，也可能会是私人业务，比如说办张银行卡之类的。况且，复印件上面有身份证号，这是我们工作中经常需要用到的。

3. 通讯录

最新的上级、下级、单位的通讯录要保存好，因为你不知道领导什么时间会要谁的手机号。

有人可能会问："通讯录不都摆在桌面上吗？"但有些通讯录就是不摆放在桌面上的。大家都知道，领导有些号码是公开的、有些是保密的，而办公室里总是人来人往，你不怕泄露领导个人隐私吗？

4. 履历表

领导的、同事的个人履历表我们都要保存好，因为平常总有那么多的报名表需要我们填。如果每次填写都问人家要，要得多了的后果就是别人觉得你办事不到位，不适合在办公室工作。

主任说："抽屉里保存什么要根据工作的需要来及时调整。抽屉里的东西虽然不起眼，平常用不到，但关键时刻就能显示出效果。所以，我们一定要整理好我们自己的抽屉。"

02

桌面

主任的桌子很干净、有序，物品很多，但杂而不乱——"形散神不散"。有些人工作效率不高，很多时候就是桌面东西乱摆乱放，需要的时候却找不到，把时间浪费在找文件上。

桌子中间，放着一台电脑，电脑里存着各种各样的文件，上到工作总结谋划，下到请假条报销条等，需要什么文件都可以随手拈来。当然，这只是办事效率高的一个方面。

而我想说的是，主任还没当上主任的时候，电脑下面贴着几张纸，上面写着主要领导的电话、经常联系人的电话。这样一来电话就知道是哪位领导，需要联系哪位同事立马就可以联系上。

桌子的左边，放着文件。按照事情的缓急，分成三类文件：已经处理完的事情，文件放到最里面——左上角；急需完成还未完成的放到离自己最近的地方——左上角的右边，这样抬头就可以看见、伸手就可以拿来；不急的文件，就放到剩下的位置——左上角的下面。处理文件的时候能一类接着一类办，既不误事又清晰明了。我觉得文件的摆放，主任做得可真是尽善尽美，让人佩服得五体投地。

桌子的右边，放着笔记本，笔记本的作用很重要。办公室主任的事务多，有领导交办的工作，有下级汇报的工作，这些工作一件都不能落下，否则后果可能很严重。这个时候，主任就把工作全记在笔记本上，干完一件划掉一件。每天下班的时候，主任就会在笔记本上厘清明天要做的工作和日常安排。每天早晨来到办公室第一件事就是看笔记本，然后抓紧安排部署。

古人曰："一屋不扫何以扫天下？"桌面的摆放看似是件小事情，但小事情往往能够成就大事情。正是因为桌面布局合理，主任的工作才能够有条不紊地开展下去。

主任说话不多，但以办事严谨、细致、不出差错被人称赞，也正是因为这些特质被领导看中，获得了进步。我们从其办公桌的摆放布局中就可以清楚地看出主任的细心。

我们这些年轻公务员，不要总是胡思乱想，而应该把精力放到工作上，以自己的实际行动来赢得领导的信任、同事的认可。我们应该记住：别人做不到的你做到了，你就会很优秀。（作者：尘埃）

领导，谢谢你，愿意告诉我这些道理

领导说："稿子要校核多遍，尤其是不能出现错别字等低级错误，不然会让人觉得不尊重对方。"

这是我实习的时候领导反复强调的。这一点直到现在都非常受用。虽然是很小的道理，但这是一个初入职场的学生能理解的。

有些人并不认真地看一些文件，哪怕是自己写的。因此这个工作细节却值得努力终身。

——祝踏岚

从领导那里学到细节决定成败，每次给领导发短信，如果超出半小时没有回复，他肯定打电话过来解释刚才开会不方便，每次都会认真回复，如果是回复短信连一个标点符号他都会认真对待。

也遇到过有些领导，有事打电话给他（她），他（她）过几天也没有任何反应。

我的原则就是不管任何人打电话或者发短信，当时如果没有及时回复，过后肯定给别人致歉说明原因。尊重别人就是尊重自己。

——湘菁

领导对我说，可说可不说，不说；可做可不做，认真做。

——振理

我的领导是军队转业干部，做事雷厉风行，风风火火。从他身上主要学到了三点，做事要快，干活要细，学会保护自己。

机关单位有时机动性很强，只有把速度提上去了，才会有条不紊。

再有就是一定要心细，不能出现低级错误。

平常工作中要注意留痕，不做“背锅侠”。

——酸奶控婷儿妹妹

在办公室三年半了，我印象最深的是我们老主任。

每一次大家喝酒结束后，无论他喝了多少，总会去桌子上看一圈大家的大衣、钱包、钥匙、手机有没有落下。也很是受用。

——文化路上的少年

凡事多想一点点，把每件小事做细、做实。

——G 君

领导说：做人第一，做事第二，做人就是做事。刚开始不太懂，后来工作中体悟到说得太对了！对于所有的工作、所有的事，最终的标准、服务的对象都是人。

——心饮堂

为啥有些工作领导不满意，或者总是差一点，就是没有考虑到人啊。比如写材料要站在领导者的角度和听众的角度，要顾及所有人的感受，可以说做好了人，事才能做好！

做好人一定要在“人心”上下功夫，简单讲就是将心比心，准确把握到别人的感受、情绪，才知道怎么做是对的，这是一门大学问。

——心饮堂

有一位领导教会了我很多东西：礼多人不怪；教我进领导办公室怎么敲门让人听着才舒服；教我要将领导改过的稿子收起来，回头看；教我凡事多汇报，不要自作主张……

——LZH

在单位，领导告诉我以下三点，让我很是受用。

第一，工作上抓重点，做亮点。做工作不抓重点做不好，不做亮点不出成绩。

第二，做事上细心、周到。要比领导想的还要多，才能把事情做得更好。

第三，为人热情低调，见面打招呼乐呵呵的，穿衣讲究有素养，与人打交道儒雅有风度。

——大卫

刚到单位，领导叮嘱我：闲谈莫论人非，做事积极主动，写好稿子自己要通读一遍。

我依然记在心里，工作很是顺心顺手，感谢领导。

——君展颜

我从领导那里学到的职场知识有以下两点。

一是重要的事情一定要亲自部署，制订推进计划，明确完成时间节点，分工明确到人，过程中亲自过问督办，才能确保工作落实落地。

二是时刻怀着一颗感恩的心，感谢组织和单位给自己提供的工作岗位，在有限的任职时间里履职尽责，为单位做出积极的贡献，当离开岗位的时候给领导和同事们留下的是美好的回忆和自己的业绩。

——JX

领导说，要做问题的终结者。认真做事，吃亏做人。

——张凯旗家长

感觉在工作各个阶段，从各类各级领导那里学到了太多东西。

曾经有一位领导告诉我：人生是个大的过程，不要总是被眼前的困难和挫折所困扰，谁也不知道未来会发展成什么样或在哪里发展，所以坚持做好当下的工作，努力成为目前环境中最优秀的人就是在人生旅途中最好的做法。

还有一位领导告诉我要加强学习，这位领导从事文稿起草工作二十余年，直到现在依然坚持着每天读报剪报、摘抄的习惯，虽然这些我们平时也都能想到，但是真正见到身边人特别是领导一直在坚持，让我很是触动。

——晖小狼

领导教会了我多沟通、勤汇报。尤其是在办公室工作，很多事情进到办公室来，又需要从办公室出去，除了严格办文流程以外，最重要的就是要及时给领导请示、汇报到位。让办公室领导能及时了解大家每天都在做什么，有什么新的问题出现，以便于领导更好地协调处理各方面事项。

另外，要将自己对所负责工作的思考和工作方式乃至流程都要向领导经常汇报一下。一来可检视自己的工作流程是否正确，二来也可以让领导看到自己的努力和思考，而且，如果自己有考虑不周的地方，也可以在向领导汇报时得到及时指导，相信这比自己独自摸索要好得多。

同时，我发现，一旦准备向领导汇报，自己对工作的思考和总结也会严谨很多。

但是在平时的工作中，很多人总是会步入一个误区，就是只看到领导做得不足的地方，私下里评头论足，认为领导做得不好，甚至拿遇到的几任领导做对比，从而不认可领导。平时遇到这种话题，我总是装聋作哑，一笑了之。

领导之所以能成为领导，总有其过人之处，我们应该在工作中学习领导的长处，跟着领导的脚步配合好，做好自己手头的工作，尽好自己的本分。

——玉

领导教会了我两个道理：第一个是不要在领导面前耍小聪明，领导能当上领导，必然是他身上有别人没有的才干与能力；第二个是大多数领导在安排工作时，是考虑了你的承受能力的，不要动不动就叫苦。

——好好橙

“你能包容多少人就能管理多少人。”领导这句话专治格局小、感情用事的人。

在书呆子向行政人转型的过程中，当有人对其有看法的时候，这句话就会冒出来提醒我，让我走出小我，放大格局。

——伊人

从领导身上学会的最重要的就是自信了。我们领导个子不高，还没有我这个女生高，但是他很自信坦荡，落落大方，走路永远有气势。

我因为长相不好，感觉自卑，说话办事儿总是扭捏，走路也总是低着头，后来跟着他时间长了，从他身上慢慢学习，变得越来越自信。

他也总是提点我，很感激刚进单位有这样一位领导。

——方舟之心

在工作中印象最深刻的就是刚入职的时候写材料，领导一眼就看出来字体和行间距不对，当时就感觉：哇，好厉害。后来不管写什么都会非常注意格式。当然还有很多其他的，只是这个记忆特别深刻。

——木夕木兮

领导说：钉个钉子回个头；少喝酒，少熬夜，多锻炼，多读书。虽然说得很朴实，但却有很深的道理。

——千秋

跟着领导一年受益匪浅，印象最深刻的一句话是：“写材料不同于你们写散文，要用最少、最精简的字表达最精准的意思。”

领导逻辑性很强，记忆力惊人，除了写材料，另外印象深刻的就是平时工作养成了及时汇报结果的好习惯。

不过我自个儿还是有不少职场毛病要改，总之遇上一个好领导，确实是人生一大幸运！

——汪瑞舒

办公室工作手记

掌控关系 ▸

石头哥 编著

北京大学出版社
PEKING UNIVERSITY PRESS

图书在版编目(CIP)数据

掌控关系 / 石头哥编著. — 北京：北京大学出版社，2021.10（办公室工作手记）
ISBN 978-7-301-32314-4

Ⅰ. ①掌… Ⅱ. ①石… Ⅲ. ①办公室－人际关系学－通俗读物 Ⅳ. ①C912.11-49

中国版本图书馆CIP数据核字（2021）第145047号

书　　名 **办公室工作手记——掌控关系**
BANGONGSHI GONGZUO SHOUJI—ZHANGKONG GUANXI

著作责任者 石头哥　编著

责 任 编 辑 张云静　刘　云

标 准 书 号 ISBN 978-7-301-32314-4

出 版 发 行 北京大学出版社

地　　址 北京市海淀区成府路205号　100871

网　　址 http://www.pup.cn　　新浪微博：@ 北京大学出版社

电 子 信 箱 编辑部 pup7@pup.cn　总编室 zpup@pup.cn

电　　话 邮购部 010-62752015　发行部 010-62750672　编辑部 010-62570390

印 刷 者 三河市北燕印装有限公司

经 销 者 新华书店

880毫米×1230毫米　32开本　7.5印张　179千字

2021年10月第1版　2024年11月第6次印刷

印　　数 32001-35000册

定　　价 139.00 元（全三册）

目录

CONTENTS

01 怎样做一个受欢迎的人（情商和禁忌）

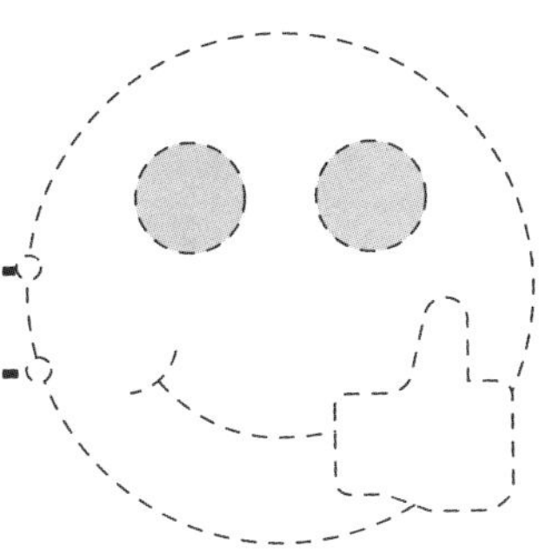

02 怎样给 领导汇报

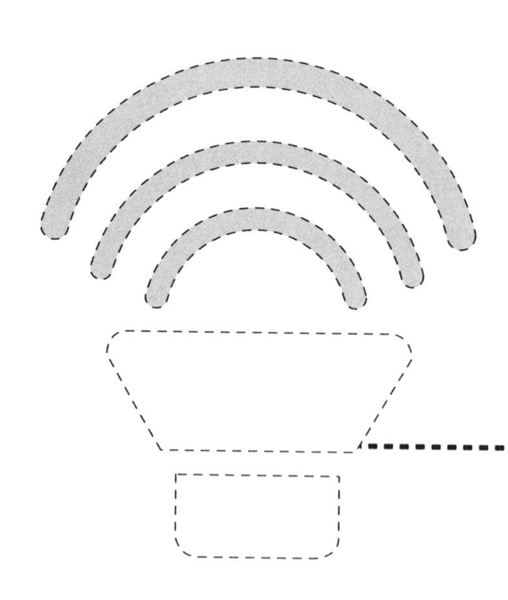

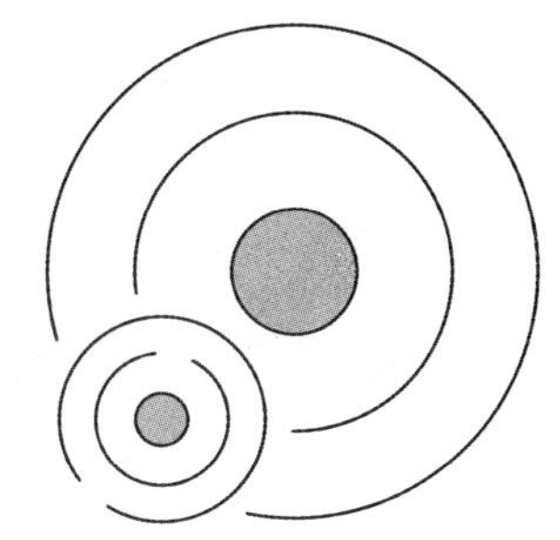

03 怎样维护好 自己的圈子（同事）

04 怎样在发言中 **脱颖而出**

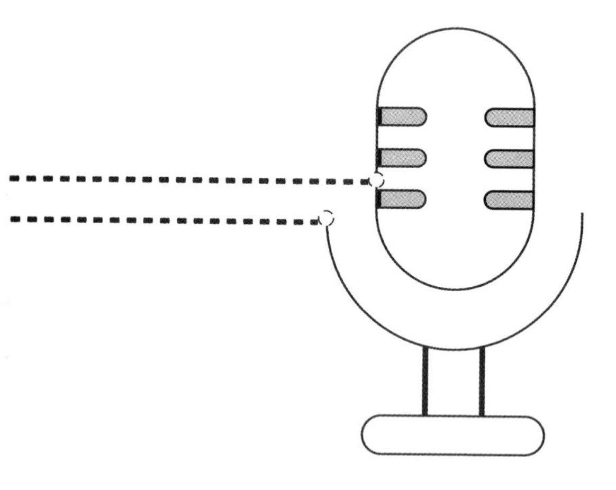

05 饭局应酬 中的学问

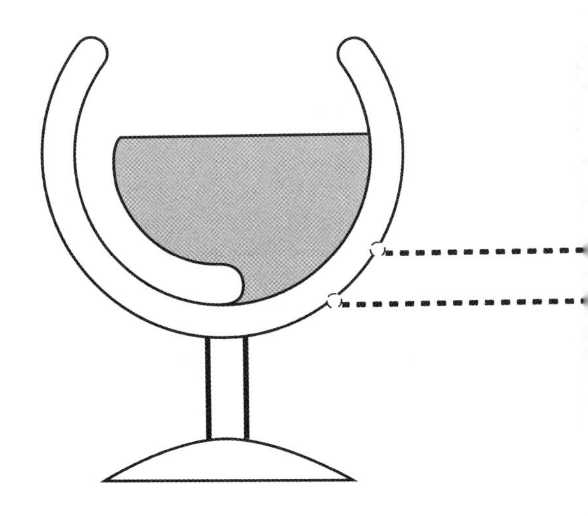

06 怎样 发微信打电话

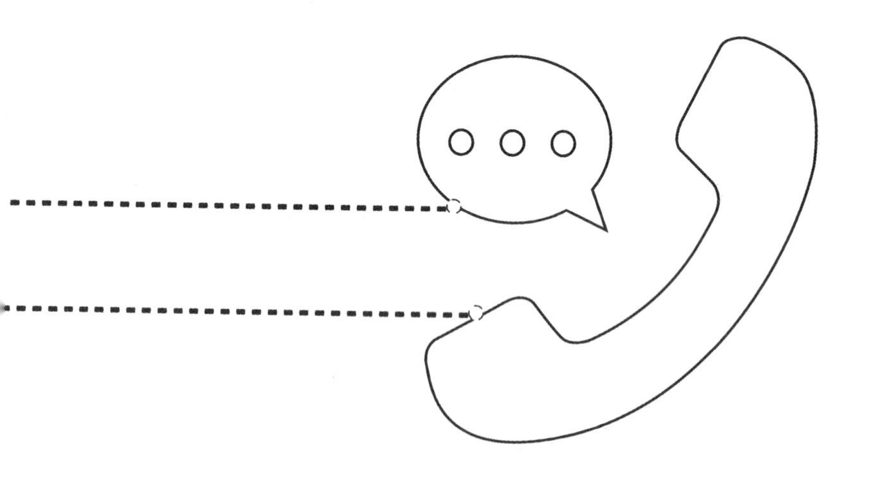

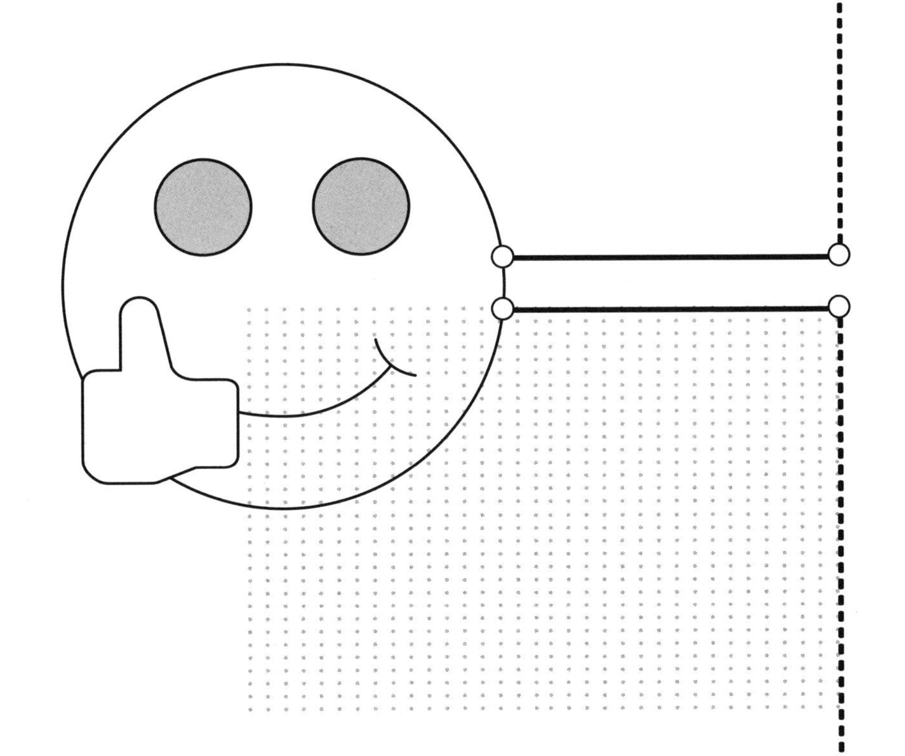

怎样做一个受欢迎的人（情商和禁忌）

学“习”讲话：品味习近平总书记讲话的艺术

2017 年 10 月 18 日，习近平总书记代表第十八届中央委员会向党的十九大做报告。三个半小时的报告精彩纷呈、激荡人心，让人过后常回味。

没有好的文风，肯定做不到这一点。习总书记的文风是什么，仔细学习揣摩，答案就在讲话里。

⓪①

说听得懂的话

“房子是用来住的，不是用来炒的！”习总书记话音刚落，与会的党代表不由自主地拍起了巴掌，电视机前的观众更是兴奋不已。

不可否认的是，同样讨论房子、房价，我们身边不乏“动嘴皮子”坐而论道之人，他们从晦涩的货币供应量谈起，从专业的趋势分析论起，从概念化的模型分析说起，把老百姓讲得云里雾里，不知所以然。

其实，老百姓对这些复杂推演并不感兴趣，习总书记举重若轻，把复杂问题简单化，给了老百姓一个明白的答复。

说记得住的话

习总书记讲话善打比方，打比方的好处在于入味、入理、入心。说话和做菜有相通的地方，如果不入味，再好的食材也可能让人感觉如同嚼蜡；如果不走心，再重要的工作部署也是“左耳进、右耳出”。

在论述巩固和发展统一战线时，习总书记强调“促进各民族像石榴籽一样紧紧抱在一起”，这是一个非常形象的比方。我们过去常说“五十六个民族是一家”，现在“要像石榴籽一样紧紧抱在一起”，说明不仅是一家，而且要“一家亲”。

这些话听起来不仅有温度，而且让人记得住。

说亮得明的话

在大是大非的问题上，习总书记总是爱憎分明、旗帜鲜明，勇于亮观点，敢于做判断。

这是一种高度自信的表现，这种自信无形中会感染更多的人，有时会让人感觉泰山压顶、令行禁止，有时会让人感觉摩拳擦掌、跃跃欲试。

比如，在论述全面从严治党时，习总书记强调“人民群众反对什么、痛恨什么，我们就要坚决防范和纠正什么”，又如在论述坚持走中国特色强军之路时，习总书记明确提出“军队是要准备打仗的”的判断。

什么叫气场？就是在关键问题上不含糊、不摇摆，摆明了讲、挑明了说，这不仅可以传递出一种压力，同时也传导出一份责任。

说理得清的话

习总书记在做报告时指出，现阶段我国社会主要矛盾已经转化为人民日益增长的美好生活需要和不平衡、不充分的发展之间的矛盾。这一判断，深化了我们党对共产党执政规律、社会主义建设规律、人类社会发展规律的认识。

客观地说，不平衡、不充分不是一天形成的，解决这一矛盾也不是一朝一夕的。

在论述保障和改善民生水平时，习总书记说“既尽力而为，又量力而行，一件事接着一件事办，一年接着一年干”。这种充满理性、具有思辨性的话语，对基层干部最大的启发就是不盲动、不折腾、不懈怠，想好了再干，想明白了再干，只有去干，才能干出智慧、干出办法、干出满意。

学“习”讲话远不止这些，对于执笔者和发言者而言，所要做到的是学思践悟、学干相长，任何时候都不要把群众讲烦了、讲倦了，不要讲得云里雾里让人不知道怎么干了。（作者：张行）

职场加分的发言干货

在职场中要学会多听少说，但广听会说也很重要。尤其是在机关工作，能说会道绝对会是你的加分因素。

在体制内工作了十年，我学到了很多说话的技巧，主要总结如下。

01

要“皮薄馅厚”

说话要简洁明快，不浪费别人的时间是一种美德。除非是写大部头的文章，或是做思想工作，目的意义可以多谈点儿，其他事情上还是要简单明了。

但是对于工作汇报，说话就要多强调结果，语言精练人就显得干练。另外，如果向领导汇报请示事项，最好准备两套方案，要让你的领导做选择题，而不是做简答题。

②

要强调真情实感

人生苦短，何必表演？要随心随性，以情动人。

刚工作时，我遇到了一位领导，他很喜欢讲他工作时所入的坑，所经历的失败，以及所积累的经验。虽然讲的都是很朴素的大白话，有时甚至逻辑上还不是特别顺畅，但是每次都能被他的真实表达和真情实感所感动，对刚工作的小白来说也很受用，到现在也很难忘。

③

要联系当下热点

前几日部门开了个务虚座谈会，有个领导在汇报服务基层工作时，特别提到了之前罗振宇在跨年演讲中的“超级用户”这一概念，他将这个概念与他所服务的群体相结合、相类比，取得了很好的阐释效果。

新词汇、新概念会让人眼前一亮，并结合了当下的热点，这也会从侧面反映出他的好学与上进。

④

要掌握节奏，体现层次

说话要有节奏，不要太快，太快会显得急躁，具有攻击性；也不要太慢，太慢就会凸显性格的拖沓，效率低下，那么何为标准呢？

我们在看新闻联播时，可以多注意听主播的吐字发音与节奏，也可多关注白岩松、董卿这些名嘴的访谈，然后多听多练，坚持下去就会有所悟道。

要具备有效的回应

对于领导平常讲的一些关键词，以及强调问题时使用的一些特征性的语言，一定要记住。

在关键时刻、重要场合，可以自然地对领导“口头禅”加以引用，让领导觉得你平时很重视他的讲话，同时也会贯彻落实好各项工作的，这也会是一个加分因素。

但是有一点要注意，千万不要刻意地以奉承的语气去说，语言和表情一定要自然到位。

要适当加点哲理性的语言

在讲话时，可以适当引用哲理性名言，但千万不要多，而应以小博大。名言引用可以放在讲话的最后，以调动听众的情绪，从而激发他们去深思熟虑，让人回味无穷。

内容要走心

习近平总书记说要讲好中国故事，那么故事有什么特点呢？就是具备着起承转合和吸引人的特性，所以说话或讲话要求我们靠内容取胜，多讲自身的经历，多找有共鸣性的话题。必要时可适当自嘲，以示谦虚。

合适时机要幽默一下

幽默是最高的智慧，同时幽默也可以化解气氛的尴尬，显示出自己的灵活。功夫在平日，可以准备点儿搞笑的段子，或者多关注《看天下》等文摘的笑话版块，平时多准备，关键时候就能用得上。

要适当留白

安静有时是最大的力量，我们不但要懂得说的艺术，也要懂得不说的艺术。

我从最怕在人前发言，到可以在小范围的场合讲三点体会，再到千人会场演讲，逐渐从自卑变得自信，从恐惧变得喜欢，这其中主要得益于会表达，这也体现了表达的重要性。

因为当你对一件事情表达不清楚，或者声音不洪亮时，没有几个人愿意聆听你的心声，并愿意和你继续交流下去。

这样你的话语会越来越少，在本单位的圈子里的参与感也会越来越弱，所以要多学习如何说话的表达并且掌握语言的艺术。

很多年轻的公务员在准备面试的时候，通常以应试的心态去了解怎样说话、怎样表达，但自此以后再没有理论联系实际地进行实操，这是不对的。

能说会讲，这是我们一生应当学好并且要掌握的一门技能，不仅在职场，而且在生活当中也会受益无穷。（作者：VivianWu）

说话让人舒服的程度，决定你所能抵达的高度

我高中的一位老同学L，曾经是本人非常好的朋友，可以用“红颜知己”来形容。之所以说曾经，是因为现在已经物是人非，从曾经的无话不说，到现在“君子之交淡如水”，甚至是“形同陌路”，完全是因为一句无心的话。

曾几何时，本人和L姑娘互相吐槽、互相调侃，开着无伤大雅的玩笑。我们谈古论今，谈天说地，从梦想到现实，从文学到历史，从电影到音乐，从工作到生活，从经济基础到上层建筑……每日的问候是生活的常态，一起分享着彼此的酸甜苦辣，共同诉说着生活中的喜怒哀乐，常常彼此默契，心照不宣。我因有如此之“红颜知己”而幸运。要知道，生活中能有一个知己，这是莫大的幸福；要知道，生活中若有一个朋友能陪你风雨同舟、同甘共苦，这是非常难能可贵的。

可是，某天却因为本人的一句所谓的“无心之失”让这段友谊“灰飞烟灭”。一次两人就一个事件交流思想，产生了意见分歧，最后不知道哪根筋错位了，本人竟然直言不讳地说了句“话不投机半句多”，L沉默良久，回复说：“就算你真是这样认为，你可以把它放在心里，而

不应该如此直白地来伤害我们的感情……”

之后，尽管我也为自己的那句没经大脑思考的“蠢话”而道过歉，L也说那已经过去，没有什么的，然而，事实却是那只是表面看起来没什么，实际上彼此不再讨论问题，不再交流思想，默默地看着对方发的朋友圈却不再会点赞，更不用说评论什么了，明明知道对方在线但也不再聊天，长时间的沉默，就连主动说话都需要莫大的勇气。

即使出于某种节日的契机，发去一条祝福，对方除了一句简单的“谢谢”再无别的话……说出去的话如同泼出去的水，一句无心的话让我失去了曾经最好的朋友，所以说话之前要三思，不要口无遮拦。

不论生活上，还是工作上，会说话都显得格外重要。智商决定一个人的下限，但情商决定一个人的上限，而说话让人舒服的程度，则能决定一个人所能抵达的高度。由此观之，说话真是一门艺术。

勿说“伤人语”

为什么有人一开口说话就让你觉得很不舒服？为什么有人一张口你就想骂他傻？为什么有人和你交流一次后就再也不想与他说话了？原因也许就在于他说的话伤害到了你或者话不投机。现在回想自己当初说的那句“话不投机半句多”，哪怕是普通朋友听了都会觉得难受，更不要说是自己的好朋友，将心比心，当初这句话必定是深深伤害到了那位善良的姑娘，也显得自己的情商很低。

“伤人一语六月寒”，绝非言过其实。“伤人语”就像一把无形的利剑，会深深刺痛人的心。生活中，常常有些人说了一些伤害对方尊严的话，过后又补充一句“我就是这么直”或“话有点难听，你别介意”，来作为伤害别人的解释或辩解，但听者已有意。其实换位思考下就会发现，在说话时很多时候是忽略了别人的感受而痛快了自己，然而“心直口快”却伤害了别人。

其实，这种“心直口快”也是情商低的表现，既然明明知道自己的话会伤害到别人，为什么还要说出来？不要以为说得直接就是真诚，真诚不等于直接，也不等于不考虑对方的尊严。所以，不要拿那所谓的“真诚”作为狡辩的借口。真诚也要建立在不伤害对方的基础上。

A 君失恋了，找 B 君诉说寻求安慰，然而 B 君一副“事不关己，高高挂起”的姿态，“早叫你别和他（她）一起，我就知道会这样，现在知道你有多傻了吧，你这叫自食其果，作茧自缚。”虽然 B 君说了实话，但却对 A 君没有半点安慰作用，反让 A 君很生气，而且疏远了 B 君。说话直接并不是所谓的真诚。

别人写了篇自认为还不错的文章，真诚地想听听你的读后感受，你没用一分钟，走马观花，蜻蜓点水般地瞄了一眼，然后直言不讳地来了一句“你这是在发牢骚，无病呻吟，话太直接，别介意”，试想，如果是自己写的论文被别人说为无病呻吟，会是什么感想？真性情是说真话，而不是说难听的话。直率和轻重不分是两回事。不要再把伤人之语当作所谓的真诚。

不要吝惜赞美

赞美不是恭维，更不是溜须拍马，而是发自内心地称赞，让人感到鼓励，感到温暖。

同样是赞美，“您的文章太棒了，我超喜欢您”和“您的那篇《××》写得太棒了，我超喜欢您那句××”，后者才更像是发自内心的赞美；同是赞美上级的决策，“您真是高瞻远瞩，高屋建瓴”和“您在××会上的讲话中提出的××观点，真是高瞻远瞩，高屋建瓴”，前者像是溜须拍马，后者才让人感觉是真正去学习了相关讲话后的感受，那才是真正的赞美。

所谓“良言一句三冬暖”，赞美这件事从来都不是虚伪，它如久旱后的甘霖，滋润人的心田；如冬日里的阳光，驱散凛冽的寒霜。所以，对身边人多说赞美词，少说伤人语！

适时做个“沉默者”

在生活工作中，不管你是优秀或普通，成功或失败，总有人看你不顺眼，总有人说你闲话……

此时，你无须解释，无须辩护，更无须大动干戈、大发雷霆，沉默是最好的姿态，是气度修养的体现，更是一种大格局的处世哲学。生活中总会有一些让你无言以对的时候，不要奢望每个人都会懂你，圈子里能有几个所谓的“死党”，足矣。

朋友找你寻求安慰，如果不懂得如何开导，就默默听着，做一个安静的倾听者。胡适说：发怒是一种破相。任何时候都不要发怒，要学会控制自己的情绪。不论在什么场合都要学会少说多听，因为“言多必失，祸从口出”，适当的时候还要学会做一个“哑巴”。

其实工作也好，生活也罢，口不择言都会伤害到别人，所以，我们要学会做自己语言的主人，说话要和缓，或者尽量少说话，适时做个“沉默者”。

语言是别人深入了解你个人素质和能力的最直观的一个途径。那么，学会修饰美化自己的语言，在人际交往中将会助力很多。（作者：枫林君、小雨滴）

夸奖绝对不是奉承

今天遇到了一个前同事，这个人以前总爱在领导面前打小报告，我也是“受害者”之一。今天遇见，真是冤家路窄，于是给了她好几个“大白眼”。

回来后我跟闺蜜美兰打电话，她说：“你啊，你这样的心态，在单位可不行啊！总是盯着别人的缺点看，你累不累哦？我正想给你打电话呢，我又升职啦！”

我又惊又喜，一个不到三十的姑娘，大专学历，在保险公司短短5年，居然连升三级，现在做到了销售主管级别，手下三十人，年薪一百万元。要知道，读书的时候，她的成绩可以说是非常稳定，常年占据班级倒数五名之内。而我则是班级前五名。

毕业之后我考了公务员，她则到了保险公司上班。当我还为首付发愁的时候，她已经轻松拥有了两套房子。她邀请我晚上吃饭，我怀着一丝羡慕和嫉妒：“美兰，你有什么升职秘籍啊，倒是给我传授一点啊！！”

西餐自助吃得很爽，美兰摸着圆圆的肚皮不答话，兀自忙着跟龙虾、生鱼片、一堆小蛋糕合影自拍，说：“幸亏我上个月成功减肥6斤，不然今天哪敢这么放肆！”

我吃吃地笑着，不答话。

美兰说：“你看，木木，你真是人如其名！你不是问我升职秘诀吗？

我看你啊，什么都好，就是不懂夸人！

一直以来，你都那么优秀，无论是从学习成绩来讲，还是从样貌来讲，我们都在你之下，也许因为这样，对于很多别人的优点，在你看来都不是优点。要你称赞别人两句，更是难上加难！

对人的赞美，你总是很吝啬，认为说得难听是叫拍马屁，其实这是你心里的一种误会！

其实夸奖是一种正能量，用得好了，对方开心，你也开心，大家都能得到正能量。同时，如果你长期以来都选择观察别人的优点，宽容别人的缺点，你会发现自己也会过得非常快乐。

夸奖绝对不是虚伪，而是一种为人处世的艺术。”

美兰说完之后，我突然愣住了。

这话确实没错。作为沉默寡言的理工女，我本来话就很少，更何况夸人。

在机关里，我只会埋头干活，不敢跟领导主动说话，连同事之间都很少聊天。

时间长了，难免得到一个“高贵冷艳”的名声，与我一起进单位的同事，有两个都已经提拔了副科，只有我还是原地踏步。论工作能力，我绝对不比他们差，但是论沟通能力，我确实比别人差了一大截。

而美兰做的是跟人打交道的工作，沟通技巧非常重要，她智商虽然不算很高超，但是情商绝对超凡。

我赶紧抓住美兰的手腕，向她请教与人沟通的技巧：美兰大美女，求你教教我呗，下次西餐自助我请。

美兰粲然一笑，说道："夸人说来简单，但是需要经常练习，还需要一定的观察力。概括起来有以下几个办法：挖掘法、对比法、提问法。配合感叹、疑问等句式，可以很有神效。"

挖掘法

挖掘法的功夫要下在平时，在平时跟人的交往中，就要注意从细节入手，挖掘对方的一些他自己都不知道的优点，还有一些不明显的优点。

关键点是细节，下面举几个例子。

（1）领导今天穿了一条新买的裙子。

普通下属：没有反应。

观察力稍强的下属：领导，您的裙子真好看啊！

善于夸奖的下属：领导，您这深蓝色裙子，跟您的浅蓝色高跟鞋真配啊，既时尚又有层次感，既优雅又淑女，这一套简直满分。

领导心想：咦，我今天穿的不是黑色那双高跟鞋吗？哦不对，穿错了……啊，浅蓝色跟深蓝色配果然很搭呢，我自己都没发现……

（2）女同事感叹：哎呀，过年又胖了十斤啊。

普通同事：哈哈，每逢佳节胖三斤。

观察力稍强的同事：不会啊，完全看不出来。

善于夸奖的同事：好像是胖了一点点哦，不过没事啊，你人这么高，有一米七，脸长得精致又小巧，腿又长，不明显的。多做几天运动，很快就恢复苗条啦！

女同事心想：咦，我腿很长吗？对哦，我有一米七呢，不显胖，哈哈哈，我脸小吗？赶紧照照镜子……果然挺小的哈，我以前怎么没有觉得呢？

（3）朋友参加羽毛球比赛拿到了单打冠军，晒了一条朋友圈。

普通朋友：恭喜！厉害！

观察力稍强的朋友：下次来单挑，传授经验啊！

善于夸奖的朋友：刚才我在现场，你反应超快啊！对方一个高远球打过来，你却四两拨千斤，一个网前轻挑就把他搞定了！佩服！！

前面几个例子都是日常生活中经常看到的，人们晒了朋友圈，通常就是想获取赞美，或者获取安慰、鼓励。点赞是赞美别人朋友圈的，但是千篇一律的点赞，往往让人觉得敷衍、不走心。这时候我们可通过挖掘一些对方表现出来的细节，融入夸奖的语句中，既可以表示自己的诚意，又会使对方觉得受到了重视，自然会很高兴。

对比法

用对比法在夸奖对方的时候，一般是丑化自己，抬高别人。但是要注意以下几点。

（1）对比必须建立在现实的基础上，不要过度使用，否则会有反效果。比如自己明明高度跟对方差不多，非要说对方很高，自己很矮，那就不如不说好了。

（2）丑化的对象一般是自己，或者泛指的他人（当然了如果现场有第三个人刚好不如被夸奖者，也要慎用），千万不要拿现场的别人作为丑化对象，否则后果很严重。

朋友做了一桌好菜，如果说：“哇！你真是心灵手巧啊！不仅刀工了得，火候更是到家，我这种连切香肠都切不整齐的家伙，要是有你十分之一的手艺，那真是做梦都要笑醒啦！”这种丑化自己赞美对方的对比方法可以达到夸奖的效果。（但这里需要注意，如果你明明是厨艺超群，非要这样丑化自己抬高他人，别人反而会误会你是在讽刺。）

例如，黄局长的儿子考上了清华大学。在场人物有李副局长（儿子只考到了某个三本院校）和我。

我在李副局长出去之前，绝口不提黄局长儿子考上清华大学之事，等到现场只剩下黄局长和我的时候，才开始夸奖，同时谦虚地表达自己要像黄局长儿子一样勤奋学习，把钻研精神带到工作中。

03

提问法

提问法一般是对前两种办法的补充，如果前两种办法都感觉词语匮乏，就可以使用提问法。

关键点是把对方往高里说，然后对一些细节进行提问，下面举个例子来说明。比如，领导今天背了一款新买的包。

普通下属：没有反应。

观察力稍强的下属：领导，您的包款式真好看啊！

善于夸奖的下属：领导，您这个包的款式真好看啊，简约又大气，低调又奢华，和您这身衣服也很搭呢，整体感觉好优雅，简直满分。

如果感觉自己词语匮乏，不会夸奖别人，或者是言语过度夸奖，有奉承之嫌，下面可以用提问法来进行间接夸奖，也是很有效果的。

提问 1：领导，有空可以传授下穿衣搭配的心得吗？我们都非常感兴趣呢！

提问 2：领导，您这款包包是 ×× 牌子的最新款吗？（如果不是的话，领导会窃喜：跟你说不是的啦，××× 小店买的。）

发现身边的美

美兰讲了一大堆，都是一些日常工作中的经验总结。我十分惭愧，毕业之后竟然还一直保持着“优等生”的清高姿态，跟同事和领导都疏于联系沟通。

如果让我讲出我工位旁边同事的生日、爱吃的食物或者喜欢的明星等，我绝对讲不出来。我除了知道同事的名字和手机号，别的一概不知道。

美兰说：“这就是你的不对啦。

其实，夸奖并不等于虚伪奉承，它只是一种工具，帮助你发现这个世界的美好。

这种工具既可以让他人快乐，又可以使自己的观察力提高，最后人缘也能得到提升，达到双赢，何乐而不为呢？”

我说：“那如果我非常讨厌一个人，难道也要违心夸奖？”

美兰笑笑说：“那倒不用，但是我猜，你讨厌他的原因，多半是你比他优秀，但是过得没他好吧。

你不会去讨厌一个路边的乞丐，对吗？你虽然不夸他，但是你可以暗中研究观察他，看看他到底有什么优点，居然能支撑他获得事业成功。当你发现他与众不同的优点时，你还会这么讨厌他吗？估计你不但不讨厌他，反而会佩服他了吧。

夸奖，也是一种自身情商的修炼！

从今天开始，就开始发现身边的美吧！！”

听完美兰的一席话，既感到真心的惭愧，又由衷地感到佩服。于是真诚地和美兰道谢：美兰，你真美，你心灵美，活雷锋；你颜值高，会打扮……（作者：修竹）

领导这样说，让人如沐春风

在单位里，我们会遇到各种各样的领导，有的领导很和蔼，有的领导很严肃；有的领导惜字如金，有的领导口若悬河；有的领导温柔似水，有的领导雷厉风行……

无论遇到什么样的领导，都值得我们学习，有的领导教会我们高效办公，有的领导教会我们低调做人，有的领导教会我们如何说话……

有的领导讲话，总能让部下感觉温暖、如沐春风，是值得我们学习和感恩的，下面是各行各业、不同的人对领导说话的总结，是年轻人学习的榜样。

我的领导对我说："好好干，别的都不用考虑。只要好好干，该给大领导说的话，我都可以找机会说。"让我感觉很踏实，可以全身心投入工作。

——Win

调到新单位后，分管办公室的副局长说的一句"我有足够的耐心等待你的成长"让我心里暖暖的，是最让我感动的一句话，也成了一种无形的动力，让我努力工作，奋斗不止。

——Grace

领导的人文关怀很重要，如果家里有事请假，回来后领导总会问句“家里情况怎么样”，这和不问，会让人感觉很不一样。

——S

领导们在工作的时候多次提到我，比如开大会，领导讲到：“大家可以看看 ××，工作干得不错，细致谨慎不出错。”私下里还会对我说：“你在单位里是高素质人才，单位里需要一些你这样的人才，好好干，干好工作的时候还得往前想一想，其实好好工作和你的个人生活一点也不矛盾，你的工作干好了，生活也就会更好。”很感谢领导的理解和鼓励支持。

——ke

领导说话总是让人如沐春风，如“这是小张他们连夜加班写的材料，真是特别辛苦”，还有“小张，你现在是部门的顶梁柱了，好好干啊，一定大有前途”，给了我很多动力。

——ZJr

领导能够看到我的努力，也为我争取了很多，如“党的事业也要人来干，不能让干活的人寒了心。所以说小 × 的……（升职、调岗）就在今天解决了吧”，让我很受感动。

——理

我们领导是一个很有担当的领导，总是鼓励我大胆地去工作，提高标准，有什么事要尽早请示汇报，有难题他也会指点我、帮助我。这位领导之前曾经说过：“没事大胆去尝试，我们会支持你。”后面这位领导高升了，又留下了一句很有哲理的话：“在不同的领导下，要学会干不同的活。”

——风

对于大事难事，领导总能感同身受地给予肯定与表扬。对于小事易事，领导也总会给予认可并客观提出不足。领导还对办公室工作宗旨做出了要求：把简单的事做到极致，把复杂的事协调到简单。

——涛

领导说："你对自己人生应该有规划，不要一天天地虚度。不然混了几年什么都没有积累，这样平庸地度过人生有什么乐趣？！单位给你工资不是只让你来打扫卫生给我做服务的。要说你打扫卫生收拾得不干净，那我可以睁一只眼、闭一只眼，但是工作了几年什么都没学到，才学没积累、工作不长进才是最不该的。"我研究生刚毕业一年后，通过考试进入某市直部门，被安排到办公室工作，领导对我讲的这番话给我指明了方向，让我工作目标很清晰，感谢领导。

——水

在办公室混，好脾气是一种顶级实力

在办公室工作，个人的得失成败在很大程度上并不单单取决于高学历、高能力、高水平，关键还要有个好脾气。

怎样才算好脾气？

“做小”

什么是“做小”？说好听点，就是谦虚、随和、低调，对待身边的每一个人，都能俯下身子对待。

“做小”具体体现为对谁都是笑脸相迎，对谁都是用美言相送，对谁都是客气寒暄，绝对不是“爱之不觉其过，恶之不觉其善”，不是喜欢了就一脸欢喜或者不喜欢了便横眉冷对。

对上级如此，对下级也如此；对男人如此，对女人也如此；对年长者如此，对年轻者也如此；高兴了如此，不高兴了也如此。

这样坚持下去，比起那些愤青者、抱怨者、摆谱者、自以为是者，自然对同事多了不少亲近感，并可博得一个好人缘，关键时候还有利于民主投票选拔，通常会很自然地高票当选，脱颖而出。

能忍

古时候“唾面自干”的故事，是能忍的最高境界，别人将唾沫吐到一个人的脸上，他却不去擦掉，而是让唾液自己晾干，这是何等的能忍啊。

在现代的办公室基本不会出现这样的现象，但遇到不公平或者自己感到受到不公正待遇的情况却比比皆是，好脾气就要有“唾面自干”的精神。

明明是吃亏，但要说自己很感谢、很满足；明明是受气，却要说自己有错在先，别人做得对。

这样的事情多了几次，再和其他人不能忍的反应有个对比，你就会获得“有度量”“觉悟高”“善于团结”“集体荣誉强”等赞美，焉有不提拔重用之理?

善言

善言，也就是会说话。这方面，不必是通晓古今、一语中的、文采飞扬、滔滔不绝的好“口才”。

要会说话，首先要学会善于察言观色，才能说到对方的心坎里。

对于好的事情，不要吝惜自己的夸奖。对于不好的事情，也要学会婉转地去表达。这样才能稳定对方的情绪。

总而言之，好脾气在办公室非常重要，因为办公室未必完全靠能力靠业绩，很大程度上也取决于人气。

假如办公室真正地成为干事创业的空间，标准由客观成绩说话，即便脾气再好、人缘再好，没有实实在在的业绩支撑，也是白搭，所以要学会说话，但也别忘了要干实事。（作者：王子皿）

入职前，机关前辈给的十个正能量忠告

（1）刚来到新的单位，不妨多观察一下周围的人和事，大体了解同事、领导的处事风格。

了解每个人大约都是怎样的脾气，了解处室、单位的行事风格，工作节奏偏快还是偏慢，以及整体氛围是轻松还是压抑，这样有助于更好地适应和融入。

（2）初入职场，不要伪装自己，也不要刻意逢迎。对于有些好的习惯，如果之前没有养成，建议不要假装自己拥有，而是真正向着好习惯去养成。

从个人卫生到待人接物，从举止谈吐到基本修养，如果要改变，就让好的变化变成习惯，让自己变成更优秀的人。

（3）不要过分追求个人的安逸，没有哪项工作是离家近、加班少、待遇好、进步快的。

从体制内来说，人民警察待遇高，却每天面对各类犯罪案件，甚至会有生命危险；国务院办公厅、组织部等部门进步快，但工作节奏快、压力大，加班加点多，基本照顾不上家里。

所以不要总是盯着别人的待遇、进步，要看看别人付出的是什么，

这个世界并不是不公平，当赋予你一些东西的时候，必定也要夺走一些其他的东西。

（4）每天提前一些到办公室，打扫打扫卫生，浇浇花，提前规划一下一天的工作。

不要总是准时准点上班，提前个十分钟，就会让自己感觉时间充裕、不疾不徐，对待各项工作也会精神饱满，从容面对。

（5）腿脚勤快一些，眼里要能看到活，说白了就是要有眼力见儿，别认为自己学历高，是天之骄子，不能干打杂的活。

影视巨星也都是从跑龙套开始，端茶倒水、跑腿打杂也不是随便就能干好的，年轻时就一定要把自己的位置摆得低一些。

（6）每个人都是从“菜鸟”一步一步变成“老鸟”的，即使变成了“老鸟”，也未必会一直待在同一个单位、同一个岗位。

在机关里变换单位和岗位的原因有很多，可以是轮岗锻炼的学习，可以是人岗不适的调整，可以是新领导施展“大手笔”，可以是“好钢用在刀刃上”，不论怎样的原因，只要自己无法阻止，就请接受并调整自己。

（7）把工作当作事业去做，不要一工作就先要求工资待遇、保险缴纳、假期休息，这些不是不重要，也不是什么都不在乎，只要与其他同事保持一致就好。

要站在单位和领导的角度去想，没有人愿意用一个天天等着撞钟的“和尚”。不要过分强调个人得失，这样只会让领导对你失望，同事对你无奈。

（8）自己的合法权益一定要维护，自己的权利也要争取，但是我们毕竟不是生活在孤岛上，所以要学会相互尊重。

如果你不尊重单位，不尊重领导同事，那么势必领导同事也不会尊重你。如果提前进行沟通，并对手头工作进行处理，也许会是比较和谐的结果。

（9）不要先考虑单位能给你带来什么，而是要考虑自己能给单位带来什么，小年轻一个，本职工作都没做好，核心工作都没接触，怎么能要求单位给你升职加薪？

工作能力不是一切进步的唯一原因，但一定是最重要的原因，不要总想着关系论、潜规则，这只是极少数现象。

大部分领导任用下属首先考虑的还是能力，工作能力不强的下属，只会增加领导的压力。

另外，要扪心自问，自己努力提升工作能力和削尖了脑袋挤着去跑关系，哪个更容易，哪个更有成就感？

（10）要放开眼界，既不要被单位、岗位局限住，也不要被不好相处的领导、脾气乖张的同事影响和左右。

把眼光放长远，锻炼自己某些欠缺的方面，对于文稿起草和学会办事，都是大学问，也许在现在的岗位用不到，但是具备了相应的能力，早晚会有用武之地；有人说机关工作就是每天重复相同的事情，那么为什么不在相同的事情中找到不同呢？要学会将目标分细。

昨天这项工作自己用了两个小时完成，今天争取一个半小时保质保量完成；昨天这篇文稿还有可以修改完善的地方，框架还可以再调整一下，措辞还可以再出彩一些，丁点的变化都是挑战和进步。

让心胸更宽广，再棘手的工作、再困难的处境只要坚持都会解决。

放眼整个人生历程，每次挫折也只不过是小小的插曲，经历过后自己会变得更加优秀。（作者：揽越凝晖）

好多人在单位一辈子，也没想明白这些道理

在单位工作，有很多要学习的地方，下面这些道理不可不知。

01

不懂就问，并非最好的学习方式

一个人获取信息的途径不仅只有通过嘴巴去问，还可以通过眼睛去看，以及通过耳朵去听。

眼睛、耳朵与嘴巴相比，运用时更隐蔽，更客观，更有自主性，更不容易给别人添太多麻烦。

要想成长进步需要学会睁大眼睛、带上耳朵、管住嘴巴：多观察，少提问，多倾听，少评论。

02

敏于思、慎于言

有好多人，吃亏就吃亏在嘴巴比脑子快。

很多话未经大脑思考就脱口而出，最后发现说错了话却又后悔莫及。

对一件事的反应，脑子可以转很快，但是嘴巴要稍微慢半拍。说出去的话，如同泼出去的水，一定要经过大脑思考，否则再怎么后悔也收不回来了。

任劳也要任怨

在工作中要任劳任怨，不能一味任劳，也不能干点活就抱怨。有些人一边干活，一边抱怨，手上的活没少干，得罪人的话没少说，虽然干了很多活，却一点都不落好。任劳不任怨，干了也白干。

因此，在职场中态度很重要，既要任劳也要任怨。

要努力，但别执着

工作只是人生的一部分，领导和同事也只是生命中的过客，所以不要让这些过于决定自己的喜怒哀乐。

对于每项工作，都要努力去做；面对每位同事，都要处好关系。

做好自己以后，剩下的就随它去吧，不用太纠结于结果。

过程中拼尽全力，结果前不留遗憾

有些人在赶公交车时，在没到站牌前都会努力奔跑，以保证有足够的时间等待自己要坐的那班车，而不至于差一两秒看着自己要赶的车绝尘而去，从而感觉遗憾。

工作中也应当如此。在没出最终结果的时候，都不要放弃努力，只有该努力的努力了，结果前才能坦然面对。

爱指出问题是天性，踏实做事才是本事

每个单位都会存在这样那样的问题，完美的公司是不存在的，更何况每个人眼中完美的标准也不一样。

如果没有能改变问题的本事，那就踏实做好自己的事情，这比什么都重要。

有些人总觉得同事不行、领导无能、待遇太差等，见到人就说公司存在的种种问题，更有甚者跑到领导那里去提意见。

然而，把问题说出来没什么了不起，人人都有这个本事，重要的是能够在改变不了这些问题的情况下，还能踏踏实实做好自己的事情。

更何况，囿于自己的眼界所限，所提出的问题也不一定是对的，而踏实努力做好分内的事才应该是自己的本分。

要注意对外维护集体的形象

有些人，经常会向别的处室或科室的人吐槽自己处室或科室的领导、同事，讲他们这里不好那里不行。甚至还会向系统内其他单位吐槽自己

单位的领导，认为这个做的不妥，那个处理的不善。

其实，这都是大忌。

一方面，吐槽的这些话指不定什么时候就传到了当事人的耳朵，给自己招惹麻烦。

另一方面，单位人事变动，说不定哪天自己会与曾吐槽过的人成为同事，而自己说的这些话都会成为别人的小把柄。还有，经常说自己身边人不好的人，在别人印象中也不一定会很好。

有的同事就特别注意维护本处室的集体形象。比如她交代他们处室，任何时候领东西时，先领的人一定要张罗着把本处室的东西都领了，不要孤零零剩下一个人的。

传达室里有快递或者有信件，看到了一定要帮本处室人员随手拿回去，不要视而不见。如果处室哪个人外出，到饭点没及时回来就要打电话问一声，该留饭留饭，不能让一个人回来感受不到温暖。

这个同事的这种集体主义观让处室特别和谐和团结，精神风貌在单位中脱颖而出。（作者：王主任）

越优秀的人，在单位越早想明白这几件事

在单位中，有很多事不会有人亲自指点你，都要靠自己多观察、多领悟，如果能早点想明白下面这些事，在工作中你将会少走很多弯路。

01

直接上级安排的工作比自己手头的重要工作更重要

即便自己已将工作做了四象限划分，但是对于直接上级安排的工作，也要放在紧急且重要的范围，哪怕它没有自己认为的那么重要。因为，在多数情况下，自己并不知道这项任务的后面牵涉着什么。

02

上级安排的任务，执行起来再困难也别试图“忘记”

如果工作节点到期后，上级没有要结果或者没有任何表示，自己也不要忽略这项任务，因为上级领导早晚会想起来！到时候，与结果相比，

自己的不汇报与不作为才更明显——这是我们领导亲自告诫我的，也是我的下属让我深刻体会到的。

非流水账式的工作日志与复盘，比想象的要重要

所有的应对得体都是深思熟虑后的呈现，如果没有超级的应对能力，就必须提前考虑到所有的可能，从而减少失误。因为突发事件不可避免，所以要多方面考虑与总结，以避免再犯。

对于待办事宜版块，并不是简单地罗列，而是要像过电影一样想象明天可能要做的事，用辩证思维、逆向思维针对每一个行为进行分解。

对于这个版块，最重要的是要与实际的工作内容版块做出对比，只有分析出实际情况与预测的差距，才能学着深层次地分析自己的思维惯性、漏洞、死角，也才能增强未来潜意识中的成长能力。

04

对直接上级的指令有疑问，要以合理的方式提出

对直接上级的指令，如果有疑问，要以合理的方式委婉地提出。如果对直接上级的指令没有疑问，那就坚决地执行。

这里“坚决”的意思是自己执行指令时的态度，不要发出其他声音。否则，容易与直接上级“离心”。而领导重用的“自己人”，他们懂得为领导掩护，而不是对有异议的问题进行张扬。

口风要紧，没有非说的必要就把话咽回去

对于别人的私事，压低声音就能减少传播量、彰显亲密度？别开玩笑了，大多数人只会觉得这人既不靠谱又鬼鬼祟祟。而且信息里涉及的人与你表面越亲密，听者就会越忌惮，最重要的是当事人迟早会知道。并且，泄密者很难预测潜在的风险。

还有，也不要把与自己有关的私事宣泄出去，更不要把臆想的八卦与人讨论，因为说不定哪天会听到令人心惊的点评，或者发现原本亲近的关系渐渐疏远，也许这就是自己口无遮拦的后果。

另外，对于别人的询问或者在与别人交流时如果有一闪而过的念头，务必要收回去，要在工作日志里分析后再定，其实并没有那么多必须要说的话。领导的行踪哪怕多人知晓也不要轻易透露，其他更别提。

⑥

别人对某事褒扬或贬斥时，不要大发感慨甚至付诸行动

当别人在对某事进行褒扬或贬斥时，虽然自己保持冷静的心态可能不会使气氛很高涨，但是，可以让自己冷静地分析言论传播至此的动机是好还是坏。“君子宜净拭冷眼，慎勿轻动刚肠。”在没有参透别人的意图前，最好只动脑子不动嘴。

不要轻易提出与己无关的建议

每个人都有自己的专属领域，即便认为别人并没有自己认为的那么“专业”，也不要轻易提出与己无关的建议。因为，在别人眼里，自己或许也很“不专业”。无意识地“越位”提醒，很容易让对方觉得有被侵犯，当面的反应可不等于内心独白。提建议有很多讲究，所以，摸不准时不要轻易提出与自己无关的建议，除非自己能够确定同事能冷静接受并感激自己提供的信息。

曲意而使人喜，不若直躬而使人忌

在单位里，无论自己是何种级别，适度的锋芒才是最好的保护色。不要过于谦卑，过于谦卑在别人眼里也许是曲意逢迎，反而不会被尊重。

职场不是畅谈家长里短的场合，无须处处站在他人立场附和结果，对于迎合他人这样的行为没有人会在内心作出积极的评价。因为，过度谦卑与和善，多数人是瞧不上的。

不要透露任何能体现个人兴趣、习惯的信息

如果透露了自己兴趣和习惯方面的信息，别人会比你更了解你自己，然后将在无形中影响很多与自己有关的事情。相对的，也不要当面或背

后说出自己对对方或第三人的任何评价，包括好朋友或者聊天时对方厌恶的人，因为推己及人是本能，没有人喜欢自己被别人看透。

⑩

真被惹烦了，偶尔也可以“撕破脸”

在工作中，如果遵纪守法，认真工作，一般没有人会针对你。毕竟，领导是流动的，不可能在这里一辈子。如果真的被惹到忍无可忍，也没必要那么委曲求全，适当时候可以“撕破脸”，表达出自己也是有底线的。（作者：素回路）

有些“笔杆子”为什么会惹人烦

在单位中，“笔杆子”一直是类颇具争议的人。

“笔杆子”的工作很辛苦，而且很清苦；“笔杆子”的工作也很累，身心都很累。

工作虽然费力，但有时候在有些事情上如果没把握好，一些常犯的错误没规避，可能就是费力不讨好，甚至还会惹得他人厌恶。

具体来说，以下常见的6类错误，“笔杆子”们要警惕别犯。

恃才傲物

有的“笔杆子”年纪轻轻、涉世未深，但确实是“年轻有为”。

领导用的各类大小材料，全部经由他手，并且深得领导喜爱；各大报刊、媒体、公众号，总能见到他的笔墨，总能见到他的名字。

于是乎，有些“笔杆子”开始飘飘然，忘乎所以。

其实，单位离开谁都能转，千万不要认为自己能写得一手好文就开始骄傲自负，时间久了也是会让人唾弃的。

那些业务能手、工作骨干，他们虽然文字工作不如“笔杆子”，但他们可能懂得收敛，张弛有度，所以更容易成功。

入戏太深

有的人，自以为手中握着“笔杆子”，通过领导的口“指挥”着单位上下，颇有一番“挟天子以令诸侯”的味道。

甚至会欺下媚上，对基层群众、同事都是一副高高在上的姿态。

其实，再怎么样，也只是充当“笔杆子”的角色，距离领导的这个位置还相差很远，千万不要入戏太深。

03

脱离领导

有的人，认为自己公文写得好就是自己的文笔好。

于是，当自己辛辛苦苦写完一稿呈给领导时，领导对此提出不同意见，而自己认为无关紧要便置之不理、充耳不闻。

乃至二稿、三稿的时候，还是我行我素，丝毫不把领导的意见吸纳进去，最后惹得领导十分愤怒。

其实，这是一个天大的误区。公文是以服务为主要目的的，如果脱离了领导，再好的文笔都是白搭。

发展受挫

“笔杆子”常会犯的一个错误就是，写材料写得久了，大好才华、大好青春都“牺牲”了。

最后，变得只会写材料，而没有其他什么特长，其实这样对于个人的发展是极为不利的。

当然，这种现象也是可以预防的。

如果成了单位的“笔杆子”，就要给自己进行合理的职业规划，多提升个人能力，例如交际、业务等能力，这些比写作能力有时候更受用。

过于细腻

从事文字工作久了，心性难免会受影响。特别是“笔杆子”，因为常常要遣词造句，常常要对一个个文字、一个个标点反复推敲。

在这个过程中，心思会越来越缜密。

如果将心思缜密的特点放在处理文字工作中会很好，但是如果放在生活或人际关系的处理中，不免会有碰壁的时候。

因为心思缜密的人，难免会拘泥于某个细节而丢掉全局。

思维固化

虽然近年来文风会风在改，但公文不同于其他文学，它有特定的格式，比如，四六句、对仗句那是常见的事。

处理公文时间久了，难免会让一个人思维变得僵化、呆板，甚至平常说话、交际都会受到影响，所以要多与人沟通，以开阔自己的思路。（作者：暮春秋色）

稍微干点工作就拍照发工作群，会惹人烦吗

在职场中，每一个看似不起眼的行为，背后都有其独特的含义。

比如，我们身边总有些同事，平时喜欢各种“自我炫耀”，稍微干点活，就要拍照发微信工作群，生怕别人不知道他在忙活。

这个行为，一般会产生这样几个结果：领导和同事都赞许；领导和同事都不赞许；领导赞许，同事不赞许；领导不赞许，同事赞许。

虽然这样一个行为可能会带来不好的结果，但有的人却仍然喜欢这样“显摆”，这是为什么呢？有单位的原因，也有个人的原因。

单位的原因

有的同事干点活就喜欢拍照发到工作群，就单位的原因来看，无非有以下几种。

1. 和单位的运行模式有关

有的单位，体系庞大，人员众多，领导很忙，下属也很忙，甚至领

导平时也没有深入了解干部职工，所以如果下属不及时汇报，领导很难知道下属在干什么。

有的同事不想让自己白辛苦，不想让自己在工作中处于被动，也为了让自己多一些工作中的安全感，所以只要做点事，就要发个照片说明一下。

2. 和领导的喜好有关

有的领导，因为性格与价值取向的关系，好大喜功，喜欢听话肯干事的职工，甚至还在公开场合表扬那些一干活就发照片到工作群的人。

甚至，但凡善于表现和讨人欢心的职工，最后都晋升提拔了；而那些不善于表现的人，提升机会是少之又少，甚至还很容易成为背锅侠、替罪羊。

正是这种扭曲的价值取向，导致大家宁愿把工作做在面上，也不愿意做闷头干活的老黄牛。因为他们知道，只要上级看到自己做了什么，就不会有问题。

3. 和单位的文化也有很大关系

有的单位，“有痕迹可查”成了职工工作的标准，刻意留痕已经成为顽疾。

这些留痕体现很多，比如考勤打卡、台账记录、工作日志、加班留痕等。单位管理层总是通过这些，来看下属到底做了些什么事情，以加强管理和督促工作落实。

个人的原因

有些同事喜欢将干活的照片发到工作群，除了单位的原因，也可能是个人的原因。

1. 为了掩饰自己的不作为

有的人，当领导不在的时候，工作时间都找不到他这个人，但下班前半小时，却总能在办公室看到他。

现在，微信工作群的出现，正好方便了他们刷存在感。他们会时不时在群里发个工作照，有时候是晚上，甚至有时候是凌晨发出的，以表明自己一心扑在工作上。

但是，你会发现，他发工作照片的时候，可能在 KTV 唱歌，也可能在打麻将。

这种人就是典型的领导面前挣表现、刷存在感，碰上一些不知情的领导，可能还会表扬他们敬业。

2. 别有用心挣表现

有的人，发工作照就是为了显示自己的努力和忠心，是为了赢得领导的青睐与肯定。

他们可能工作到深夜、凌晨，工作确实很辛苦。明明这个时候领导、同事都休息了，但是，正是为了突显自己工作努力和辛苦，驱使他这样表现。

3. 闭环展示促进和领导间的沟通

有的人，平时话不多，干起工作来却是没日没夜很用心。

他们认为，如果工作中不拍图片，不让领导看到自己在干什么、干得怎么样、怎么做的、完成的进度及质量如何，也不跟领导沟通，那么领导就无法知道自己的付出。

正是因为平时话不多，所以，他们不喜欢跟领导直接沟通，而是选择发图片和打电话的方式。

4. 跟随大流怕吃亏

有的人，其实自己根本不想这么做，但是，周围人都是这么做的，并且这样做的人都得到了单位的肯定。

他们担心如果自己不跟着做，会让领导觉得自己工作不积极，从而对自己有不好的印象，正是因为这种对未知的焦虑，使得他们只能跟着其他人也这样做。

5. 个人喜欢单纯地晒工作

有的人，性格就是喜欢晒存在感，有什么就晒什么。

比如，吃了一顿美食，要晒；出去旅游了，要晒；遇到一个熟人，也要晒。这类人在朋友圈中找到了乐趣，生活中的点滴在朋友圈都能看到。

所以，他们只要干了点工作，就要单纯地晒出来。

总结

其实，不管发工作照到工作群的初衷是什么，这种行为都有好的影响和不好的影响。

好影响是这种行为能让个人的行动曝光在大家眼皮底下，增加工作透明度。

不好的影响是会让人厌烦，有的领导、同事虽然表面不说，但心里却对晒工作照的为人、能力打了问号，会不利于今后的发展。

作为职工，面对这种现象，我们该怎么做？

1. 辩证看待，知道哪些该发哪些不该发

这种行为本身并没有错，但如果出发点是错的，这种行为也就不被人认可了。所以，要明确哪些能发哪些不能发，以及哪些应该发哪些不应该发，不要让自己随波逐流。

2. 尊重别人的行为

不管别人是出于什么目的，最起码没有直接破坏到我们。作为旁观者，要冷静理智旁观即可。

3. 做好自己的事

别人怎么样我们管不了，但自己怎么样我们是能做主的。所以，我们要把主要精力用在自身能力的提升上。因为，在任何单位，个人的成长和工作绩效的表现都很重要，千万不要顾此失彼。（作者：暮春秋色）

一名基层公务员的晋升之道

我工作所在的县是一个普通县，全县公务员连带事业编制人员共有一万多人，乡科级有一百多号，一个普通的科员需要先经历副股级、股级，最后经过县委常委会讨论才能走上副科级。

换句话说，走在县城大街上，一般情况下，头发半白是科员，头发全白的是副科。可想而知，在这样的基层行政体系下，一个普通公务员的晋升是如何之艰难。

我认识一个朋友叫陈城，二十年前毕业于某重点大学，毕业后分配在县委工作，一直工作至今，终于在他四十岁的年龄走上了副科级领导岗位，在我等基层人的眼中真是“年少有为”。

认识他是因为他爱人和我爱人之前是同事，两人关系十分要好，我们自然而然便相互熟稔。

陈城很瘦弱，也就一百多斤吧，看起来没有什么“官相”，但他思路很清晰，办事也十分老练。

在陈城提了副科后，为了对他表示祝贺，我们一起吃了顿饭，一番推杯换盏之后，我问他：咱们知根知底的，你无任何政治资源，这次怎么轮到你了?

陈城点了点头，又摇了摇头，笑着说：老李，你只说对一半，我们家啥情况你知道的，但我工作后，我的朋友、同事、领导都是我的资源。

陈城开始渐渐给我吐露心声，让我逐渐真正了解他，知道他能走到今天的真正原因。

我们认识的这么多年来，在他的不同岗位时期，我都听过不同层次领导对他近乎一致的评价：能办事，会办事。陈城说，搞好基层工作，其实没有那么复杂。

01

要手勤

刚毕业，陈城被分在县委一个破旧的办公室，用他的话来说，他在县委擦了八年的桌子，直到后来单位进来新人后，这些活才交给新人来干。他每天早上去第一件事便是先把办公室的桌子擦干净，把当天的报纸整理好，烧上一壶热水。

等领导上班后，水刚好烧开，当着领导面给领导泡上一杯热茶，将刚收上的报纸按照领导的阅读习惯，整齐有层次地放在领导办公桌上。陈城说：工作能力暂且不说，态度一定要端正，很多活是新人必须干的，很多阶段是新人必须要经历的。

少抱怨

没有人喜欢抱怨的人，基层工作人员的权限不大，工作很琐碎，刚上岗的很多年轻人都怀着一颗“治国理政”的心，他们大多很有热情，但经历一些事情后，经常会有一些巨大的落差，这本身就是自我对这个社会再认知的过程。

作为一名公职人员，最重要的是要摆清自己的位置，做好自己的本分工作。工作是干出来的，无论个人能力多高，都必须从最基础的工作开始干，在基层工作，领导最烦眼高手低的人。

在一定程度上讲，抱怨是没有任何作用的，最重要的是要解决问题。

⑬

学会思考

基层单位的诸多特性，总会让一些人感觉到无所适从，不知道该从什么地方下手，但每个岗位都有自己岗位的职责、特点、意义所在。只有真正静下心来思考环境，思考自己所处的岗位，并思考自己，才能寻找到一个突破口，把握住规律，将自己的优势最大限度地发挥出来。也只有学会了思考，才能让自己真正融入这个岗位，融入这个环境，也才能真正让自己不断成长。

工作是死的，人是活的，要学会动脑。正因为会思考，陈城可以随口说出一项工作的各级文件的时间、内容、要求，以及县里和部门可以做哪些，哪些还存在困难，慢慢地，他也就成了单位的业务能手。

⑭

学会为领导着想

人心都是肉长的，领导也是人，所以人都会对别人发出的善意和善行进行一定的记忆和反馈。陈城给我讲了一个例子，让我发自内心地佩服。

王书记是他所在部门的一个分管县领导，因为这个领导老家是县下属的一个乡镇的，所以对这个乡镇有着特殊感情。有一次因为要回这个乡镇去参加一个活动，需要陈城写一份讲话稿。但是这个活动有一些细节无法确定，且活动举办方（其他省的一个公司）要求在讲话稿里让县里做一定的承诺。

但陈城说这个有很多不确定性，这个单位还有一些地方无法考证，贸然在讲话稿里做允诺，如果今后出了问题，王书记回乡里将会被老乡们骂死，以后还怎么做人。事后王书记非常欣赏陈城的细致体贴。

学会和同事相处

有人和有利益的地方就有斗争，但很多基层干部更多地属于同病相怜。陈城喝了一杯酒，又说也因为基层的一些特殊性，领导与科员之间并没有太大的距离，但想跨出这一步真的难。许多同事争了好几年，最后大家都没评上股级。因为这种晋升的压力，没必要“你死我活”。陈城说，因为在县委工作，要和方方面面的人打交道，大家都一样，靠的就是能力和口碑。

多个朋友多条路，要处理好本单位同事之间的关系，并且处理好自己与其他单位同事之间的关系，即使这一次没轮上自己，但有了好的工作基础，起码便有晋升的必要条件，总有一天会轮上自己的。

学会与群众相处

因为基层工作的特殊性，公务员本身与人民群众没有太多的距离感。很多公务员都是本土人，处理好“乡里乡亲”之间的关系有的时候显得极为重要。

陈城给我讲了一个小事，他说大概十年前，他的一个领导已经成为一个县领导，后面调到其他县，最后调到市里担任主要领导。每次回村里，这个领导只让司机把车停在村口，然后自己走着进村，笑着给村民打招呼。村里老百姓有困难找他办事情，只要不违反原则，他都积极解决，给他送东西，他也会收下，然后再加倍送回去。

席间又是一番推杯换盏，我陷入了沉思：基层工作不简单，一个能在基层锻炼出来的人，也不简单……（作者：老李）

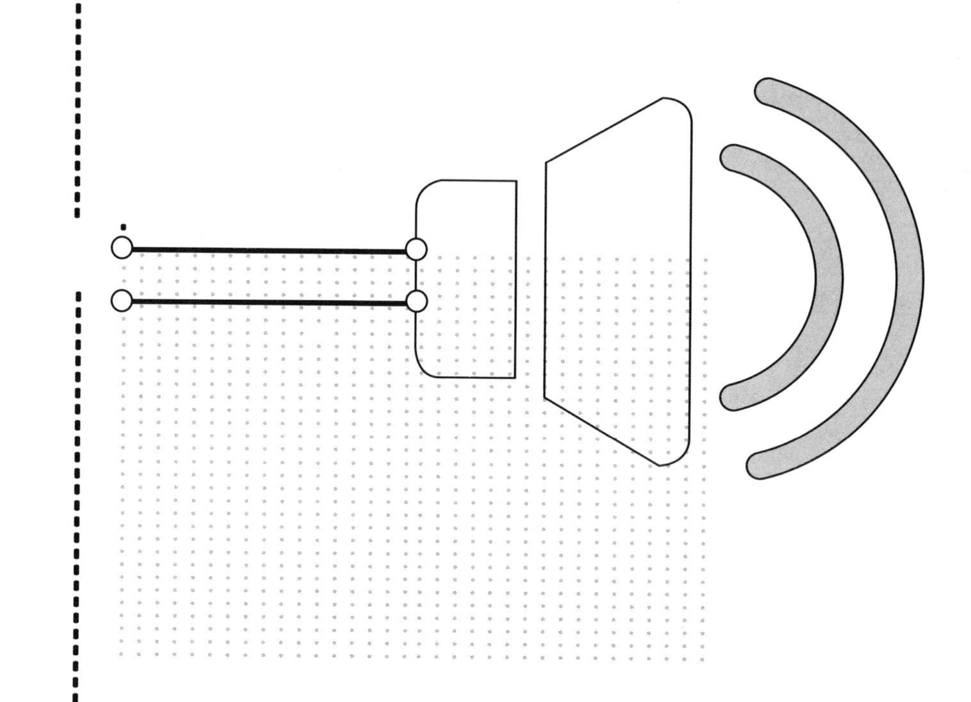

02

怎样给

领导汇报

积极汇报工作就是邀功吗

在单位中汇报工作是很平常的事，但是汇报工作又不是一件很简单的事，也讲究汇报方式。那积极汇报是邀功请赏吗?

01

给领导留下良好的第一印象

这两天人事任免的正式文件下来了，原来的主管领导退了，并明确了新的主管领导。对此，单位领导在会上进行了专门部署，强调各科室要准备好材料，近期向新的主管领导集中做一次全面汇报。

这也成为我们科当前的首要工作。科长高度重视，亲自动手写起了汇报材料。

材料的一级标题，并没有按照介绍工作的方式构思，而是采用了工作总结的方式，就像“思想认识得到进一步提高”这样的句式。

这不仅是在向新主管领导介绍工作，而且是在明确地介绍我们取得的成绩，我们干得如何如何好。细想起来，这其实源于科长的一种隐忧。

之前，原主管领导虽然很认可我们科的工作。可是突然来了新领导，某种程度上，大家又回到了同一起跑线。

从个人功利的角度讲，以前的努力、取得的成绩，如果不及时展现给新领导，可能就白费了。

在一个单位，领导说话具有一定的权威。领导说你行，你就行；领导说你不行，你就不行。考虑到首因效应，大家都想给新的主管领导留下一个良好的第一印象。

02

积极汇报是认真对待工作的一种方式

科长在写汇报材料时，不仅像写小品台词一样精雕细琢了一些“成果”，还叮嘱我把汇报材料里涉及的所有文件都找出来，在他汇报的时候能够及时准确地呈到主管领导面前。

而我一直在心里想，路遥知马力，日久见人心，时间久了，新主管领导自然会知道我们工作有多努力，以及工作中的成果，用得着这么“演小品”一样的“邀功请赏”么？

正式“演出”开始了，很成功，新的主管领导对我们科的工作表示很满意，科长也因此满面春风。

在科长汇报完工作后，单位领导突然问我，有什么想跟新主管领导汇报的。这很出乎我的意料，我原以为汇报工作都是科长的事，我就做好科长交代的事就行了。

我当时一愣，脑袋一片空白，略显尴尬，说没有什么。

整个事情，让我沉思良久，唏嘘不已。

汇报时的注意事项

后来我进行了认真反思，认为应该在以下几个方面多加注意。

一是向领导摆出一副“邀功请赏”的姿态，本不是一件世俗功利的事，而是一个下属应有的积极进取的姿态。

如果自命清高，那就千万不要从事这样一份工作，否则也没有什么好的发展。

二是领导认真听隔着很多层级的下属汇报工作的机会真的不是很多，我们要珍惜每一次这样的机会。

我们留给别人的印象，通常是由一个个很小的细节决定的。当这样的机会来临时，要做好充足的准备，把自己最好的一面展现给领导。

三是作为一般干部，当面对领导没有什么真知灼见时，其实发言就是最好的表态，表明自己服从领导、履职尽责、严守纪律的决心，总比一句话不说要强。因为，如果什么都不说，领导怎么来了解我们?

在一个单位，一个人的存在感非常重要。当大家开会谈心得体会时，对于同样的意思，为什么很多人还要用自己的话来讲一讲，这是在浪费时间么？其实这是在刷存在感。

而现在我只能说，如果再换主管领导，我一定会做得更好。（作者：刘三月）

新领导来单位视察，怎样做才能一下抓住他的心

最近因为市里领导分工有所调整，会有新的市委常委分管我们单位的工作。周四下午办公室主任来电话说，赶紧整理部门卫生和自己的办公环境，领导明天要来单位视察并召开座谈会。一阵大扫除风暴过后，办公室的面貌呈现出了买家秀和卖家秀的巨大反差。我不禁在想，领导来视察，仅仅打扫完卫生就够了吗？领导来办公现场调研究竟是要看什么？让我们站在领导的角度去换位思考一下，如何在超短时间内提高整体印象分？

办公室氛围的快速提升

要想办公室的氛围得到快速的提升，最基础的当然要算环境整洁了，这个比较好理解，办公环境的清洁感会带来人的清洁感，让每一个处室小团队都看起来有活力、有干劲。除了把办公物品摆放整齐有序之外，最好也把那些干枯的绿植洒点水，彰显办公室的生机，也是提升办公室

氛围的加分项。

另外，办公室的舆论氛围容易被忽略。要注意，办公室外面单位的展板、展牌、宣传栏是否已经及时更换？室内墙上的标语口号和内容是否能够与时俱进？有没有体现当前党的重要理论成果、当下区域热点和行业特色？

关于室外的展示和宣传，下面举两个真实的案例。

在 A 单位，市里的主要领导都已经更换两年了，但是，该单位展览橱窗里的标语和照片还是上一任领导提的，在体制内这真的是一大硬伤。

在 B 单位，市里主要领导刚走马上任发表完执政核心思想，第二天就变成了 B 单位的会议室墙上的亚克力字，领导前去调研，随行的记者正好把它拍了下来。当天，虽然领导连续去了三四家单位，但是各大主流媒体第二天全都用的是领导在 B 单位标语前的开会照片，可以说极大地提高了 B 单位的美誉度。

“八项规定”之后，办公室的同事不用再到处悬挂夸张昂贵的欢迎标语、气球和横幅了，也不用再铺地毯并摆放那些只用一次的鲜花了，所以上级领导来视察时，一定遵守好本地区的具体规范，千万不要因为过分热情而破坏了规定。

02

干部队伍精气神儿的拔高

新领导来单位视察，在短时间内提高整体的印象分，除了快速提升办公室的氛围，还要提高单位干部队伍的精气神儿。单位里的干部们最好穿统一的深色的正装，有徽章标志的，统一佩戴，例如党徽、团徽、校徽等。领导步入会场前，最好有同事里应外合一下，做好鼓掌的准备。要有相关的拍照和录影的同志，做好影像资料的保存。

涉及重要会议、涉密内容时要收好手机，全神贯注地去听。对于台下听众是什么表情，以及在干什么，台上领导都能看得一清二楚。如果不信，你去学校参与一次监考就全明白了。最后，迎送领导不要太大排场，单位一把手和办公室主任到领导下车地方迎送，其他班子成员在自己单位电梯口迎送就可以，大张旗鼓地进行迎送现在是要不得的。

创新元素是加分项

要想在短时间内提高单位的整体印象分，除了提升办公室的氛围和干部队伍的精气神儿，还是要体现创新元素。除了一份非常详尽的单位工作总结之外，最好用新颖的载体，把干巴巴的稿子呈现出来，例如短视频宣传片、新媒体互动展示方式等，这样一目了然，既能节省时间同时也更生动立体，让人印象深刻。除此之外，如果有画册、折页之类的宣传品，可以让领导带回去慢慢回味，加深对单位的了解。如果是科技部门或者是互联网企业，可以多搞点人机互动、虚拟体验，来展现出部门的高大上。

在座谈会现场，领导关心什么呢？单位当下面临的主要困难是什么？对于痛点、难点，要做到提前心里有数，找准说话的切入点，不管你是一个单位的主要领导，还是一个小干事，只要是有可能发言的场合，都要提前做好准备。如果有哪些问题需要领导在会上表态或者给出一定方向的解决办法，最好把这个问题提前一天跟他的秘书沟通，不要让领导当场觉得为难。

目前，调研新风劲吹，一定要避免像盆景式的展示、观光路线一样的调研，一定要给领导展现出本单位想展现的领域，因为领导时间宝贵，来就是为了解决问题。故宫博物院前院长单霁翔曾表示：“当领导来的时候，越是主要领导来的时候，我们一定给看最不好的地方，看那些荒草萋萋的地方，看那些霉味扑鼻的地儿，这样领导的责任心油然而生，就给我们解决很多问题，屡屡得逞。” 单院长恰如其分地暴露问题这一招，让大家对“既爱又怕”的领导视察开拓了思路。（作者：云舒）

汇报也讲究艺术：口头汇报的三个原则

作为公务人员，如何给领导口头汇报工作看似平常，但实际很重要，汇报的质量如何直接关系到能否真实反映自身的工作水平，能否赢得领导的肯定和支持。因此，如何汇报好工作，是一门大学问，既有艺术性，又有技巧性，需要注意一些方式、方法。

把握时机去汇报

对于什么时候去汇报，这是汇报时机的问题。汇报时挑个好时机，会起到锦上添花的效果。简单讲，汇报时机无非分事前、事中、事后三个节点，但并不是每一件工作都得分这三个阶段，需要具体问题具体分析。

如果是事前汇报，要把自己的想法和思路讲明白，并听取领导的意见和建议，确保方向不偏、原则不错。

如果是事中汇报，要把工作开展的进度、成效及工作中的问题说清楚，争取领导的支持和肯定，协调处理工作中的难题。切记，有问题自己处理不了一定要汇报，千万不能置之不理。

如果是事后汇报，主要是汇报心得、体会和不足，给工作收尾，听取领导的综合评价，以进一步提高自己的能力和水平。口头汇报不仅要把握时机，还要注意场合，尽量不要不分场合地进行临时汇报。

另外，当领导公务繁忙或者工作中出现困难、心情不好时，如果不是紧急事件，可以稍缓一缓汇报，以达到更好的预期效果。

02

做好功课去汇报

虽是口头汇报，不需要形成文字材料，但也要提前做好功课，不能想到哪里说到哪里，更不能信口开河。

第一，要准备好笔和笔记本，好记性不如烂笔头，这个道理大家都懂的，空着手去汇报容易有失偏颇。

第二，要学会换位思考，保持前瞻性，学会站在领导的角度提前去思考。如果自己是领导，将会关注什么，会对什么感兴趣，据此列一个提纲，要事前把功课做足。特别是一些关键事项、关键数据和复杂问题的处理应对，一定要做到心中有数、心中有底。

第三，要学会对比分析，对于同一项工作，与以往相比有哪些进步，与兄弟单位相比有哪些不足，都要分析清楚，无论是横向还是纵向，该用数字的用数字，该举例子的举例子。

第四，要熟悉手头的其他工作情况，单独汇报完一件事后，领导可能会关心你部门的其他事情，所以，功课不仅要做，还要做足、做全，以不变应万变。

⑩3

独立思考去汇报

领导平时较忙且水平较高，听取汇报的目的是获取高质量、有价值的信息，而不是大路边都能听到的套话，这就要求自己的汇报有重点、有逻辑、有见解。

第一，有重点。不能胡子眉毛一把抓，对于领导平时已经掌握的内容，不需要详细汇报，对于领导平时可能不了解或者了解不全面的，需要重点汇报，重点汇报的内容还需要根据轻重缓急分出优先级，最重要的、最紧急的先汇报。

第二，有逻辑。汇报讲求有条不紊，对于先说什么后说什么，以及开头、中间、结尾讲哪些内容，都需要提前谋篇布局。前因后果、时间先后、并列关系、条件关系，要做到层次分明、条理清晰，能分得出一、二、三来。

第三，有见解。汇报贵有新意，汇报的内容要融入自己的见解，即使一项工作要多次提及，也要像剥洋葱一样一层层进行深入研究，直到提出有一定的思想、有一定深度的看法，令人达到耳目一新的感觉。当然，不能为了刻意出新而出新，有见解的看法还得有实效，不能是花架子，更不能是空中楼阁。（作者：瓦罐汤）

清华选调生突然打听领导安排，给我上了一课

我们单位有一位清华大学毕业的定向选调生，去年开始到乡镇挂职锻炼。

算算日子，这位选调生下乡已经快半年了。最近他经常跟我打电话，打听单位一把手的时间安排，看看什么时候方便找领导汇报下工作。后来在一次大会上，单位的一把手向全体干部推介了这位选调生的事迹，点名表扬了他。

这让我不得不佩服清华大学高材生的素质水平，也让我对挂职锻炼怎么给领导汇报产生了思考。

01

不能不汇报，也不能老汇报

对于工作，如果不汇报，说明你不会干工作，但是如果老汇报，也说明你不会干工作。

不汇报的话，领导如何知道你干了什么、干得怎么样。

但老汇报也不好，一方面领导会烦你，让你下基层去锻炼，你老往回跑算怎么回事，是不安心，还是对领导安排有意见？另一方面，同事也会烦你，老回来找领导汇报，会让同事觉得你在基层不踏实，并且爱走“上层路线”，以致留下不好的印象。

所以，找领导汇报，要根据你到基层锻炼的岗位工作，掌握好频次，一般两三个月进行一次口头汇报、半年一年进行一次书面汇报就可以了。

其实，如果能让领导到你锻炼的地方去一两趟，对此进行实地汇报效果将更好。另外，还有基层领导给你说好话，基层领导会感谢你给他们创造了接触上级领导的机会，对你以后挂职工作也很有利。

不能不汇报，也不能都汇报

如果不进行汇报，领导就不会知道你在基层的情况，但如果什么事都汇报、什么人都汇报也不好。

单位领导特别是一把手都是处理大事的，如果你拿一些小事去给他汇报，啰里啰唆的，领导必定会烦，而且会觉得你没能力、没水平、没担当，不是干大事的料。

所以，小事杂事不汇报，只汇报大事、关键事即可。

同时，向什么人汇报也要把握好，一般直接领导、主管领导和一把手一定要专门汇报，其他领导虽不用专门汇报，但也要在不同场合交流时，潜移默化地汇报你的工作和体会。

虽然他们不是你的主管领导，但日后研究提拔时，如果能给你说句好话相当有利。

03

不能光说苦，也不能不说苦

在工作中，如果光说苦，会让领导感觉你怕吃苦、没担当。

但是如果不说苦，领导怎么会知道你在基层到底有多苦，毕竟他们好多年没在基层待过，对于基层艰苦的感知，仅存留在以往的经验和目前的想象。

所以，如果有机会，你要告诉领导你的工作到底有多辛苦。领导不知道你的辛苦，也就凸显不出你的成绩。

在平地上盖栋楼与在沼泽地里盖栋楼，所付出的艰辛明显不一样，更关键的是核心技术的差距，有对比方显勇毅和你的能力。

不过要切记，不能总是把苦挂在嘴边，给领导说一两次，让领导知道就好。最好能让领导主动问，或者从基层的领导嘴里说出来。

04

不能只汇报成果，也要汇报过程

在日常工作中，领导喜欢只听结果，因为那都是些日常的事情，过程也就那样，没有太多特别的。

但下基层锻炼就不一样了，因为很多东西不仅在成果里，还在过程里。

一般领导还是比较喜欢听下基层的干部说干事过程的，因为是人都有好奇心，基层的很多事，对于上层领导而言也是个稀罕事。

所以，汇报工作时要适当讲些不一样的关键过程。

如果时间允许的话，最好能加些实例，特别是那些表面有趣、实际内涵丰富的实例，要多讲几个，让领导听了高兴，还能体会你在其中的艰辛。

这就是所谓的以情感人。

不能只汇报成绩，也要汇报困难

大家一般都喜欢报喜不报忧，往家里报平安是想让家人放心，在工作中汇报好事往往是想表现自己的能力，获得领导和同事的认可。但实际上这样未必好。

如果光报成绩，领导会认为你工作很顺利，但实际上真的很顺利吗？恐怕这个只有自己知道。

领导也是干事的人，他们知道只要干事就会有困难。

不过这困难分很多种，一种是稍加努力就能解决的，一种是绞尽脑汁才能解决的，还有一种是你解决不了但领导能帮你解决的，最后一种是领导也解决不了的。

如果我们要汇报，就汇报中间那两种。

你如何绞尽脑汁成功地解决了困难，可以绘声绘色地给领导讲讲，让领导知道你的能力。

对于领导可以帮助解决的困难，也可以跟领导说说，一般领导都会帮忙解决。

如果困难解决了，你的成绩就会又多了一项。更重要的是，你可以把这项成绩算是领导的，多多宣传，这也是间接地对领导表达感谢，领导也会记在心里的。

当然，需要领导帮助解决的困难不要太多，有一两件足矣。

不能只汇报工作，也要汇报体会

领导让你到基层去锻炼，一个更主要的目的是让你去学东西的。

如果你只汇报工作，领导是可以大体了解你的作为和一定能力的。

但这并不够，最好还要跟领导汇报下通过下基层学习到了什么，有什么体会感想，对以后工作会有什么指导意义。

这样做，会让领导觉得你不光是个定位准的人，还是个爱学习的人，是个自觉的人，是个上进的人，是个让人放心的人。既然都让领导放心了，以后工作中怎能不重用你?

基层锻炼虽然辛苦，但机会却是难得，所以要好好把握，你将会走得更快更远！（作者：水草）

进领导办公室汇报前，必须要想这几件事

步入职场，向领导请示工作、汇报思想是在所难免的，有时是跟着别人一起去，有时则是单独去。

那么，向领导请示汇报工作时，你的内心是否曾有丁点的抗拒？又是否有丁点的怯场呢？

不管你信不信，反正我是有一点点的抗拒和一点点的怯场，即使已经在体制内工作多年。

为什么会这样呢？难道是自己脸皮薄不够自信？

都不是，而是因为：在体制内，个人的发展很大程度上取决于领导对你的评价。

尤其是单独向大领导请示汇报，说它像一场面试估计也没几个人会反对。

汇报得好，应答如流，领导对你的印象就会加分。汇报得差，一问三不知，则会减分。

因此，在向领导请示汇报前，必须把准备工作做足做好。

01

受人之托也要检查全面

有一次，休假的同事拜托我去找大领导签个字。

我打开同事的电脑，打印出来那份报表。

“兄弟，拜托了，很简单的一件事，就是请领导在上面签个字，要报送市委的，休假前我没找到领导，就辛苦下你了哈！”

可能是怕我麻烦，同事特地在电话里叮嘱我这是很简单的小事。

虽然如此，但我仍然不敢掉以轻心，挂掉电话后我并没急着跑去大领导的办公室，而是从头至尾仔仔细细地看了这份报表。

突然，我发现这张报表显示，我们单位在一季度和三季度的联点共建上扣了分。为什么会扣分？谁扣的？有什么影响？

带着这些疑问我赶紧联系同事，做了详细的了解。

十多分钟后，当我走出大领导办公室时，喘了一口气，庆幸自己之前做了一番功课。

因为当我走进大领导办公室请示汇报时，情况并非像同事说的那么简单，大领导在详细了解了扣分的原因、影响之后，才在上面签下了自己的名字。

汇报前要把问题想全面

由此我想到了那个很多人都知道的职场励志短故事。

说的是甲、乙两人资历、年龄都差不多，但只有甲获得了提拔，于是乙找到总经理诉苦、抱屈。

总经理听后微微一笑说："下午我准备召集营销部的人员开个会，你看看公司门口那个卖橘子的在不在？"

乙一脸茫然，但还是出来到公司门口去看了，回来汇报总经理说"在"。

总经理问："多少钱一斤？"

乙只好再下去问，回来说："2 元一斤"。

总经理又问："多买能便宜吗？"

乙不得不再去问了一次，回来说："能便宜 0.5 元"。

这时，总经理把甲叫来，又把开头的事说了一遍。

甲出去后，留下乙闲聊。一会儿，甲回来汇报说："卖橘子的在，要价 2 元一斤。下午的会议约有 40 人参加，买 20 斤足够了。这样的话，可以便宜到 1.5 元一斤，支出在 30 元左右。"

总经理听后，笑着对乙说："知道我为什么没有提拔你了吗？"

乙惭愧地回答："我知道了，一定会服从甲的领导，好好向甲学习。"

03

想领导之所想，虑单位之所虑

相信很多人看完这个故事后都很有触动，知道向领导汇报工作时，一定要翔实。但问题是，要怎么翔实？

有时翔实是翔实，但领导却认为你说话啰唆，不着边际，抓不住重点。

那么，汇报前，我们究竟要做些什么功课呢？

其实就一句话，想领导之所想，虑单位之所虑。

好比我帮同事找领导签字那个事儿，领导的签字代表的就是单位，他肯定会关心我们单位为什么会被扣分，扣分对单位会产生什么样的影响。

千万不要以为只是帮同事忙，转交给领导就完事了，领导反问几句你答不上来或者支支吾吾，最后吃亏的还是自己，而不会是那位同事。

又好比那个职场中问卖橘子的故事，领导为什么会问卖橘子的在不在？是不是要买？和下午的会议又有什么关系？仔细想想，答案其实也就出来了。

那么,在我们走进领导办公室之前,这些“所想”“所虑”都有哪些呢?

一方面是汇报事项的来龙去脉。

汇报，是为了让领导了解进展情况，提供辅助领导决策的有效信息。

因此，在汇报之前必须把该事项的来龙去脉搞清楚，也即是搞清楚“是什么”“为什么”“怎么做”等，还有一些重点信息也要关注，例如涉及单位或领导个人的信息。

比如在文章开头讲的那件事中单位被扣分的情况，其他还有诸如重要的时间节点和数据等，一定要做到心里有数，最好能背下来，以备领导突然问起时能脱口而出，这绝对是让领导在心目中给自己加分的好机会。

在部门领导让自己去找大领导汇报工作时，有的人自己对该工作也才一知半解就跑进了领导办公室。结果往往是被大领导一问起来就支支吾吾、语焉不详，灰头土脸地跑回去再问部门领导，给他们留下了一个不好的印象。

另一方面是请示事项的支撑材料。

做决策既是领导的一项重要权力，更是领导承担的一项重要责任，在领导签下自己大名的那一刻起，也就意味着领导对此负起了责任。

我们向领导请示时，领导的心理活动往往便是：这是不是我职责范围内的事情？是的话，这件事可不可以做？会有什么样的影响？

因此，我们在向领导请示工作要领导签字的时候，务必把请示事项的支撑材料搞清楚。

这些支撑材料包括相关的法律法规、政策文件、有关部门的证明材料等，如果可以的话最好在请示的时候也附上这些东西，这样领导做起决策来就会少很多顾虑。

这不仅能让自己更快获得签字，也是辅助领导决策、体现自身工作能力和负责任精神的重要手段。

比方说你单位要表彰一批先进个人，你将各部门推荐上来的人选报给领导，请示领导审定。

这时，可绝不是仅仅把名单呈送给领导这么简单。

你得搞清楚为什么要进行表彰，也即是哪个文件说要搞表彰；你还得搞清楚各部门是以什么形式推荐的，有无廉政意见等；还得搞清楚要怎么表彰、有无奖励、该奖励多少，等等，以及政策文件的依据在哪里。

把这些搞清楚了，最好是一并附上呈送领导，那么，你要的签字可能就会快很多。

总而言之，在向领导请示汇报前，务必做足功课，想领导之所想，虑单位之所虑。（作者：任异）

领导总忙，怎么逮住机会找他汇报工作

前两天，单位办公会上，小刘被大领导批评了。

原因是小刘负责的专项整治工作，没有及时跟领导汇报进度，让领导心里没底。

会后，小刘感到被冤枉，说自己是有“苦”说不出：汇报工作不应该是领导有指示我再进行汇报的吗？领导每天这么忙，好几次去办公室找他签字，他都不在，我怎么跟他汇报工作？专项整治工作是一项长期性的工作，都还没结束，好像也没啥内容可汇报的。

其实，小刘犯了 3 个认知方面的错误：不知道什么是工作汇报；汇报工作不会找时机；汇报工作不知说什么。

为什么小刘犯了这几个错误？怎么帮他纠正？

什么是工作汇报

在大多数人的认知里，觉得向领导汇报工作，应该是下面这样一幅

场面。

对于某项工作，领导通知你想听进度。于是，你前往领导办公室，跟领导促膝长谈、娓娓道来。听到感兴趣的地方，领导还会就一些细节部分向你咨询。末了，领导问你有什么难处，给你方法和帮助……

其实，实际工作中，有的工作汇报会、调度会会有这么项听取工作汇报的议程，除此之外，领导通知你汇报工作或者专门听你汇报的机会几乎没有。

毕竟，领导每天日理万机，他要面对的不止你这一个下属，要处理的不止你负责的那摊子事情。

也许，前一秒他还在管理单位事务，下一秒就到了更高级别领导办公室汇报工作……

既然领导忙，我们就要有主动跟领导汇报工作的意识。如果等到领导问起工作进度，那你就被动了。

像上文中的小刘，就是把“汇报工作”理解错了，信奉“领导不问我不汇报”，当然会被批评。

要知道，领导的工作要求是“一切尽在掌握中”，你的及时汇报正好可以满足领导这方面的精神需求。

什么时候去汇报

既然工作汇报要主动，那么，该怎么个主动法？

总不能有事没事就跑到领导办公室跟他说“领导，我给你汇报汇报某项工作”吧。

这样的话，给人的感觉未免太突兀了。

职场中，向领导汇报工作，要学会寻找、利用契机，见缝插针式汇报。

上文中小刘描述的“领导每天这么忙，好几次去办公室找他签字，他都不在，我怎么跟他汇报工作？”问题，也是不懂得见缝插针汇报的表现。

比如，电梯里遇到领导，可以运用“电梯 1 分钟”临时起意，进行汇报；你找领导签字，可以临时起意、向其汇报工作，毕竟，没有谁规定找领导签字就一定只能找他签字、不能向他汇报工作；你帮领导取了个快递，送去他办公室时，可以“顺便”跟他汇报工作、思想动态……

当然，临时起意也好、见缝插针也罢，初衷是及时、迅速跟领导汇报工作内容，前提是不要让领导厌烦，不然，还不如不汇报。

所以，要有眼力见儿，选好时机很重要。

⑬

哪些时间点最好不要汇报

如果事情紧急，一天（半天）内要跟领导汇报，那么，刚上班、临近下班的时间点，最好不要找领导汇报。

因为，刚上班时，领导可能还没进入工作状态，你去找他汇报，是不是在催促他赶紧工作？

临近下班了，领导身心疲惫或者有什么事情要去忙，你赶着去汇报，会让领导厌烦。

除了这两个时间点，上班中部时间段是较为理想的汇报时机。

如果所负责的是一项需要较长时间完成的工作，比如，该项工作预期需要一周时间才能完成，那最好在一周的中后段进行汇报。

因为，如果汇报太早，领导可能会认为你没动脑筋、没花心思；汇报太晚，如果做得不满意，也没时间再修改了，影响整体工作成效。

如果所负责的是一项长期性、需要分阶段完成的工作，那就要按阶段进行汇报，让领导及时掌握工作动态。

像上文中的小刘，就是没意识到阶段汇报工作的重要性、必要性，因此受到了批评。

需要注意的是，以上总结的汇报工作时机，是一般规律。

现实职场中，要学会因领导性格、任务量、工作实际来灵活选择汇报时间点。

如果，领导是个急性子，那就要及时报告。

如果，工作遇到了困难、实在不知如何开展下去了，那也要及时汇报，寻求领导的帮助，毕竟领导的站位比你高，资源比你多，他会及时给你帮助。

怎么汇报

越是领导，时间越难挤，因此，更要掌握汇报的技巧和方法。像上文中的小刘，“汇报工作不知说什么”就是不懂汇报技巧和方法的表现。

1. 掌握公式

跟领导汇报工作，其实可以套用一些公式。

比如，可用“感恩＋主要做法＋成长＋困难＋请求”：感恩领导的关心，上阶段工作主要做法，得到的成长进步，工作中遇到的困难困惑，请求领导帮忙解决的问题……

现实职场中，上面的公式需要根据实际情况进行灵活运用，具体的，可拆分用，也可再添加一些内容。

2. 抓住关键

前面分析了，领导的时间很宝贵，因此没工夫听你长篇大论，汇报时你要抓关键。

这就要求你必须简明扼要地汇报，讲关键信息。对于领导的指示批示，要第一时间记下来，记清楚、准确了，下去后再加以落实。

3. 把控细节

比如，在听你汇报时，领导有不断看手表、低头翻手机、一直整理桌子上文件等“小动作”“微表情”，那你就要及时停止汇报了，可能领导有别的事情要处理，或对你的汇报不感兴趣。

当然，大多数情况下，你去汇报，领导还是很欢迎、很感兴趣的。

再一个，无论你的汇报是多么匆忙的临时起意，最好是带上书面汇报材料。一来显得你重视；二来，如果领导听不清、记不住你的汇报，他可以通过材料了解；三来，如果领导临时有事不能听完你的汇报，通过书面材料，领导可以知道你的汇报内容。

最后要说明的是，无论你是进行工作汇报也好、思想汇报也罢，最好不要讲对单位同事的评价，毕竟世上没有不透风的墙。

如果你跟领导关系不到位，汇报的时候最好不要开口索要条件，因为这样会有损你在领导心目中的印象。

总之，向领导汇报工作是一门技术活，更是一门艺术活儿。要弄清楚什么是汇报，了解掌握汇报的时机，再根据工作进度、自己的诉求整理好汇报内容。（作者：浪子燕青）

高手有哪些与领导沟通的技巧

在职场，要想干好工作，首要的是学会沟通。

通过沟通，来领受领导的指示，表达自己的意思，与他人共享信息，从而增进彼此间的关系。

在各类沟通中，与领导的沟通最为重要、也最难，需要我们向上管理、主动争取，毕竟，领导是不会无缘无故主动来了解我们的。

那么，有哪些技巧可以促进沟通？

1. 抓住机会多露脸

要想让领导知道你、记住你，平时没事就要去领导面前走一走。抓住机会多露脸、多请示，而不应害怕、顾虑跟领导见面。

比如，某项重大工作完成到一定阶段，可以跟领导当面汇报进度。

远远看到大领导向你走来，不要假装没看见而躲开，要大大方方迎过去，并跟他打招呼。

2. 把领导的意思弄清楚

跟人沟通的前提是，能捕捉对方的思想、意图。要想和领导沟通好，首先得把他的意思弄清楚。怎样才能达到这一目的?

这就要求沟通时要做到耳到、手到、眼到、心到。

比如，去领导办公室汇报工作，要带好本子、笔或者录音笔，及时记录领导的最新指示，以便后续工作开展。

因为，你不能太相信自己的记性，也不能太相信他的逻辑。

再比如，领导向你布置完任务后，为了防止理解错误，要记得复述、确认一下。

3. 增加沟通的覆盖面

沟通不能囿于一两件固定的事，要学会自己找事，增加沟通的覆盖面、提升沟通效率。

比如，借汇报工作的机会，顺便给领导打扫打扫办公室卫生、端茶倒水。

再比如，你负责帮领导写理论文章，那就要用心用力写好，尽量争取刊发在核心期刊上，既让领导感觉很有面子，也促进了彼此间的沟通。

4. 沟通时想领导之所想

所谓“想领导之所想”，即善于察言观色。

善于察言观色，做事才能做到关键处，说出的话正好是领导想要表达却不好表达的。

能读懂领导的想法，你的一举一动都会让领导认可，往往会赢得领导赏识，并能让领导对你产生依赖。这个被依赖的过程，是跟领导增进沟通增进关系的过程。

5. 提高对领导的关注度

对于领导动态、单位工作要闻等，要常关注、常浏览。这个过程，是主动获取信息、了解领导的过程。

此外，要保持对领导身边人的熟悉度。如果你知道领导每天的动态、心情，能为增进彼此的沟通助力不少。

6. 多展示自己

要在领导关注或能为单位带来荣誉、利益的事情上多努力，多去展示自己。当你“一鸣惊人”时，自然能进入领导视野，赢来关注。

在职场中，人与人之间沟通的途径多种多样，比如有面对面交流、邮件、微信、会议等。若能用好这些沟通途径来展示出自己的能力，且保持适当的沟通频率，必然会有利于增进彼此关系。

7. 让领导沟通舒畅

沟通是双向、互利的。让领导感觉沟通舒畅的同时，有利于自身好印象的形成。

在操作层面，要想让领导沟通舒畅，你得及时进行积极的沟通反馈。

比如，微信群内领导布置了工作任务，看到后要第一时间回复“收到”“收到，马上落实”，并通过工作落实有力的行动来反馈。

受到了委屈，也不能对领导口无遮拦、横冲直撞，该给的面子还是要给足他。

8. 把自己的意思表达清楚

比如，汇报工作，先说事项，再说结果，最后说过程，且要语言精练、重点突出。

这就要求，与领导沟通前，要对言语进行充分斟酌，知道领导想听什么、自己该如何表达。

9. 要有用户思维

与领导沟通时，我们要有用户思维，多想想领导想要怎样的沟通表达方式。比如，正式汇报尽量用书面表达。

沟通前自己一定要充分思考酝酿，至少带着两个以上解决方案来跟领导沟通。尽量让领导做“选择题”，而不是让其做“填空题”。

10. 学会借力

跟领导沟通，若能学会借力，必能事半功倍。那么怎么借力呢？

比如，你被借调到上级机关工作，这期间，代表的是整个单位的形象，同时也代表着领导的脸面。

因此，你要发奋工作，以工作成绩赢得上级机关的认可，被认可的过程，也是你为原单位赢得面子的过程。

面子就是权威，自然有利于你跟原单位领导的沟通。

11. 要注意时机

有时候，沟通时机比方法更重要。

在合适的时机，即使方法不对，顶多领导不满意，有效沟通难以实现。

但如果时机不对，哪怕你方法再好，也会让人厌恶，这样的沟通从一开始就是失败的。

比如，领导正和其他单位同僚闲聊，你走进办公室汇报说你对领导的某一做法不满意。

这种情况，我相信任何人都不能接受，不能接受自己的下属让自己当众下不来台。

这样的沟通，是需要极力规避的。

12. 学会主动

跟领导沟通，切忌“单相思”。当有情绪有看法、有诉求有愿望时，要学会主动汇报，及时沟通，让领导知晓。

毕竟，会哭的孩子有糖吃。很多事情，你不去说，是没人知道的。

比如，你想这次提拔晋升中领导能为你考虑考虑，那就要抓住时机跟他去沟通去汇报。

13. 留意间接沟通

很多时候，我们跟领导的沟通是间接的、被动的。

比如，有人总会在背后嚼舌根，说领导坏话，但很快，这些话就会传到领导耳朵里，进而影响他们的职业。

毕竟，天下没有不透风的墙，要么被同事泄露了，要么被领导无意中听到了，总之会败得很难看。因此，一定要谨记，永远不要背后说领导坏话。

14. 摆正位置

跟领导沟通时，无论什么时候，无论说什么，都要摆正自己的位置。这就要求，有些话跟同事、朋友能说，但千万不能跟领导去说，不然只能自取其辱、自食其果。

因为，在领导眼里，你永远只是个下属。

如果不清楚自身定位，做出挑战领导权威的事情，只会让你们之间的沟通止步不前。

这跟很多人忌讳职位比自己低、资历比自己浅的“小白”直呼自己名字是同样的道理。

总之，在职场上跟领导沟通时，我们要学会照顾其情绪、理解其指示要求，并能合理有效表达自己的观点。不逾矩、不挑战权威，把握好方法与时机，因势利导、借势借力。让自己有用、被依赖，这样才能收到想要的沟通效果，增进彼此的关系，进入领导的视野。（作者：浪子燕青）

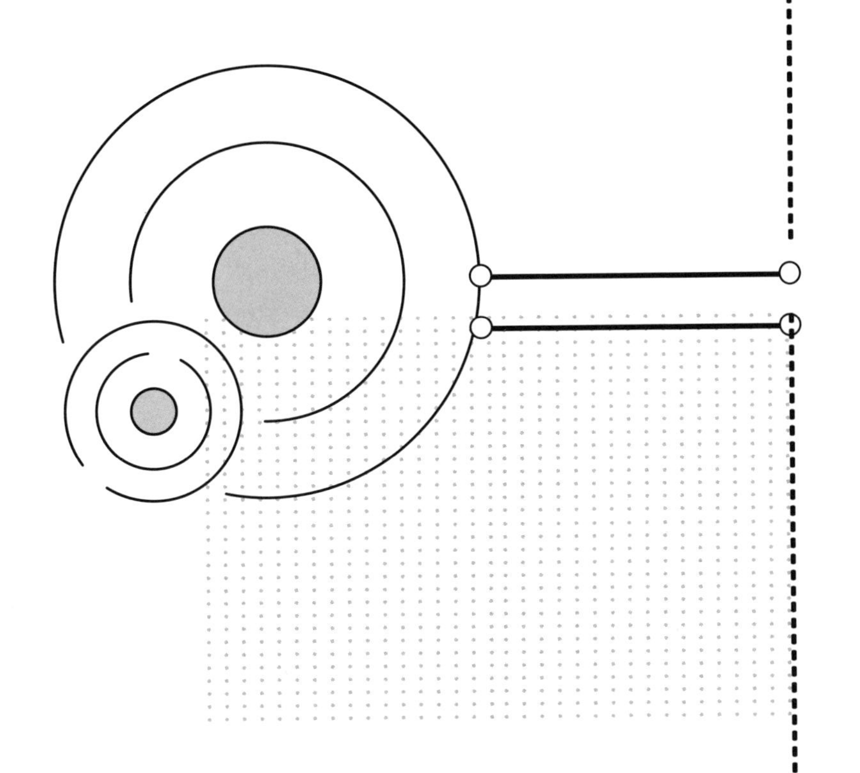

怎样维护好
自己的圈子（同事）

大家年年推他为优秀，是怎么做到的

在机关里，人气与能力一样，同样具有不容小觑的力量。

办公室里的奖项、考核等往往都是通过民主投票产生，所以人气高的人往往是各种先进的获得者。

不要小看这种投票所产生的奖项获得者，其实这种民意票选的先进奖项往往是含金量很高的，从某种程度上能够体现出你的工作能力、沟通能力、协调能力等。

所以，努力成为办公室的“人气王”，是一件很有必要的事情。

那么，要怎么样才能获得高人气呢？

话不多

在机关里，人多口杂，最怕的事情就是断章取义，因为三人成虎，众口铄金。

大家最讨厌的就是“大嘴巴”，就是你跟他说个什么事，只是上个厕所的时间，回来后就会发现全世界都知道了。

有人喜欢把别人的事情当成谈资，不仅喜欢说，还会添油加醋地说，唯恐自己说得不生动，不能给人留下深刻的印象。

所以，要做“人气王”，首先你要是一个善解人意的人，另外，你还要做一个口风紧、靠得住的人。

人好

“人好”是一个很宽泛的定义，在机关里的解释我觉得有三点：一是乐于助人，二是坦荡磊落，三是办事靠谱。

每个人在工作中都可能会遇到瓶颈的时候，出现失误的时候，遭受批评的时候，或者心情郁闷的时候，这个时候不要吝惜你的善意，给身边的人一些温暖，及时地开解他们，及时地去帮他们补漏。

不管是一条信息、一个笑容、一句安慰的话，还是一次主动帮忙，你的善良一定会慰藉到这些困境中的人，也为你自己积累了善缘。

当然，并非提倡出于功利性的目的去帮助别人，而是真诚地去关心和温暖身边的人，这样带来的结果一定是：赠人玫瑰，手留余香。

03

低调谦虚不张扬

不管你处于什么样的位置，在领导眼中的形象如何好，前途如何光明，获得了什么样的殊荣，都要提醒自己低调。

霍布斯在《利维坦》中说：在人类天性中，我们发觉有三种主要争执的原因，第一为竞争，第二为猜忌，第三为荣耀。海涅也曾说：失宠和嫉妒曾经使天神堕落。

嫉妒是一种很可怕的感情，如果你总是很高调，周围这种可怕的情感将会聚集得更浓烈。

如果你获得的赞许更多、荣誉更高，你就应该把头埋得更低，把事做得更好，对待同事也要更谦卑，作风应该更简朴。

只有这样，才有可能逃过成为众矢之的的危险，在工作中才会比较顺利，并且继续受到领导和同事们的肯定。

总而言之，群众的眼睛是雪亮的。这句话虽然很老套，但是道理却是丝毫不差。

你的为人如何，能力如何，大家心里都是很清楚的。

所以，尽可能地善待身边的人，尽可能地压抑住你内心的骄傲，以获得大家的认可，从而成为办公室的“人气王”。（作者：岚溪）

我身边这样的中层干部，最后都提拔了

在机关里，除了普通干部和领导之外，还有一个不容忽视的群体，那就是科室长，也就是机关里的中层干部。

中层干部是提拔率最高的一个群体，那么怎样的科室长才是受欢迎的呢？

市委办秘书科被很多机关人士称为全市第一科，因此其秘书科长的地位可见一斑。下面分享一下我所共事过的几位市委办秘书科长的特征。

办事靠谱才是王道

根据我在机关工作的体会，不管是对领导，还是对普通干部，大家评价一个人时，如果这个人没有什么道德问题，性格也不是特别差，大家看的还是这个人做事是否靠谱。

所谓靠谱，就是什么事情都拎得清，交给你办的事能让人放心。对于科室长来说，尤其如此，因为你不仅要对上负责，还要让下面的人看

到你的能力，这样才能树立威信，才能让群众信服。

我要说的第一位秘书科长，且称他为老王。老王在市里绝对可以称得上是传奇。提起他，上到市级领导，下到刚入职的科员，没有人不竖大拇指。

老王成为传奇其实靠的就是两个字：靠谱。而他办事靠谱靠的是什么？是过硬的业务能力和心理素质。

一是没有他拎不清的事。他服务了三届市委办主任，据说其中有一届的市委办主任签文件的时候都经常把他喊到身边，问他怎么批，他说行就签，他说不行就打回去。

二是基本功扎实。这一点，除了表现在他平常的统筹协调能力之外，我们从一个小例子中可见一斑。

据办公室的老同志们说，不管领导或同事们问哪个市级领导、市直单位或乡镇负责同志的电话，他不用翻电话本，总能第一时间报出来，更别说是领导或者单位的排序了。

另外诸如办文、办会、接待，他提出来的方案基本就可以定调了。

三是情商高。老王是出了名的会做人，跟他打过交道的人没人对他有负面的评价。

对方不论级别高低，他从来都是笑脸相迎；不论第几次见面，永远能第一时间叫出你的名字；不论问题大小，如果你去咨询，他总是会认真解答。

有人问：怎么这么优秀还在同一个位置上待了那么久？试想，如果你是领导，你舍得放这么得力的助手走吗？

有担当绝对吸粉

第二位秘书科长且称他为老朱。老朱以“稳”著称。在工作中他总是一本正经，滴水不漏，工作极其细致。

记得有一次，我负责统计一个退休干部的表格，整个表格足有50多页，我呈交上去的时候，他一个一个仔细核对。我当时就明白了为什么人家能当科长！

极高的业务素养，也就是所谓的能办事、办好事，是中层干部能深得上级领导心意的硬实力，而对于手底下干活的人而言，有担当才是老朱让路人转粉的撒手锏。

一次会议中的瑕疵让整个秘书科都被领导批评，在反思会上，老朱说了这样一段话：“这次的失误我有很大的责任，以后咱们科室所有的文件都从我这里过，如果出了问题，我会向领导说明，这是我和你们一起做的，我们一起承担。”

那一刻，老朱在我心中的形象真的好高大，这种敢于担责的态度让下面的人都吃了定心丸，至少我们知道了，如果有事，他不会撂挑子，把我们往火坑里推。从此大家做事更齐心，也更有激情了。

居高而不自恃才能受尊重

第三位秘书科长是老章，在就任秘书科长以前，老章在研究室写材料，是出了名的性格好。到全市第一科任职之后，他一如既往地低调不张扬，待人处事谦和有礼，颇受好评。

与人打交道，他措辞总是客客气气：您好、向您报告、与您沟通、谢谢您……

即便是科室的同事或者其他单位的普通干部来找他办事，他也要起身相迎，说敬语，彬彬有礼就像一位绅士，骨子里的良好修养展露无遗，让人真心敬重。

同时，这也告诉我们，在办公室千万不要太随便，因为你的一举一动、一言一行，其实大家都看在眼里，根据你的这些表现会对你产生不同的印象。

所以，还是要严格要求自己，谨言慎行，且行且修行！（作者：岚溪）

在单位应该低调还是高调？老主任酒后吐真言

老主任是我十分敬重的领导，他出身贫寒，靠着自己的努力，凭着过人的智慧，一步一步艰难地走上了领导岗位。

可能因为我也是农家子弟，他在我的身上看到了当年的他，所以他时不时地会对我指点迷津。对于他的话，我总是仔细揣摩，认真品味。

都说酒后吐真言，老主任醉醺醺之后总是对我说："人呀，一定要低调、低调，再低调。"但有时候他又对我说："人呀，该高调还得高调啊。"

这样的话听多了，我有点无所适从。在低调和高调之间到底该如何取舍，如何把握，我一时感悟不透。

"初闻不知曲中意，再听已是曲中人。"当年初出茅庐的我，无法理解老主任的话。今天历经沧桑的我，才真正感悟到那些话的真谛——低调是根本，高调是策略。

而对于我们每个人来说，在单位里的时光应该这样度过：低调——高调——低调。

01

第一阶段：低调

新人进入单位，大家伙都会观察你，你也会观察大家伙。此时，低调的态度才能让你获得大家的好感，尽快融入新集体。

1. 领导喜欢低调内敛的人

大家看看领导身边的秘书，有哪一个不是低调的？领导阅人无数，看法自有独到之处。领导为什么会物色低调的人呢？

因为低调的人有思想、有想法、思维缜密，他们善于用脑思考，知道什么该做、什么该说，办事有分寸。这样的人稳重成熟，潜力也大，放在身边有安全感。

初出茅庐的你只有低调，才能获得领导的好感。而高调的人则容易被贴上浮夸、不接地气的标签，领导必然会弃之不用。

2. 同事容易接纳低调的人

一定要明白，放低自己，别人才会乐意接受你。不论是谁来到新环境，周围的人都会产生一种本能的心理戒备，会看看新人到底如何办事？

太高调，大家就会不由自主地想：这家伙会不会威胁到我的位置呢？从而对你防备，就有了无形的隔阂。

所以，在与别人没太熟悉之前，不要和别人那么亲近、那么高调，那样会显得虚伪，容易让自己被别人孤立。

在工作中，有很多张扬高调的人，他们本身没有什么坏心思，初来乍到就与其他同事很亲近、口无遮拦，然而最后并没有获得别人的真心，反而被嫌弃。见多了这样的例子，挺为这些年轻人感到惋惜。

3. 便于观察单位的人和事

举个简单的例子，如果你和单位的一把手关系非常好，但你处处显摆，别人当着你的面，自然不会说一把手的坏话，但其他什么事情也都会不说，以防你告诉领导。

所以，你要静若处子，静静地观察单位里的事情。别人不知道你的关系，说话的时候就会没有顾忌，单位里乱七八糟的陈年旧事就会说给你听，单位里的人际关系你就会有大概的了解。

02

第二阶段：高调

在新单位待了三四个月，基本和大家都熟悉了，这时我们可以开始高调些，积极地展示自己的实力，让自己显得和别人稍微有点不同。

如果会写作就好好写材料发表文章，如果会演讲就好好登台表演，如果会办事就好好把事做完美，反正能展示什么就展示什么。但是，为什么要高调呢?

1. 获得领导认可

有个道理大家都听了无数遍：学校里老师只认识学习好和学习差的学生，却记不住水平一般的人。

在单位同样是这个道理，谁能力突出，谁迟到早退，领导心里都有本账。而能力一般的人，领导却淡然待之。

我们最怕的就是领导记不住我们，同事想不起来我们。在单位里最大的悲哀就是被“雪藏”，如果领导从不把事情交给你，这样在单位被提拔的概率会很小。

领导只有发现了你的优点，才会慢慢压担子，看看你是不是可造之才，看看你能力到底行不行，值不值得培养。

2. 赢得同事的尊重

在单位里，除非有利益冲突，其实大多数人都喜欢优秀的人，愿意和优秀的人在一起，因为优秀的人总能带动你的正能量，还有，说不清哪天优秀的人就当上了领导，不如趁现在抓紧和优秀的人培养感情。

如果你一点实力也没有，单位里一些素质低的人就会看不起你，瞧不上你，专门欺负你。

所以，我们应该像孔雀一样，时不时地开屏，时不时地展示自己的漂亮羽毛，把大家伙吸引过来，赢得大家发自内心的尊重和赞许。顺便告诉一些人，我有实力，我很强大。

03

第三阶段：低调

在单位待了半年之后，我们该展示的已经展示，该表达的已经表达，接下来就应该沉下心来，低调做人，安心工作。

我们要牢记才高不必自傲，太高调容易引起别人的不满。翻阅历史书籍，高调的人总如昙花一现，终会消失于滚滚红尘之中。另外，如果太高调会被别人说成太容易显摆。

你在滔滔不绝地和别人交谈，说不定别人在心里正想着：这孩子咋就这么自不量力呢？所以，你要做的就是尽量和大家一样，大家都一样了，别人就不会拿你说事。

我们要相信是金子终会发光，即使不宣扬、不炫耀，别人也会看到我们的功劳。领导之所以为领导，肯定对单位里的各个方面有深入的了解，你的所作所为、你的一举一动都瞒不过领导。哪怕你的心里有什么小算盘，领导看你一眼就全明白了。

或许你开始做不到低调，但终究会低调，因为随着时间的沉淀，现实的打磨，你总有一天会变得无比低调，总有一天会明白低调才是工作中的常态。

小的时候，我对别人说："如果开会的时候让我上新闻，电视镜头对着我，我肯定就会笑出声来，真不明白那些表现得无比自然的人是如何做到的？"长大之后才明白，经过大风大浪，我们每个人都会变得稳重深沉，遇事波澜不惊 、稳如泰山。

"天不言自高，海不言自深，地不言自厚。"每个人都想极力地证明什么，最后却什么也没有证明。

因为低调不容易做到，才会让少数人胜出，要想在工作中获得成功，就必须做到低调。但如果在低调之中不时地透露出高调，也会让我们显得更有韵味，更有厚度。（作者：尘埃）

办公室最得罪人的几种做派，你中招了吗

进入体制内工作将近20年，职场生涯有过高峰有过低谷，回想起来，五味杂陈。现在看身边的年轻人，总能多多少少看到自己过去的影子，便忍不住想去提点一二，免得他们吃亏。现将最容易得罪人的做派集中列举出来，以供大家参考。

“跳、躁、要”

所谓“跳”，就是别人一碰就会跳脚，不能容忍批评。所谓“躁”，就是一安排活儿就不高兴，暴躁如雷，不是嫌活儿多，就是嫌活儿重，要么就辩称说不是自己的活儿，或者说自己人手少，忙不过来，翻来覆去讨价还价。所谓“要”，就是接着活儿之后，就开始问领导要资金、要地位，甚至把两三年前推荐后备干部的陈年旧事翻出来，说领导的不公。

最后惹得领导不耐烦，索性不让你干了：算了，你不用干了，我自己干，或者我找别人干。真是得不偿失，活也干了，自己罪也受了，领导也得

罪了……结果就是，辛辛苦苦一场，最后落个谁都不高兴，何苦呢？

实际上，在单位，能够展示个人能力、体现个人价值的，只有工作。其他的，还有什么呢？所以，新到一个单位，不要怯活儿。要想着干、主动干、热情干，甚至争着干，才可能脱颖而出。

⓪②

“见过大世面”

这种人大多服务过主要领导，可以说是“开过车门倒过水，伺候更衣捶过腿”，反正与主要领导感情很深，可以说是“亲密无间、无话不谈”。但，如果服务的领导过气儿了，在人事提拔上说不上话、使不上劲，眼见着一茬儿又一茬儿比自己晚来的人都被提拔了，自己还原地踏步，只能天天生闷气，对领导不放在眼里。

心里整天想的是，“老子祖上比你阔多了”，或者是“老子吃过的盐比你走的路都多”。殊不知，“一朝天子一朝臣”，即便现在的领导过气儿了，但你也得有个态度，有个行动，以此来展示你的能力不是？

⓪③

“准备干大事”

“准备干大事”的这种人，常常是典型的眼高手低。一般都比较“成熟”，在学校里都当过“一官半职”，自称管过几百几千号人。来到机关，从头开始便不痛快。你让他写个信息、传个文件、送个报纸，即便他不是一脸的不耐烦，也始终感觉自己屈才。如果因为他不能守住办公室、工作质量不过关批评他两句，他就给你扣上“乡镇水平，我们不计较”的帽子，或者互相打气儿，“反正我们早晚要调走”云云。

“固执己见”

一个人在一个岗位时间久了，通常熟能生巧，逐渐成了某方面的“专家、权威”。所以，很容易形成自己固定的想法，这些都没有错。但是不能在领导提出意见后仍然认为自己是正确的，坚持按自己的想法来。

比如，某市就发生过这样一件事：会议研究决定，给予某几个单位什么样的待遇。在后来的会议纪要中，起草人认为不合适，擅自把某个单位给去掉了。主要领导不知为何，大发雷霆，要求彻查到底，追究责任，层层倒查。最后，起草人被调离了岗位，领导还不解恨，最终让起草人调离了这个单位，几近“永不叙用”。

05

“自谓绝技在身”

在机关里面，要求每个干部都得有“两把刷子”。这“两把刷子”，无非就是讲话、办事、撰文。对于讲话这个技术，不到一定的职级岗位，是没法训练的。剩下的就是办事和撰文，这成了检验机关干部的试金石。凡是“自谓绝技在身”的，都在这两个方面或是在某一方面有所擅长。

领导在推动工作时，要的不是花拳绣腿，要的是有真本事，要的是能够拿出绣花功夫来一针一线、真刀真枪干活儿的人。于是，不管是会写材料的，还是会办事儿的，若能一展风采，便会颇得领导喜欢。

但是，极端的例子就是“物极必反”，人呢也是一纵即骄。有了主要领导罩着，于是不管是同志们还是主管、分管领导，便认为所有人的意见都是不对的。如果有意见，立马亮出“尚方宝剑”：“主要领导说了……”如此一来，众人只能缄口不言。

再往下，就他所领导的部门而言，是“针插不进、水泼不透”的，而且在论功行赏等方面要比其他部门高一肩膀头，于是逐渐成了“众人恶”的对象。要知道，花无百日红。一旦主要领导不在了，还怎么肆意妄为？何况，在一个机关里，离了谁都能运转，而且运转得都不错。

“以前就是这样的”

领导新到一个单位任职，发现工作中存在一些不合常理的地方，就提出建议或者质疑，有的干部不愿整改，直接回答：“以前就是这样的！”

结果可想而知，这个干部原本已是中层，不久之后被调离原岗位，到了边缘部门。也许他还百思不得其解，暗自抱怨时运不济，却不知是情商太低，自毁前程。

“以前就是这样的”的意思是：新领导来了还得照着旧领导的路数走，以前如果是错的，现在还得错下去。新领导自然不愿重用这样的人。（作者：岳阳）

马上要提干了，怎么才能提高自己的民意测评分

在职场，“提拔”“调整”“加薪”是大家一直关注的话题。尤其是涉及提拔、调整时，民意测评就显得尤为重要。那么，马上要干部提拔了，怎么做能提高自己的民意测评分呢？

01

摆正心态

在民意测评中，大家往往会根据一个人的能力及品质来进行打分，但不排除有根据关系亲疏远近来打分的。

但是，人人心中都有一杆秤。在民意测评时要想得到高分的认可，关键还是要看平时的工作成绩与表现。

如果平时工作扎实，为人处事公平公正，只是因为没时间而疏于人际关系维护，那么，也不必太担心测评分数。

我之前有个同事，虽然处事左右逢源，在单位赢得了好人缘。但个性比较张扬，工作中处事比较自我，甚至有时候处事还比较极端。

很多人都碍于这位同事的情面、迫于他手中的权力，而不敢作声。有一次，单位组织评选先进，A 君票数最高，本该获评先进。但这位同事主观意识太强，做事情喜欢凭个人喜好，不听群众呼声，硬是把这个先进给了自己平时比较喜欢的 B 君。

为这事，单位很多人心里都有看法，都对他表示不满。在上级测评干部时，此领导测评分数较低，最后被免职。

一般意义上来说，测评分数的高低，关键在于自己平日里的付出。如果平日里处事公正，有目共睹、大家认可，那就不必太担心，平常心对待即可。

⑫

多露脸，多扮笑脸

有了工作成绩后，接下来就要靠自己去宣传自己了。

“酒香也怕巷子深”。可很多人，特别是有的“笔杆子”，工作任务繁重，常常“5+2”“白加黑”，把领导交办的工作按质按量完成就已经很不错了，根本没有多余的时间精力去经营维护人际关系，常常沉浸在“自我感动”的努力中。

再加上性格内向，平时交往范围有限，当一个大单位进行民意测评时，很多人可能还不知道有他这个人，或者只知道他做过一两件事，以为他就是坐办公室写几个材料而已，至于其人品、能力并不了解，更不知道他为单位发展付出的努力。

这样，“笔杆子”极有可能会在民意测评中丢分。

这时候，学会“拉票”很有必要。具体该怎么做呢？工作中，要跟领导多汇报多交流，凸显自己的价值；生活中，要逼着自己多与人交谈，多扮笑脸，多融入集体生活。

比如，你最近经手了一个大材料。当你像往常一样把材料送给领导后，这时你不妨把整个材料的写作思路、写作技巧跟领导做一个简要的汇报。

一来，让领导知道你是花了心思的，对交办的任务不仅仅满足于完成任务，工作态度也很端正。

二来，让领导知道你的能力，知道你不是个“玩文字游戏”的。

三来，你跟领导进行了写作汇报，领导对材料的内容有了大致了解，不需要再逐字逐句去看了，在你的汇报和提纲挈领之下，他节省了很多时间，领导至少对你的工作方法是满意的。

特别是，你这“反常”的表现，更能让领导记住你，知道你的进步，对以后的晋升提拔，是很有帮助的。

循序渐进，把握好度

凡事过犹不及，在民意测评前的“拉票”也是如此，要讲究循序渐进，并且把握好一个度。在为人处事方面，要保持谦虚低调，既不溜须拍马、阿谀奉承上司和同事，也不矫揉造作、放低自己，不然，是会让人反感的。

如果因为自己一反常态的表现，让人觉得反感，那极有可能让你在测评中丢分。比如，你先前因为工作太忙，没时间跟同事处关系，别人不了解你，这次却因为马上要提拔干部了，为了让自己在民意测评中能拿到好分数开始“无事献殷勤”，今天给同事 A 带早餐，明天请同事 B

吃饭，后天提着礼物往同事C家里跑。你这样做，很容易让人看出你的别有用心，并遭到大家的厌恶。

他们会认为，先前怎么没看你对我们这么热情，原来同事一场，你就只是为了利用我帮你投票罢了。

总之，马上要干部提拔了，如果想让自己的民意测评得高分，要采取行动，但也要注意方法，并把握好一个度。（作者：暮春秋色）

机关单位工作中的“静”与“动”

每年的 6 月 1 日起，机关单位开始进入夏令工作时间，这意味着工作日的午餐和午休时间有了一定幅度的延展。在幸福指数上升的同时，不少烦恼也随之而来。

这不，同事 A 吃完午餐回到办公室，“吧嗒、吧嗒”的走路声吵醒了刚刚进入睡眠状态的同事 B。

殊不知，同事 B 昨晚熬夜起草了一份工作报告，本打算中午迅速吃完饭好补个觉，却被同事 A 的“视而不见”给搅和了，空气中弥漫着两人对视时的尴尬。

过了半个小时左右，同事 A 和 B 都进入午休状态了。这时，同事 C 打来电话，办公室的座机响起，躺下来的 A 和 B 都不太乐意起身接电话，任凭电话响个不停。

好不容易座机不响了，床边手机铃声又响起，B 拿起来一看是 C 打来的。B 在准备按下接听键前，与 A 的眼神又一次尴尬地交汇了。

“静”

为了避免上述尴尬和烦恼，机关单位工作人员需要时时刻刻处理好工作中的“静”与“动”。

午休时间，走路需要“蹑手蹑脚”，千万不能太自我而打扰到他人的休息。

如果可以，在非工作时间尽量减少电话联系，或在拨打电话前发送一条短信（微信）询问一下对方是否方便。

在机关工作的多数时间，需要的是“静”。敲打键盘要轻一点，接听电话要小声一点，交流谈话时要远一点，这是文明礼貌的象征，也是尊重彼此的体现。

再比如，办公室还有很多工作是具有保密性质的，不该说的话不能说，保持“静默”即可。

作为综合服务保障部门，办公室还会经常碰到突发事件、紧急公文、紧急会议，这时候需要的就是“镇静”。

参加或列席党代表选举会议、民主集中制会议、办公会议等重要会议时，需要始终保持手机处于静音状态，更不适合掏出手机玩游戏，当下“肃静”需要摆在更加突出的位置。

“动”

而在另外一些场合，需要的则是“动”。

工作中，打招呼、搞服务、抓落实，需要的是“主动”。

会议进入研讨交流环节，主动发言是“识时务者”，发言内容做到“动听”尤佳。

上级通过微信交办任务时，主动回复“收到”是“潜在靠谱者”，第一时间反馈办理结果或进展情况更显“动人”。

看到工作中出现失误时，主动“补救”是“有担当者”，如此更有助于办公室部门内部及与其他职能部门之间的“联动”。

除此之外，在单位组织集体活动时，也需要“动”。主动帮忙搞联络，做好组织工作；主动搞服务，做好后勤工作；主动搞节目，做好活跃气氛的工作。在集体活动时，展现出与平常工作中不太一样的个性，让领导同事看到一个活泼开朗的你，这也会为你加分。

总而言之，做好办文、办会、办事等各项工作，需要动静结合，该静时就静，该动时就动。（作者：展翼）

在食堂吃饭也是一门学问

之前在小城市工作，大家中午都可以回家做饭吃，食堂的功能从而被弱化，像我这样的外地人就到处乱跑，以求填饱肚子。

后来到了大城市，大家一出来就是一整天，中午绝大多数都在食堂吃，很大一部分早餐也会在食堂解决。

这样，单位食堂也就成了大家见面交流的一个重要场所，所以在食堂吃饭就有很多讲究了。

01

什么时间吃饭

有的人总是一开饭就到；有的人即使没事，也会晚一些再到；有的人总是盯着部门领导或其他同事，等大家都去了，他才到。

吃饭早晚跟忙不忙没多大关系，手头有工作，赶紧去吃饭，吃完了还可以回来继续干。当然，有的人是单纯地为了避开高峰、错开时间。

可是如果每天都是第一个去吃饭的，总会给人一种很清闲的感觉。

在机关，大领导们一般都开小灶，去吃饭的时间都不会早。

所以，有追求的聪明人，不管工作忙不忙，不会总是一到点就去吃饭，而是适当地晚去。

和谁一块吃饭

有的人喜欢边吃边聊，吃顿饭要很久；有的人不喜欢说话，只想安安静静地吃顿饭。前者，多选择中央地段的桌子，后者多选择边边角角的桌子。

有的人，总是几个人一起吃饭，他们就像一个小团伙，相互支持；有的人，总是一个人去吃饭，不太顾忌有没有伙伴，或者找不到关系不错的伙伴。

总是合伙一起吃饭的，多是一般办事人员。中高层领导大多会一个人去吃饭，赶上哪有座位，就坐下来和大家边聊边吃，而且一般不太会选择边边角角的位置。

总是合伙去吃饭的人，双方应该很熟悉了，而且在外人看来，总是待在小团伙里，关闭了结交新同事的大门。

总是选择边边角角一个人吃饭的人，给人感觉太孤僻，慢慢地很有可能被发配到工作的边边角角。

最理想的是，不要通过吃饭表现出自己与某些人的关系过于亲密或紧张，最好自己一个人去吃饭，碰到哪里有位置，就坐下来和大家熟悉一下，边聊边吃。

当然，也要注意自己的身份，不要往和自己身份不相符的人群里扎。

吃饭时聊些什么

单位食堂也是饭局，能否运用好这个饭局，会不会聊是关键。

我们不求通过吃饭结交多少同事，只求在与他人一起吃饭时氛围融洽、礼貌得体，能够很好地应对各式各样的人，让大家都觉得舒服，而不尴尬。

食堂是一个最为公开的场合，绝不能谈论涉及机关争斗和个人隐私的话题。

最好的话题莫过于同大家都没有利益瓜葛，但大家又都感兴趣的话题。这就需要因时因境地联想导入。比如，天气、社会热点、爱好、居家琐事等。

绝不能一言不发，没有互动。这是对大家的不尊重。一起吃饭，其实就是需要营造一个氛围，没人会过于计较你说的对不对，只会在意你有没有维护和营造这个氛围。

如果一言不发，会破坏气氛，也会给别人留下不好的印象，那还不如不坐在一起吃饭。

在食堂吃饭，一起探讨工作也是很好的选择。借吃饭之机，可以找到你工作上想找的人，了解了解情况，请教请教问题。这样既找到了聊天话题，避免了尴尬，又推动了工作，何乐而不为？不过要注意同座其他人的感受，不要让他人觉得插不上话。（作者：小鹏）

办公室主任虽不是大领导，但也不要去得罪

小赵是我单位一名入职不久的科员，能力较强、实绩突出，但不免有点心高气傲，除大领导及几个副职外，都不把其他人放在眼里。

有天，因为手头负责的工作没干好，被办公室主任训斥了一顿，他满带情绪、闷闷不乐地回到了自己办公室。

转身，他就跟同事吐槽："不就一个文字匠、管理员、服务员嘛，有啥了不起的？我工作干得好不好，应该由大领导、直接领导来评判啊，他又不是我的直接领导，怎么也轮不到他来指指点点。搞不明白一个小小的办公室主任，到底有多大能耐，这么把自己当个大领导……"

其实，办公室主任可不是"文字匠""管理员""服务员"这么简单，他们是领导的心腹，也是单位的智囊，是"参谋长、大内总管"，丝毫得罪不起，就连副职领导都得卖他们几分薄面。

为什么说得罪谁也千万不要得罪办公室主任？这是由办公室主任的位置、特征决定的。

01

得罪办公室主任就是得罪大领导

办公室主任名义上不是领导，权力没副职大，工作也没有其他科（处）室领导清闲，但他们却胜似领导，得罪办公室主任就等同于得罪了大领导。

这是因为，当办公室主任的人，必定是领导器重、赏识、看好的人。

体制内的人都知道，单位有三个岗位的人必定是领导信得过的人或是心腹。

一个是人事部门负责人，一个是财务部门负责人，另外一个就是办公室主任了。

当然，如果财务也归办公室管的话，那这个办公室主任在大领导心目中的分量、地位可想而知了。

如果你得罪了一个“领导如此器重的人”，别人再到领导面前煽风点火一番，不就间接把大领导给得罪了？

这是因为，办公室是单位的“参谋部、智囊团、信息中心”，承担着上传下达、内外联络、组织协调、后勤保障等任务。

有时候，办公室主任做的决定，就是代表着单位大领导的决定。如果你有令不行、有禁不止，那不就是对抗大领导的意见？不就是把大领导给得罪了？

此外，办公室是为领导服务的，需要为领导的决策提供参考，很多时候，办公室主任在领导面前的一句话，抵得上你辛辛苦苦工作一年。

如果得罪了办公室主任，关键时候他不举荐你，领导也不知道你的辛劳，那么，你辛苦工作就等于白忙活。

如果，得罪了办公室主任，他在背后给你穿小鞋，那你也只能“有苦说不出”或者“认栽”。

得罪办公室主任就是为难自己

在职场，信息、资源的占用很重要。特别是关于单位一把手的脾气、秉性等，做足功课者，必定能行得更稳。

作为领导身边的“近臣”，办文、办会、办事、参谋、助手、协调、服务、把关、督办、外联、读懂领导等工作，对办公室主任的综合素质要求都是比较高的。

你想找大领导汇报工作，得先过办公室主任这一关，由他来安排协调。如果你得罪了他，他硬要给你“设阻”，你又有什么办法？

一般地，办公室主任都是“人精”。领导的想法他了解，领导的难处他知晓，领导有时候不方便跟其他人说的困难、担忧，会跟他说……

如果你得罪了他，你想通过他获取大领导的一些信息或单位内部的一些信息，人家就是不告诉你，你又能怎么着？

此外，办公室主任提拔为领导的概率非常大，有可能他今后就成为单位的大领导了。如果不小心得罪了他，他又容易记仇的话，那你今后的日子势必不好过了。

所以说，得罪办公室主任，就是跟自己过不去。

03

得罪了办公室主任该怎么办

如果得罪了办公室主任，也不要太担心，可以分析原因，找出补救措施。

1. 要分析原因

是因为办公室主任安排的工作你推诿，还是因为一些小事小节没注意到位不小心得罪了他？

其实，任何人都是希望被尊重的。

不管是工作中得罪办公室主任，还是生活中得罪办公室主任，根本原因是你让他感觉到不被尊重。

2. 要抓紧弥补

如果知道了得罪办公室主任的原因，该道歉的一定要及时道歉。此外，要通过工作中的良好表现，来展示自己“认错的姿态”。

比如，他安排个事情，你得抓紧时间不折不扣地落实了；他批评你两句，即使觉得委屈，接受并反思就行了。毕竟，人家也是为了工作。

3. 要拉近距离

很多领导都喜欢传授心得这样一个心理特征，对于有些职场经验、工作经验，适当时候可以多向办公室主任讨教。慢慢地，你们之间的距离也就近了。

总之，因为办公室主任岗位、人选的特殊性，无论你做什么工作、在什么岗位，不到万不得已，千万不要得罪他。不然，被动的会是你自己。（作者：暮春秋色）

在单位被认为很傻的新人，都有哪些共同点

刚参加工作的年轻人，常常因为自身一些问题被人认为很傻，其实他们都是受过高等教育的人，怎么可能会真傻？那么为什么会被人认为很傻呢？

今天，我们来聊聊刚工作时的几个大坑。

01

多干活心理不平衡

记得上大学时，宿舍里两名女同学做兼职回来，义愤填膺地说：我们不干了！究其原因，是老员工总指挥她们干活儿，她们内心不服，心想：你凭什么对我指手画脚？凭什么我该干的比你多，却拿着和你一样的工资？“凭什么”这仨字真是个好词，任何句子开头加个“凭什么”似乎都特别有力量、有说服力。

当你两手空空，初来乍到，连单位食堂的大门朝哪儿都要别人告诉你时，一定要少安勿躁。纵使你才华横溢，也要先融入集体，适应环境，

了解工作节奏以后，才有机会慢慢施展。许多公司有一定的岗前培训，但培训结束还是要上岗。这个时候，你的直接上司、同事，就成了你的领路人，他们不一定比你聪明，学历也不一定有你高，但他们胜在有经验，这个时候，你唯一可以用来交换的，就是勤劳和友好。

领路人真的很重要，有时候他可能决定你的“去留”。

乱加同事

单位有一个小姑娘，入职第一天进了公司微信群，群里有 200 人左右，这姑娘真是初生牛犊不怕虎啊，在群里乱加人好友。

后来加到了自己部门顶头上司，还与人亲切闲聊，并直呼大名。

反正这个小姑娘没待几天就“神秘”离职了。我们要怀有善意，但不要肆意挥洒，万一鸡蛋撞上石头，那滋味只有自己体会……

越级反馈

职场上，不管是新人、老人，总避免不了请假，有时候可能事出突然，但是再突然也要跟直接上司说清楚情况，如果延时到岗，更要主动说明原因。

但不要跨级去汇报，如果你的直接上司说“你也要跟上上级汇报下”，那再行动也不迟。还有，千万不要跨级反馈工作，前不久一个新员工，刚上班两天，就跑到上上级那里说同事怎么怎么样，言语里有价值的那点信息，被自己的负面情绪遮盖得严严实实，上上级直接一个截图发给了直接上级……

该员工虽然在信息里顺口夸了下直接上级的敬业，但于事无补，总之以不适合此工作为由将其劝退了。于理，按级别汇报是程序，是流程，按章办事总不会出错。于情，人人都要面子和尊重，如果有困难，多次反馈给直接上级得不到有效解决，再跟上上级“上诉”也不迟。

领导们的层级尽管相邻，但又可以差别十万八千里，工作中千万不要犯这种“程序型”错误。

傻乎乎干活

“你帮我干一下这个吧。”

“好好好……”

“你帮我要一下这个资料！”

“没问题！”

……

去食堂打饭，帮同事带一份是助人为乐。工作中无条件揽活，如果出了问题，谁负责？

还记得电视剧《欢乐颂》中的关关帮上司做方案，结果出了问题，上司立马甩锅给关关的桥段吗？

因为这是领导，出了事情之后只能自己吃哑巴亏，但如果是平级同事呢？可能说也说不清。

我领导就跟我分享过他的故事，每次去总部开会，若有人让他带一份文件或其他东西回来给谁谁谁，他都会拒绝。

这虽然不是他分内的事情，但本身也并不费力，所以看似很不近人情。但是细想起来，在这种小事上会无形中增加一些小负担，每个人都很忙，万一带回来弄丢了，或者忘记了，岂不是比让别人觉得你不近人情更麻烦?

乱花渐欲迷人眼，帮忙久了，别人可能会习以为常，并不会有人感谢你，反倒会觉得这是应该的。

锋芒毕露，过分亲近领导

当你做出一点成绩的时候，千万不要自诩能人而沾沾自喜。或许你某一方面有些突出，但不足以让别人仰视时，还是要收敛锋芒，韬光养晦。

比别人超出一点点的时候，别人会嫉妒，超过别人几条街的时候，别人才会羡慕。工作中也不乏有嘴甜、能力又强的人，这个时候你就要小心了。

对于能干的下属，领导本来就喜欢，若恰巧你能干嘴巴又会讲，把领导伺候得舒舒服服，这样你的同事们或者前辈们会非常不舒服，甚至会讨厌你、孤立你。此处领导如果没有表现出特别的好恶，则不用担心。如果放眼整个办公室，领导只对你青睐有加，只喜欢你，那你就要注意了。

太优秀不是你的错，优秀到独承上司“恩宠”就不对了，除非你领导手下只有你一名员工。

⑥

固执己见

在工作中，你可以资质平庸，但态度一定要摆放端正，因为能力可以培养，态度则是一切的前提。

很多人能力不错，却因为听不进领导的话，坚持己见，与领导争执，这是非常危险的。

还有就是不要不懂装懂，要及时解决问题，没人会嘲笑你的不懂，但是将问题搁置有可能会耽误工作，捂问题挣不到面子，别到时候面子没挣到又丢了里子，得不偿失！（作者：小木）

能从基层脱颖而出的人，往往是做对了这些事

很多基层的朋友，经常会问怎么才能从基层脱颖而出。

我们单位是三级管理，最上级是国家层面的，然后是地区层面的，最基层就是省级层面的。这么多年来一些同志从基层升级到了地区层，甚至升级到了国家层，总结下来，基本上有以下几点。

给自己贴个显著标签

发现自己的长处，并努力让自己在这些方面特别突出。

因为，有时候你的某项超常的长处会带你走向人生的新高度。

所以要让自己的长处特别突出，最好突出成你身上最显著的标签，突出成让别人提到你就能想到的标签，突出成别人提到一个特征就能联想到你的特征。

比如，特别会写，特别会说，特别灵活，专业能力特别强，反应特别敏捷，做事非常周全等。

02

多写，善写，会写

在内部刊物或系统刊物上要多发表文章。

年轻人在大会上发言或者当众讲话机会并不多，但是书面表达可以突破时空的限制、层级的限制，展现出自己独到的想法。

具有深刻的见解和远见的预判，有可能会被更多的人所了解，说不定还会被上级部门、各级领导所赏识。

我们系统有个内部刊物，发表文章门槛不算太高，但是却很受大领导的重视，有一些人就是因为经常发表文章而被大领导记住名字，然后在工作晋升中得到了机会。

03

系统内大场面露脸机会，要好好表现

曾经有个朋友提到，系统内有个领导很重视演讲比赛，选中他参加，可他觉得与自己的日常工作相冲突，很纠结不知道怎么办。

除了这种大型活动，基层人员哪会有机会在大领导，尤其是那么多大领导面前展现自己？这个肯定是排除万难也要好好准备的演讲比赛啊。

而在这难得的机会中，精彩的表现将会给你“弯道超车”的机会。

也许在某个时刻，领导需要提拔一个人的时候，会有人提起：演讲比赛的那个冠军某某，口齿清晰，精神面貌良好，领导觉得怎么样呢？

我们系统里有一次典型做法汇报会，一位基层的年轻支部书记，汇报得条理清晰、语言流畅、自信大方，后来就被上级机关抽调去当大领导的秘书了。

04

要抓住交叉工作的机会，展现自己的能力

每次和其他单位人员进行交叉工作时，都是一次很好的机会，是学习提升自己的机会，是检验衡量自己的机会，也是推销自己的机会。

我曾经参加过一次交叉检查工作，用自己的专业和认真赢得了其他单位领导的尊重。后来这些领导给了我很多机会，他们也在我们领导面前多次赞扬。

在体制内要想发展得好，人际关系也很重要，每次的交叉工作，其实都是拓展自己人际关系的良好机会，千万不要错过。

05

急难险重的活，要顶得上

一次急难险重任务工作的完成，能体现出自己良好的工作能力。

我们系统需要一名干部去援藏 3 年，时间有点长，需要克服一定家庭困难，还需要身体适应高原反应，很多人都不愿意去。

一名人员站了出来，熬过了艰苦的 3 年，此后的工作道路一帆风顺。

有了援藏干部这个标签，系统内各类优秀先进名额都有他，提拔速度也明显比别人快得多。

所以在保证身体能够吃得消的前提下，完成援疆、援藏、扶贫、抗洪等政治任务，也不失为脱颖而出的大好机会。

当然了，这些都是机会，但是你首先得有能够抓得住这些机会的本领，毕竟实力才是硬道理。（作者：王主任）

如果连圈子都进不去，在单位怎会有前途

朋友 A 在朋友圈发了一条动态：谢天谢地，我终于被拉进了那个同事群！看完之后，我由衷地为他感到高兴。

事情是这样的：半年前，A 到了一个新单位，经过一段时间的接触，A 发现一个问题，单位里年轻的同事们建了一个私聊群，大家在群里面嘻嘻哈哈、谈天说地，但是没有人把他拉进去。

表面上看是没有进入同事的私聊群，实质上是朋友 A 成了局外人，孤苦伶仃地游离在大家的圈子之外，大家根本就没有接纳他。为此，朋友 A 异常苦恼。

作为好兄弟的我，自然要为他排忧解难，想法支招，最后我给了他三个“锦囊秘籍”。

主动出击

既然不被别人接纳，那你就要主动融入。如何才能获得别人的好感

呢？有效的方法不一定就是请客吃饭，还可以多接触，通过聊天发现彼此的一些兴趣爱好，熟悉之后话题自然会多一些，也益于敞开心扉接纳彼此。

想当年，我初来乍到，人生地不熟，也为融入当地的朋友圈伤透了脑筋。幸好有前辈指点，告诉我：“要学会主动与别人聊天，要积极参加各种活动。”之后，在路上遇到同事，我都会主动和他们打招呼；中午吃饭时，我会主动加入他们的队伍中；下班之后有什么活动我也都积极报名参加。后来同事发现我原来并不像表面看起来那么高冷，其实还是蛮好相处的，于是我顺其自然地融入了同事圈子。

通过这件事，我明白了一个道理，就是大家玩什么，你也要跟着玩什么。他们打游戏，你也可以组队打。大家要出去旅游，你也要积极地报名参加，不要总是游离在群体之外。不然的话，别人会以为你很孤僻，不好相处。只有接触得多了，感情自然也就好了。

做个好人

工作之后可能会发现社会太浮躁，很多人都比较功利，人心也比较虚伪。所以，在职场中都渴望遇到的都是好人。然而，人无完人，每个人或多或少的都有一些缺点，什么样的人才算是好人？就是对别人好，多帮助别人。用现在时髦的话讲就是，少做一些锦上添花的虚功，多做一些雪中送炭的实事。正所谓“送人玫瑰，手留余香”，你帮助别人多了，别人自然也会记得你的好。

刚上班时，我拥有了人生中的第一辆汽车。当时我想：该怎么好好利用这辆车呢？冬天天气寒冷，去乡镇上班路途遥远，我特意邀请别人坐我车。同事要给我油钱，但被我拒绝了。同事觉得过意不去就请我吃饭，这样礼尚往来，大家伙的关系自然也很融洽。

但是，我们不能因为想要融入圈子，就要对同事区别对待，不能只是对圈子里的核心人物好，也不能只对关心自己的人好，对于其他同事，尽管在私人感情上没有那么亲近，当别人需要帮忙时，也要尽力去帮。

在单位里，肯定有人对自己好，肯定有人欣赏自己。别人对自己的好，要记在心里，并且要学会报答。逢年过节的时候，可以买点礼品送过去。慢慢地，两个人的关系也进一步深入了，你也就融入了同事的圈子。

变得有实力

上学时，大家肯定遇到过这样的情况，有些同学身边总是有很多人跟随。这些同学，有的人家里有钱，有的人家里有权，有的人成绩好，归纳起来，这些同学基本都是在某一方面有相当大的实力。

在机关单位中工作，你同样需要实力，这样别人才会主动接纳你。这个实力不限于你能写材料、能演讲之类的，这些都是最基本的实力。

那么，这里的实力指什么呢？其实就是你有潜在的升迁机会。

举个例子，有个同事，非常爱学习。刚开始是大学生村官，然后考上了公务员，成了单位里的潜力股。大家觉得，这个孩子比较有上进心、有实力，自然愿意和他在一起。

所以，我告诉A，要想融入圈子，必须拥有实力——潜在的升迁机会，而要想拥有实力必须做到以下三点。

1. 勤奋

一个人有没有上进心，最直接的表现就是你勤奋不勤奋。勤奋就是不管晚上多么晚睡觉，第二天总能提前、准时到达单位。来到单位之后，抓紧打扫卫生，开展工作。只要你能坚持下去，自然有升迁的实力。为什么这样说呢？因为勤奋只是表象，往深里说，这是一个人自律的表现，而自律的人是最容易成功的。

2. 学习

有个同事，每天都会摘抄报刊，虽然每天写的不多，也就写一页纸的字。时间久了，大家都觉得这个年轻人爱读书，肯定不是一般人。最后，果然考到了省厅。所以，只要你不断地学习，大家自然会明白你的理想和追求。爱学习的人都是有想法的人，有机会就多学习投资自己，以成为未来的潜力股。

3. 肯干事

大家都讨厌尸位素餐的人，特别是眼高手低的年轻人。很多年轻人都是泡在蜜罐里长大的，吃不了苦，受不了累。如果到了单位之后，一点活都不想干，谁会愿意要你？所以，一定要牢记，吃苦在前，享受在后。

还有，不要攀比，也不要羡慕别人，老老实实干活，把自己分内的工作干好。

另外，要摆正心态，一定要记住一个道理，要告诉自己来这里是学习知识的，干得越多，经历得越多，才能学到更多，成长得更快，总有一天会得到领导和同事的认可，会进入更大的圈子，在工作中的前途也是不容小觑。

有人说：“圈子不同，何必强融？”我想说：“圈子不同，也要强融。”如果你连圈子都进不去，那在机关单位还能有什么前途?

融入圈子，你才能在工作中游刃有余，才能在事业上有所成就。

其实，融入圈子也不难。只要你好好把握机会，再去努力付出，就一定能成功。（作者：尘埃）

任何一位新人都可能是潜力股

昨晚，在同事聚餐中，无意中听到两人的交谈内容。

“你知道吗？新来的小王，上周竟然和咱们单位大领导一起吃饭了。”

“什么情况？”

“听说他的表哥和咱们大领导是同班同学。”

……

这段对话让我晕涨的脑袋瞬间清醒，回家后，立即思索和小王交往的点点滴滴，想想自己是否帮助过他？是否为难过他？还好，得益于平时一直奉承“与人为善”的理念，他对我的印象应该还不错。

事后，我从小王进单位开始到最近的接触，对此次事情的整个脉络过程进行了认真的复盘，总结出了深刻的职场道理：一定要广结善缘，特别是要善待每一位职场新人。

不要忽视任何一位新同事

新同事的身后也许有你想象不到的力量，也许有你不了解的人脉关系，所以，不要忽视任何一位新同事，并且要善待每一位同事。

每个人的未来都有无限的可能与希望，纵使一个人现在身如蓬草、无依无靠，但在这个遴选等考试如此普遍的年代，有的人很可能从乡镇一路提升至中央部委。

我们单位的一个老同事，经常念叨一件事：某人多年前和我在同一个单位工作，现在竟然奋斗成了某地一把手，当年凡是和他关系密切的人，都升迁了。

你看，这就是活生生的例子，每个人的潜力都是无穷的，不要因为别人是新人就忽视他或者怀疑他的能力，也许日后他会成为你的领导。所以，要善待每一位新同事。

02

多个朋友多条路

有人说："在机关中人与人的交往，没有一定的机缘或者交往时间的积累，似乎谁也不会轻易走近谁，普遍有一种严谨的客气和自我保护的警惕。"

读完之后，深以为然。"处庙堂之高"，机关中的氛围导致一友难求，此时更显友谊之珍贵。机关的友谊着实难得，但并不是没有友谊。在机关里有了朋友，不但可以帮忙拿下快递或者替值班的小忙，更可以交流信息，了解动态，如果遇到什么事了，还能一起筹划商量，一起帮着吆喝，这是很温暖的。

危难之中显身手才能让人由衷地感谢

时至今日，刚入职场时的那份窘迫和不安，那份迷茫与彷徨仍然经常在我脑海中浮现。当时，人生地不熟，懵懂无知，要经验没经验，要人脉没人脉，一个人很是艰难，特别需要他人的帮助。

我想，对于任何一个人，在这样的情境下，如果有人能够伸出手来给予帮助，那么他肯定会发自肺腑地感谢。

自己初入职场时孤立无助，渴望他人的帮助。换位思考下，职场中的其他新人在初入职场时也想获得别人的帮助和认可，所以，将心比心，能帮就帮一把，不是求别人的报答，而是作为过来人更应理解别人。当然，如果等别人身处风光之日、成功之时，你再开始联络或帮助别人，岂不让人觉得你别有用心，别人自然也不会真心对待你。

拓宽眼界

朋友要老、中、青结合，年龄大的可以在我们迷茫时帮忙指路，年龄相仿的可以交流思想和见识，年龄小的可以在我们退休后还能找到人解决难题。

在单位里，总有些同事私下里称呼一把手为“叔叔”，为什么呢？因为一把手和同事的父辈当年一起共过事。

虽然你不一定熟识年轻人的父辈，或者说与他们并没什么熟人关系，但这并不妨碍你与他们搞好关系，获得对方好感，虽然年龄上有差距，思想观点有差异，话题也不在一条线上，但正是因为此，你才可以了解得更多，视野更加宽阔。

施惠不图报

对于大多数人来说，要想迅速拉近和新同事的关系，应主动释放善意，把自己的用心体现在日常的点点滴滴中，体现在细节里。

1. 帮忙备置小物品

歌德说："思考比了解更有意思，但比不上观察。"新人到单位，办公用品和生活用品肯定不齐全，或许不知道找谁要，或许也不好意思要，生怕踩到雷区，被贴上"不懂事"的标签。

此时，你应该认真观察，从他的行为、言谈中，捕捉到他需要什么，比如笔、本等小物品，尽力帮其解决。

在帮助解决问题的时候，一方面要尽量避免其他老同事心理不平衡，另一方面也要顺其自然，让新人觉得舒坦，不要让新人觉得你是在刻意帮助他。

我的老科长情商就比较高，我刚进单位时，使用的电脑偶尔会发生卡顿。科长发现了这个问题，但他什么也没说。

第二天，科长说他的电脑出毛病了，看看大家谁的需要维修。当然只有我报名了，因为其他人的电脑都是新的，这样就顺便帮我解决了问题。

2. 增加工作以外的接触时间

工作时间内，大家都很紧张和拘束，下班时间才会放下包袱，释放心情。所谓日久生情，就是待在一起的时间长了，关系才有可能亲密。

所以，你可以试着叫上几个同事，一起吃吃饭，聊聊天，喝喝酒，侃侃大山。

有时候，酒是一个神奇的物品，能迅速打破人与人之间的生疏感，并能拉近彼此的距离。

特别是外地来的新同事，下班后可能会百无聊赖，不知道如何打发时间，如果你请吃饭喝酒，他会十分乐意。

当然,如果你们有共同的体育爱好,能够一起运动,那就太好不过了。

3. 偶尔指点迷津

新人工作中难免会有疑惑，人生难免会有迷茫，“间歇性斗志昂扬，持续性颓废自闭”的情况时有发生。此时，对于他的请教，应尽量做到知无不言，言无不尽。你的指点将如一场及时雨，帮其少走弯路。

比如，可以告诉他一些工作方法，如何快速融入单位，如何接打电话，如何向领导汇报等。但请记住，指点的内容应是积极向上的。

当然，日久见人心，新人值不值得你花费心思去对待，需要考虑是否趣味相投，如果感觉聊不到一起，就不必强融了。

有时候，通过一些小技巧可以帮助我们一时收获一些朋友，但终究有些功利，关系未必能够走得长远。所以，长久之计还是要心存善念，以德服人，以诚待人，真正做到“桃李不言，下自成蹊”。（作者：尘埃）

单位干部调整了，怎么找准自己的位置

每一次人员调整，都牵动着无数人的心。因为过程坎坷充满曲折，所以结果更显精彩、更让人期待。当结果揭晓那一刻，有人欢喜、有人愁，有人惊叹、有人感慨。

见人之未见，想人之未想，是为发现。当我们以客观冷静的思绪，回望过去人员调整的一些经过，细细琢磨，总会有一些意想不到的发现。

今天，就让我们一起来解读和体悟不同人的立场和感受，去探究一些所隐藏的深层次道理。

01

胸有成竹依然低调

A：被提拔者。

A 被提拔前，他表现得极其平静，一点也看不出他知道被提拔的迹象，但有一个细节却透露了一切。

常务委员会会议召开前，组织部门按照程序去考察 A，需要填写一些表格。A从手机中找出了各种资料的电子版，有条不紊、忙而不乱地填写上了。

这足以说明他早已知道即将被提拔，提前准备好了资料。

启发一

每临大事有静气，如果不是真的无动于衷、看淡一切，就是已经掌握了大局、知晓了结果。

在体制内，如果马上要开会研究人事了，你却还没有得到被提拔的消息，基本上就没有你了。

因为提前获取信息的人会早早恭喜你，因为领导会及时告知你，还有一些莫名其妙的信息飞向你。

⑫

即使失败也不外现

B：争取被提拔却未被提拔者。

B未能被提拔肯定非常失落，但我们仍然要尊重他，因为每一位在体制内奋斗的人都是勇者。

在同事面前，他表现得无所谓；在领导面前，他表现得一切良好，但回到家里就是喝酒、睡觉。好像什么也没发生，但确实是有大事正在发生。

此时此刻，我突然想起一句话："生活中有太多这样的人，明明流着泪，心都碎了，嘴上却说：我没事，我还好。"

启发二

识时务者为俊杰。当结果已出，一切尘埃落定，我们只能顺应现实。

你能埋怨领导吗？不能。如果埋怨了，下次提拔更没有你。

你能表现得郁闷悲伤吗？不能。因为很多人都会笑话你，你的故事会成为别人茶余饭后的谈资。

你能埋怨竞争者吗？不能。多个朋友多条路，你只能去恭喜和祝贺，说不准何时需要人家帮忙助力。

趋利者尽显本能

C：A的办公室同事。

无论C与A平时是否有隔阂，今天都会忙前跑后，一喊百应，尽现友谊之情和团结之谊。

等帮A忙完了一切，才下班回家。不过晚上A都会安排大家小聚，浊酒一杯，回敬一下。

启发三

升迁很重要。当你升职了，一切人都会向你靠拢，大家都会向你微笑，好像你就是中心。所以，你更要努力，为自己，为家人，为明天。

辩证地看，这也警醒我们，“人无千日好，花无百日红”，当你失败时，肯定会有些人离你远去。

所以，要保持平常心，不骄不躁，不张狂不失落，永远做一个平凡的智者。

及时道贺彰显诚意

D：A 的普通同事。

当会议结束后，消息传出 A 被提拔了，睿智的 D 会这样做：及时点对点发个微信祝福一下；见了面再寒暄恭喜下。不会太热情，但也真心为 A 高兴。

启发四

礼多人不怪。发微信事小，但意义非凡。你消息发送得越快，越能显示你的诚意。如果你能在结果传开前就祝福人家，那更能凸显你的能力和心意。

不要觉得此时此刻去祝贺人家，显得自己太虚伪。殊不知，处在亢奋中的人，内心总是喜欢别人用微信再祝贺一下自己，很清楚谁发送谁没发送。

05

锦上添花不如雪中送炭

E：B 的普通同事。

面对 B 的凄凉，E 想起了自己悲惨的过往，内心不免有一丝兔死狐悲、同病相怜的感伤，又或者觉得 B 未来肯定会崛起。但不管出于何种考虑，E 还是拿起手机，安慰 B，邀约一起吃顿饭、喝场酒。

启发五

锦上添花易，雪中送炭难。人的一生如大海里的波浪，有起有落。

当别人处于低谷的时候，不要视而不见，更不要落井下石，其实，这个时候也是你和他加深感情的最好时机。

你的一场酒、一句话，可能都会让人感动，可能会让你结交上一个有潜力的朋友，可能会对你人生产生无限的影响。

口无遮拦评头论足

F：一般人。

这种人虽然职位不高，却话语不少。喝醉后经常对各种人事安排评头论足，滔滔不绝地谈论人与人之间的关系和各种逸闻趣事，好似知晓一切。

启发六

饭局很重要，让人喝醉也很重要。如果想了解单位里的是是非非，就积极地参加饭局，无须加入讨论的队伍，注意倾听就可以了。

很多道理、很多事情，对自己还是很有借鉴意义的。如果你还没有发现饭局的重要，说明你还没有真正悟透职场的生存之道。

图嘴快添烦恼

G：前几天刚和A顶嘴吵架的人。

因为工作上的原因，G和A产生了一些不愉快，但他打死也想不到A会被提拔，再见到A总觉得很尴尬。

启发七

体制内一切皆有可能，所以谁都有可能升迁。因此无论是对谁都要好一些，犯不着因为工作伤了感情，因为你不知道对方背后到底站着谁，更不知道他最终能走多远。

现在也终于明白，为何大多数领导都微笑着对待每一个人，因为他们早已知晓了这一规则。

这又启发我们，领导的行为必有可借鉴之处，是在长期的职场生涯中筛选留下的，是对人生和事业发展最有利的。

所以，有事没事多想一想领导为何这样做、出于何种考虑，这将对提升我们的能力大有裨益。

世上的一切事物，只要认真去琢磨，都有其规律可循。

在职场中拼搏，我们更需练就一双慧眼，在千头万绪、纷繁复杂的现象中分清主次、抓住根本，如此，事业才能辉煌，人生才能完美。（作者：尘埃）

只要单位大领导喜欢你就足够了？没那么简单

在职场中，工作能力固然很重要，但想要在单位中有所发展和进步，只要单位大领导喜欢你就够了吗？没有那么简单。

01

被大领导委以重任，心中窃喜

前两天早晨刚上班，我正准备和主任下午出差的材料。单位大领导直接把我叫到办公室，让我加班加点认真修改一下别的同志写的单位里的工作总结，并明确要求写出亮点、不落俗套、简洁明了。

我们科不是综合部门，相应的，我也没有承担写单位总结等综合工作的职责。

但自从去年我在起草单位工作报告时表现了一次后，大领导便揪住我不放了，要求我工作之余，多了解单位的全面工作。

当然，作为年轻人，我在感到压力巨大的同时，更多的还是感谢领导的信任和培养。

这次在接到任务后也不例外，有一种被领导委以重任、临危受命的兴奋，准备大干一场。但是，这份激情接下来，却被人浇了凉水。

02

直接领导心中不满，骑虎难下

回科室后，我很兴奋地向主任进行了汇报。

但是没想到，主任眉头一皱、脸一板说：近期科里这么忙，老大还给咱们派活，别的科的人都闲着，这次你就说现在这稿总结得挺好的，没有修改意见。

很明显，主任的意思很明确，不支持我写单位的工作总结。可是大领导说得也很明白，让我认真改一改。

而且有一点也很明确，大领导对现在的总结不满意，否则不会早晨刚一上班就给我安排这个任务。

一个让我改，一个不让我改，谁也得罪不起，我到底该怎么办？作为像我这样的愚钝之人，一时真没想出什么好办法，只能都应承下来，打掉牙往肚子里咽。

出差时，白天跟着主任忙工作，晚上再偷偷摸摸写总结，弄得自己苦不堪言。

03

权衡利弊，思量再三

痛定思痛。事后，我像琢磨材料一样仔细琢磨了这件事，略微开了些窍。

站在主任的角度想，他为什么会不高兴，核心原因就是他的利益受到了损害。

第一，写总结的事是由别的组负责，我作为领导的下属，其实是在帮助他的竞争对手干活。

第二，大领导跳过他直接给我安排活，没有征得他的同意，忽视了他的存在，长此以往，那还了得。

站在大领导的角度想，让我改总结，一方面可以促进这项工作更好地开展；另一方面，正好需要像我这样的愣头青来营造竞争氛围，借机敲打敲打那些不认真写总结的同志们。

站在我自己的角度想，写总结我付出了努力，大领导可能给我记上一功，但我也因此得罪了主任，得罪了其他组的同志。到头来，落下个费力不讨好的结果也很有可能。

考虑周全，并学会借力

单就这件事来讲，在大领导给我安排任务时，我不应该一味应承。

在表明决心的同时也要表明自己的困难，更应当建议大领导跟主任打个招呼，这样写总结的功劳簿上也有了主任的名字。

即使大领导没有和主任打招呼，在我向主任报告而主任反对时，我完全可以圆滑一点，脸皮厚一点，故做惨状说："上面让我写总结，还不是因为您领导得好，我要像您说的那样做，上面还不批评死我啊，我就利用晚上时间应付应付就好了。"其实也没多大的事。

我们经常讲，既要埋头拉车，又要抬头看路，我想这件事也许就是说的这个道理。

在单位工作，处理职场各种情绪，往往更多的就是要想到并照顾到各方的感受，学会借力和转移矛盾。因为，你只有让别人痛快了，你自己才能痛快，否则费多大劲也是徒劳。（作者：小鹏）

懂得说不的人，在单位过得才滋润

作为体制内的新人，一开始都是抱着“多做事，少说话；多交朋友，少结怨气”的态度为人处事，任劳任怨甚至不计得失。其实，这本没有错，同时也是学习体制、适应体制工作和生活的必经之路。

但这个好的初衷和出发点往往会被少数机关“老油条”所利用，肆无忌惮地给新人安排工作，推卸责任，甚至甩锅。

尽管新人还在试用期，级别低，但不代表就低人一等，更不应抱着事事委曲求全的态度讨好一切人。

在心无旁骛做好自己本职工作，以及有时间和能力帮助别人的同时，对其他一些过分的工作和要求，一定要有自己的底线，该说不时要说不，该拒绝时要拒绝，从而避免背锅。

只有想办法拒绝该拒绝的，才能得到我们真正想要的。

那么，哪些分外工作应该拒绝呢？

1. 违反规定的事要拒绝

在单位中，各项纪律规定比较多，单位的制度也比较严。

有些“老油条”明知不可为，却利用年轻人的热情和单纯，鼓动去做一些踩线和越线的事。新入职的年轻人对此一定要保持高度警惕，予以拒绝。

2. 力所不能及的事要拒绝

对自己能力达不到、力所不能及的事，不要怕丢面子不好意思拒绝，而应实事求是，以实相告，免得吃力不讨好。

3. 对涉及抻头的事要拒绝

新人尤其要注意防止被人戴高帽，从而做一些出格的事，比如向上级领导反映情况等。

4. 耗时耗力，对提升自己价值毫无意义的事要拒绝

比如打印复印材料、跑腿送材料、加班加点值班等这些没有技术含量，且不是自己职责范围内的活，偶尔帮忙是乐于助人，如果别人把这个当作习惯总是指使你就不太好了，所以要适时学会拒绝。

当然，拒绝也要讲究一定的方法和艺术，这样既能有效保护自己，又不会过于得罪人而影响人际关系。

一是内方外圆。态度要诚恳，表达要柔软，语言要温润，以春风扑面的柔和感示人，而不能过于生硬和直白。

二是理由要充分。比如自己本职工作忙要加班，或者身体不舒服，又或者能力不够不会做等。

三是方法要灵活。对一些当面一时难以拒绝的工作，可以采取拖一拖的办法，比如拖他个三五天的时间，直至拖到交办人没脾气为止。（作者：老部长）

借调不注意这几点，肯定两头不讨好

借调人员是一个比较尴尬的存在，对借调单位来说自己是“临时工”，而对原单位来说自己又“占着茅坑不拉屎”。

因此，借调人员就像是风箱中的老鼠，如果处理不好“新旧”关系，就只能两头受气。

那么，借调人员要怎么处理这对关系，才能最大限度地避免尴尬呢？

平心而论，借调人员能被借调上来，其能力素质往往都很过硬，而且为了争取转成“正式工”，基本是工作办事上不惜力，人际关系上不歇心，在借调单位往往都有比较好的口碑。

所以，“新旧”关系的问题往往是出在“旧”上，要处理好这种关系，就得在“旧”上多花点心思。

观察单位里借调进来和被借调出去的同事，他们的不同际遇，让我感悟颇多。

务必尊重原单位领导的存在感

最近科长很不爽，一向温文儒雅的他居然在科里红起了脸，引爆他情绪的竟然是副科长 Y。

Y 是年前从其他科室调过来的，但从来没在科里露过脸，因为在调来之前他就已经被借调到省里去了。

科长主动电话联系了 Y 几次，如周末回到家了和大家伙聚聚，或者年前沟通绩效考核等，但 Y 却从没主动联系过科长，同事在科里的微信群发通知他也从不吭声，周末回到家也不见他现身。

年前年后有不少关乎个人绩效的事情，Y 居然依旧当他的“隐形人”，惹得科长很是恼火，于是在我们面前扔出一句话：“眼里还有没有我这个科长？！”

借调人员毕竟是“临时工”，能“转正”还好，如果不能，一旦“打道回府”，那处境就会比较艰难。

所以，要时不时给原单位领导打个电话，汇报汇报工作，沟通沟通感情，刷出原单位领导的存在感，尊重他的权威，给自己留好后路，无疑是个非常明智的选择。

原单位的大事，最好回去露露脸

单位从基层借调来一个小伙 Z，他在原单位还兼任着团委书记，虽然借调过来已经有大半年的时间了，但在刚过去不久的考核考评中，原单位还是给他评了个优岗。

这和他“刷存在感”的做法不无关系，去年机构改革的时候，凡是有重要的大型会议，他都会回去露露脸；市里召开有关团委的工作会议，他则代表自己单位参加。

通过这样偶尔的露脸，他在原单位领导和同事面前刷出了“存在感”，最后评优岗的时候，也就没什么人反对了。

借调本是件好事，在上级单位的工作中可以开阔眼界，提升工作能力，更能拓宽自己的人脉。

可如果借调时间过长，自己就极有可能被原单位“遗忘”，一旦不能“转正”，借调就会成为弊大于利的事情。

所以，如何不让自己被“遗忘”，值得借调人员思考。

03

要吃上蛋糕，最好把蛋糕做大

每到年底评先评优的时候，借调人员的尴尬处境就体现出来了。

在借调单位累死累活地干工作，但考核却在原单位，自己占着原单位的编制，不仅没给原单位做事，还想着去评先评优，大家自然就有了看法，于是乎借调人员就像是风箱里的老鼠——两头堵。

T 是从 2017 年 10 月份借调到我们单位来的，到现在已经有一年半多了。

T 在借调前就是其科室的年轻骨干，事情没少做，但是在原单位 2017 年的考核中，他却没评上优秀，优岗、绩效先进个人、工会积极分子等也统统没有。

据说就是因为他借调出去了，年底一大堆工作都是其他同事做的，所以主任为了平衡，也因为个别同事的怨言，最后就没有评 T 了。

到了 2018 年，T 转换了思路，凭借自己在借调单位的良好口碑和一年来工作的业绩，为原单位多争取了一个优岗名额，从而在不触动原单位科室同事利益的前提下，顺利评上了优秀。所以，想要吃上蛋糕，就先要把蛋糕做大，在借调单位要做出业绩和口碑。（作者：任异）

手下的老同志不服管，该怎么办

最近有个科长朋友跟我抱怨，他们科室有个大他十岁的军转干部，经常和同事吵架，上下班也比较随意，甚至擅自搬到楼下办公。领导对其也没有办法，甚至认为他原来非常优秀，回到普通科室工作，又在小年轻手下干活，委屈他了。朋友根据工作安排交代给他的工作，他一概拒绝，对此，朋友来跟我诉苦，以寻求应对方法。于是，我对朋友说了以下这番话。

01

“以斗争求生存”

对于他这次的要求坚决不能让他得逞，否则他会得寸进尺。

既然你的尊重和不计较换来的是对方的肆意妄为，那说明尊重这种方式已经起不到根本作用。

你需要改变策略和方法，可以试着选择斗争了。记住，做任何工作，解决问题是目的，无论用什么方法，只要能解决问题就是好方法。

思想上要消除误解，不要觉得斗争不利于团结、斗争是小人所为。在目前的情况下，你唯一还没有试用的方法应该就是斗争了，这很可能是你的制胜法宝。

你要明白对于不同的人，要采取不同的方法，有些人欺软怕硬，你越对他好，他越觉得你没本事，对于他们必须适时展示自己的力量。

所以思想上一定不要有畏惧，你斗争得越早，越有利你的工作。退一步讲，你可以先试着斗争一下，看看是否发挥效用。

⑫

行动上要“有理”“有利”“有节”

比如，对于这次他提的要求，你就不能惯着他。

1. 找领导

你可以先向领导表明自己不同意的态度，简单提一些这位干部的所作所为，再说当初是为了支持领导工作才同意让对方进自己的科室。

如果这次满足对方的要求，很多工作就没办法推动，自己的科长就没法干了，从而争取领导理解和支持。当然，如何和领导沟通你自己要好好思考一番。

2. 不回答

对于他的要求，你不要回答，只是微微一笑。既不否认也不答应，先晾他几天，他逼问得急了，你可以拍着对方肩膀微笑地说：“兄弟，这我可做不了主，你还是找领导吧。”然后就不用搭理他了。

3. 尽量不撕破脸

最近和他交往要保持若即若离的感觉，不亲近，也不远离，该微笑还是要微笑，该说话还是说话。和他说话时，他大大咧咧，你也大大咧咧，嬉笑怒骂都可。

没事的时候和他称兄道弟，多叫他一声“哥”。尽量克制自我，不要吵架，但是如果他找你吵架，故意找茬儿，你也就和他吵吧，反正大家都和他吵过了。

4. 继续尊重

前面说的斗争仅仅局限于工作上，千万不要扩大范围，在生活上还是要关心关爱。

对方也不容易，也有自己的难处，他到目前的情况，也经历了许多不易和痛苦，所以要理解对方，尊重对方，如果能为他解决一些生活工作上的难题，就尽量帮忙解决下。

平常没事的时候，你就叫上他的亲戚朋友一起和他喝酒聊天。当然，最近几天就不要和他一起喝酒了，以后有机会了再喝，以防他喝酒后和你吵架。（作者：尘埃）

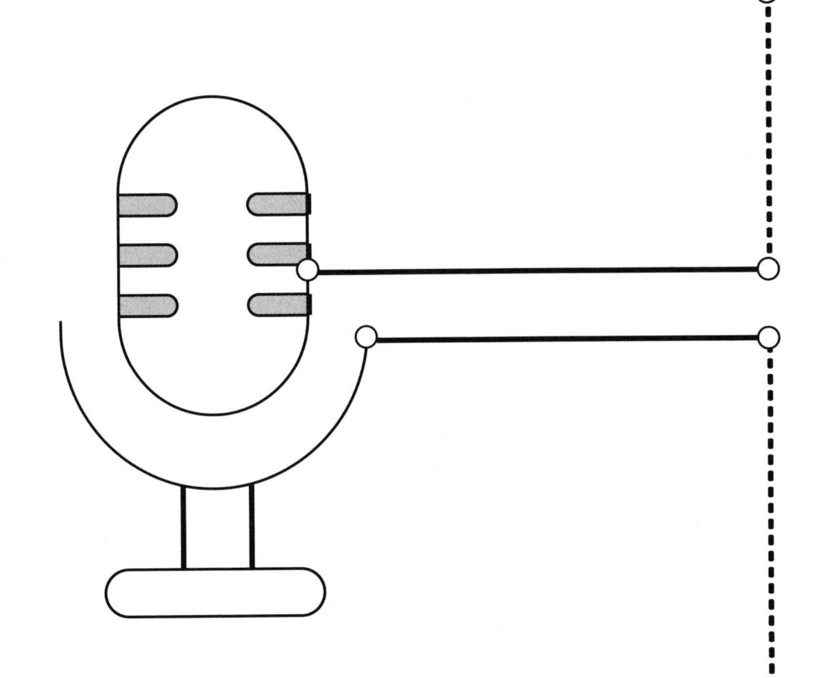

怎样在发言中 **脱颖而出**

竞争上岗怎么讲才能脱颖而出

竞争上岗对干部来说是一种正向激励，也是担当有为的好举措，公开、公平、公正是它的生命线。许多人通过竞岗，不但发掘出自己的潜力，更向他人充分展示了自己，推广了自己。

一篇好的演说稿在竞岗各环节中占据了至关重要的地位，作用的发挥不言而喻。那究竟如何才能写好一篇竞职演说稿呢？

要做足准备工作

要充分弄清这次竞岗的背景、环节、要素、内容等，比如，单位为什么要举办这次竞争上岗，为什么要通过选择竞争上岗的方式来选拔人才，竞岗的职位是什么，职业要求是什么……

所谓“知己知彼，百战不殆”，如果连这些都搞不懂，就像没头苍蝇，方向不清、漫无目的、重点不明，只能成为竞岗炮灰。

该有的内容要有

一篇完整的竞职演说稿，分为自我介绍、竞争优势、工作打算等几部分，当然最后还要加上假如竞岗失败的话语，比如，“无论这次竞岗结果如何，我都会继续学习，不断进取，努力使自己取得更大进步，把工作做得更好”。如果思路不清，评委听起来云里雾里，效果定会大打折扣。

要充分了解评委

要么通过各种渠道打听到评委关注什么，喜欢听哪方面的内容；要么尽力获知所竞选岗位要求的主要素质或能力。总之，必须弄清楚应聘机关到底想要什么样的人，然后在演说稿中尽力描述一些这方面的内容，这样评委才会更愿意听，更关注。

成绩介绍要精练

说白了，我们取得的成绩再大也是小，对评委来说，什么世面没见过？我们取得的成绩又不是什么高级荣誉，算不得什么。

所以，成绩介绍一定要精练、精练，再精练，要把自己最高级别的荣誉说出来，有了高的，低的也没有必要说了，可以挑几个主要的一带而过。

竞争优势要用心

竞争优势是评委最想听的地方，也是能得高分的要素。每个人都有每个人的优点和长处，所以一定要把自己的闪光点总结提炼出来，合理巧妙地介绍给评委。

我见过许多竞聘者在谈到自己的竞岗优势时，都谈到自己的优势是勤奋、不怕吃苦、甘于奉献、乐于助人、敢于创新，或者团结同事、有爱心、仔细认真等，这些的确是优点，但不是优势。

因为它太普通，太大众化了，而且十个人竞岗中或许就会有六七个甚至八九个人会谈到这些，试想评委听了一遍又一遍，大家都勤奋都刻苦，评委为什么会选你呢？

所以，这里一定要用心，要让评委听到你的演说后有眼前一亮的感觉，听完能感觉到这个竞聘者着实是下过一番功夫的，是跟其他人有不同之处的，是有思路、有想法的，这样才能有更多的胜算。

记得有一位朋友去参加上级部门的面试，当评委问到“你为什么想来上级部门工作”的时候，他说了两方面的原因，大致意思是，一是自己通过多年在基层的摸爬滚打，积累了一定的基层工作经验，想在更高层级接受锻炼；二是自己的老婆去年已经考过来了，孩子也即将就读一年级，所以，从家庭方面考虑，他也很需要这份工作。说到这里，很多人会问：第二方面原因也算优势吗？

其实，从另外一个角度去想，首先，可以看出他有很强的家庭责任感，其次，他会比别人更珍惜这个岗位，更珍惜这个机会。所以，如果他真的能够面试成功，在今后的工作中他也会比别人更加努力，估计这也正是评委给他打高分的原因。最后，我的这位朋友也如愿以偿地夫妻团聚了。

因此，在竞聘演说这个环节一定要下足功夫，善用巧劲儿体现出自己的优势，努力征服评委的心。

⑥ 要注意把握好细节

俗话说，细节决定成败。演说也就几分钟的时间，真正精打细算起来，评委用心听的也就几秒钟甚至几十秒钟，所以，要全场保持一种积极向上的精气神，注意不放过每一个细节。

比如，要跟评委有眼神交流，这样评委才会更关注你；声音要平稳，不要断断续续，要让评委感觉到自己的功底；语言要有礼貌，能体现出我们的素质和涵养；演说要有气场，不能唯唯诺诺、声音低沉等。这些都要在自己前期练习的时候多下些功夫，台上一分钟，台下十年功，不是一句空话。

⑦ 演说稿一定要有血有肉

我们不提倡演说稿非要写得华丽，非要句子对仗，但稿子必须要有血有肉有感情，切忌整篇都是浮夸的虚话、套话，那样评委真的会听烦的。要多用数据和实例来说话，这样才有理有据，更有说服力，也更能说到领导们的心坎上。

一篇好的竞岗演说稿一定是几易其稿，一定是征求或咨询过多人意见，一定是代表自己最高水平的稿子。（作者：胜之）

领导会上问的问题答不上来还能过关吗

有次单位开例会，照例是各处室负责人参加会议。但一个处室的负责人临时有事，让本处室一科员参加了会议。

在会上，一把手说了一个数据，可能是看到这个新人参加了会议，就随口问了一句，××，我说的这个数据对吗？

这位科员怔了一下，说，这个我没关注过，不知道呢。

一把手说，没关注过没关系，以后在工作中要注意关注啊。

虽然没批评，但是作为负责人事干部的我真替这个科员感到惋惜。

其实领导问问题，你不一定都知道。

但是有技巧地回答，即使不让你增分，也至少不会让你失分太多。

领导观念有错最好私下汇报

如果领导在有其他人在场时反问你，他的某观点对不对，需要你给出肯定或否定的回答。

你不妨就回答“是的，对”，肯定地回答就行。

下去之后要抓紧时间去确认，如果领导当时的观点是错误的，私下要再把正确的观点汇报给领导。

为啥呢？因为即使领导错了，在人多的场合直接否认领导也不妥，这不但会让领导的面子挂不住，也让其他人觉得你情商低。

会场上面对众人，领导本身就有掌控局面的压力，对否定和质疑会格外敏感。

还不如不管对错，先肯定了，搪塞过去，下来核实后再汇报正确的。

开放式问题不要说不知道

如果领导问的是开放式问题，没有标准答案。

如果你不知道答案也不要说不知道，可以说大而正确的话：我们正在推进，我们也觉得这个事很重要，前几天刚研究过一次，等等。

说完套话之后，然后再回答：等我进一步了解后给您详细报告。

比如，领导问我：某某单位的某某事儿，处理的怎样？

其实我并没关注，而且这也不属于我关注的范围，但我的回答是：目前没接到他们单位的异常报告，我进一步了解后赶紧给您汇报。

然后下去之后马上打电话去问。

选择性问题可以选择性回答

如果领导问的是选择性问题。

如果自己不知道答案，不妨选择其中一个，回答似乎是这个吧，下去后赶紧确认是否说对了，不对要及时纠正。

比如我当时在国企上班，刚去车间没多久，一天我们领导随口问我一句：某某零件上的螺母是方的还是圆的？

对于这个问题我当时确实不知道，但是我如果回答不知道那就是 0 分，还不如蒙一个，也有可能蒙对，还能 100 分。我赶紧回答，似乎是方的。

回来后赶紧进行确认，竟然蒙对了。

其实，这只是回答的技巧。

当然了，日常一定要注重知识的积累，跟自己专业、行业相关的知识点要多储备，才能脱颖而出。（作者：王主任）

单位内部竞聘前后有哪些工作要抓紧做

竞聘上岗能否取得成功，关键在于两个因素：一是演讲环节，这是个人能力的现场直接表现；二是投票环节，这是个人能力和人际关系的综合表现。

因此，竞聘上岗时要重点在这两个环节上下功夫，具体可在以下三个方面做好准备工作。

关于人际关系的准备

人是有感情的动物，这体现在生活中的方方面面。同样，在竞聘上岗时，情感也是一个因素，你在竞争中的得票多少，既取决于个人现场的发挥和表现，又取决于你平时跟领导和同事的人际关系。

目前，应本着内紧外松、自然而然、不动声色、不留痕迹的原则，多做些人际交往和情感建设方面的工作。

1. 内紧外松，表现定力

一个成熟的人，每临大事都很有定力。因此，应该表现出一如既往的工作、生活和交往，既不要沾沾自喜，更不要喜怒形于色，而应着力向内使劲做准备，但外表要如往常一样波澜不惊。

2. 找一个合适的机会向一把手汇报

在向一把手汇报时，可表达三层意思：对领导的关心表示感谢与感恩，对领导的厚爱表达忠诚与忠心，对今后的工作表达信心和决心，并恳请领导关心和关照。

若一把手能够给予你关心，则成功的概率就会大很多。

3. 不动声色个别沟通汇报或交流

俗话说，“临阵磨枪，不快也光”。有时候，临时抱佛脚还是非常有必要的，考试时临时恶补一下也许能考个高分，竞聘时临时做做工作，也许能够脱颖而出。

要充分利用科室工作这个平台，对于有投票权的领导和同事，平时有意识地多服务和多帮助，并与他们多交往，多联系，多沟通，多交流，并用婉转的语言和方式请其给予关照，以诚恳、谦虚、敦厚、可靠的人格魅力赢得大家的好感和信赖，但切忌过头，更不能贿选。

关于岗位相关事项的准备

俗话说，手中有粮，心中不慌。针对办公室岗位的职责任务和特点，要把与之相关的情况准备得更充分一些。

一是了解“上情”，注重学习、研究、掌握上级关于办公室工作的相关要求。

二是了解“内情”，注重把握本单位领导对办公室工作相关情况包括成绩和问题的研究和掌握，切实把竞争上岗的演讲和面试工作做细、做深、做扎实。

三是了解“个情”。对其他竞聘同岗位人员的特点进行研究，凸显自己与众不同的特长。比如你年轻有活力或者年长有经验，完全可以在演讲环节中表现出来。

03

关于竞聘演讲的准备

竞聘演讲既是对自身能力素质的评价，也是直接面对大家展示自己、推荐自己的机会。如何在竞聘中脱颖而出，关键是竞聘演讲要出彩、出色。

1. 开头要精彩

竞聘演讲时间有限，开头必须简洁而又精彩，能够引起大家的注意。可采用感谢 + 简介的方式。

用诚挚的心情表达谢意，比如“非常感谢领导和大家提供这次宝贵的竞争机会”，并简要介绍自己的经历、性格特征，让大家对自己有个了解。

2. 主体要厚实

主体部分是竞聘演讲的重点，主要包括以下几方面内容。

（1）竞争的主要优势要突出。

针对竞争的职位要介绍自己的德、能、勤、绩，重点突出自己的经历、业务能力和职位的匹配度，要让领导和同事认为你是最适合的人选并具备不断发展的潜力。

要突出特色亮点，切忌面面俱到。比如你说自己年轻，但年轻的人也很多，你要突出表达年轻的优势，与众不同的优势，如有活力、有韧劲、能吃苦等，这些完全可以表达出来。因为办公室工作任务重、要求高，自己年轻精力充沛，不怕吃苦、不怕加班，这就是一个明显的优势。

（2）阐明对竞聘职位的认识。

首先要依据自己的特长选定心仪的职位，然后再充分研究职位的情况，精通岗位职责和要求等相关内容，以在竞聘演讲时能够明确体现出来。

（3）表明自己任职后的打算。

对于任职后的打算，可以提出该职位的工作目标、具体举措和方法，要细、实、准。

3. 结尾要凝练

竞聘演讲的结束语必须画龙点睛，坦诚表达自己参与这次竞争的态度。比如说“参加这次竞争，对我来说也是一个学习和提高的过程，无论是否成功，我都将一如既往，不忘初心，牢记使命，堂堂正正做人，踏踏实实做事”。

4. 细节要注意

（1）态度要诚恳。竞聘演讲是毛遂自荐，既要充分展示才华，又要态度诚恳，实事求是，不能说得过头，更不能哗众取宠。

（2）要有自信。做到心中有数，成竹在胸，要注意身体语言的运用，比如上下台时要抬头挺胸，步伐矫健，会使人感到你充满自信。

（3）要跟评委有眼神交流。声音要铿锵有力，让人感觉到自己的功底；语言要质朴有味，体现素质和涵养；演说要有气场，不能放不开，要做到自信而不妄自尊大，自谦而不妄自菲薄，以诚恳热情的语言感染大家，展示出自己的才干。（作者：老部长）

当众感谢领导，怎么还得罪了他

前两天，单位召开任职命令宣布大会，老张、小刘等都获得了提拔。

小刘是一名入职不久的年轻人，工作很刻苦、为人很实诚，能力、成绩有目共睹，这次被提拔为副科级干部、以副代正主持所在科室工作。

任职表态中，小刘对着他那精心准备的发言稿，逐字逐句、声情并茂地念道：

“第一，表达感谢。这次能提拔，没有大领导A君的鼎力相助，相信我的晋升不会这么顺畅，在此我衷心感谢大领导。

第二，表达决心。今后工作中，不论遇到多大困难，只要是大领导吩咐的，我一定肝脑涂地。

第三，表达期望。希望各位同事多支持我，和我一道，多为单位发展做贡献。”

小刘“掏心窝子”似的表态结束，本以为会收获雷鸣般的掌声，结果却是大领导的批评：“小刘，你能获得提拔，是组织的考虑，不是领导的个人意志……”

接着，大领导又圆场道：“初次被提拔，表态发言稿不会写是吧？老张在前面给你做了很好的示范啊，多向人家学习学习！”

小刘话里说了三层意思，核心都是围绕“感谢领导”这个主题来的。

为了报答领导的知遇之恩，所以有了“表决心”，再就有了“希望同事们跟自己一道干好工作”。

获得提拔是好事，适当表达感谢无可厚非。小刘说话很有条理、逻辑脉络清晰，并且说的都是实在话，但为什么就让领导不高兴了？

我们来看看原因。

提拔归因表述错误

站在领导角度考虑，提拔一个下属，看的是“岗位胜任力”，看的是你背后的资源及跟领导关系亲疏。

小刘这次能获得提拔，一是跟个人努力、能力水平、发展机遇有关，二是跟领导、同事的关心、帮助有关。

摆在明面上的，永远只能是那些明规则。即使确有领导助力其事，但有些话能私下讲、绝不能公开讲。

当众演讲，小刘把自己获得提拔的原因归因于领导的关心，显然是跟“明规则”相悖的，是不能放到明面上讲的。

领导听了会不舒服，因为你这样一说，其他人会对领导有看法，你是把领导往火上烤啊。

同事听了更不舒服，会认为领导平时偏心，仿佛你是走后门，或是跟领导有裙带关系似的，只会适得其反。

其实，表达感谢，可以私下里，借汇报工作、登门拜访等时机，有礼有节地向领导表达感谢。

公开场合的感谢应该这样说：感谢组织的培养与信任，感谢领导的支持、同事的帮助。

⑫

表决心时把马屁拍到了马蹄子上

小刘说“今后只要是大领导吩咐的，一定肝脑涂地”，这番话表面看是拍领导马屁。其实，很容易让人误解。

难道领导不提拔小刘，就不听领导招呼？要知道，听指挥、服从安排是每一名职工的责任与义务。

此外，这话江湖气味太浓，甚至有点个人崇拜主义的味道在里面。难道领导提拔你，是为了让你当他的“傀儡”吗？同事们听了觉得自己以后要被监控了。

领导听了会不爽、会有压力，会认为自己在下属心里是这么恐怖的一个存在啊。

其实，工作决心，除了会上表达外，还可通过往后的工作成绩、工作状态等表达。你的忠心，并不需要通过言语表达，不打折扣做好领导交办的各项工作，时刻维护好领导者的利益，即可。

干出成绩，领导才会脸上有面子，才会感到他并没有提拔错人。

⑬

说期望时把自己当大领导了

同样一句话，同样的场合，有的人能说，有的人却坚决不能说。

小刘说“希望各位同事多支持我，和我一道，多为单位发展做贡献”，初衷是号召大家一起为单位发展努力，和大家共勉。

如果面对的是自己的下属，这番话说得没有问题。但是，现场有领导、有同事，甚至很多职位比小刘高、资历比小刘老。

小刘这句话一说，伤害了领导、同事，给大家的感觉是：小刘要我们多支持他，有点自我抬高的意思，甚至还有点威胁的意味；小刘提拔后，就开始号召我们所有人了，说话轻浮、缺少历练，职位不高但官威不小；为单位做贡献是我们义不容辞的责任，小刘的意思是我们之前不够努力？

所以说，领导、同事听到这句话之后，心里怎么能舒服？

如果非要说“期望”这层意思，最好还是大领导来说。

任职表态为了感谢领导，小刘虽然说的都是实话。但因为没注意场合，把有些只能私底下说的拿到了公开场合说，没有照顾大家的情绪，最终导致囧态百出、陷入被动，暴露出了说话不看对象、场合、不经思考、一味自我表达等不足，得罪了领导、同事。

在职场中，说话绝不仅仅是动动嘴皮子那么简单，还是一门技术，更是一门艺术。说话要分场合、要看对象，要学会筛选，明白哪些话能说哪些话不能说，而不是一股脑儿把实话都说出来。（作者：浪子燕青）

领导要提拔了，告别会上怎么讲效果最好

最近，小李单位的大领导受到重用，马上就要调走了。大领导一直都很看重小李的业务能力，小李也是在他的手上得到了提拔。这两天，单位要开一个告别会，安排小李在会上发言。小李请教老部长应该说些什么，请老部长给他支招。

老部长了解了情况之后，告诉他：在告别座谈会发言的内容，主要应包含以下这四层意思。

一是表达不舍之情：共同的工作生活结下了深厚的同志之情，朋友之谊，难以舍离。

二是表示祝贺：对领导的高升表示由衷的祝贺，这不仅体现了组织上对领导的信任，而且是全部同志的光荣。

三是祝愿：祝愿领导在新的岗位上再大展宏图，事业腾达。

四是恳求：恳请领导常回家看看。

老部长特别提醒小李：领导在任时提携了你、推荐了你、重用了你，一些感恩感谢的话不宜在座谈会上说，但私下里可以个别交心，一定要表达而且应带着丰富感情充分表达出来。（作者：老部长）

在大领导参加的座谈会上，该怎么表现

小宇在国有企业工作，过两天集团内部会有一个大领导与普通员工在一起交流的座谈会，集团那边已经通知要他去参加。

在集团里，普通员工和大领导面对面交流机会非常少，而且这次座谈的名额也非常少，基本上每一个下属公司只能派一个代表参加。

虽然上面通知说在会上可以随意聊天，没有固定主题，但是既然集团挑选小宇去开会，他想肯定也是有上面的理由，小宇想要好好准备一下，把握好这次机会，好好表现自己。他去请教分管领导，分管领导给了他以下三点建议。

一是事前要充分准备，以崭新的形象出现在领导面前。包括头发胡须要修剪整理，不要搞得蓬头垢面；衣服要得体合身，不能随随便便；带好笔和本儿，随时记录领导的要求；精神要抖擞，形象要端庄。这既表明了你对这个会议的重视，又表明了你对领导的尊重。

二是在座谈会全程中，一定要集中精力。眼神要集中目视领导，表情自然略带微笑，不要左顾右盼，领导的讲话要认真记录。手机要调成静音，放在包里或口袋里，不看更不能刷。总之与会议无关的事都不

要做。

三是要精心准备发言。发言是向领导展示自己形象和能力的一个重要环节，要更加重视。要提前打好腹稿，熟背为佳，按规定要求控制好时间。语言要铿锵有力，表达流畅，一气呵成。

准备工作基本上就是以上这些。那再看发言怎么说呢？可按“感谢+感受+工作+建议+表态”的模式展开。

所谓感谢，就是感谢领导为自己提供了这么好一个学习、交流、汇报的机会。

所谓感受，就是说通过这个会感受到领导关心基层、心系一线的情怀。

所谓工作，就是汇报自己工作中的特色、成绩和亮点。

所谓建议，就是只能提宏观和原则性建议，不宜具体，更不宜多。你可把增加企业的创新活力及完善激励奖惩措施合并成一条提出即可。如果建议提多了领导会心生不爽。

所谓表态，就是说会后一定立足本职，认真学习和贯彻落实领导的讲话精神，为企业创新发展再做贡献。（作者：老部长）

工作会议有大领导参加，怎么发言能脱颖而出

刚一上班，我就接到同学张力打来的电话，电话那头他很着急："老同学，快帮我出出招，我们单位要开个座谈会，而且有省里的大领导出席，领导让我发言，我该怎么准备呀？"

电话这头的我，沉默了一会儿，给了他以下几个建议。

1. 控制时间

因为这次的发言应是典型发言，时间最好要控制在5分钟左右，时间不能太长，否则显得啰唆。当然也不能太短，会显得内容不充实。

2. 发言要出彩

（1）从总体上说，出彩的发言有以下几点。

一是要有金句，凸显高站位和高层次。比如，大力发扬"孺子牛、拓荒牛、老黄牛"精神，或者是一些名言，或者目前流行的高大上语言（适合正式场合用）。

二是要讲述事例，凸显接地气、不空虚。一定要有数据和事例做支撑。要不然，即便你讲得滔滔不绝，领导也会听得不耐烦。

（2）从框架上看，出彩的发言有以下几部分。

一是综述一年来或近期你们是如何做的，写出一些荣誉，显示出成绩。

二是表达出你们的做法。一般分三个层次，比如：领导重视、高位推动（这个必须写，而且最好提到大领导对工作的指导关心）；齐心协力、攻坚克难；谋划亮点、争先创优（这才表明你的优势，也可以提到如何落实领导的部署和方针）。

三是结尾用些鼓舞士气的语言。（多借鉴网上的素材）从准备情况看，提前把稿件读一读，不要超时。如果读起来感觉不顺，肯定是有问题，应立即修改，发言时最好是脱稿，现场讲的时候要流利顺畅、落落大方。（作者：尘埃）

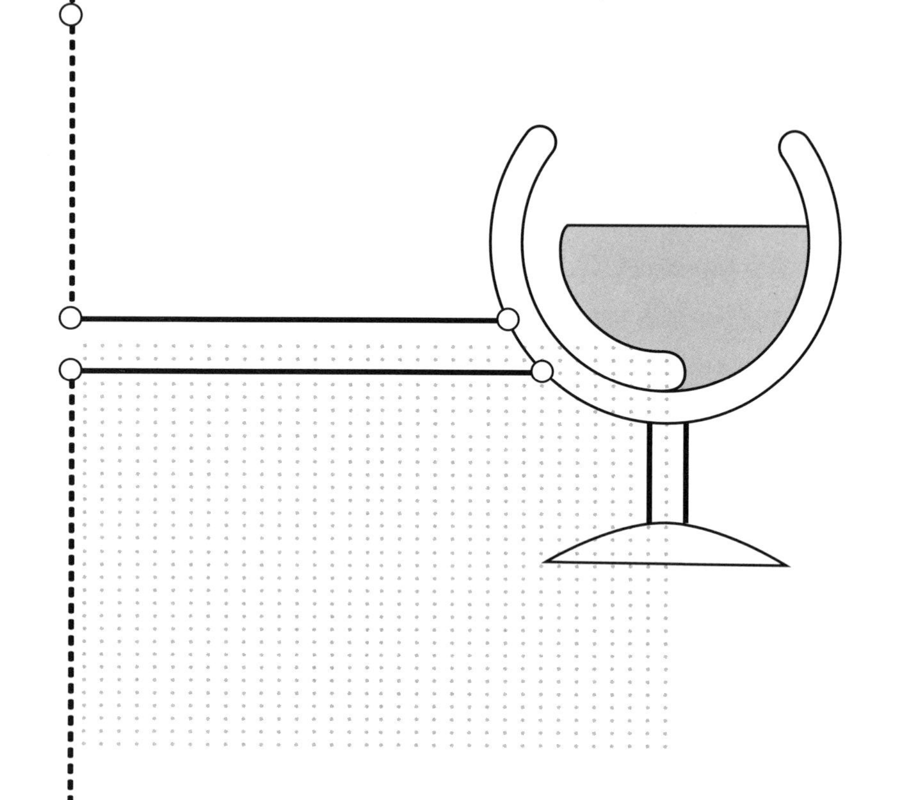

05

饭局应酬
中的学问

酒量无论大小都要懂得这些策略

中央八项规定之后，酒桌文化慢慢减少，解救了一大批没酒量的领导和秘书。但是，有时候出差或调研，接待单位为了表示一下热情，还是会把酒端上来，这种场合下，陪同领导一块上酒桌，该注意些什么呢？

首先说明，如果你本人酒量无限大，那么这篇文章可能帮不了你什么，这些建议都是针对酒量小的同志，特别是像笔者这种连两杯啤酒的量都没有的，更要讲究些小策略。

01

对自己有清晰的认识

饭桌的酒通常在白酒、红酒、啤酒三种中选择，尤以红酒为多，白酒次之，啤酒的档次会稍微低那么一点点。

即便是最不能喝酒的人，也会对某一种酒略有抵抗力，找到三种中比较有优势的那一种，会对自己很重要。这样在服务员为你添酒的时候不至于迟迟下不了决定。

02

敬酒时要酒杯添点酒

如果是陪领导出差，由对方接待的场合，最好往自己酒杯里再添一点酒，而且最好是与大家一致的酒。

这样在所有人举杯时，可以避免你杯中无酒或者因杯中酒颜色不同，酒桌中人注意力全部转向你的尴尬。

有时候对方没有想海喝的意思，只是为了表示一下情谊，这种时候端起杯子来抿一口即可，这样和谐的饭局就很容易过去了。

03

不要在领导之前敬酒

在酒桌上要牢记自己的配角身份，不要在领导之前去敬酒。年轻人难免会比较殷勤，但是在领导敬酒之前先跑去敬主客（或主宾）就有点不知轻重了。

04

领导带你敬酒时，不要先于领导喝干酒

领导说："来，小 ×，我们一起来给 × 长敬一个酒！"领导说完你一扬脖子直接将杯里的酒干掉，固然显得很实诚，但更好的办法是在领导举杯的同时再喝。

因为领导有时候需要你代表他来干掉，如果你已经提前干掉了，就

只能不明不白地多喝一杯了。

尽量不要把自己喝倒，除非领导让你替酒

不让自己喝倒的道理很简单，因为一桌人斯斯文文地坐着，如果你自己先喝倒下了，即便没有酒后失态，领导的面子也会有些挂不住。

女同志更不能酒后失态，除非事先认真分析过这场酒的策略，如果一开始就是奔着喝醉去的，那就放开喝吧。

06

酒量不好不要主动发起挑战

如果你酒量不好，不要主动发起挑战，不要主动想着替某某人解围，因为这会让别人将注意力转向你。

笔者曾经有过教训。某次与领导出差，对方接待，因为之前与主陪打过交道，饭桌氛围其乐融融。

主陪（对方级别最高的领导）开心地说：想当年，我喝倒过 ×× 地一桌的人。诸如此类的意思。

大家酣笑之际，笔者也没多想，开玩笑一句：“那您今天就让我们见识见识您的风采呗。”

哪料到话音刚落，就有人起哄：“您看，小 × 要跟您比量比量了！”这时候没有退路，只能端起一杯酒，向对方表示崇拜、请教之情，恭恭敬敬地向对方敬了酒。从此以后，在酒桌上插话时都会三思，以免引火上身。

地位高的人来转圈敬酒时，不要呆坐着等别人敬

在酒桌上，主陪为表达欢迎之情，通常会转着圈敬客方的来宾，这时候你作为客方，不要老老实实坐着，在主陪走向你时，要主动迎上去，会显得你更加礼貌。

08

简单的敬酒词要会一点

一般在敬酒时，尤其是敬地位高于你的人时，不必说太多。

特别是口才不怎么好的人，可以简单说上一句即可，诸如“很高兴认识您”“感谢您对我们的支持”“请多指教”等，这几句基本就够了，可以避免光端着酒不知说什么的尴尬。

碰杯要讲点礼节

如果对方级别高于你，在碰杯时，自己的杯口要低于对方，即便是同级，也要尽量显得谦虚一些，特别是对年纪大的人。

敬酒不要一敬多

在敬酒时，可以与同事一起敬领导或客人（或主人），但是同时敬多人是不礼貌的。即可以多人敬一人，但不能一人敬多人，领导可以这么做。

如果是级别不高的秘书，酒桌上可以多吃饭，少喝酒，尽量不要让自己成为焦点，同时要不卑不亢，有礼貌，懂礼节，这样基本就可以合格了。（作者：无艳）

女同志在饭局上一定要喝酒吗

最近有女性朋友受邀去参加一个饭局，席间宾主尽相欢，免不了喝酒，这个敬一杯，那个敬一杯，都不好推托，最后喝得胃都要吐空了。她问我：女同志参加饭局一定要喝酒吗？这句话问出了很多女性朋友的心声，下面就来一起探讨下这个话题。

现在，随着酒文化的发展，酒局的文明程度也大幅度提高，但仍免不了会喝酒。

如果自己本身真的不能太喝酒，一定要实事求是地向领导汇报清楚，并说明是身体原因还是什么原因。

只要理由合情合理，正当充分，以茶代酒，灵活处理是完全行得通的，领导一般都不会勉强年轻的女干部喝酒，这个不用过多地担心。

但是，不能喝酒不代表就不用去敬酒，如果该你敬酒反而不去，也是挺不礼貌的。所以，自己还是要以积极主动的姿态向领导敬酒，或者以茶代酒去敬。敬酒的顺序应该是先客人，然后自己人。无论是客人还是自己人，均按职务顺序先大后小逐人敬酒。

对于不熟悉你的客人，你可以简单地自我介绍。比如：领导好，我是某单位的小某某，我敬您一杯，以后请多多指教。

这样领导既认识了你，同时也会觉得你很有礼貌。

对单位的领导，你可以说：领导，我敬您！感谢领导平时对我的关照。

在酒桌上，你可以充分发挥自己嘴巴甜、脑子活、讨人喜欢的优势，用热情周到的服务来转移领导劝酒的注意力。

因此，要注意察言观色，多做服务。

一是帮服务员催菜换碗碟。

二是帮在座的各位添茶、倒水、上烟。

三是新上菜品要让领导先动筷，不要乱转桌。

四是表情自然，多听少说话，更不要打断别人尤其是领导的话。

五是餐桌上不要有咳嗽、打喷嚏等小动作。

六是餐后帮忙送客，如果客人有车最好送到车旁。

这样，就能通过自己热情主动的服务来弥补自己酒量小的不足，同样可以收到好的效果。

当然，在酒桌上最重要的注意事项就是学会自我保护，并坚守不能醉酒的底线。

人的能力是多方面的，只要你工作过硬，成绩突出，即使不会喝酒，也完全能够得到领导的认可和信任，从而得到提拔。在现实生活中，这样的例子比比皆是。

即使是能够喝酒的女性，也要靠一定的工作成绩来支撑，仅仅靠能喝酒、会喝酒是难以得到提拔的。（作者：老部长）

初入职场的女孩子该如何应对酒桌上别人的进攻

马上到八月底或者九月初，各个部门又将有大批新的人员加入，这个时候，领导为了加强办公室凝聚力和欢迎新同事，一般会请客吃饭，然而这时，问题也就来了。

刚入职的时候我是不喝酒的，一般都自己待在一个角落，安静地吃着饭，看着眼前的觥筹交错。而有些很豪气的女同事会跟领导一个一个敬酒，酒喝了不少，对领导的崇敬之情也抒发得淋漓尽致。

酒过三巡，看着她们一个个在卫生间吐得稀里哗啦，我不懂她们为何要如此为难自己。第二天，新员工入职介绍，会议桌上，领导亲切地喊出她们的名字布置任务，而转过身对我说的却是："那个谁，你跟着她们俩一块就行了。"

我瞬间明白了喝酒的妙处。于是，我也开始学着喝酒，但我总能控制好量，从来不让自己喝醉，我不屑于用喝酒来达成我的目标，却不得不这样做，因为大势使然。

然而，这不是说喝酒就能解决一切，而是三杯酒下肚，人与人之间的真性情就开始流露出来，关系也会变得柔和起来，因为人们常常认为喝酒能够代表诚意。

我有一个好朋友在企业当秘书，天天跟着老板应酬，酒量现在特别好，可以说是练出来的。她先干为敬总能引起酒桌一阵掌声，感叹她是性情中人、豪爽，值得合作。于是，生意也就快速达成了。她的业绩是全公司最好的，当然，她的酒量也是全公司最好的。

但渐渐地，那些合作的老板对她的豪爽不置可否，因为大家心里都在想：她能喝，那点酒对她来说不算什么。而恰恰相反，那些成天说着不能喝酒的人在这个时候哪怕抿一小口，也让别人感觉受到了莫大的尊敬和重视。

通过这一系列事情我感悟到：喝酒并不是目的，而是一种方式，帮助我们达到心中目标的方式。最重要的还是用技能和知识来打动别人，有时候喝酒只是给自己创造一个机会，别人不会那么任性，不会因为你喝酒喝得多就把合作案子给了你。而是希望看到我们的真诚，这个时候，酒桌文化就体现出来了。

刚走入工作岗位的姑娘可以分为两种。一种是像我前面提到的这位朋友一样的豪爽类，抱着雄心壮志想成就一番大事业，有酒必喝。这类人在刚开始工作时非常吃得开，但时间一久，身体不适，开始显露弊端，其他人也失去了新鲜感。喝得少却反而让他们感觉不真诚。这类豪爽型在后面的工作中将会举步维艰。

另一种是拒绝型，拒绝一切应酬，一切酒会饭局。这种人给人感觉太高冷，太有距离感，也有人感觉是没诚意，太高高在上，不好相处。这类人在一开始工作时似乎是不顺利的，所以大部分结果就是，这类人被迫发展成了第一类人。

关于酒桌文化，对于女职员我有几个建议。

第一，会喝酒不是什么特殊技能，但在一些场合确实有帮助作用，我们要善于利用喝酒这种方式跟别人处好关系，一项调查结果显示，人在喝完酒比不喝酒时，情绪会高涨一点。这个时候是了解别人的最佳时期，发展一段良好的社交关系也有利于工作的进展。但是要点到为止，喝多无益。相比喝醉之后的失态，恰到好处又不失诚意的方式总能让人印象深刻。

第二，不能一味地注重喝酒带来的效益，而应该真正地把重点放在技能与方法上，与别人合作时，让别人能看到你的实力与水平，喝酒带来的是契机而不是成功。在自身不能喝酒时，要真诚地表露自己的态度，以茶代酒跟领导解释，都好过一声不吭。如果只是默默埋头吃饭，将会使自己与外界完全隔绝。

第三，最后一点也是最重要的一点，要学会审时度势，利用酒桌学会人际交往和处理各类问题的方式，充分锻炼自身，学会说话技巧和灵活的语言表达。等到这些技能都炉火纯青的时候，你就可以完全抛弃喝酒这个方式，转而用其他方式展开工作，用其他方式让别人感受你的真诚与实力，照样能够如鱼得水。

与人相处是一门学问，酒桌社交是陋习，也是传承，我们可以用自己的方式重新诠释它，期待每个人都能在职场交往中获得自己的启示。（作者：poison）

怎么组织饭局，才能请到想请的人

在人们的生活中，喜事、丧事、烦恼事，升学、升职、谈生意，喜添人丁过生日，求人办事拉关系，众多事情都爱在饭桌上解决。

熟人见面的问候语常常是“您吃了吗”，想与别人拉近关系常常会说“什么时候一块喝一杯”等。

饭局是常有的事，但如果要你去组织饭局，怎么做才能请到想要请的人呢？

01

约饭须知

餐桌文化讲究多，现代人更是热衷餐桌文化。

单从餐桌的形状来看讲究就不少，传统的饭桌基本都是圆桌，虽然现代家庭中很多餐桌都换成了方形的，在酒店就餐，只要不是西餐厅，还是以圆桌为主。

中国人崇尚圆，天圆地方相呼应，生成天地万物；团团圆圆也是一种美好的祝愿。

无论什么事，约饭得先明白圆形餐桌的座次。

中国人讲究主客、长幼的主次关系，面门为上，居中为尊，也是我们常说的主陪，其右、左两侧分别为一宾、二宾，主陪对面为副陪，也是我们常说的约饭人，其右、左分别是三宾、四宾，也有的地方把三宾、四宾分别挨一宾、二宾就座，然后依此顺序安排。

只有把座次安排好，才能宾主尽欢，才能达到饭局的重点。

至于约饭的理由，肯定有些是不言而喻的，有些是事前不能明说，有些可以公开挑明，总之落到最后的点上是为了放松身心、交流感情、增进友谊。

求人办事的，约的人越少越好；事后答谢人家的，可相应多几个陪酒的，这样会热闹。以上两种，都得有相当重量级的人物作陪，方显得你有诚意，对方也有面子。

纯感情交流可三五好友，可十人八人，然后小酌几杯，特别是想到“晚来天欲雪，能饮一杯无”的氛围，也是蛮温馨的。

约饭要选对人

有人说：不就是在一起吃顿饭嘛，何必整得这样复杂？其实，要想成功约一顿饭，使饭局有一个热闹的气氛，并达到宾主皆尽欢，也能体现出一个人的组织能力。

首先要明白饭局的主题。现代人生活条件好了，得“三高”富贵病的人越来越多，谁也不缺一顿饭。既然大家聚在一块吃饭，吃的是感情，谈的是资源。

怎样才能把想约的人约出来，这也需要智慧，比如，名人开路，长辈作陪，领导出面等，这都是成功约出人的范例。

比如，被邀请人如果是喜欢书画的，可以约上书画界的名人朋友，借此一块交流交流书画。比如，几个人共同的好朋友发迹了，回老家探亲时可借此约上三五好友相聚。再比如，以刚退下去的老领导的名义，称“老领导想咱们了，一块约个饭吧”等。

会组局的人，就像一场音乐会的指挥，大号小号，长声短调，乐器齐全，曲子才好听。

参与者性情相投很重要，这些人的性格脾气不同不要紧，关键是要合拍，最好的状况是，被邀请人做事靠谱，做人得体。

我见过一个局，本是宾主皆欢，最后反而是陪酒的因为让酒，两个人互相掐了起来，弄得不欢而散。所以，请客人，也要选对的。

⑬

饭桌上的注意事项

解决了怎样邀请人的事后，还要确定时间，选好地址，点好菜，以及清楚桌上谈资等，这都得考虑。

时间一般选在大家都方便的节假日，地点若不是有固定的酒店，要考虑多数人距离适中的酒店。

对于菜品，了解宾客的民族和忌讳，看宾客里面有无忌口的，提前把菜点好或宾客每人各点一个都可以。点菜的时候，尽量不要点需要双手重度参与的螃蟹等。

饭局上谈论的话题也有讲究，少谈人，多谈事；少谈身边事，多谈国际事；少谈敏感事，多谈普遍感兴趣的雅俗共赏的话题。谈论各方利益关切的具体问题，以互相学习，共同成长。

不要因为自己的个人爱好、知识面有所不同，而太以自我为中心，要避免造成曲高和寡的局面。

至于酒品，可以根据不同场合来选择不同的酒。一般的白酒、红酒、啤酒都要准备点。选酒时，最好选择大多数宾客老家或者当地有特色的酒。

有人说，自己不会喝酒，特别不适合约饭的场合。现在，人们越来越关注自己的身体健康，那种“东风吹，战鼓擂，要说喝酒谁怕谁”的人，其实越来越少了。

如果宾客没酒量也不要紧，场合上要多些眼力见，可以沏茶倒水殷勤周到，可以活跃气氛或者聊些有价值的谈资等。

相聚在一块联络的是感情，分享的是有价值的资讯。总之，你要有一个方面让被邀请人不会拒绝。让他觉得你是一个有能力，值得信任的人，这样大家才能坐下来边吃边聊。（作者：安之乐之）

怎么才能在饭局中如鱼得水

所谓饭局，并非单纯地吃一顿饭，常常联系着错综复杂的关系网和利益链，那么，面对不可避免的饭局，在注意传统礼节的基础上，该如何应对自如呢？

⑴
口才不好，叫好就行

饭局中，如果你是配角，就要尽量少说话，只在关键时候搭茬说话即可。如果你口才不好的话，那就更不要多说了，言多必失。如果说错话反而会添乱，还是少说话为妙。当别人围绕一个话题长篇大论时，可以跟着附和一下，或跟着吆喝就完了。

当然，如果你是组织者，就要大大方方，多找些话题，让大家吃好喝好，并且聊好，不让饭局冷场。

⑫

不要站队

有人可能会问：饭局上怎么会有站队的现象？其实，饭局上的站队体现在一言一行中。

当有人提出一种说法时，如果你有不同的意见，请保持沉默。

千万不要“仗义执言”让其他人难堪，更不能为了所谓的“对与错”“黑与白”而和对方争辩。

毕竟人都是好面子的，你的一句反驳，可能会让饭局气氛瞬间尴尬，甚至会因为你与其他人意见不一致而被孤立。

遇到意见相左、观点相左的情况时，不管内心多么不愿意，也要在面子上充分表达尊重。

⑬

不要做饭局上的“人上人”

饭局上的“人上人”其实是很“可怜”的。

所谓饭局上的“人上人”为了面子，他们会跟别人夸自己的酒量简直是海量，他们会轻易答应别人的请求并夸下海口，他们看不起跟自己碰杯喝酒的人，他们劝酒很厉害就怕对方不给自己面子，他们喜欢贬低别人来抬高自己，等等。

对于饭局上的“人上人”，很多人都遇到过。不可否认，他们在饭局中确实很有“存在感”和“获得感”。

但是，饭局之后，估计大家会嫌弃他。

饭局中，正确的做法是：让自己看起来不那么“高人一等”。

比如，要主动敬别人酒，也能卖个人情；碰杯的时候自己杯口要低于对方，以示尊重；不要夸自己酒量好，酒量差少喝点并不丢人。

不论别人是什么请求，能力范围以外的，就不要轻易答应更不能说大话，因为你不清楚遇到的是人精还是老实人，与其说大话还不如大大方方自曝家底有啥说啥。记住，这也并不丢人。

多说夸人的话也不会让自己“低人一等”，就算自黑，也能彰显出自己的胸怀与格局。

此外，适当的时候，如果对方酒杯空了，要主动迎上去倒酒，无论对方社交价值比自己高还是低，他都会很感激的。

④

你今天穿得怎样没人在意

有的人，因为性格、家庭等原因，在人多的时候总是扭扭捏捏，给人一种很不自然的感觉。

但是，一旦落座成为饭局中人，就要果断舍弃这些扭捏感，该吃吃、该喝喝。

记住，你过去是谁，除了你自己，并没有人在意。

但前提是你要能跟大家放开了吃，放开了喝，其乐融融能打成一片。不然，你的“孤立感”会让在座的其他人感觉尴尬。

⑤

要别人吃得开心

所谓“饭局”，虽然更多的是“局”，但是，一场饭局下来，如果“饭”吃得不开心，那“局”也好不到哪里去。

所以，点菜时要照顾大家的口味，让大家吃得开心。但不能挨个仔细问，毕竟点菜不是工作，最好让大家选各自喜欢的口味，或大家普遍喜欢的口味。

⑥

“饭局”不是唯一

有的人把组织的“饭局”看得太重，生怕饭局没把握好而错失了发展的良机。所以，在饭局上一个劲地拍领导马屁，刻意地取悦对方。

其实，饭要一口一口吃，话要顺水推舟地说，感情是一天一天的接触才会加深。如果只会一个劲取悦对方，势必让人觉得不舒服，还会让人觉得你不真诚，那就得不偿失了。（作者：暮春秋色）

饭局上，到底能办成哪些事

又到年底了，大家憋了一年又开始活跃起来了，不少人各类饭局应接不暇，诸如部门聚餐、同学聚会、员工团拜、元旦节庆等。

面对这些饭局，有的人在极力逃避：我酒量不好；我讨厌饭局；还不如一个人安安静静吃饭，饭局浪费时间……

其实，饭局饭局，吃的是饭，更多是局。逃避饭局，会让你失去很多机会。

那么，饭局到底有什么用？能办成什么事？能给你带来哪些机会？

01

能宣传自己

职场上，如果你交际圈都不大，上班打卡、下班回家，工作以外，跟同事再无任何交集。

因此，别人对你的印象不深，甚至认为你性格孤僻。

这样的话，你的群众基础就会比较差。那么，如何弥补？

饭局是一个能让人刷存在感的好地方。

饭局上，你可以借向他人敬酒时，来个自我介绍，在觥筹交错、言谈尽欢中，别人对你也有了更全面的了解。

此外，如果你懂得利用饭局，合理展示自己的口才、见识，是很能给自己增加印象分的。

能赢得信息优势

在职场中，掌握信息就是优势。比如，谁和谁的关系好，领导平时有哪些爱好，单位最近正在酝酿某重大事项，谁将获得提拔，别的单位是怎么推动该项工作的等。

这些信息，如果比别人知道得早、全，那就能及时为己所用。

再比如，知道谁和谁的关系了，为人处世方面能更加小心谨慎，以免得罪人。知道领导的喜好了，那就能有的放矢主动争取，及时进入领导视野……

而饭局就是一个很重要的信息渠道。通过饭局，你能听到很多小道消息、能知道很多“内幕”，能通过与人吃饭来了解其为人、性格特征，能赢得信息优势。

能拉近私下的感情

在工作场合，大家通常神经紧绷、埋头于工作，且一切都是按规章、制度、流程办事，没有多少情感交流。

而在饭局这个小空间里，在美食佳肴和在酒精刺激下，心情愉悦的同时，会把职场紧张严肃的一面撕下来。

这种情况下，大家你一言我一语，讲的都是“悄悄话”“心里话”，更有利于感情的增进。

正是这样，很多人常通过饭局来积累职场人脉。

还有的，常通过饭局来化解矛盾、消除误会。让圈里有威望的人出面，借着酒劲，彼此把矛盾误会讲出来，一来二去，感情也就增进了。

04

能办平时磕磕绊绊的事

职场上很多问题，说到底还是人的问题。

比如，同事不配合工作，下属工作积极性不高，向其他部门要个材料很费劲，上级对口处室领导不好应付，工作协调难度大等。

以上这些问题，我们常会遇到，也很苦恼该如何解决。

但如果感情到位了、把人搞定了，这些也就不是问题了。

往往，通过饭局增进彼此间的感情，我们能办平时难以办成的事情。

05

能长一些见识

每一场饭局，都是一次机会。

在这里，你能见识或听闻一些以前不知道的事情，能懂得一些没想过的道理。

听得多了、浸润久了，你的眼界、格局也会有所提升，工作方法和能力也会有所改观。

另外，参加饭局应酬，跟不同人打交道，本身也是对你情商的考验与提升。

毕竟，饭局上的人，大多是善于察言观色、与人交流的。跟他们接触多了，自己也能学会一些了。

从这个程度上说，一顿饭带来的绝不仅仅是酒足饭饱那么简单了。

能把自己嵌到“局”里

饭局是比较讲究规则的。

比如，请哪些人不请哪些人，谁坐主座谁坐次座，谁来喝酒谁来搞服务等。

再比如，领导组织的饭局要不要去，怎么邀请领导出席饭局，饭局上谁先敬酒先敬谁酒、谁可以抿一口谁必须一口闷等。

这些都要讲究规则，参加饭局，你就必须服从这些规则，以表达诚意。

从这个层面说，饭局是一个圈子，宣示的是一种规则，开展的是一种服务意识。

一般地，经过几次饭局，至于你是主角还是跑龙套的，这种角色分工也就基本能固定下来。

总之，对饭局来说，吃饭只是一种手段、途径，饭局的主要目的是背后能够联络感情。

职场人应该正确认识饭局，努力把握住每一次机会，通过饭局赢得晋升的机会和积累人脉。（作者：浪子燕青）

饭局上低情商的表现，让人捏把汗

在职场，我们总免不了要参加各种饭局，年底尤其多。

饭局，不只是简单的吃饭，更多在于吃饭以外的感情和办事。

各类饭局里，最让人犯愁的，是有领导参加的饭局。很多人担心自己在饭局上不会说，更不会喝，会不会影响领导对自己的印象。

其实，饭局上只要不犯大错，让领导觉得有面子，这个饭局就成功了。

尽管你不会说、不会喝，但只要不触碰下面这几种行为，你的饭局照样是成功的。

疯狂给领导敬酒

都说“感情深一口闷”，好不容易有机会跟领导共餐，为了表达忠心、拉近关系，很多人常会疯狂向领导敬酒。并且，敬酒时常常是一口闷，毫不含糊。

殊不知，喝酒伤身，每个人都讨厌酒局，更害怕那些反反复复敬酒的人。

在领导眼里，你疯狂敬酒，要么，是对他有意见，要让他喝多难受；要么，你情商低，办事不成熟……

所以说，疯狂敬酒，你拼命喝了很多酒却没有讨到半点好，何必呢？

不会催菜

跟领导吃饭，最重要的是要有眼力见儿。

如果，饭局上，领导多次让你去催菜，那你就要注意了。

要么，是领导跟客户有要事要谈，你需要回避；要么，是你的言行举止让领导难堪，需要及时止损；要么，是因为菜不够，需要添菜……

不管怎样，你都要有眼力见儿，能迅速读懂领导。

但现实情况是，很多人没法领会到领导真正的意思。

领导让其催菜，他回复“刚刚已经催过了”，或者到门口喊了下服务员然后迅速落座……

再比如，领导让你去车上拿瓶酒，而你知道车上没酒，该如何答复领导？该如何执行领导的指令？

这也是涉及情商的问题。

摆个冷脸

职场上，有的人跟领导吃饭时，因为不清楚自己的定位，不知道该干什么、不能干什么，只能沉浸在个人世界里，融入不了饭局。很容易就让人觉得，他完全没把饭局当回事。

比如，领导和大家有说有笑，在这种轻松愉快的氛围里，他把这次饭局当成了普通的吃饭，认为自己该干什么就干什么。

再加上，大家聊的话题他插不上嘴，暂时也没有找到共同话题。

所以，领导和大家闲聊的时候，他在一旁玩手机；大家纷纷走过去敬领导酒时，他还在低头自顾自地吃菜。

其实，这种行为是极其错误的。

饭局上，首要做的是“入局”，大家干什么你也一起跟着干什么。如果一开始就以“局外人”的角色参与，是非常让人厌恶的。

乱翻桌上的饭菜

很多人，无论在哪吃饭，喜欢在饭桌上乱翻菜，专挑那些自己喜欢的吃。其实，这是不遵守饭局规矩的行为，是对在座者的不尊重。会让人觉得你没有修养，认为你是个挑三拣四的人。

再比如，领导夹菜你转桌，领导讲话你插嘴，领导敬酒你吃菜等，都是不遵守饭局规矩的表现，是低情商的表现。

爱出风头

为了让领导记住自己，有的人常会刻意表现，甚至抢别人的风头。

比如，饭局上，有的人只是个“服务员”角色。只要认认真真服好务，把端茶倒水、点菜催菜干好，义务就尽到了。

但是，他们不甘心当幕后英雄，想到领导面前多露脸、刷存在感。在当“服务员”的同时，会去抢其他人“主陪”“副陪”的角色，一个劲地陪客户聊天、沟通感情，以此让领导注意到自己。

殊不知，领导在职场识人阅人这么多，关于这点点小心思，他全看在眼里、记在心里。

所以，这样做不但得不到赏识，还很可能被贴上“不务实”的标签。

把酒话当真

饭局上，常少不了酒。酒过三巡后，在酒精的刺激下，很多人开始疯狂表达内心的想法。

一些憋在心里的话，说出来了；一些不敢表达的情感，也表达出来了。甚至，对同事的意见、批评，都会蹦出来。

在这个节骨眼上，当听到对自己批评的意见时，很多人常会就事论事，据理力争证明自己。

都说“不要跟醉酒的人理论”，这样的情况下，你越争只会对自己越不利，势必会让领导看不起你。

总之，跟领导吃饭是一门技术活。一旦在饭局上有以上几种行为，一定要及时改正。（作者：浪子燕青）

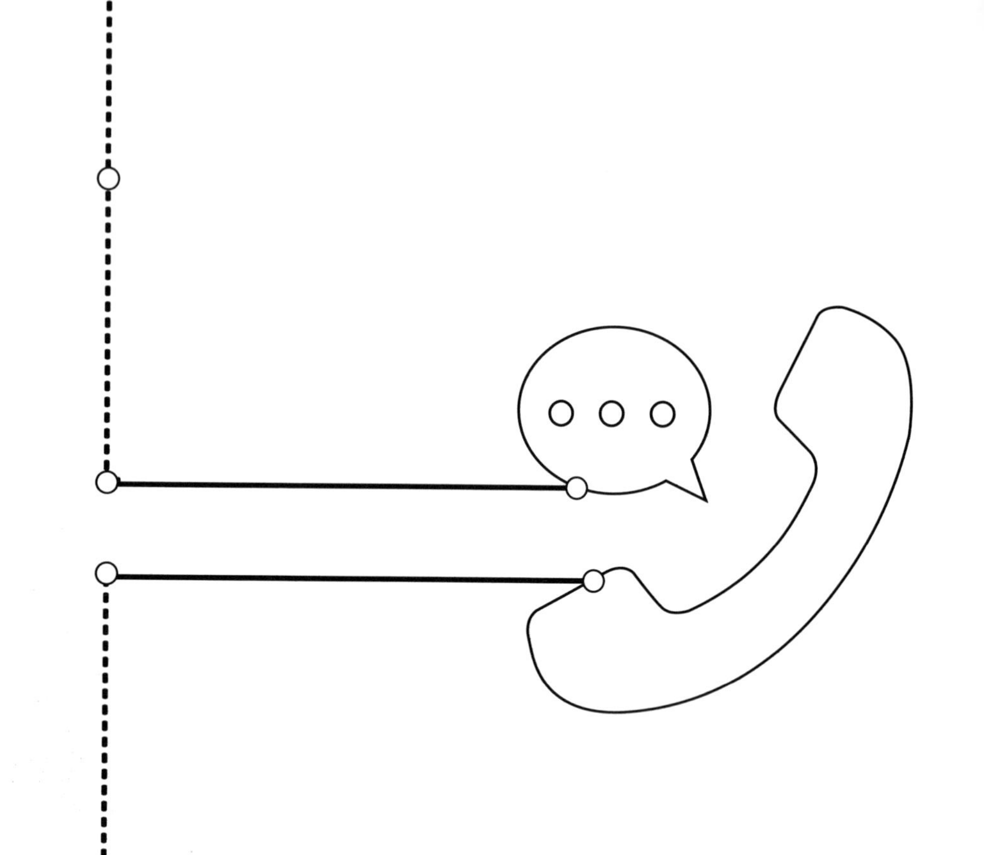

06

怎样
发微信打电话

打电话竟能为工作增光添彩

现代社会资讯发达，打电话成了日常工作中不可或缺的重要通信方式。在工作中，常常用电话进行通知的发送和接收、工作联系接洽、材料核对、数据校正等，可见电话在工作中的重要性。

如何用电话进行工作也是一门艺术，如果运用得好，工作便如鱼得水、如虎添翼。但是，运用电话进行工作也有很多值得注重的细节和关键地方。

01

细节是成功之源

我的第一份工作是在乡镇当文书。工作交接的时候，前任文书反复交代一定要注意细节，不放过每一个来电和去电。

有一次晚上 11 点多上级来了一个紧急通知，要求乡镇主要领导参加紧急会议。忙乱中我四处找笔，好不容易找到笔后只顾记录通知内容，没有记下对方的联系号码，加上当时的老电话机没有来电显示，没有再次核对。

哪知道无巧不成书，电话通知里的会议地点“水利宾馆会议室”被我记成了“水利局会议室”。结果参会领导因为迟到挨了批评，我自己也受到了领导的批评。

事后我真正感受到了前任文书所说的“细节决定成败”的重要性。从那以后，在收发通知的时候我养成了以下几个习惯。

一是记录本与笔随时放在触手可及之处。

二是无论来电、去电均将接电人姓名记录在册，确保能及时沟通。

三是要对会议时间、地点等重点要素与通话人进行二次复核，以确保无误。

因此，要做一个细心的人，注重细节会为你以后的各项工作和事业打下基础。

礼节是待人之本

待人接物方面要有礼有节，有礼有节方能进退自如。在乡镇工作几年后，我转到了更高的平台去工作，通过电话联系工作的情况也更多更频繁了。在电话沟通的过程中，我发现做一个有礼貌的人、以诚待人会让人缘变得更好，工作也更顺利。

无论是对上还是对下进行电话联系工作，一定要注意吐字清晰，并且要文明用语。一个声音清晰、悦耳、吐字清脆的电话沟通，能给对方留下好的印象，对方对通话人所在单位也会有好印象。

这么多年下来，我总结出一个规律并养成通话习惯，无论是接电话还是发电话，在称呼对方后都主动地自报家门，一般都是用单位名称加上自己的姓名，这样更方便工作的进展。

事实证明，这样能让对方在第一时间获得重要的信息。遇到对方一时找不到记录本和笔等情况时，一定要耐心等待，因为与人方便就是与己方便。

如果一次沟通不成功，对方再次打电话过来的时候，一件事还要重复说一遍，既浪费时间又浪费精力。

可以说电话中的沟通更能体现一个人的待人接物水平，因为无法观察对方的表情，只能从有限的通话中用较短的时间判断对方的情况、情绪，通过长期接电话、打电话，能提高个人的综合能力。

因此，做一个有礼貌的人能帮助你不断提高个人形象，以及提高个人工作水平。

⑶ 慎思是提升之基

在十几年的工作经历中，我有这样的体会，有时候遇到一些具体问题，当时有些感受和体会，过了不久就忘记了。

后来我专门准备了一个笔记本，用来随时记录这些感受，时间长了进行一下总结和归纳。这个习惯帮助我解决了很多难题。

记得有一次我在发会议通知的时候，对方单位办公室有一男一女两位工作人员都姓王，我当时记录的时候只记下了王姓工作人员接收通知。

后来这个单位领导没来参会，倒查的时候找到两个王姓工作人员，都表示没有接到通知。由于当时没有记录全名和性别，因此查而无果。

从那以后我收发电话通知都会记录全名和性别。

俗话说：好记性不如烂笔头。经常收发电话通知，我也在实践中总结出一些小经验，例如以下几方面。

通知领导参会时要将相关的会议情况烂熟于心，做到随问随答，还要尽量将会议材料放在手边，以防领导询问有关情况。

通知到下级单位时，在保密的前提下，尽可能提醒对方提前入场，会议注意事项，以及是否需要安排食宿。

还有，需要电话中核实的一些素材和数据，在电话报送的同时，尽量让对方通过传真、电子邮件或纸质文件的方式报送，以便保存和有据可查。

这些在实践中遇到的问题就是我们制定工作制度的基础，只有实践才能更好地检验工作成效。

工作中的经验需要不断总结，只有不断总结经验教训，才能不断提高工作水平，实现由量到质的转变和升华。因此做一个谨慎的人，及时总结才能不走老路、错路和弯路。

真诚是交往之桥

我们单位经常有值班任务，经常会遇到非工作时间联系工作的情况。特别是遇到突发事、急事，需要立即报告领导、通知部门的情况，处理这类问题对个人工作能力也是一种考验。

在这个过程中，我的体会是，以诚待人，诚心做事，诚心谋事。想领导所想，急领导所急，同时也适用于我们的电话通知对象。

遇到深夜或节假日联系具体工作报告突发事件的时候，尽管时间紧，但是报告前的准备工作也一定要做充分。特别是事情发生的具体情况要力求准确、全面、及时。

平时工作中注意收集相关资料，针对值班中经常遇到的有关情况要按照处置流程总结自己的处置规程，这样才会忙而不乱，忙而不杂。

例如，有一次我在通知卫生局主要领导处置一个突发事件的时候，不但详细介绍了事情的有关情况，还把相关的处置规定和涉及部门进行了梳理提示，为这位领导第一时间进行决策提供了一些参考，事后这位领导还专门来与我交流、谈心。

在与平级部门的工作沟通中，尽量能提供工作事项的缘由和事情背景，以便对方尽快进入角色，从而更好地配合工作。

电话沟通是机关和企事业单位必不可少的沟通纽带，工作人员如果坚持做到细、礼、慎、诚四个方面，将会为自己的职业生涯增光添彩。

（作者：张懿鸣）

用错微信头像，你已经在单位吃了大亏

不久前，一条“员工群回复 OK 手势被开除”的新闻引来了网友 2.5 亿的阅读量和 1.8 万次的讨论量。

可见，随着微信的广泛使用，微信礼仪也受到越来越多的关注。

微信头像作为微信的一个重要组成部分，也贯穿于我们微信使用的始终，并且在某种程度上决定了能否第一时间得到关注和好感。

所以，微信头像的选择也是值得我们去研究和琢磨的技术活。

01

主要领导微信头像特点

为此，我以我们市级层面组建的一个工作微信群为研究参照，里面涵盖了全市所有的市级领导，以及市直单位和乡镇街道的主要领导，覆盖的年龄段从“60 后”到“90 后”不等。

我发现领导们的微信头像虽然无一重复，但却可以提炼出一些共性供大家参考。

这个群里的头像大致可以分为以下几类。

一是山水。这一类可能占到 50% 左右，大多使用青山绿水的图片，给人以宁静致远的感觉。

二是字画。这一类占比约为 20%，使用的书法作品一般不超过四个字，画作一般是山水画或颜色清丽的画作，给人以文雅之感。

三是花草。这一类可能占比 15%，多见于女性领导，且多用莲花、兰草等具有高洁象征意义的花草，给人以清新之感。

四是有寓意的风景。这一类约占 10%，用得最多的是与太阳有关的图片，如旭日东升、冬日暖阳等，给人以希望、温暖的感觉。

五是有地方特色或岗位特色的照片。这一类约占 5%。如水利部门的领导用当地的母亲河，旅游局的领导用当地著名的旅游景点，某个红色景点的领导用景点内的一个标志性建筑，给人以热爱本职工作、爱岗敬业的印象。

中层领导微信头像特点

那么单位中层领导的微信头像又有什么特点呢？接下来我对我们全市的市直单位和乡镇街道的微信群进行了研究。我发现大概有 50% 的人与以上领导们的选择相类似，而另外 50% 的人则又可以分为以下几类。

一是自拍照。常见的是旅游时拍的有大片即视感的美照，或者是设计了角度的自拍，也有个别是用正面的证件照。这样的头像传递出的是一种很自信、很阳光的感觉。

二是全家福或者孩子的照片。一般是一家三口或一家四口的全家福，或是宝贝的照片，这样的头像让人感觉很温馨，同时给人一种很顾家、有责任心的感觉。

三是偶像照片或是网上搜索到的人物头像。这种头像很适合与有相同爱好或审美的人拉近距离，比如有些人用篮球明星，就释放出一个明确的喜欢篮球的信号，自然可以吸引到志同道合的朋友。

四是卡通头像或者宠物头像。这一类多见于“80末”和“90后”的人，使用这种头像给人的感觉是童真、幽默、可爱，让人莫名就觉得头像背后的人很软萌、很具亲和力。

令人不适的微信头像

微信头像的选择并没有一个统一的标准，每个人有自己的兴趣爱好，也有想通过头像传递的消息，和希望借此塑造的个人形象，大家完全可以根据自己的需要进行选择。

但是，需要提醒的是，有些头像可能会让人感觉不适，甚至会引起对方的反感，值得我们警惕。

一是奇怪的非主流头像。背景是昏沉、阴暗的，忧伤的气息随时要溢出屏幕。这种头像给人一种消极、阴郁的感觉。

二是画风清奇的搞怪网红图。不排除有些人想通过这种头像打造幽默、特立独行的人设，可在机关里这样的头像却会给人一种极不靠谱和低俗的印象。

三是消极表情图。使用这种消极的表情让人在跟你微信聊天时会自带压力，好像发出去的每一句话都会得到你消极的反应，从而给人一种工作态度不积极及人际关系淡漠的感觉。

所以，微信头像也不要乱用，不要因为一个微信头像而给自己的工作减分，可以选择一些阳光积极的头像，心理受暗示，自己也会变得积极阳光。（作者：岚溪）

只因一个回复就被领导开除！工作微信群都有哪些雷

微信群回复 OK 手势被开除的奇葩事件，着实惊呆了一众“吃瓜”网友，并迅速占据热搜首位。

有人的地方就有江湖，何况还是拥有庞大群体的微信呢？现如今微信工作群简直成了职场的标配，其间上演的各种奇葩事件，本身就说明：工作群也是个江湖。

“人在江湖飘，难免会挨刀。”粗看之下发现，在群里“挨刀”的多为年轻一代，而恰恰我们这代年轻人，使用微信本就较为“娱乐化”。

很多人早在学生时代便坚决贯彻执行：能语音的绝对不打字，能用表情包的绝对不用文字。

可工作群毕竟是交流工作的，人还是那些人，不过是换了个地方，职场的规矩可不能忘。

所谓“江湖”自有“江湖”的规矩，今天我们就来聊聊“工作群”的那些规矩，以避免因不了解“工作群”而惹祸上身。

共性篇

用微信发消息时，要考虑接收方的感受，不要只考虑自己的感受。

1. 合理使用以下字词、标点

如“嗯”“哦”“哦哦”“……”等这样的回复，隔屏幕对方都能感觉到你的冷漠和敷衍，不光会影响对方的心情，还会影响双方的感情。这样的字词和标点最好还是少用。

2. 使用表情有讲究

用微信自带的表情并加上文字，如前文提到事件中的员工，如果在“OK”后面带上“好的”二字，结果也许就不一样了。

发信息时用表情代替文字，甚至发大表情，简直是自找苦吃，这样不仅容易霸屏，也显得轻浮、不够严肃，别忘了体制内的领导可大多是“数字移民”。

3. 文字较多时要分行

如果文字较多，务必要分行，并将重要内容标上序号。一般手机在键盘上点回车键即能分行；如果不能，可先在备忘录里编辑好，再复制到微信；如果是使用微信电脑版，可先更改“发送”热键为“Alt+Enter”，之后用回车键即可进行分行了。

4. 语音要少发或不发

大多数人在收到微信消息时，都比较反感语音。发消息时如果能用文字就坚决不要用语音。发语音确实很方便，但方便的是自己，麻烦的却是对方，特别是一些重要消息，一没听清就还得倒回去重听，时间就这样被浪费了。

5. 闲聊的话少说或不说

在工作群里闲聊是很没职业素养的表现，因为工作消息一刷而过，闲聊极易淹没重要的工作信息，会影响到其他人的工作。所以，没有要紧事，最好不要在微信工作群闲聊，如果想和谁说话直接私聊即可。

对上篇

对于上面的领导，发消息时要注意以下几点。

1. 善用“提醒”功能

微信有个很多人不晓得却非常好用的“提醒”功能，长按聊天内容，就可以看到“提醒”的字样，设置之后某一个时刻，将会提醒对方看该信息，比如群里发给领导的文件、汇报或通知等，避免误事。

2. 回复“收到”要注意

上级布置工作时，回复“收到”时最好加上本单位或者部门简称，便于领导或上级知晓工作有无通知到位，如“××市收到”“××局收到”等。

3. 群里恭维是禁忌

如果在群里公开恭维领导，会让其他的同事感到不舒服，也可能让领导也下不了台，更有可能会被别有用心的人给你来个截图，留下你溜须拍马的“罪证”。

对下篇

对于单位的下属，在群里要一视同仁，不要区别对待，即便你更属意于某个人，也不要在群里明确表示，这样会引起其他下属的不舒服，容易造成工作上的被动。

1. 表扬人时一个也不能少

省局某科长曾转发了一个“美篇”到全省部门工作群，附了一段话，点明主题，并感谢某某某的付出。

不过这条消息很快就被撤回了，原来是他忘了感谢拍照的人，于是重新发了一条。看到时我很佩服，毕竟这是工作群，公开表扬时漏了一个人，可是会让这名辛苦付出的下级很没面子。

2. 批评人时最好私聊

有的领导喜欢在微信群里直接指责别人做得不足的地方，这其实是非常不对的，不仅让对方下不了台，而且会给人一种故意发飙、不给改正错误机会的错觉，下级也会心生埋怨，私聊则能避免这种情况。私聊能够维护下属的面子，保护其自尊心，更容易说到其心坎里，方便推动工作。（作者：任异）

接打电话不注意的这几点，领导忍你很久了

第一次感觉到电话沟通的艺术和能力，是源于现场看到领导给大领导打电话，就刚刚处理完毕的一起群体性事件进行汇报。

当时的情况是，一堆大领导正在举行会议，突然有群体性事件。负责维稳工作的领导立即离开会场，进行一线指挥，各种沟通协调，总算事情不大，很快顺利解决了。领导松口气之后，看看时间12点多一点。于是拿起电话给大领导汇报："领导，事件已经顺利解决了，这群人主要是为某某问题而来，经过沟通协调，现在都散了，详细情况下午有时间再当面向您汇报。"通话时间一分多钟，简洁明了，重点要素都说完了。

笔者作为旁观者，感觉颇有所得。一次闲暇时，与领导聊天，说起汇报工作的事情，本人讲起了这个案例。领导条清缕析地分析了当时的想法：

"第一，这件事因为发生的时候大领导知道，所以事情完毕了，第一时间要向他汇报，以让他放心。

第二，关于汇报形式，究竟是发信息汇报，还是打电话汇报，我在心里衡量了一下，一方面要形成文字，在手机里打出来需要几分钟时间；

另一方面我估量会议应该结束了，就算不结束也接近尾声，领导接一个电话也不会有大的妨碍，所以我选择打电话汇报。

第三，打通电话的同时，我已经迅速把要说的几个要点列了一下，可以保证尽快简洁地说完。”

领导的这次现场教学，让人不由得点头佩服：这么一件小事，都这么有章法。可是，偏偏就是这位有章法的领导，遇到的是没有章法的下属，也会惹得领导发飙。

有次领导打电话给下属小王：“小王呀，刚才省里 ×× 处长打电话要来，要报信息……”“我们已经报了！……”领导的思维就这么被硬生生打断了。话还没说完呢就听下属这么叽里呱啦，领导耐着性子听了一会儿，觉得不是办法，便打断了小王的话：“小王，你听我把话说完，你再说。你把信息发给哪个处长了？”“我发给那谁谁谁了……”啰里啰唆又一堆，领导又不得不耐着性子听小王说一通。

“你听我把话说完，别乱插话好不好！”领导终于有点火了，“周处长打电话说，叫我们持续跟进事态发展，每一个小时报一次信息，直接发到他手机上，你明白没有？”

经过这么曲折的过程，领导才终于把要表达的信息表达完了。交代完了火气还没消，把小王给教训了一通。整个通话在不太愉快的氛围中结束了。

当时听得笔者心潮起伏。觉得当个领导也这么不容易，遇到这样的下属。感慨完之后，觉得从这个反面教材可以得到如下启发。

一是，当领导打电话给你时，你的第一反应应该是领导有吩咐，那么在接通电话问好之后，应该做的就是倾听，让领导先说，然后见招拆招，或领会传达，或汇报回应。但绝对不应该是还没摸清楚情况，就自己先说一通，领导的思路被你打断。

二是，倾听要点，当你明白领导是在布置工作的时候，就要凝神静气听清楚各种要素，比如时间、人物、内容等，为接下来如何去落实做好准备。

三是，有效对接，将自己了解掌握的情况与领导的指示进行对接，还有接下来将如何做，进行表态或者简单谈一下初步的思路，这就接近尾声了。

四是，领导说完了，通话将要结束，一定要等领导先挂电话，万一领导有什么事情还没说完，再追加一句啥的，你这边匆忙把电话挂了，领导的话才说了一半，你想想他心里会是啥感觉？

话说，笔者一直很注意这一点，但有一次还是疏忽了，接了领导电话，叫拿一份材料去他办公室，答应之后就挂了电话，赶快行动去准备材料。结果一分钟后，领导电话又来了："你这么急干啥？这么快挂电话？！"这件事告诉我们：不要急于挂电话，让领导先挂是需要一以贯之的法则。（作者：伊人）

给领导发个微信，竟然体贴到这种程度

伴君如伴虎，职场中“伴”领导，很多人的感觉也是一样——难伺候。

我做了3年的行政工作，对接过各个层级的领导，最大的经验就是，要牢牢把握一个原则——让领导方便。

把领导当外行人看待，凡事考虑得越细越好，语言则越精练越好。

现在通信技术发达，大部分工作沟通都会在微信上完成，但是微信沟通工作也需要技巧，你掌握了吗？

⓪①

领导的微信语音，你会回复吗

领导有事找你，微信发了一串语音，怎么回复领导才舒服？

1. 若紧急，先回复；不紧急，先听完

对于领导的微信语音，先听一下第一条，判断事情是否紧急。

若不紧急，可以听完所有语音再回复；若紧急，先回复“收到”，让领导吃下定心丸，知道你已看到消息，可以马上处理，然后再回头一

条条听。你要记住：最在意你回复的，是给你发信息的那个人。

2. 边听边记录，记完读一遍，双方再确认

边听语音边用文字做好记录，复听一遍以确保无错漏，并发给领导确认后再着手工作。这一步非常关键，即使时间再紧，自己和领导双重确认的步骤都不可以跳过。

有时候领导工作繁忙，布置任务也会有疏漏，再确认一遍有利于发现问题，及时纠正补充。

开工前要做好充分沟通，如果理解错误，则失之毫厘，谬以千里，返工带来的代价可大可小，不巧的话就可能是“职场不能承受之重”了。

3. 任务处理后，反馈才算完

处理完任务后，一定要记得第一时间给领导反馈，他可一直在等着呢，所以，反馈这一步一定不要落下。

发语音，是方便自己麻烦别人的事，和领导沟通，我们要尽量发文字，发文字有如下几点好处。

一是更正式、更精练，可免去不必要的废话。

二是一目了然、省时省力，且可以让领导在不方便听语音的环境也能快速确认回复。

三是方便形成记录，后期容易搜索。

四是几乎不掺杂情绪，可以保护自己。

微信找领导，你做对了吗

通过微信消息找领导，要力求做到以下几点。

（1）一条消息讲清楚：宁可文字编辑长一点，也不要分多条发。

（2）发送前自己读一遍，检查一下：语气是否正式（开头的称呼不要忘记，最好别用“呀”“哈”“哦”之类语气词），语义是否正确（是否有歧义、错漏字），预判领导会不会提问（会的话提前把答案补充进去）。

（3）尽量让领导做选择题，先拿出几个方案，让领导做选择，而不是给领导做开放性问答题。注意一次只问一件事情，等领导做完答复后再问下一件。

（4）需要文件（如图片、文档、表格）来辅助说明时，使用不同颜色标注或框出重点，提高沟通效率。

（5）遵循先文字后文件的顺序，以防文件发送了文字还没编辑好，如果领导一头雾水开始发问会打乱节奏，我们就可能手忙脚乱来不及回复。

（6）转述他人的话时，不要发你们微信对话的截图，应用文字概括叙述。

（7）跟着领导“生物钟”：按照领导的时间表走，领导才会舒服。如果不是紧急的事，领导一次不回复，不要追着问，等领导有事主动找你或者你有别的事找领导，领导做出回复的时候，再顺便问一下。

03

微信回复，要细致周全

在微信中与领导进行沟通时，不要指望他能及时回复，因为领导手头会有很多要忙的事情，着急的事情就亲自过去问，不着急的就慢慢等。

（1）领导需要某人的联系方式，千万不要到通讯录里直接截个图发过去，应用文字编辑姓名和电话号码，方便领导保存，也方便领导直接打电话。

（2）领导要邮寄地址，不要随意编辑，应按照网约邮寄快递的默认格式“姓名，电话，具体地址”发送，这样不需要再加工，直接复制即可邮寄。

（3）领导要个定位，发完后，记得加上文字说明：如果需要停车的话从 A 门进方便，如果打车可以走 B 门，还要加上目的地的营业时间和前台联系方式等。

（4）收到领导的快递，可别默不吭声直接放到他办公室，或未经允许直接拆开。应第一时间拍照并告知有关寄件人信息，因为可能需要放冰箱，也可能是他正急需的重要文件。

（5）领导交代处理个小事，如果发现不在自己的工作范畴，不要回复这不归自己管，而是由某某负责。这是情商低的体现，应主动联系负责人了解清楚情况，整理汇总后给领导做汇报。

（6）给领导发文件，要注意手机可读性。

记得有一次我给领导发了个表格，让领导关注绿色部分，结果等了好久，领导回复没看到绿色部分，我想此事必有蹊跷，用手机打开文件一看，原来在电脑上显示的绿色，到手机上却变成了蓝色。

这次经历告诉了我，要注意手机阅读文件的可读性，重点内容标注不要用蓝、绿色系，也不要用太淡太亮的黄色；应尽量使用深度适中的橙、红色系。文字叙述时，不仅要让领导重点关注标注部分，还要说明一下重点内容，以方便领导确认。

如果涉及数据，别嫌麻烦，一定要做好分类汇总。

掌握好微信沟通技巧，才能让领导感觉舒服，工作起来也更和谐。

（作者：阿督嘎）

千万别随便给领导的朋友圈点赞

这几天，不知为何，大领导 A 君总是频繁发朋友圈。上午发点体制内心得，中午吐槽吐槽生活，晚上发点心灵鸡汤……

一般地，当领导后，为了信息安全，或因为有自己的事情，基本上都不发朋友圈的。而 A 君的行为一反常态，令大家不解。

因此，对于 A 君的朋友圈，一开始，大家都不敢点赞，更不敢评论，总在猜测 A 君是不是被盗号了。

要说他被盗号了，可他的身影总“活跃”在工作群里。

在确认是他本人发圈之后，很多人都开始各种花式“套近乎”，要么频繁给他点赞，要么评论区总能见到“为您点赞”“这篇文章说出了我们的心声啊”等言论。

但办公室小刘却很不解，更不屑：不就是一条条朋友圈嘛，这些人都是在拍马屁啊，我是做不出来，也不会像他们这样的。

小刘的话不无道理，毕竟职场主要是围绕工作，这些工作之外的事情，无须牵扯太多精力嘛。

但是，深究起来，却发现并不是那么回事儿。那么，领导发的朋友圈，要不要点赞回复？

要回复

有的人觉得：领导毕竟是自己的上级，对他的朋友圈还是应保持距离，不要碰为好。

其实，领导也是人，他们发朋友圈，无非是想通过微信这一“社交窗口”，来展示、记录、分享自己的喜怒哀乐。

当领导心情好时，或对某个观点很赞同，也会发条朋友圈与大家分享那一刻的心情，希望得到“回应”或“反馈”。

当他们不开心了，也想通过朋友圈发泄，并期望有人能给予支持鼓励。

如果今天有职场心得了，将以“……话职场”为话题，具体总结罗列几条，期望得到赞同与鼓励……

作为下属，给领导朋友圈回复，无论是一个点赞或是一条评论，都说明你在关注领导，赞同领导，时刻与领导保持互动，对领导的喜怒哀乐都有反馈。

比如，领导在朋友圈发了些“职场心得”，你评论“学习了，谢谢您”，是不是更能拉近彼此间的距离？

又比如，领导写了某条复盘总结，你评论“吾日三省吾身，感谢领导”，是不是比单纯点赞或不回复更能表达那份“三省吾身”的姿态？

这就好比两个人聊天，对方说的话题，你能理解，并能及时回应，或包容，或支持，或鼓励，或赞美，总能给对方一种相谈甚欢、同频共振的感觉。

所以说，朋友圈回复，不过动动手指就能完成一次与领导的互动，何乐而不为？

当然，事情无绝对，若领导频繁发朋友圈，并不是每条都要回复，适当关注，在你认可的观点下回复即可。回复多了，领导懒得去看，甚至领导和同事会反感，认为你别有用心。

02 该怎么回复

根据领导发朋友圈内容的不同、自己认知水平、评论区环境等的不同，回复策略有所差异。

1. 分享快乐型

领导发了这样一条状态：“我们单位 2020 年上半年的工作，得到了上级领导的高度肯定与表彰。”

分析：这条状态，领导的初衷是分享快乐，当然也不排除是展示自己的功劳，激励团队。

因此，看到这条状态后，你要将领导的功劳表达出来，要将单位的成绩分享出去，更要将下阶段的工作计划与决心表示出来。

应对方法：如果有链接、有图片，就“分享+转发+点赞+评论”，并附上“在 ××× 等正确领导下，单位上半年工作取得了丰硕成果，下阶段我们将不忘初心再接再厉”等语句；当然，如果只是领导编的文字，点赞、评论即可。

2. 自我标榜型

领导转发了关于某名人走向成功的“秘诀”。

分析：这条状态，领导的初衷是表达“我也能成为像 ×× 一样的名人”这样一个观点。

因此，你要将领导没说的话给表达出来，把话说到他的心里、满足他的虚荣心。

应对方法：“点赞 + 评论”。其中，你可以这样评论“我把这个链接前前后后看了三遍，觉得领导您跟文章主人公很多方面都很像，都值得我们学习”（哪些方面像，要务实，不要夸夸其谈、沦为拍马屁）。

3. 心灵鸡汤型

领导转发了一碗“鸡汤”，或写了一段鸡汤文。

分析：对于这条状态，领导的初衷是表达“要积极向上，做一个充满正能量的人”。

因此，你要做的，是给予他反馈“我们会努力加油的”。

应对方法：“点赞 + 评论”或“点赞 + 评论 + 转发”。其中，评论可以直接摘抄文章中某句你认可的话。

4. 吐槽、发怒型

领导发了句：“孩子真不听话，这么大人了，天天都要家里人操心。”

分析：这条状态，领导的初衷是“分享生活中的烦心事、工作中的忧心事，希望得到周围人的理解与支持”。

因此，你要做的是，在表明“这件事确实不简单”这样一层意思的基础上，肯定领导的付出与努力。也就是告诉领导：这件事很难，但根本不是您的错，您已经做得非常好了。

应对方法：直接评论。比如，可以这样说“这个年龄段的孩子最难管了，正处于叛逆期。当然，我看 ×× 这性格，将来一定是干大事的。

领导您也别太生气，要注意保重身体”。

5. 伤心的动态

领导发了条状态：“妻子又生病住院了，这是今年第 × 次住院了。”

分析：这条状态，领导初衷是想通过朋友圈表明内心的无助，同时也希望能得到大家的关心。

因此，你要做的，是及时通过言语、行动表达关心、慰问。

应对方法：评论“祝福嫂子早日康复”，然后买点礼品去医院看望一下。

总之，回复领导的朋友圈，主要是让领导感受到被尊重拥护，被关心关注。要学会看人下菜碟，当领导想展示自己，那你就要说发自内心赞美的话；当领导想表达不满，那你就要站他的角度思考问题，并送去关怀与理解。

03

一切要回归工作

给领导朋友圈点赞、评论，是当今互联网时代的一个“产物”，也只是上下级间的一种交流方式。

回复也好，没回复也罢，都不要妖魔化，更不能上纲上线。

你回复了，并不见得领导跟你关系就一定近了，也不见得领导对你的工作就一定认可了，更不见得今后分蛋糕一定会有你的一份。

你没有回复，也不见得领导对你就一定有意见了，或者在职场你就一定处于被动了。

职场的任何事情，都要回归工作本身。朋友圈恰当的回复，在特定的工作环境、某些领导那里，可能会给你“加分”；但是，这种网上的互动，是经不起现实考验的。

任何一个人，首要的是干好本职工作，恰如其分地处理好现实中与领导、同事间的关系。展示出过硬的工作能力与实绩，展示出高情商，在领导心目中才能留个好印象，这才是在职场“朋友圈”的正确回复方式。

办公室工作手记

办事高手 ▸

石头哥 编著

图书在版编目(CIP)数据

办事高手 / 石头哥编著. — 北京：北京大学出版社，2021.10（办公室工作手记）
ISBN 978-7-301-32314-4

Ⅰ. ①办… Ⅱ. ①石… Ⅲ. ①办公室工作 – 通俗读物 Ⅳ. ①C931.4-49

中国版本图书馆CIP数据核字（2021）第139095号

书　　名 **办公室工作手记——办事高手**
BANGONGSHI GONGZUO SHOUJI——BANSHI GAOSHOU

著作责任者 石头哥　编著

责 任 编 辑 张云静　刘　云

标 准 书 号 ISBN 978-7-301-32314-4

出 版 发 行 北京大学出版社

地　　址 北京市海淀区成府路205号　100871

网　　址 http://www.pup.cn　　新浪微博：@ 北京大学出版社

电 子 信 箱 编辑部 pup7@pup.cn　总编室 zpup@pup.cn

电　　话 邮购部 010-62752015　发行部 010-62750672　编辑部 010-62570390

印 刷 者 三河市北燕印装有限公司

经 销 者 新华书店

880毫米×1230毫米　32开本　7.25印张　170千字

2021年10月第1版　2024年11月第6次印刷

印　　数 32001-35000册

定　　价 139.00 元（全三册）

目录

CONTENTS

01 做事需要 **高超的技巧**

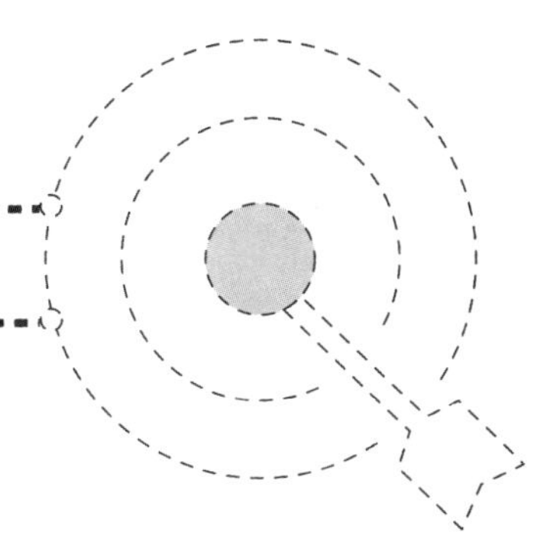

02 好习惯 **有助于成事**

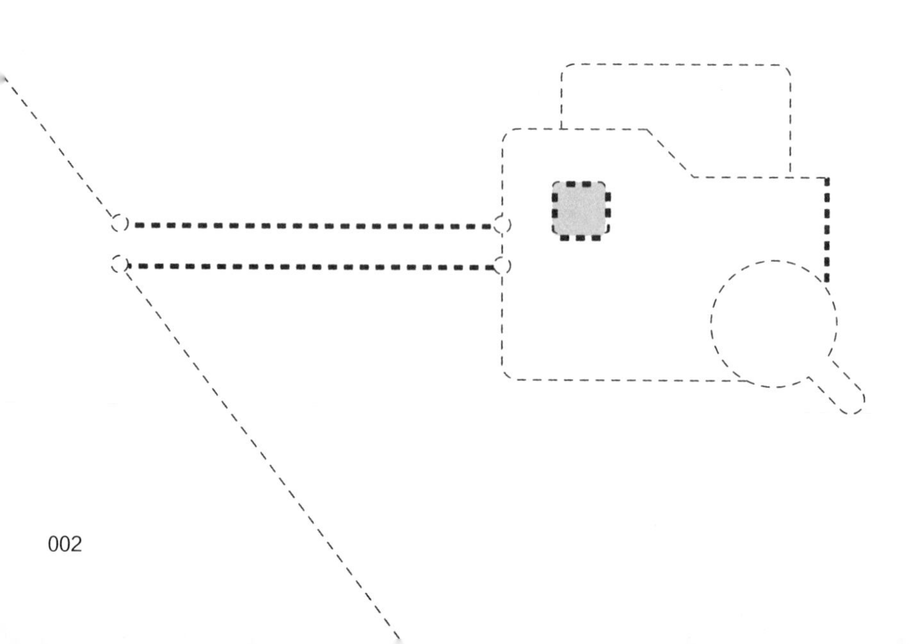

03 做事不可不知的 **礼仪和规矩**

04 怎么办好 **会议**

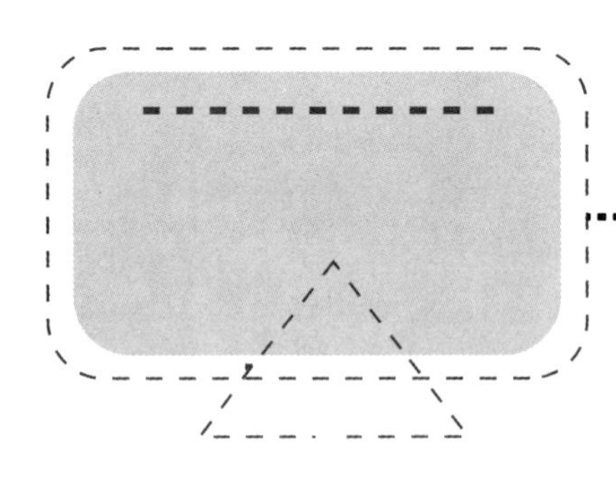

05 怎么写好**材料**

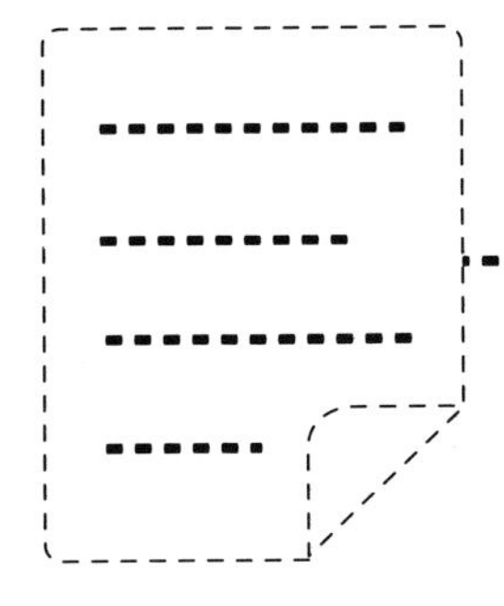

06 怎么搞好 **接待**

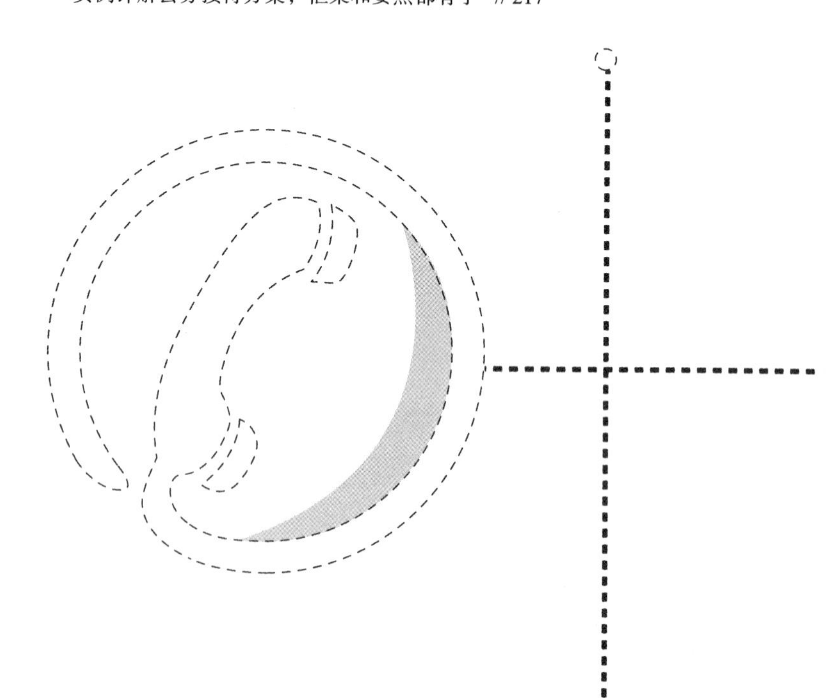

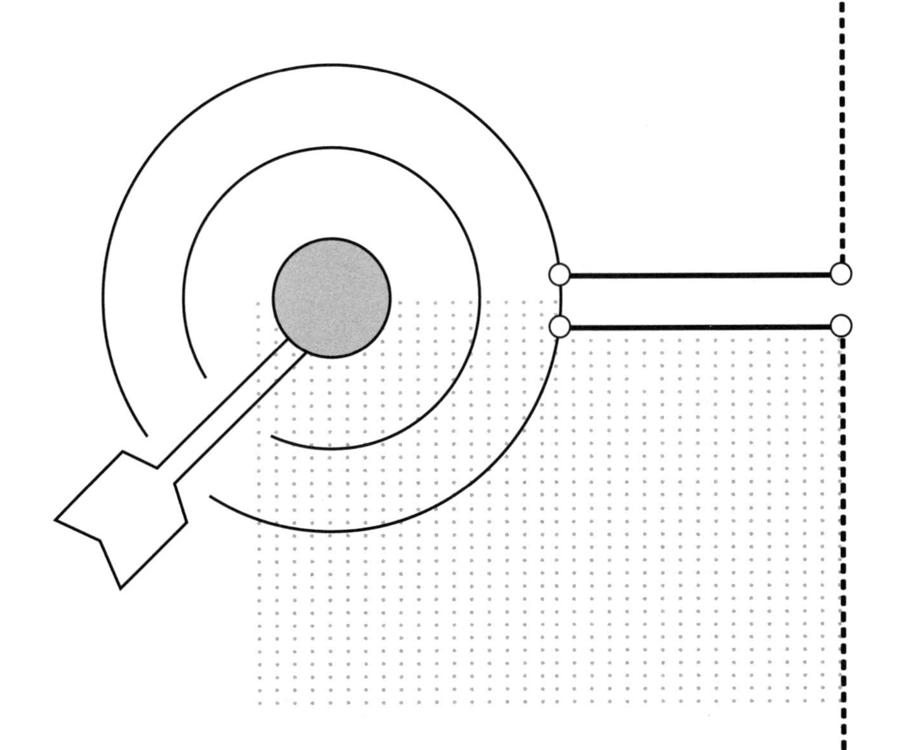

做事需要

高超的技巧

职场新人一定要懂的小妙招

我考进现在的单位已满两年了，虽然没有同龄同批次的同事进步快，但相比原来的自己，能切身感受到快速的成长与进步。作为一个职场新人，分享几个实用技巧共勉。

01

做提醒式便笺

当事情繁杂时，特别容易手忙脚乱。刚到单位时，没有职场经验，事情一多就容易忘事，后来还被领导委婉地批评过一两次。有时候，在单位经常会听到一些同事说：“哎呀，现在记性越来越不好了，老忘事。”

一部分人或许真的经常忘事，但一部分人或许是随声附和，其实事情记得清楚着呢，尤其是工作上的事会留有痕迹，以便将来某事有问题可随时摘清自己。后来，痛定思痛，我开始尝试用一些方法来规避这些低级错误。

最开始，我使用单位统一发的日记本，将每天或近期要做的事情逐条记录下来，最开始有一定效果，但后来总是忘记去翻日记本。

后来我又开始尝试一种新方法，还比较有效，即将近期内要做的事记录在一张长方形便笺上。我用的是单面打印后没用的废纸裁成的便笺，将待办事项从第一项开始逐条进行记录，然后用长尾夹将其夹在笔筒上，每天上班随时能瞄到，对待办事项一清二楚，办完一件用红笔划掉一件。

该方法结合其他辅助方式提醒，效果更佳。对一些急需办的小事情或紧急提醒式的事情，就可以及时记到手机备忘录上，并设定闹铃提醒，这样可能更有效。

而对一些没必要那么重视的小事，则可以随手写在一张便笺纸上，放到桌面作为提醒。该方法仅仅适用于未发生的、需要提醒的事情。

02

做工作日志与总结

单用提醒式便笺还不够，还需要同步记录每日工作事项，以备查阅或年终总结时使用。

有时候领导或同事会冷不丁地问一件事：“小 Y，还记得……吗？帮我回忆回忆。”我一般对一些比较重要的事情记得比较清晰，能准确回答某年某月某日某事，但对一些不那么重要的事则完全没有印象。这时，翻出每日记录的工作日志便能很快回忆起来，还能准确记得是哪一天。

我的工作日志是用 Word 记录的，每天下班前记录当天的工作事项，记录详略视重要程度而定。最开始是流水账式，仅仅记录每日都做了些什么，有时候会灵感迸发，做完一件事后会有所思，便又重新建一个 Word，记下每日感悟、遇到的问题、每月小结、工作经验和教训等。

通过工作日志和工作感悟，能够不断地发现问题，反省自己，及时总结，锤炼本领。在不断记录、总结、感悟的过程中，能够规避同类错误，想事情也更细致，对人对事逐渐有了自己的想法，时间长了也就会慢慢形成自己的一套工作方法和思想体系。

据悉，一位企业家对工作日志情有独钟。最开始时不太在意制订严谨的工作计划，但遇到困难时，便会思考并记录下想法，以做梳理和总结。后来，他对记录想法逐渐形成了习惯，每天像例行功课一样，总结当日的工作，计划次日任务，每周每月亦如此，就这样形成了固定模式。

他常常感叹，自己取得的成绩并非因为自己有多强大，而是受益于工作日志，这个习惯使自己保持着清醒的头脑，少走了很多弯路。

学会沟通与交流

我从小到大，都是一个比较内向的人。上了大学之后，逐渐意识到自己性格的不足，开始有意训练自己大大方方地与人交流，把自己当作活泼善交流的人，敢和别人说话，主动与人交流，常参与到别人的讨论中，时间一长，自己就真的逐渐开朗了一些。

工作之后，才发现大学时刻意的锻炼使自己受益匪浅。每天早晨去上班，见到领导或同事都甜甜地问好，一直被主任夸有精气神。

接下来着重谈一谈工作协调上的沟通。我们办公室是综合协调性部门，经常有各类文件需要通知到各处负责人。不论大事小事，主任要求的是务必通知到各处一把手。时间一长，有些负责人会不耐烦，觉得这办公室天天净整些没用的，语气上也不太客气了。

对此，我认真地进行了反思。后来，如果通知一些简单的、不着急的事，我就用 QQ 群或微信群，对于没有回复的，我就再打电话提醒一下，语气客气而又体贴："王处，您好！我是办公室小 Y，打扰您了。我在咱院务工作群里传了个通知，领导（大领导）说，请各处负责人看一看有无反馈意见。"到此，也就是正常的通知模式，除了语气客气点儿，语言简练点儿，并没有什么出彩的。

这时候，应该接着再来一句："王处，我听说，领导过几天可能会召集各处开座谈会听听想法，不过我也不十分确定。"前面的沟通是通知事项，后来的一句则有助于慢慢拉近关系，做了适时的提醒，以后再沟通就会慢慢顺畅一些。打电话最忌语气僵硬、不变通、不灵活。

一年中，总要写几篇大稿子，比如年终总结。之前是纵向一条线式写作修改，即一个人写初稿，上一级修改，再上一级把关，最后给领导。时间一长，特别耗时费力。

后来，私下向主任建议了学生时期写报告的模式，即类似扁平化的写作方式，初稿是重点，就由两三人分块写作，之后由一人统稿修改，主任把关。在分工协作中，有些同事是自己写自己的，不沟通，不交流。我就主动去和同事提议，事先统一格式、标题的样式等一些问题，便于最后统稿。事实证明，最后也的确省时省力不少，而且内容、标题等具有高度统一性。（作者：小沛）

在领导眼里，比任劳任怨更重要的是懂得轻重缓急

过了元宵节，各种报表、汇报、总结纷纷到了传说中的“截止日期”，许多机关里的同志也陷入了加班的怪圈！工作越忙越加班，越加班越忙，简直是恶性循环！

面对一团乱麻的工作，如何迅速厘清思路，把握重点，分清缓急，把事情办到点子上，办到领导心坎里呢？

⑪

优先做“直属领导”交办的

在机关的年轻干部，特别是办事能力强的，总是特别受欢迎。

虽然你在办公室专职搞宣传写材料，但是偏偏你对电脑维修非常擅长。这时，科室的电脑一出问题就会找你去帮忙看看，而你自己的工作却不能及时完成，遭到了领导批评。

应对方法：以柔克刚，委婉拒绝，表示自己直属领导交代的任务相当繁重，暂时走不开，等完成了手头的工作，有空的话再去帮忙。切忌

语气过硬和锋芒毕露。

拒绝几次后，同事一般都会知趣的。个别不知趣的，也没必要刻意逢迎，去了之后就谦虚地自嘲水平不够，不会处理他这个问题，请他多多包涵就行了。

一般“老油条”同志就算有怒火，也不会发泄到一个谦虚的年轻人身上。该拒绝时要学会拒绝，但要注意拒绝的方式要委婉。

02

优先做“过期会有严重后果”的事

对于每个月固定时间做工资表、报税（迟交要收滞纳金）、预算决算等，迟交会影响下达资金的，一定要按时优先完成。

这种工作一般是常规性的，每年都有相对固定的时间表，一定要抽空整理出时间表，提前谋划，才能运筹帷幄。

举例：你打算下个月 1—5 日请假外出旅游，按照时间表，1—5 日需要完成对账、录入会计凭证、报税等事务，那么应该提前完成或者提前跟别的同事做好交接，这样才不会影响行程。

03

优先做“绩效考评”相关的

众所周知，年底的绩效考评关系着大家的绩效奖金，而绩效考评指标分解到具体细节，就是收集汇总各种报表、数据、原始凭证等。

当工作繁杂的时候，不妨抽出半天，整理出绩效考评必备材料清单，指定收集人员（如果你有手下），优先处理这些事务，这样既有条理，又能抓住重点，不会耽误年底考评。

假如你的工作是在县民政局管理农村低保事务，年底绩效考评需要每月发放的统计报表、资金下达凭证、资金发放凭证等，那么你可以强制自己每月 1—5 日到财务处复印相关单据。

在你被上访群众团团围住、被咨询电话搞得焦头烂额的时候，也要抽出时间处理复印任务，但前提是先解决上访群众和咨询电话的问题，任何时候都不能忘了为人民服务的宗旨。这样提前做好材料，到了年底你就会感觉无比轻松。

优先做单位的“核心业务”

优先做单位的“核心业务”，这对办公室的同志非常实用。笔者之前在办公室做收发文工作，各大单位发来的文件简直浩如烟海，而且每个单位似乎都是特别急，于是眉毛胡子一把抓，忙得差点得了高血压。这都是一些什么文件呢?

（1）××× 领导小组关于某个文件的征求意见（全文只有一行字跟我单位一个边缘业务科室有关）。

（2）××× 单位关于邀请参加某个文艺晚会的通知（一个星期后的晚会，去不去问题不大，但是要求下班前报上名单）。

（3）××× 督查通知（上级督查组两天后要来检查）。

（4）政府办关于劳动节放假的通知。

这一大堆文件，最重要的当然是 ××× 督查通知，因为涉及单位的核心业务，而且跟领导工作业绩挂钩，对方来的领导级别也比较高，这当然要优先处理！

对于劳动节放假那份文件，就算不转发，大家也会通过各种渠道获知。至于节假日值班安排，不用担心自己会忘记，政府办会有专人来“催命”叫你报的。

在以上各种事务中，要分出轻重缓急，优先处理核心业务，即督查通知。

以上只是举例，工作中会有各种各样的事务，可能会让你应接不暇，但无论多忙，都要分出轻重缓急，并且要注意以下两点。

（1）绩效考评相关、直属领导交办、过期后果严重、单位核心业务等，要优先处理。

（2）和同事搞好关系，有急事能互相临时顶替一下，互相帮忙，互相支撑！（作者：文敬）

办公室管理四问——一位领导的办公室工作心法

办公室管理的事务通常比较繁杂，而且办公室是反映单位综合形象的一个窗口，其重要性不言而喻。但是，办公室工作的内容如此繁杂，有什么方法管理起来更高效？

01

如何管理好办公室

对于如何管理好办公室，我有以下几点心得体会，以供参考。

（1）树立“以人为本”的思想。管理好一个部门，首在用好人才。主要领导的主要精力应当放在做人的工作上，因为做好人的工作是管理好一个部门的关键。对干部，无论年龄、学历、资历，均应一视同仁地给予关心、体贴、善待。要真挚而不是程式化地、做作地与他们交朋友，要善于了解他们的喜怒哀乐和利益追求。

（2）要给部门树立好目标。共同的目标和共同的价值观，是部门发展的驱动力。主要领导要致力于树立部门的目标，建立好共同愿景，让人人都明白这个愿景，明白这个目标，鼓励大家一起去努力。

（3）建立好督促大家学习、交流的机制。建立学习型组织，例行的会议制度、交流制度、研讨制度等要非常有效。员工或骨干在一起沟通工作进展，汇报工作安排，交流工作心得，营造学习气氛，在此过程中也可形成许多好的工作思路和建议，有助于大家进一步明确共同愿景，感到工作责任重大，致力于崇高的事业和光荣的使命，不断增强凝聚力、战斗力。

（4）要激励每个干部勇于自我负责、承担责任。对于一些成就感强、责任心强的干部，要大胆地给他们压担子，鼓励他们勇于自我负责、承担责任。有了错误或者有了失误，也要积极鼓励，不要让他们因此消极或消沉，变得不敢负责。

（5）要善于发现和归纳问题。任何事业、任何工作都是在矛盾中前进的，问题、矛盾会经常产生。如同物理学中的“理想状态”一样，现实生活中及实际工作中的“理想状态”也是不存在的。同物理学一样，理想状态只是为了科学研究的方便，为了管理学研究的方便虚拟出来的一种最典型的至纯至善的状态。作为主要领导，一定要善于把握事物的趋势，善于发现问题，归纳问题，找到焦点，这样才能正视问题，解决问题。要经常保持这样的敏感性、判断力，这是领导不同于一般群众的最大特点。因为一旦变得麻木了、无所谓了，任何时候都难以再前进了。

（6）要重视总结、善于总结。良好的总结，是工作的一半，是成功的一半。适时的总结具有几大作用：一是明确已经做过的工作，总结工作的成败得失；二是凝聚员工的力量，使大家有明确的方向，有共同的成就感、荣誉感；三是让上级领导明确本部门的成绩，认可工作进展，以更好地支持本部门的工作。

02

如何管理高学历的干部

办公室成员里，不乏高学历的干部，每个人都有各自的特点，如何进行更好的管理呢？

（1）提出总体希望与要求。总体而言，我们对高学历干部有三个要求，即起点要低、目标要高、发展要快。这三个要求是密切联系的一个整体，最重要的是起点要低，即在工作上要放下架子，从头做起，要忘掉自己的博士、硕士身份，从点点滴滴工作做起。同时目标要高，在目标追求上要牢记自己的博士、硕士身份，以做出更好的成绩。做到前两点，或者把前两点结合好了，也就能保证“发展要快”的要求了。

（2）充分照顾多层次的追求。高学历干部的追求有多元化、多层次的特点，用马斯洛需求层次理论分析，他们属于特殊人群，即在较低层次的需求还没有满足的时候，往往可以同时有较高层次的需求，甚至可以有更为看重自我实现的需求。因此，激励他们的手段也应多元化，既重视物质利益的满足，也重视精神追求的满足；要更多关注他们对精神愉悦、个人发展乃至社会认可的追求。

（3）善用表扬和批评。表扬和批评都是工作手段、激励手段，该用时当用。但在对待高学历干部时，要有些特殊的要求，因为高学历干部成就意识强，自尊心强，自省意识强，所谓“响鼓不用重锤敲”，所以要把握好度。该表扬时，要不吝表扬，及时表扬，当面表扬，公开表扬，书面表扬。该批评时，要慎用批评，过后批评，私下批评，口头批评，或者把批评变成善意的提醒，或者以长者、好友的身份推心置腹地谈心，婉转地引导；也可不加批评，而给他们一个将功补过的机会，如交给他们相关的任务，给其一个台阶，效果反而会更好。批评有“四忌”：一忌情况不明就发火；二忌当着众人发火；三忌当事人不在时在别人面前批评之；四忌就一件事批评人时联系到其他事情，捎带批评。

（4）不断提高自身的素质。高学历干部的价值观可能与众不同。他们更为认可有较高学识、有一定学术水平、品性高洁、为人谦和的领导，一旦认定，就会努力地为这样的领导去工作，去拼搏，所谓“士为知己者死”是也。同时，与他们交朋友，除了日常的交往方式，还要善于以文会友，以学会友。这一切，都决定了领导一定要带头学习，不断提高自身的素质，不断学习，以能赶得上信息时代的浪潮，做好与高学历的干部对话、学习、交流，以不断推进部门的工作。

如何使用副职

（1）要科学分工，明确职责。责权利分明，才能调动副职的积极性，密切配合，共同推进工作。正职的工作要尽量超脱一些，让副职管理具体科室，做具体工作；在有多个副职的情况下，给他们的分工尽量不要交叉重叠，以免产生矛盾或其他协调上的麻烦。

（2）要“抓大放小”，副职要有权，正职要有闲。副职有一定的权力，才能施展工作，才能去开拓创新。正职有闲，才能更多地去做人的工作，做思想工作；才能思考，发现和归纳问题；才能掌握全局，推进全面工作。所以管理时，要善于授权，无须事必躬亲，不要陷入大量的日常性、事务性工作。

（3）要加强交流、加强沟通、加强协调。交流、沟通、协调是管理中的重要措施、重要环节，特别是正职和副职之间的交流、沟通、协调，非常重要。要通过多种渠道，建立良性机制，推进交流、沟通、协调，这样，才能带动工作，带领群众共同前进。

（4）要勇于为副职承担责任。工作中的事千头万绪，有问题在所难免，副职有些工作没有做好，领导有批评或有微词，正职一定要勇于为副职承担责任，不居功，不诿过，成绩是大家的，问题是自己领导的责任。只有如此，才能做好领导工作，才能有威望，才能获得副职和群众的信任。当然，勇于承担责任并不是无原则的庇护。

如何做好秘书

秘书在办公室管理中，起着非常重要的作用。做好秘书，工作效率更高，提升机会也大。

（1）素质要有全面性。要忠诚、勤奋、谦和、周到、多思、慎言。在诸多素质中，首在忠诚，即对事业忠诚，对组织忠诚，对领导忠诚；勤奋是第一要务，因为事业在发展，有大量的工作要做，有大量的问题要处理；谦和是品质要求，无论服务的领导职位有多高，作为秘书，谦和是必不可少的，要谦虚谨慎，对人和善，不可有骄、娇二气；周到指生活上、工作上均要周到；多思即要多想，多替领导着想，多思考问题；慎言是指在公众场合应注意少说话，少发表议论，否则别人会以为是领导的意图。同时，也切忌以领导的好恶去判断其他干部群众，切忌把领导的主观判断带到自己的工作中。

（2）要善于处理复杂问题。对工作中的问题要分清轻重缓急，学会

“弹钢琴”，要做到忙而不乱，学会处理矛盾。可以概括为“帮忙不越位，协助不协调，服务不指挥”。所谓“帮忙不越位”，是指秘书是给领导帮忙的，不能越位代表领导去发号施令；“协助不协调”，是指在工作中更多起协助作用，协调的工作由领导和办公室等职能部门去做，自己不要去做协调工作；“服务不指挥”，是指要把握好身份，不要自己去指挥有关部门工作。

（3）要处理好与所在部门、其他部门的关系。要处理好与自己所在部门、科室领导和同事的关系，明确自己的归属。要有整体意识，不可脱离集体，更不可凌驾于集体之上。要注意处理好与其他部门的关系，善于沟通、善于交流。

（4）要学会忍受委屈。在接受批评时，要忍得了委屈，学会面对来自各个方面的议论。任劳任怨是秘书综合素质的体现。在领导身边，领导对秘书很亲近，也很严格，喜怒哀乐也不回避，特别是对工作中的缺点，往往会严厉指出，作为秘书要善于接受批评；有时，这些批评不一定正确，但也要学会忍受，善于排解。

（5）要有良好的心理素质。良好的心理素质包括良好的心理承受能力、良好的心理调节能力、良好的自我认知能力、良好的人际关系。秘书工作的特殊性，要求秘书必须具有特殊的素质。

（6）要“眼观六路，耳听八方”。秘书是领导的助手，需要收集信息，了解各方意见，把握有关动态，所以必须“眼观六路，耳听八方”，才能满足领导的工作需要。当然，要实事求是，不能道听途说，更不能信谣传谣，误导领导。（作者：刘向兵）

干得越多错得越多？如何干事才能不背锅

在工作中，干得越多错得越多？实际上真是这样吗？那该如何走出这个怪圈？

01

明确职责，不是自己的事不要揽

总有一些老好人，不是自己的事却总是大包大揽，如果事情办好了就什么都好说，而一旦事情办错了，受伤的总是自己。

生活中的亲兄弟还要明算账呢，更何况工作中分工模模糊糊的事呢？大包大揽其实对谁都不好。因此，工作职责要明确，你的就是你的，我的就是我的。

对于整理档案、打印东西这种简单的工作，能帮就帮，但不能越权，也不能代替别人去向领导汇报工作。

对于别人有要帮忙的，可以去帮，但要提前打好招呼：办错了不要怪我，如果办错了你也得承担风险。

02

有理有据，不是自己的错不要担

有些事情要多人经手、多人审核，然而出了错算谁的？实际工作中往往是，领导说算谁的就是谁的。

如果你们科里出了错，本来是科长审核不严，科长非要跟局长说是你办事不牢。

这个时候就不要沉默了，想方设法委婉地跟局长表达自己的想法，不要当受气包。

当然，“周瑜打黄盖——一个愿打，一个愿挨”的情况除外。

03

滴水不漏，自己的职责要缜密

干工作容易，干好工作不容易，既要做个盾牌挡住外部侵袭，又要做个滤网滤出工作重点，稍一松懈就可能会出差错，所以我们要时刻准备着。

如果整天绷着个弦，其实也挺累的，但再累也要时刻记住 12 个字：轻重缓急、未雨绸缪、一个不漏。

既然你在办公室，就要勇做一个八爪鱼，东南西北、左右内外都要抓起来，好记性不如烂笔头，在工作记录本子上要写好待办事项和截止时间。不要因为记性不好而漏一个，否则会成为众矢之的。

04

敢于面对，自己犯的错误要改正

我们办公室主任有个毛病，每次出门都不带手机，有事情打电话都找不到，为此局长说了她好几次，她都没能改正。

说到底还是不重视，脑子里没有那根忌惮的弦，这让局长很厌恶。一个被领导厌恶的人平时工作上能好过吗?

犯过一次错误，坚决不能再犯第二次，有时候小事更能看出一个人的态度。

我们办公室有三个人，局长、主任和我，钥匙每个人一把。

以前我有个坏毛病，掐着点上班，上午八点三十上班，保证一分也不早一分也不晚。一般情况下都是谁先到谁开门。

有一次，局长没带钥匙，在门口等着，我到了后看到这一幕脸“唰”一下就红了，虽然领导只是说了我两句，但我能感觉到他不高兴。

办公室数我最小，我不先到谁先到?

从那之后，我都是提前10分钟到办公室，再没被领导说过。（作者：行者）

刚当上团县委书记，怎么迅速造势打开局面

团县委书记是一个重要的岗位，也是一个很有发展前途的岗位。一个外地人凭着自己的努力和组织的信任，走上这样的领导岗位，确实不容易。

在目前的形势下，任何地方、任何单位、任何岗位的工作都不轻松。不要说出成绩，就是确保不出问题，都得有如履薄冰的事业心、兢兢业业的责任感、扎扎实实的新举措。

无所作为，得过且过是一天；迎难而上，奋力拼搏也是一天。与其平平淡淡，不如奋而搏之。尤其是一个年轻人，更要有奋发向上的朝气、迎难而上的勇气，争取做出一些成绩来。当然，在县级机关，团委还是一个相对弱势的部门，要做出一番成绩也非易事。那么，作为新官上任的你，如何选好突破口、实现破局呢？

古人曰：势者，利害之决。因此，你应在“势”上多琢磨，多做文章，尤其是在开篇起步阶段要趋利避害，积聚“利”的要素，逐步形成“势”的优势。具体有以下几点建议供参考。

01

从三个“一”开篇，造势

凡事预则立，不预则废，造势就是谋篇布局，营造出有利于事业发展的局势、人脉和气场。而领导的重视和支持是最大的“势”。

你可从三个“一”开始，来争取领导的重视。

一是开展一次团的工作大调研。在全县范围内自上而下开展一次团的工作大调研活动，全面掌握工作成绩，摸清存在的问题，集思广益，提出工作建议，形成一份成绩足、问题准、思路清、分量重的调研报告。

二是向县委常委会汇报一次工作。在向县委分管领导和主要领导汇报的基础上，也要向县委常委会汇报一次工作。包括调研情况、需要解决的问题、下一步工作思路、建议与措施等，引起县委各位常务委员的重视。

三是召开一次大会。以县委名义召开一次全县团的工作会议，请县委主要领导出面讲话、站台。这样一来，全县团的工作就形成了气势。

02

紧紧靠拢组织部，借势

团的工作有一句行话叫“党有号召，团有行动”，组织工作与团的工作有很多联系和交接，比如团组织建设、推优发展党团员工作等。因此，在日常工作中可借组织部位高、权重、影响力大的优势，来开展团的工作。

要有意识地借鉴组织工作的思路、举措、办法，来开展团的工作。比较简单的办法，就是组织工作在党员中开一项什么会议或开展一种什么活动，那么你就紧紧跟上，同步展开，同步推进。遇到问题共同研究，总结经验联合推广，使团的工作深深地嵌入和融入组织工作之中。这样，团的工作就有了依靠和依托。

重点抓活动抓典型，成势

团的工作千头万绪，要做出成绩，就不能平均用力，必须抓主要矛盾，突出重点。开展活动既符合团的工作特点，又是青年人喜闻乐见的有效方式，还是最易出成绩和形成声势的有效载体。

要紧扣县委的中心工作，围绕县委的中心工作，服务县委的中心工作，每年谋划一两个主题活动，集中人力、物力和精力抓实抓好，抓住特色。活动既可以单独开展，也可以与组织部或其他职能部门联合开展，并注重突出抓好培养典型、发现典型、总结典型和宣传推广典型的工作，以点带面，形成影响，从而起到事半功倍的效果。

04

注重联络领导，保势

在县里，团的工作一般是专职副书记或组织部部长分管，这是搞好工作的有利条件。因此，要充分利用工作和生活这两个平台，同领导多接触、多接近，工作上多汇报请示、多联系，生活上多联络、多交流、多交往，这样既可增加相互之间的信任感，又能增进感情；既有利于工作的顺利开展，又有利于个人的成长和发展。（作者：老部长）

做对了这些事，工作不久我就脱颖而出

在进入体制内工作一年多的时间里，我犯了一些错误，也收获了很多经验，正所谓“吃一堑，长一智”，现在在心态、工作过程和人际关系三方面都有所提升。作为过来人，我希望分享自己的经验来帮助更多的人。

心态

在工作中，心态特别重要，要能坐得住，耐得住寂寞，也要受得了苦。

（1）姿态一定要低。体制内是很注重情商的环境，好多同学可能没有接受过社会的“毒打”，也没有在大学学生会的历练，但没关系，要少说话，多做事。少说少错，多说多错，低调做人就好了。

（2）看到事物的两面性。刚来到单位工作的时候，我很失意，又排斥自己的工作性质，但是现在慢慢看到，综合部门虽然忙碌，但是成长很快。新区虽然各种配套有所不足，但是宿舍和办公环境都很好。所以凡事多宽慰下自己，不要纠结于自己的失，而要看到自己的得。

（3）不要害怕领导，不要害怕问别人。在刷豆瓣时看到一个帖子，楼主说她不清楚领导的交代又不敢问，这样其实是非常不好的。在办公室，需要随时打电话给别的部门人员对接工作，我一开始也很胆怯，自己听不清楚或者听不明白也不敢问，但不问的话会影响自己的工作，所以每次都会硬着头皮问清楚，次数多了，后来也就慢慢习惯了。所以，一定要突破舒适区，不懂就要问，尤其不要装懂。在向领导汇报时，最好带小本子和笔，以便随时记录。

（4）一毕业就要转化思路。很多新人都学生气太重，我也是。这在工作中是不受欢迎的，工作需要一个人成熟、稳重，处理事情有条有理，所以需要转化思路。对于这方面的思路改变，大概就是一个从“自我表现”到“服务领导决策”的过程。

（5）常怀感恩之心。新人一定要有感恩之心，无论是领导的教诲还是批评，无论是同事的帮忙或者指点，都要记得感谢。我现在就很感激遇到了那么好的领导和同事，让我在这一年来成长进步很多。

（6）新人刚开始总要经历艰难时刻。刚入职场的时候是最难熬的，因为很多工作不易上手，同事之间也不熟悉，很多活可能因为自己是新人就会安排到自己头上。要尽快熟悉工作环境、工作流程，以及周围的人事关系，这会让你慢慢步入工作的正轨。熬过去这段时间，并且时刻总结经验，后面的工作才会越来越顺。

工作过程

在工作过程中，要多注意方式和方法，注重提高工作效率。

（1）工作之余看一些职场类的书。这能够帮助自己提高情商与办事效率，其他方面也同样受益良多。

（2）及时汇报。我之前有非常严重的拖延症和权威恐惧症，经常不及时汇报，总是被批评，其实这样很不好，因为要做的东西是不会自动消失的，所以一定要尽快做。

（3）注意任务完成节点。有拖延症的要注意，截止日期一定要看好，可以在废弃文稿上写上今天需要完成的任务，完成后再划掉，把握好每项任务的时间节点。

（4）准备方案，提出想法。如果不清楚一项工作如何去做，给领导请示的时候一定准备好自己的方案，至少要有个自己的想法。

（5）写文稿时要注意细节。先按照公文要求严格修改格式，将页边距、页面布局、字体字号、页码等一一设置好，这种应该内化为习惯，比如我写这篇文章的时候就严格按照公文格式进行编辑，这样自己看也会很舒服。

文稿首先要组织框架，如同写学术论文一样，要有提纲，领导认为可以之后，再与职能部门对接材料，进行写作。

写作的时候一定要有逻辑性，知道自己每层级都在讲什么，小标题和内容千万不能不一致。

写完文稿记得保存，标题用“日期加名称加第 × 稿”这样的模式保存，方便找到相应的文稿，并且每一稿都要保存，以便需要时查证。

人际关系

无论是在学校还是在职场，人际关系都很重要。而工作后遇到的人会有不同年龄、不同职位、不同特点，更要注意把握人际关系。

（1）要做最后一个回复的人。别人（尤其是领导）给自己回复，虽然结束了对话，自己也要回复一个表情以示礼貌。

（2）一定要谦虚。去年年底到今年年初，我参加了一个知识竞赛，领导可能考虑到我刚毕业，所以选了我去参加。竞赛的最后是采访，同事给了我表现的机会，让我出镜了，还上了电视，但是我不懂得谦虚，在群里没有提及是其他两位同事的协力才让我获得了荣誉。这一点现在回想起来真是感到羞愧。平时多强调集体协作、强调领导带头，总归是没错的。其实这种竞赛是新人表现自己的好机会，最好去争取一下。

（3）把领导微信置顶。这样做能够第一时间注意到领导的信息，不遗漏重要事项，及时完成自己的任务。（作者：樱桃之远）

主任酒后吐露毕生精华，一句话点破办公室乾坤

正所谓“万丈红尘三杯酒，千秋大业一壶茶”，很多重义气的人都爱喝酒，喝完酒就爱吹牛，吹完牛就爱讲段子，讲完段子就爱说醉话，而醉话往往是从内心流露的大实话。

为了从主任嘴里套出点儿工作经验，从主任嘴里套出点儿醉话和实话来，我可没少下功夫。

每周吃着小龙虾，喝着二锅头。整整七七四十九周，差三周就一年了，终于把主任的话摸透了、榨干了，我也喝趴了。

其实，我们的主任是个不错的主任。在“扶上马、送一程”的理念指导下，在酒精的作用下，他极力发挥“传帮带”的优良传统，把自己的故事讲给我们听，把许多需要注意的事项告诉我们，全面贯彻落实了上级有关培养年轻干部的精神。

好了，下面就把主任的醉话、实话整理给大家，以飨读者，让我们一起去感受这些妙语连珠的句子，一起去领略“集主任毕生之精华，融主任自身之灵气”的肺腑之言，一起去探究办公室工作的真谛，一起去学习办公室人员必须注意的十大细节问题。

主任的酒后真言用一句话概括，那就是：一带、二干、三记、四放。

一带

“一带”指身上带一支笔。

主任说：“国家有‘一带一路’，咱们办公室有‘一带一笔’，无论走到哪里，无论什么时间，口袋里必须要有笔。”

俗话说“好记性不如烂笔头”，领导发表讲话、布置任务，同事在一起研究问题、商量对策，老百姓有什么需求、有什么难题，这些都要求我们及时记下来，回去之后好好整理，以防出错。

考虑到以上因素，带支笔就显得非常重要。

二干

“二干”指干摄影师的活、干服务员的活。

（1）主任说：“下基层调研时，我们要干摄影师的活——拍照片。”

现在讲究轻车简从，我们下基层调研什么的也不会带电视台的人。但开展了这么多工作，肯定要通过图片体现出来，这就需要我们用自己的手机拍照片，发到政府办公之类的群里。

有的朋友可能会问：“没必要每次出去都拍照吧？”

大错特错，因为你不知道什么时候某某办的人会来电说：“请您提供十张今年以来下基层调研集体经济的照片，再请您提供几张指导城市建设的照片，切记是在田间地头、街头巷尾，在老百姓中间。”

如果你手机里没有，那就比较麻烦了，只能翻箱倒柜来寻找。主任强调，没事的时候研究下照相的技巧，说不准什么时候就派上用场了。

（2）主任说：“开会的时候，我们要干服务员的活——倒水。”

不管是谁，讲的多了自然就会口干舌燥，所以我们要及时地给领导和同事的水杯添上水。

这个时候，我们要眼观六路、耳听八方。

眼观什么呢？即观察水杯里的水有多少。注意你坐的位置要方便倒水、方便观察，无论大家的头如何摇晃，一定要保证水杯在你的视野范围内。

耳听什么呢？即听讲话者的声音。当讲话者慷慨激昂地讲话，突然间慢下来时，很可能要喝水了，这时你要做好倒水的准备。主任还强调，切记一定要等人来了再倒水，这样才是礼仪之道。

三记

“三记”指记得重要日期、记得看天气预报、记得喝酒带酸奶。

（1）记得重要日期很重要，到底要记哪些日期？

主任说：“领导、同事来单位工作的日期要记牢，一周年、两周年的时候要和领导、同事简单庆祝下。”

领导、同事的生日也要记牢，生日的时候送上一句问候或者一束花，很有必要。大家都是普通人，都喜欢感受到家人般的温暖。

（2）记得看天气预报，根据天气情况安排工作和准备物品。

主任说："如果可能下雨，出去调研时，要记得准备雨伞。切记是每人一把，不要给别人打伞，以防引来不必要的麻烦。如果雾霾严重，记得买口罩。同时，尽量避免安排出行。如果是夏天，特别是洪涝灾害易发生的时期，更要天天关注天气预报。"

（3）主任说："记得带酸奶，帮助大家醒酒。"

在职场中，饭局很重要，而饭局上自然少不了喝酒。有时候，喝酒的气氛上来之后，白的、红的、啤的一起上，大家难免会喝多，肚里自然会翻江倒海，难受至极。而酸奶是非常好的"解酒药"，也可以消除酒后烦躁。在大家喝多的时候拿出酸奶会让大家感动。

四放

"四放"指口袋里放包纸巾、钱包里多放点钱、手机放急需号码、电脑放一切资料。

（1）为什么要带纸巾？主任说："领导、同事洗完手需要擦手，喝完酒吐的时候需要擦嘴等，这个时候，你送上一包纸巾会显得你多么细心体贴。"这也许就是"锦上添花不如雪中送炭"吧。

（2）多带点钱有必要吗？主任说："虽说现在支付宝、微信支付已经流行开来，但钱包里多放点钱还是很有必要，因为难免有些地方不支持电子支付，另外，办公室采购点小物品，汽车加点油或者出去吃个便饭，用手机支付还是不如现金来得方便。"这些话确实有道理。

（3）什么是急需号码？除了必备的办公号码外，有一些号码需要平常有意去留存。主任说："我们一定要保存几个熟悉的饭店的订餐电话。"

现在，上级视察都有定点的饭店，这个我们不必担心。但是，如果领导的亲朋好友来了，聚在一起吃点什么饭菜的话，就需要你及时地安排饭店和房间了，所以保存饭店的订餐电话很有必要。

（4）为什么要在电脑里放一切资料？“铁打的办公室，流水的检查。”主任说，“大会小会天天有会，大检查小检查各种检查不断。在办公室工作的人都知道，我们需要天天弄材料来准备各种会议和检查。这就需要我们把整理的材料及时保存，因为很多内容是有关联的，将保存的文件调出来修改会节省很多时间。”

主任还说：“细节决定成败，很多貌似不起眼的工作，做好了才能够证明我们的实力。以上这些，都是办公室人员必须注意的细节。”

原来办公室工作也有这么多需要注意的细节，主任酒后吐真言，让我从中学习到了很多，以此分享给大家，从中借鉴学习和感悟。（作者：尘埃）

催下级单位干活有什么高超的技巧

我在国企上班，最近负责集团督办的工作。每次催下级落实时，他们要不就是拖拖拉拉，到了截止时间还看不到材料；要不就是打马虎眼，妄图糊弄过去。我每次遇到这些情况都很头痛，很久都交不了差。后来我向有经验的同事请教，同事教我一句话和四个原则，应用之后，感觉确实很有效果。

这一句话是："急他人之所急，想他人之所想。"即在沟通督办的过程中，尽量做到换位思考，多考虑对方的感受，他知道你在为他考虑，也会不好意思再拖延或者糊弄。

而同事说的四个原则是：发放督察专报要"快速"，沟通协调要"及时"，语言态度要"热情"，自己摸索要"深入"。

01

发放督察专报要"快速"

大集团一般都有督察专报。制作督察专报要尽量快速，这就要求领导在交办督察事项时你要认真听、快速记，迅速形成文字资料，特别是陪同领导下去督查时，一定要仔细聆听。

制作完毕之后，立即通过打电话等方式通知对方接收，在沟通过程中，你可以说：“大领导对这件事情特别重视，有些事项需要你部门完成，为了不耽误你部门的工作，还请你部门立即接收专报。”

这样不但提醒了对方事情的重要性，还能显示出你站在对方角度为他们考虑问题。

如果事情紧急，你可以和对方部门领导直接沟通，或者告知自己直属领导，让直属领导沟通也可以。

沟通协调要“及时”

涉及的交办事项，都是有时间节点要求的。

你要时刻关注督办工作的进展，以防领导突然咨询你。快到时间时，如有部门尚未反馈，及时催促一下。

你可以说：“上次发放了督察专报，时间节点马上到了，需要向大领导反馈，还望你部门抓紧报送一下。”

如果多次催促无果，而时间又紧急，你可以向直属领导汇报情况，听从直属领导安排。

语言态度要“热情”

在和对方联系的过程中，态度一定要热情，能从声音中显示出你的诚意。

可以反复催，反复“骚扰”，但不能认为自己是在督办工作，就语气强硬，这样会引起对方反感，损坏自己的形象，不利于以后开展工作。严重的话，还会影响自己以后的发展。

试想一下，我们平常打电话时，对方是否热情，听声音我们都能够感觉得出来。

如果对方热情，我们心里就舒坦；如果对方冷漠，我们心里就不舒服。推己及人，在催促督办工作时也要显示出热情，对方才更容易配合你的工作。

自己摸索要“深入”

每一项工作都有门道，你要认真总结思考督查工作，研究如何督办、沟通等工作。

尽量做出成绩，让领导的意图迅速传达和实现，让领导感觉满意和放心。

比如沟通的时候，要适时突出大领导，表明这是大领导安排的，你只是在执行命令，这样有利于迅速推动工作开展。

当然，提大领导的次数也不能太多，否则会让对方觉得你在拿大领导对他进行施压。（作者：尘埃）

刚当上办公室主任的感受与心得

我从一名专管写材料的副手，转正为办公室主任，兴奋之余，多了很大的压力。转正一个月，心得、体会、感受颇多。

01

当副手时，要向正职学习

在工作中，谁都想有所进步，能够被提拔，特别是那些因为各种原因不能转正的人。

一个科室的副主任，往往是某项业务的行家能手，是某个领域的业务尖子，而正主任扮演的角色，除了带头干活以外，还有组织协调、人员安排、外联等，工作范围会更宽，接触的人和事会更多。

在当副主任时，除了干好本职工作，还要多留心、多学习，做好“转正”的准备，这样，当真的转为正职时，才能办起事情来有条不紊、水到渠成。

⑫

转正后，要学会嫁接任务、转移压力

做久了副手的人，大多有一个通病：因为以前总是被“派活”“催办”，所以每项工作都要亲力亲为，生怕有什么差池。

可真的当了一个科室的负责人，特别是办公室主任，即使长了三头六臂，也总感觉事情是做不过来的。

这就要求我们学会根据情况变化来灵活调整，要将任务分派下去，提出明确要求，放手让下属去做，但必须要督办到位，对于新人，还要加以指导，稍加时日，就可以完全放手，让自己解脱出来。

⑬

纵向打通每一个点位和环节

办公室主任是一个单位的管家，从主要领导到副职，从中层干部到一般同志，哪个级别都能接触到。

要真心实意为领导、为同志们服务，倾听大家的声音，做到每个层次都能有效沟通，每个环节都能无障碍通行。

综合协调，说起来简单，要做好真的不容易，特别是面对副职这一层，需要直接沟通，只有处好关系，才更容易得到副职的配合。

作为主要领导的“代言人”，有时要传达主要领导指示、布置工作任务，对于什么时候应该怎么说话、怎么办事，这个也是值得思考的问题。

④

横向建立一个自己的圈子

新晋办公室主任，有很多领域、很多工作不知从何下手，这时候，向“老前辈”请教真的很管用，那些老办公室主任久经“沙场”，纵横“江湖”多年，大小事情都门儿清。

要迅速找到一个通道，加入各单位办公室主任的圈子，文字材料可以互通有无，信息可以交流共享，对于难题、疑惑，也能群策群力。其中，微信群就是个不错的选择。

当然，除了经常向前辈请教、索取，还必须学会分享、付出，要懂得维护关系。

⑤

做好“五加二”“白加黑”的准备

办公室主任上任后一个月的时间里，没有休过一个双休日，有时还要熬夜写材料，睡眠严重不足。

由于办公室里都是新人，好多事情要盯办，生怕出现纰漏（由于新同志们对业务还不熟悉，前天就漏掉一个会议通知），导致精神高度紧张。

下班不能按时按点走，上班倒是经常提前到，孩子、家人基本没时间搭理，回到家手机不离手，生怕漏掉各种通知或领导的最新指示。

这些情况促使我开始反思，既要做好加班加点的准备，同时也要提高工作效率，才能让工作更顺利。

备忘录必须要有

领导交办的事情，必须马上落实，如果不能马上就办，要迅速记下来，因为过一会儿，可能又有其他工作要做，很容易被漏掉。

你可以写在笔记本上、便笺上、手机备忘录上，或者微信“文件传输助手”上。

如果怕忘了，还可以将写到纸上的贴在电脑屏幕上，将写到手机上的设个日程提醒，甚至可以让手底下的同志专门负责到某个时间点提醒你。

总之，手边必须有备忘录，以便提醒你不要忘掉任何一项工作，免得影响工作进程。

办公室主任的工作不容易，要干好更不易，所以，新晋办公室主任之前就要做好准备工作，以便容易上手。晋升之后，要迅速进入角色，努力学习使各方面能力得以提高，才能不负领导和同志们的信任。（作者：落花人独立）

机关事业单位春节前实用高效工作应对指南

年末岁尾，各项工作都到了总结的时候，作为机关事业单位工作人员，各项工作纷至沓来，即使你分身乏术，也要动脑筋去琢磨问题，而且需要废寝忘食地去写材料。

在做好本职工作的同时，还需要注意以下几个事项。

01

超前运筹求主动

要抽出时间进行工作梳理，对于春节前大体要写多少材料，需要哪些素材，大约什么时间完成，都要列个表格。明确时间表、任务书、路线图，做到心中有底、心中有数，才不至于事前慌乱。

要在被动中寻求主动，在被动中争取主动，在被动中创造主动，工作才能得心应手。

分清主次不慌乱

工作中的事情分清主次，有序进行才能井井有条。根据材料的重要性、紧急性进行科学安排，权衡大事小事、急事缓事，抓住大事不放，抓住急事先办。

与上下左右进行沟通时，要做到领导意图明、工作亮点明、工作思路明，使各项工作有条不紊地进行。

03

保持热情有效率

无论什么岗位的工作，一年下来，都会感觉很疲惫，但越是关键时候越不能松懈。

要对工作保持热情，尽力做事，要学会在枯燥的工作中寻找乐趣，想着“忙完这阵子就可以轻松一阵子”，等干出成绩的时候心里就会很有成就感。

做好备份防麻烦

对于写材料，一定要做好备份。千辛万苦写出的材料，最怕突然打不开；刚写完材料回到家，也怕领导本来都定稿了突然又要你改一部分，热茶还没喝一口又要匆匆跑回去……

这个时候，就需要你做好备份、留底，硬盘里存一份，邮箱里存一份，这样即使已经回到家里，一样可以进行操作处理。

加强锻炼强体魄

年底工作比较忙，忙起来容易久坐，但久坐会有很多害处。有个小技巧可以避免久坐，座位上的水杯不要太大，可以准备个小一点的，多给自己一些站起来去接水的机会，避免长时间坐着不动。

当感觉很困的时候，不要用浓茶或者咖啡来压制，站起身来伸几个懒腰或者左右摇动双腿可以有很好的提神效果。

耐心细致重规范

在写总结时注意把好行文审查关，防止行文过多、过滥。另外，还要把好文字校对关，主要查看语言文字有无错漏，要反复思考，仔细推敲，字斟句酌，维护材料的严肃性和权威性。

细心记录防遗忘

在工作中，要养成做好日常工作记录的好习惯，记录当天主要做什么工作，哪些工作必须要做。

等到下班时，要认真地排除一下，哪些工作做了，哪些还需要完善，临时文件是否做好了传达，临时电话是否安排落实等。要做到一日事一日清，这样等到年底的时候，总结起来会比较轻松。（作者：瓦罐汤）

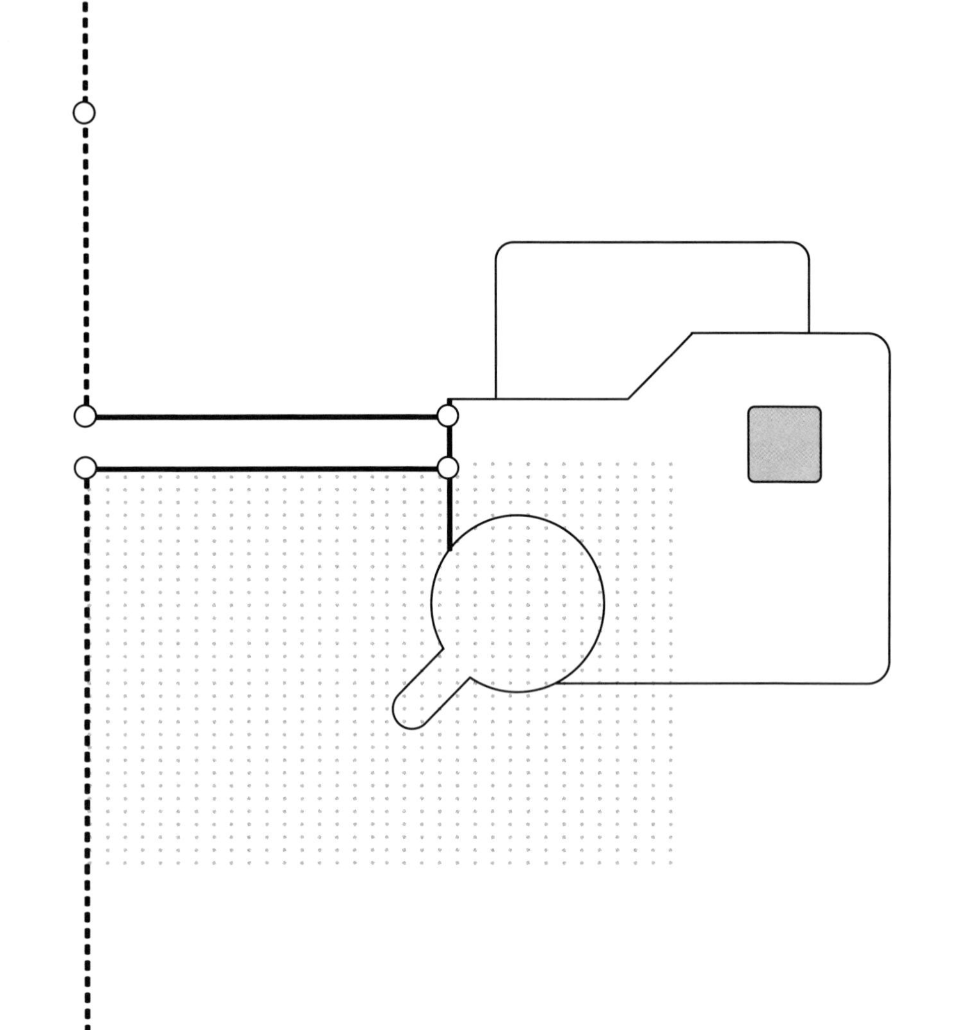

02

好习惯
有助于成事

材料的整理也有学问

在机关事业单位中，写材料与整理材料都是很重要的工作，看似很简单，但其中也有很多学问。

01

报上去的材料都怎么样了

对于下级报送的材料，上级真的会认真看吗？其实，这个是要分情况的。

如果是常规性的材料，比如说值班表，上级基本不会认真看，瞄一眼，知道是哪个单位的，做下记录就完事了。

如果是上级为一篇大稿子征集素材，比如说写政府工作报告需要报送单位的工作总结，那么他会从你的材料中提炼概括一些内容，这就要求你的材料一定要有亮点。

如果是上会材料、公开发表的文章，或是需要通过上级审定下发到全市的文件，那必然需要字斟句酌。

我在市委办工作，经常需要接收各个单位报送的材料。

前两天我们单位要求下级单位报送一个材料，在收了一百多个单位的材料之后，我发现，抛开材料中的具体内容不说，单就报送材料的形式，就有不少门道。

没有对比就没有伤害，办公室人员的工作水平如何，从材料报送这件小事，即可高下立判。

忍不住吐槽的几种情况

好的材料容易让人记忆深刻，而不好的材料却会让人反感。

（1）没有页码。传真自动接收，经常是堆了十几张才会去整理，拿到那些没有页码的材料简直让人想吐血，因为这么多页你不知道顺序怎样，还得通过快速阅读做出判断，你也不知道收到的是否完整，负责任的话还得打个电话确认一下，非常浪费人力、物力。

（2）没有标题，没有盖章。连标题和落款都没有，别人怎么知道你是哪个单位，可见对工作很敷衍。

（3）不按顺序传真。有些单位图自己省事，直接双面传真，接收两页还好，页码多了自然就是乱的，收到材料以后还得整理，浪费别人的时间，也会给人留下不好的印象。

如果整理上百页的材料，中途还得为你翻页码排序，接收方内心一定非常窝火。所以，在传材料时一定要考虑对方的方便。

报送材料如何出彩

报送材料时，怎样的材料才会让人眼前一亮呢？我从优质的材料中提炼出了几个特点。

（1）开门见山。在标题中体现单位及报送的主题，并在首页盖好章，按要求请领导签名，让接收的人员知道信息来源。

（2）列目录。如果报送的项目较多，可以列个目录，让对方一目了然。

（3）注意格式。如果报送的内容涉及很多方面，建议用表格处理，或者用不同的字体区分。

（4）标记页码。最好在材料的每页显示出一共几页、该页是第几页。

（5）提示结尾。在结尾处做好标记，可以署单位名，要写报送日期，并留下联系方式。

（6）依序传真。传真时按照页码顺序传真，要把方便留给对方。

（7）确认接收。传真过去后要通过电话确认对方已接收，一方面是实现工作闭环，另一方面表现你对这一工作的重视。

（8）留下痕迹。建议传真机上设置发送成功后打印传真报告，把报告留存，作为完成这一工作的证据，以备不时之需。

总之，在工作上，用心和不用心的区别是很大的，你用心对待工作，工作也会用心回馈你。（作者：岚溪）

老主任八个字让你工作少瞎忙

在每个单位都存在一个现象，有些人虽然天天忙，很辛苦，却总是显得很慌乱，也不出成果。有些人办事干练，出手及时，很轻松，总能大获成功。

我的老主任告诉我，不瞎忙才能出成绩。在单位，凡是成功的人，都有一套自己摸索出来的工作方法和技巧。这套方法能够保证他们高效快速、准确无误地完成工作，从而受到上级的青睐和器重。

职场高手的办事原则就是：减少大脑思考（并非不思考工作，而是形成本能动作），把精力集中到最重要的工作上去。总结起来就八个字：有序、简单、规定动作。

有序

万事万物都讲究规则秩序，做到井然有序才更容易推动事情的进展。

1. 物品摆放要有序

我们的办公室主任一直告诫年轻人，一定要把物品放到固定的位置，重要的物品放到最明显的地方，并做到摆放有序。只有这样，寻找物品的时候才知道去哪里找，出现紧急情况才不会慌乱。

比如说，他的裤子左兜里放着钱包、记录本、笔，裤子右兜里放着手机、U盘，裤子左后兜放着湿巾，裤子右后兜放着一袋纸巾。裤兜里的物品常年不变，一直是这样放置。他说，裤兜里的东西都是必需品，这样的布置既能够让他多带物品，又能让他在需要的时候第一时间拿出来。

另外，他掌管着单位全部的财物，身上有许多房间的钥匙。他按照房间的序号排列钥匙，开门的时候不需要找过来找过去，这样既省事又快速。这样的细节反映出他这个人高超的办事艺术。

2. 开展工作要有序

美国著名博士史蒂芬·科维曾提出过一个时间管理理论——四象限法则，告诉大家要按照事情的轻重缓急来处理问题。

为了形象地表达这一理论，我们主任讲了一个故事。有一个人，特别喜欢吃咸花生。如果他在开始吃前，准备一杯热水。那么，当他吃花生，感到口渴的时候，水刚好凉，刚好能喝，这个时候喝下去一杯水，就是一种享受。如果他比较懒，开始吃之前没有准备热水，那么，当他感到口渴的时候就没有温水可以喝。此时，再去倒水，就不那么完美了。

不管是先倒水还是后倒水，劳动量其实一样，但次序不同效果就会不一样。而职场高手，都会选择先倒一杯水，都会选择做最重要的事情。

02 简单

主任说："把复杂的问题简单化，很不简单，这样的人是高人；把简单的问题复杂化，很简单，但这样的人是庸人。"

所以，我们要一切从简，不仅工作方式要简单化，而且办公桌面、电脑页面、手机页面等也要简单化。

在主任的指导下，我的手机首页布置就非常简约，除了必备的拨号键、短信、UC 浏览器、微信这 4 项和 5 个常用的应用，其余的应用全部整理到了后面的手机页面。

1. 常用联系人号码的快捷方式

我把领导和常联系同事的手机号放到了首页，当我需要打电话的时候，可以非常快速地拨号，根本不需要翻电话本。

2. 录音软件

工作中常常会有各种会议，会议中如果有一些重点内容想回过头来再关注一下，可以用录音软件记录。

3. 记笔记软件

手机首页装有记笔记软件，如有道云笔记或者印象笔记。为什么要把这两个软件放到首页呢？因为我发现，领导每次离开单位时总会给我安排工作，次数多了，我就发现了记笔记软件的用处。

只要领导让我过去，我就提前打开记笔记软件。领导布置工作，我就在手机上写。回来之后，根据自己的笔记记录的要点整理出领导交办的事项。通过这种方法，相信你肯定也不会遗漏领导的要求。

4. 手电筒

手电筒这个小软件，在关键时刻会派上大用场。和领导一起走楼梯，楼道突然没电了；晚上陪领导出去散步，领导突然来了雅致，要到黑暗处走一走。

这个时候，都需要手电筒来解围。在这些情况下，最先打开手电筒的人往往做事比较细致，而领导往往会注意到细致认真的人。

5. 闹铃

闹铃的作用主要有两个：一是早晨叫醒自己，二是提醒自己该做哪些事情。对于一些紧急重要的事情，可以直接记到闹铃上，设定时间点，以防自己把事情忘了。

记住，要把这些软件放到手指能够快速找到的地方。如果你喜欢单手握手机，那么大拇指可以到达的范围就是最好的范围。总之，手机首页的布置要遵循一个原则：简单、必需。

03

规定动作

主任说，在机关单位，办事情只要不出错，你就是办事高手。要想不误事、漏事、忘事、办错事，最好的办法就是按照规定动作来处理事务。

什么叫规定动作呢？就是你自己总结出来的办事程序。

曾经，我和我们主任在一个办公室工作。每天早晨我打扫卫生、打水、翻日历。可是有一次出现了差错，我忘记了翻日历，日历上显示的日期还是昨天的日期。

主任批阅文件的时候就把时间写到了昨天，后果可想而知。我想，怎么不再犯同样的错误呢？我就把每天早晨打扫卫生的动作固定化：第一开门，第二翻日历，第三打水，第四擦桌子，第五扫地。有了这么一个程序化的动作，我就再也没失误过。

现在，我每天有四项必备的规定动作。

第一项：就是前面提到的开门、翻日历、打水、打扫卫生。

第二项：早晨开始办公前，首先浏览下自己的工作总结，提醒自己每时每刻需要注意的事项，以防犯以前犯过的错误；然后写下当天的事项清单和领导安排，提前做好工作准备。

第三项：中午空闲时间，首先看事项清单，还有哪几项没有完成；其次看闹铃，是不是有急需办的事项没有办；最后阅读公众号，补充下职场技巧知识。

第四项：晚上写工作日志，首先写领导今天开展了哪些工作；其次写自己犯了哪些错误；最后写总结了哪些方法，以及如何改进。

除了这四项必备的规定动作，我还总结了其他规定动作。

比如说：开会时，会议前看方案，以防领导问会议有几项议程；会议中，打开录音笔，以防会后领导要求写总结材料；会议结束后，把领导的讲话简单写一下，以备以后写材料用。

摆放物品时，如果领导没在现场，摆放前，问领导有什么要求；摆放中，拍张照片让领导看看合适不合适，如果不合适抓紧移动；摆放好后，打扫卫生、清理杂物，再拍张照片让领导看一看。说不定领导会把你发给他的照片，上传到朋友圈炫耀一番。

总之，我们要尽可能地总结出规定动作。当我们办事情的时候，打开相应的规定动作方案，按照里面的程序一步一步来，简单明了，轻松高效。

身在职场，成功是由很多因素决定的。但很多时候，事业的跃迁、职位的晋升可能是源于一个小小的举动，或源于一个不同于其他人的思考方式。

而能够做到“有序、简单、规定动作”的人，就是情商高手，就是职场潜力股。(作者：尘埃)

在单位这几条红线千万碰不得

进入职场之后，学到了很多在学校不知道的道理。在职场的这几年，对“世事洞明皆学问，人情练达即文章”深有体会，于是在为人处世上会细心观察周围的同事与前辈，从中学到了许多书本上学不到的活知识。

01

永远记得机关讲究层级秩序

有一次，单位的电脑集体瘫痪，导致无法办公，维修电脑的任务主要由后勤小刘负责。

一上午过去了，小刘还不见人影。办公室主任就问旁边的人，小刘怎么还不来维修电脑。那人支支吾吾说小刘可能在楼下哪个部门维修。

主任听了，冷笑一声，并说：“真不懂规矩！”

我在旁边目睹了整个过程，心里暗暗记下了别人的教训——记得机关永远讲究层级秩序。

小刘作为维修人员，首先应该考虑到领导层面或者主要部门，而不是别的人喊一声就过去干活却不考虑整体情况。

哪怕真的是别的下属部门非常着急，他也可以先提前跟领导们或者主要负责人打个招呼，说明情况，一般领导们会从大局考虑支持和理解他的工作的。

好记性不如烂笔头，准备随身携带记录本

工作后最大的体会是，有需要办的事情无论轻重缓急一定要记在本子上，而不是想当然地以为自己到时候一定会想起来。

有次机关有个网上评议事项，领导在旁边顺口说了声：“这件事很重要，评不上会影响单位年终评比，三天后记得提醒我。”

我和另外一个同事在旁边连声附和，还专门记到了办公室小黑板上。可是没想到那天又正好碰上另外一个重要外出活动，我俩都没有在办公室，就给忘记了。

事后，虽然领导宽宏大量并没有批评我们，也想方设法采取了弥补措施，但打那以后，无论领导交代的大事小事，我都会记在本子上并随时翻看，做到领导交代的任务都认真完成。

越级上报是最愚蠢的行为

在机关单位中，遇事越级上报也许是一些初入职场的人容易犯的错误。

刚入职培训的时候，有个学员与训练教官有矛盾，所以就想换个班级，然后他做了一个也许他这辈子都会后悔的决定。

他并没有向他的直属领导反映情况，而是越了两级直接向最高领导“诉苦”。

可想而知，那个大领导听了事情来龙去脉，非但没有解决这个学员调换班级的问题，并且把这个越级上报的行为作为典型的事例进行公开批评教育。

后来，这个学员的直属领导和训练教官都知道了，对这个学员的印象也特别不好。

不管这个学员之前是否“理亏”，通过正常途径上报也许都可以轻松解决，结果反而“弄巧成拙”了，导致局面非常糟糕。

做人是一门学问，我们不仅可以通过自己犯的错误积累经验，也可以通过观察学习他人的行为来使自己为人处世更加得体，从而减少犯错。（作者：蔷蔷）

开始记“领导批评日记”，我被表扬的越来越多了

近日阅读《秘书工作手记2：怎样写出好公文》，系统地学习了各种写作技巧，并发现了一个有趣的问题。作者在书中反复提到一句话：“领导常说……”

那么作者的工作能力、写作水平的提高，跟他本人能够牢记“领导常说”的内容有关系吗？我觉得，关系很大。

相信每个人都经历过这种场景：自己费尽心血撰写的稿件，满怀信心地呈报上去，结果换来领导一顿“轰炸”，诸如站位不高、层次不清、内容不实等评价，让你感觉瞬间被浇了一盆冷水。

其实，我们不妨换一个角度思考，领导作为我们工作的引路人，批评也好，咆哮也罢，都是在指点我们。做完某项工作后，如果详细记录下领导对你的“轰炸”过程，肯定有助于把“领导常说”的内容铭记于心。

时间久了你就会发现，自己犯过的错误会越来越少，到后来便不会再犯了。

可以说，记录一个属于自己的“领导轰炸”日志，对于有自我提升需求的你来说，那就是一部私人职场宝典、一个职场提升利器。无论是

办事、办会，还是办文写材料，都大有益处。

这跟学生时代老师让我们整理的错题本有异曲同工之处，所以，我最近一直在这么做。

下面分享两篇笔者的日志实例，以供大家参考。

时间：2019 年 7 月 8 日

主题：情况表述不完整，存在“就事论事”问题

经过：今日凌晨，我单位和公安机关联合开展了一次针对非法采砂的专项打击行动。上午上班后战果报告已经形成，领导要求根据战报起草一篇信息向市委报送。我按照常规活动信息模式进行起草，开头部分介绍完成果并加入具体数字后，围绕战果报告中的内容和前期对行动的粗略了解，用三点分别对“前期摸排、组织部署和重拳打击”进行了描写，最后提出下步将对行动中的线索进一步进行侦办。

领导点评：写东西不动脑子！

后续情况：信息被修改为三部分。一是介绍了行动背景（随着市场变化，砂石价格飞涨，不法分子盗采引发群众不满，引起媒体和领导关注等）；二是将行动整体过程压缩为一点；三是下步准备以市委、市政府名义召开为期一个月的专项治理活动。

启示：对于复杂问题和重大事项的信息或汇报，不能按照常规会议、活动信息模式简单处理。要在与业务负责同志充分沟通的基础上，尽可能掌握工作全貌，特别要注重背景情况的发掘和下步举措的延伸。

下面再来一篇简短的日志实例来进行辅助说明。

时间：2019 年 7 月 22 日

主题：数字不够精准

经过：根据各业务科室提供的素材，起草全市基层社会治理情况报告。其中，“雪亮工程”建设部分各数据忽大忽小。较大的有“累计投入×亿元”，较小的有“协助公安机关破案 240 起”。

领导点评：数据起算时间不清，记了一笔糊涂账。

后续情况：经与业务科室沟通后发现，由于要求提供整体工作情况，故有的数据为多年累计，有的仅为当年成绩，汇总后没有注明。核实后，进行了修改。

启示：汇总数据时，不仅要保证真实性，更要弄清数据的计算区间，防止出现歧义。

像以上两个日志实例一样，每篇“领导轰炸”日志，都以领导的“轰炸”的内容为中心，简明记下前因后果，顺便写点启示，便于我们书写和查阅。大家也可以根据自身需求，适当调整记录模式。

试想，如果你每次被“轰炸”的过程都能如此记录下来，甚至领导在“轰炸”别人的时候，你也记录下来，相信一段时间之后就能看到明显的效果，长期坚持下去，你的进步将不容小觑。

在职场成长的道路上，没有人能够一蹴而就，每个高手都是在不断补齐自己短板的基础上，一步一个脚印，脚踏实地养成的。（作者：天庆）

我要是刚工作就明白这些事就好了

作为一个机关的老工作人员，回想起自己刚上班时候的一些想法和做法，都会觉得特别幼稚可笑。工作的时间久了，看的也多了，所谓“铁打的营盘，流水的兵”，领导换了一个又一个，中层干部也跟着换了一茬又一茬，自然悟出一些机关规则来。

为了让刚上班的新人能少走一些弯路，我将工作中的心得与体会进行了总结，供大家参考。

01

要做个“正常”人，不要成为大家眼中的“另类”

在机关单位，“另类”往往是同事之间八卦的谈资，授人以嘲讽的话柄，很难摘掉“奇葩”的帽子。

我曾经有一个女同事，是大学毕业被招录进来的，表面看一表人才，彬彬有礼。可能是年龄小的原因，不谙世事，一些怪异的行事风格总能成为大家茶余饭后的谈资。

下面举几个例子，如果有类似的情况要学会及时反思。

有一次，她的科室主任外出有事，打电话让她去办公室给填个假条请个假，她真的去办公室填了个假条，但请假人却是写的她自己，嘴里还碎碎念："我在单位呢，为什么要请假啊？"她科室主任回来知道此事后也是哭笑不得。

还有一次，一个和她同一批考入单位的年轻男同事因为刚租的房子没有洗衣机，又嫌干洗太贵，就拜托她帮着用她家的洗衣机洗洗羽绒服，她很爽快地答应了。

其实这本是同事之间互相帮忙，也没什么，结果她给人家洗干净羽绒服的同时发了一条微信："这是我第一次，也是最后一次帮你洗衣服，不要和别人说，我还没到给人洗衣做饭的年龄。"后来听这个男同事讲，大家直接笑喷了。

所以，在单位，无论你工作能力如何，首先都要做个"正常"人，不要成为大家眼中的"另类"，以免成为他人的笑柄。

02

要做个有"文化"的人，树立良好的职业形象

著名作家梁晓声对"文化"一词有个很靠谱的解释："植根于内心的修养，无须提醒的自觉，以约束为前提的自由，为别人着想的善良。"有人会说这话太大，放之四海而皆准。

是的，这在机关单位尤为重要，这是与人建立良好的共事关系的前提，在细化的工作中，小到自觉打扫办公室卫生，不迟到早退，放低姿态端茶倒水，关心同事；大到团队合作中互相支持、配合，不诋毁、不拆台，

自觉做好分内的事，共同完成领导交办的任务等。这样诸多小事积累起来，会逐渐完善你在大家心目中的形象。

网上有句话说得好：没有人愿意通过你邋遢的外表去了解你的内心。同样也没人愿意通过你的坏形象去了解你的工作业绩，良好的形象和口碑就是成功的一半，另一半靠的才是你的能力和业绩。

03

要做个“勤奋踏实”的人

很多新人年轻气盛，沉不下心，干活也是拈轻怕重，喜欢干领导看得见的“漂亮”活。

我曾经有个下属，是大学毕业通过省考公务员来到单位的。小姑娘挺聪明的，头脑灵活，学东西也快，布置的工作都能很快完成，就是有些致命的缺点，喜欢糊弄，急功近利，心浮气躁。

有一次，领导安排她和另一位同事一起去村里帮助整理扶贫材料，她去了两天发现太辛苦，活多受累不说，领导也看不见，因此她总是以各种理由回单位，后来干脆连理由都不找了，直接不去了，只有另一位同事还在坚持。

有时候让她做个方案或总结，交给我的时候还能在文中看到别的单位的名字。

有一次情况非常严重，我们单位搞了一个大型的扶贫联谊会，钱也花了，事也做了，她在报给全市几百人大群里的简短总结居然出现好几个错别字。

市长亲自给我们大领导打电话问情况，大领导自然大发雷霆，在单位群里公开将那几个错别字截图圈出来，想想真是替她捏了一把冷汗，以后再想改变领导心中这种“粗心”的印象恐怕很难。

年轻人刚参加工作想做出点成绩无可厚非，但永远不要急功近利、投机取巧，时间久了，自己要为自己不负责任的行为买单。

要做个“细心靠谱”的人

对于要做个“细心靠谱”的人这一点，我在调入新单位后感触颇深。

初到新单位，领导同事通常都会对你比较好奇，想要看看你究竟有什么本事。

我的经验告诉我做人要低调，即使我对领导再不满，对他人的做法再不屑，都要保持一个新人应有的谦虚姿态，要事事请示、耐心聆听、虚心改正。

对于领导安排的工作，分清轻重缓急，仔细认真斟酌，最重要的是一定要细致，因为细节决定成败。

我印象最深刻的一次是今年的机构改革，机构编制委员会办公室要求各个单位重新上报三定方案，科室主任安排我做这项工作。

我把近几年上级单位下发的关于机构审批和职能划转的文件统统研究了一遍，重新制定了方案，几经科室主任修改后确定了讨论稿。

为了备忘和随时应对领导询问，我同时草拟了一份编制依据说明，即除了高度概括的话，其余只要摘自文件原文的，每句话出自哪年哪个文件，哪条哪款，以及原文如何阐述的，我都逐条列了出来。

本来是留给自己看的，结果领导有次下班时间临时召集各部门负责人开会，专题研究三定方案职能职责，要求参会人员吃透文件，逐条捋顺职能职责，我当即把这份说明打印了两份，一份给领导，在会上省去了他逐条翻文件的时间。会后，领导特别表扬了我们科室主任，说在他的领导下，这项工作做得特别好、特别细。其实，这些主要得益于我平常工作的细心。所以，在工作中要做个“细心靠谱”的人。

以上几点经验仅供参考。作为新人，想赢得领导和同事的赞赏，并非一朝一夕之事，要借鉴别人的经验，最重要的还要靠自己的悟性，要多看、多学、多积累、多思考。（作者：金鱼）

找到这个窍门后，我很少再被领导骂了

中美贸易争端云谲波诡，愈演愈烈，同时也把华为公司推到了风口浪尖。

刚开始，都以为华为会被封杀，会撑不住，但华为的海思芯片和鸿蒙系统“备胎”一夜转正，果断扭转局势，给美国以重击，给国人提了士气。

任正非在《面对面》栏目的专访中说，十年前他就预想会和美国“在山头上遭遇”，就准备了“备胎计划”。

大凡能成大事者，其预见性和未雨绸缪都很重要，很多时候往往可以成为事业兴衰成败的关键一环。而任正非做到了。

从华为的经验，联想到突发性极强的办公室工作，又何尝不需要常备“备胎”呢?

01

办文“备胎”

平时办文中，我们常说某某文档要备份，其实就是办文“备胎”的一种。而且，办文“备胎”是可以分级的。

（1）基础三级：就是要写材料的时候多点几下“保存”，不必因为突然断电而重写。

你可能说，这么简单的事，算什么级别啊？不过，你回想下自己是不是犯过或者差点犯了类似的错误？

前几天，单位一同事还给我抱怨，写了一上午的材料，因为断电，还得重写。现在有些软件是有了自动保存功能，但还是自己点下“保存”才踏实。

（2）中等二级：就是要保存好材料的一稿、二稿、……、定稿，不要简单地将后稿覆盖前稿。

我在驻村工作的时候，上级要我们工作队代表全市工作队做典型发言，队长和我整了一下午发言材料，刚开始说发言 5 分钟，后来说时间紧只能 3 分钟。我们只好转换布局，进一步修改，也把一稿的 1500 字，压缩到第四稿的 600 字。

曾是政府第一大笔杆儿的工作队长提醒我，把每一稿都留着，标记好，以后都有用。

果不其然，后来又要写宣传信息，报工作队事迹。队长再发言时，只要根据他们的要求，选取最接近要求的一稿略做修改，三下五除二就好了。如果当时只留了 600 字的终稿，上面要 2000 字的事迹，那我们就得费点劲了。

后来还有一次，单位要给驻村干部拍摄纪录宣传片，让我起草脚本，写写改改共九稿，写得都快要吐了。

这么多稿都留着吗？可多得让我都分不清每一稿的内容了。最后，我把相近的稿件删了，只留了 4 稿，就清晰了。

留稿当“备胎”，要留有特点的稿，要留有用的稿，否则“备胎”

也难转正，不仅不会带来便利，还会浪费精力。

（3）优等一级：就是对文稿进行粗加工，分类归档，不要乱作一团。

上级单位和领导总是来调研，所以我们办公室得经常做调研接待手册。而且，领导说来就来，很急，一般都得连夜做出来。

接待手册里重点是行程安排、全市概况、县区简介、调研点简介等。特别是行程，单位领导都是盯着弄，所以要特别快。这个时候，接待手册“备胎库”就起作用了。

将以前的领导调研接待手册里的行程和各种简介，都分类保存，只要上级领导说出来，确定了调研主题，就可以从“备胎库”里找原来的行程，将其复制、粘贴，再核对个别不清楚的点和路上时间，行程安排初稿就出来了。

这些工作一个小时都用不了，把行程呈给单位领导，能不夸赞你的效率高吗?

办会“备胎”

办会是办公室的一项重要工作，都是环环相扣，突发状况最多，也最让人费心。

前两天，组织全市大会，通知市领导参加的时候，某市领导的秘书回复说领导不参加了，结果第二天开会的时候，领导竟然来了。组织办会的人员瞬间傻眼，因为没有准备这个市领导的桌牌和位置啊!

这边跟领导解释着，说昨天联系他秘书，说的是不来的，所以没做准备。结果，让领导堵了回去。领导说他自己没说不来啊！没办法，人家是领导，只能哑巴吃黄连了。

那边赶紧去找桌牌，协调座位，耽误了几分钟。最后虽然有座位了，但市领导明显有点不满意。

组织办会的人也不高兴，抱怨着：说不来，却来了，不怨我们啊！

说实话，是不怨他们，但他们也不全对。因为他们没有准备“备胎”！领导的行程很难固定，存在很多“万一”。而这次“万一”成真了，结果导致这次办会措手不及。

之前，我也遇到过同样的情况，只不过，那是个小型会议，很快就安排好了。不过从此，我也长了个记性，每次开会就把所有领导的桌牌都带着，万一哪个领导原本说不来、突然又来了的，就可以最快的速度安排好位置。

所以，领导桌牌是办会的必备“备胎”之一。

其他办会“备胎”，我就不再举现实中的例子了。就针对一般大中型会议，简单列几个所需“备胎”吧。

①话筒多备一两个，必须有调音人员。

②如果用电脑、投影仪，要多备一套。

③特大型会议，要安排会场备用一台发电机。

④用车要多备一辆，以应临时安排。

⑤其他应对可能发生情况的举措，也是需要考虑的。

办事“备胎”

办公室是一个单位的综合协调枢纽，是领导的“大秘书”，要办的事情整天堆成堆。

在办公室里流行着一句话，“只要领导不批评就是表扬”。说的对象，主要就是办公室的办事人员。

办公室平时办的事数都数不清。多做多错，不做不错，但办公室又不能不做，所以只能尽量减少犯错。

那么如何减少犯错呢？那就得把事情想周全，办漂亮。

那么如何把事情想周全？那就得准备“备胎”，也可以说是 AB 方案。

去年冬天，大气污染治理有了很大成效，但雾霾天还时常有。

有一次，领导来调研，主任初定行程后，就叫着我一块出去，说要探探 A 调研点到 B 调研点的道路。

主任跟我说，AB 两地中间是有高速的，但冬天大雾一上，容易封高速。如果真封高速了，下面哪条路能走，哪条路好走，得花多长时间，都需要掌握。

结果，领导来调研那天，还真因为大雾封高速了，主任直接调转引导车，引领车辆走了最好、最快的一条路，让领导顺利看完了计划中所有的调研点。

要不人家年纪轻轻就能当主任呢，原来是有真本事的。考虑事情就是细致，难怪领导每次交给他事情，都是那么放心。

再说一个反面例子，是别的单位的一个办公室主任。外地兄弟单位组团来学习考察，在去一个调研点的路上，突遇道路施工阻断了交通，过不去了。

前几天，这个办公室主任还从这个路经过来着。所以，想着应该没事。可是不巧，今天却因施工阻断了交通。

于是，赶紧找别的路，很不巧，别的路新增加了个限高，大巴车过不去。好不容易掉过头，绕了个大圈才到达目的地。最后，看完考察点，吃午饭都下午 1 点多了。本单位领导狠批了办公室主任怎么不提前看好路线。

我们现在做事，多多少少都有点凭经验、凭感觉。经验、感觉多数情况下是对的，但难免也有错的时候。而一旦错了，可能会影响整件事情的结果。

所以，要想顺利办好事情，还是要凭周密的准备，多想几种可能，多定几套方案，多防几个“万一”。

这些可能会费些心思，但如果不提前费点心思，出事后将会费更多心思。

就像华为公司一样，前十年费了心思，如今突遇封杀，却丝毫不惧，因为他们有可靠的“备胎计划”。

车辆没有备胎最好不走，工作也是一样，要有所准备，方可顺利完成。办公室工作向来纷繁复杂，办文、办会、办事交织其中，只有做到未雨绸缪，凡事才可占据先机。（作者：水草）

你连稳重都做不到，怎能委以重任

今天，小张被领导“约谈”了。小张原来在下面的乡镇工作，因为比较优秀，被领导借调到了机关大院。他学习能力强，办事也严谨细致，但可能因为在乡镇待过的缘故吧，说话大大咧咧，走路风风火火，举止大摇大摆。

早晨，领导把小张叫到了办公室。领导说：“我观察了你一段时间，发现你这个人踏实肯干、勤劳靠谱，但工作起来比较忙乱。在机关单位，我们需要工作稳重的人，因为稳重能体现出自己对局面的把握、对工作的胜任，而你身上恰恰缺少那么一点点稳重感。”

小张默默地把领导的话记在了心里。其实，小张的不足之处，在很多年轻干部身上都普遍存在。

俗话说得好：“看菜吃饭、量身裁衣”“到什么山上唱什么歌”。既然到了机关大院，我们就要适应机关独特的运行规则，努力做一个稳重的人。

因为稳重是一种做人的修养，也是体制内生存的策略。否则，就会连吃苦果。

(01)

形似

所谓“形似”，指在工作中要体现出认真做事、工作熟练的状态。

1. 走路要稳

干工作要一步一步来，走路更要一步一个脚印，不能总是风风火火，好像有十万火急的事情要去处理一样。况且，即使有非常紧急的事情，也不能那么轻易地表现出来。

单位里总有这样的现象，一些急性子的人，往往走路特别快，办完一件事情之后，总会说：“哎呀，我忘记做某某工作了。”

透过现象看本质，为什么会出现这种情况呢？走路快容易心率加快，人在心理紧张的情况下，考虑事情难免有不周全之处；走路慢会心率慢，考虑事情就会举重若轻、收放自如。

另外，天天风风火火地走来走去，不仅会让人感觉你在做大量的无用工作，还会带动别人的紧张情绪，让人感到心烦、感到压抑。

大家常常会通过一个人的举止，来评价一个人的好坏。有时候，大家嘴上不说，心里却会感觉不舒服。所以请适当放慢你的脚步，还大家一个安静，给自己一份稳重。

2. 说话要慢

在工作中该怎么说话，学习下领导就可以了。你见过哪个领导天天大嗓门地说话？哪个领导不是稳稳当当、滴水不漏地说话？

我们为什么要慢慢地说话呢？因为话语是大脑思考的反映，说话有条理，说明你这个人思路清晰、思维严谨。反之，快速、啰唆地说，会让领导感觉你这个人思路混乱。

水深不语，人稳不言。体制内要谨言慎行，因为你永远都不知道你说的某一句话什么时候会成为别人手中的把柄。

我们说话的时候要把握住以下三个要点。

第一要言简意赅，直奔主题，用最简洁的语言表达清楚，一句话能说清的不要说两句话。

第二要突出重点，领导问什么就汇报什么，不问就不多说。该说的话要说，不该说的不能乱说。领导很忙，考虑的事情很多，没时间听别人在那里啰唆。

第三切忌交浅言深，如果遇见一个人感觉非常熟悉，然后滔滔不绝地讲，这样不仅不会让人信任你，还会适得其反，让人感觉你很浮夸。

神似

所谓“神似”，指工作稳重、扎实，是个做事让人放心的人。

1. 办事要准

体制内评价一个人，最终还是要看这个人的办事能力。稳重的人，都能够准确地完成领导交办的任何事项，执行力非常强。

举一个例子：领导问了一个问题，同事 A 立即百度搜索答案，然后告诉领导；同事 B 从网上搜到答案以后，不慌不忙地又请教了专业人士，最终剔除了网上不合理的回答，形成了完美的汇报材料。同事 A 和同事

B 的办事水平谁高谁低，立马就有了分晓。

如何才能达到这种高的办事水平呢?

第一，办事情之前，先在脑海里过一遍，这件事情需要分几步去做，让自己大概有个谋划。

第二，认真准备每一个环节，稳扎稳打，给自己留够时间。不能急于做完，越是着急，越容易犯错误。

第三，做完之后回头看一眼，要做到“一步三回头”，想一想是不是有做得不到位的地方。在事情没有最终完成之前，一定要时不时地检查一番。

第四，说话要留有余地，能办的事情抓紧去办，不能办的事情说出困难，寻求领导的帮助，这样你才能够一点点地突破自己，不断提升自己的能力。

其实，机关里的工作事务很简单，只要你用心去做，就不会犯错误。只要你不犯错误，领导就会认为你这个人工作能力强。而一旦出错，就会给领导留下不好的印象，所以，凡事要多想一想，慢一点，稳一点，千万别犯错。

2. 阅历要丰富

有人说：“现在的沉稳和淡定大多都是曾经的傻笨和天真换来的。”

稳重是一点一滴修炼和积累的结果，所以年轻人要多经历风雨，在风雨中长见识、增本领，努力做到“乱云飞渡仍从容”。

我曾经见过一位县委办主任是如何处理群体事件的。当时，群众已经冲进了县委大院，拦也拦不住。

该主任到达现场后，没有对群众大声嚷嚷，而是立即握住一位带头的年长的群众的手。一边握着手，一边和年长的群众不慌不忙地交流，最后把大家引导到了信访局。

看看他的处理方法：第一，迅速找到领头的人，和其交流，抓住了主要矛盾；第二，临危不惧，岿然不动，让上访群众看出来他是一个能够解决问题的人。

他在危难时刻沉着果断、超冷静，赢得了大家的赞誉。

他能够如此干净利索地处理问题，是因为其是从基层一步一步走上来的，见过了太多类似的事件，自然能够很好地把握事情的分寸。

有了阅历，面对突发状况才能够冷静应对，面对问题才能够有更理性、更深入的判断。

“每临大事有静气，不信今时无古贤。”这是清朝三代帝师翁同龢的一副对联。稳重的人考虑问题比较全面和细致，处理事务总能比别人游刃有余，也更能让人安心，所以也更容易成功。

所以，从今天开始，努力做一个稳重的人吧。（作者：有风就有雨）

他靠小事平步青云的背后：有不为你所知的故事

我参加工作后，父亲给我讲了他的工作经历，我以前只知道他的工作，却不知道他工作背后的故事，听完之后我颇受感触，很多人都知道他平步青云，却不知道他平步青云背后的故事。

01

身无背景，平步青云

二十多年前，我父亲从卫校毕业，先在防疫站工作，后来辛辛苦苦又考了大专，来到了南方一个三线小城市的普通医院做了一名普通医生，每天过着问诊开药，白班夜班的生活。

五年之后，他这个不起眼的门诊医生突然被调到了医院的党办担任宣传股长；十年之后，又随着改革的步伐，被一纸调令抽调进入医疗保险部门，从此步入仕途；然后又在人力资源和社会保障局一路做到了局长。

每一次调动都出乎大家的意料。一线医生几十人，没有人想到党办怎么看中了门诊一线没有领导职务的他；全市医院十几家，也不知道组建医疗保险部门时又怎么看中了默默无闻的他。后来，有人点出了其中的两件小事。

看似小事，却成转机

一件事情是医院各个科室负责轮流在医院一楼大厅画黑板报。我父亲的科室没人愿意画，就让他来负责。结果有一次院里的副书记看到了我父亲在休息时间跟黑板报较劲，一个美术字没写好，擦了重写，反复十几遍，终于才算是满意了。这个事情打动了分管副书记，把他上调党办负责整个宣传工作。

另一件事是有一次我父亲在街上遇到了自己给看过病的孩子，准确地说出了孩子的姓名和一直患有的慢性小毛病，然后关切地询问病情，了解近况，还给了用药建议，得到了孩子家长的感谢。偏巧孩子的家长是主持医疗保险试点工作的负责人，这才将他从不起眼的小医院调到了新组建的医疗保险部门。

故事到这里，还是一般的套路。有人抚掌大笑，说我父亲“你龟儿子运气真好”；有人无不眼红地说，他也那么有才能，怎么他就没有被书记看见；有人若有所思，打算也回去开始主动搞一搞黑板报，认识一下领导和领导的孩子。当然也有更过分的，认为我父亲就是个溜须拍马之徒，拍中了位置就上位了。

表象背后，其实更深

但是这个故事，从我父亲的嘴里说出来，却是完全不同的版本。

关于黑板报的故事，的确有美术字写了十几遍被副书记看见的事情。但是更关键的是，副书记早就注意到了这个科室的黑板报，不仅绘制精美，字画都一丝不苟，而且内容翔实，生动有趣。

别的科室都喜欢抄两段上级文件或者新闻，甚至直接写四个大字“欢度国庆”，或者画一束花占掉 2/3 的版面，剩下的地方再应付几行字。唯有我父亲负责的黑板报，内容非常扎实，而且大多数是原创。

有父亲写的宣传小病及时就医的顺口溜，有父亲编的就医小故事，有关于公费医疗的政策解读，都是父亲自己创作的。副书记早就观察到了，每隔一段时间会有一份出色的黑板报，只是还不知道是谁画的。有一日休息时间遇到了跟美术字较劲的父亲，直接叫到办公室聊了一个多小时。

显然，我父亲在这次聊天中的表现是令人满意的。对于政策的解读深入浅出，对于事例的描述生动有趣，文字功底非常扎实。副书记这才调动了我的父亲，从此他的舞台不再是黑板报，而是整个医院的外宣通道和各种上报的文字材料。

认识领导，实属巧合

而关于遇到了领导的孩子这件事也基本属实，但是并不是故事描述的那么简单。有一日领导孩子突发不适，领导不得不请假带孩子看病。

此前领导比较忙，一直是领导的太太带着孩子看病。

我父亲也确实不认识领导本人，也不知道领导其实就是领导。但是我父亲认出了孩子，孩子也认出了我父亲。虽然已经调到了党办，但是我父亲还是直接给孩子瞧了病，然后确定了不是什么大问题，不需要去医院。这就省去了领导排队挂号、反复折腾的苦恼。

几日后，领导来到我父亲的医院调研，一眼认出了我父亲，顺嘴表达了谢意。然后医院领导过来介绍，领导得知医院对于我父亲的评价还不错，工作也踏实肯干，文字功底也好。这才让我父亲有了机会参与会议讨论。

更神奇的是，因为我父亲在工作中为了写年度总结，一直在工作中关注公费医疗改革的问题，跟药房、财务部门要了不少资料，自己在研究关于超额购药，以及一人的公费医疗卡全家人都蹭着用等问题。

在那个没有互联网的时代，没人想到我父亲为了这个研究搞到了多少资料，没有人想到他在不上班的时间，看了多少文件、杂志，写了多少手稿。在领导问起来的时候，他竟然对于公费医疗的弊病、困境和改革方向很有一番见解。最后调研的时间比预计长了一个小时，多出的时间基本上变成我父亲的个人陈述。这才打动了领导，把我父亲调动到了医疗保险试点办公室工作。

这就是小事背后的故事。

小事背后，是巨大的付出

每一个看得到的小事背后，都是看不到的无数的时间和精力的付出。

在一般人看来，这可能都是运气好，这可能都是赶巧了，这可能都是领导眼光专盯向犄角旮旯。有人认为这些小事都不值一提，做了几件小事没什么真本事。有人会认为这都是可复制的，只要给我一个机遇我也能做到。

但是实际上，小事的背后都是对于本职工作的出色完成，对于工作细节的一丝不苟，以及对于前沿问题的不断思考。没有擦了重写十几遍的美术字，没有与领导和孩子街头偶遇，或许就没有后来的故事。但是他的才能，并不是仅仅画好美术字，而是出色地完成了所有宣传工作；不仅仅是在街头看好了领导孩子的病，还有对于公费医疗制度的长期观察和深入思考。

所有因为小事翻身的故事都很吸引人，因为里面蕴含着每一个在基层工作但是希冀更大舞台的人的向往和期待。它充满戏剧性，充满意外，也就充满了让人欲罢不能的爱恨纠缠。

但是无论如何，小事一定得是画龙点睛，而不是雪中送炭，更不是中彩票、撞大运。想靠小事翻身的前提，一定是要出色地完成了本职工作，并且展现出有完成更大工作的潜质。小事提供的永远只是一个窗口、一点提示，为的都只是一个展示的机会。而展示的内容，则来自背后的积累。

父亲打心底里是个文艺青年（现在得是文艺中年和文艺老年了吧）。他自己说，如果不是那些年间社会主流的学好数理化的思潮，他是断然不会学医的。他想去做诗人、小说家。比起瞧病，他更爱的还是文字和文字背后的东西。他在看病时并没有那么开心，但是他也没有抱怨，而是把多余的热血倾注到黑板报上，倾注到对于公费医疗的研究上。勤于思考、爱好写作的习惯，父亲到现在也没有丢。

到父亲退二线时，竟然也给这个不起眼的三线小城闯出了一套自己的社会保险模式，得到了人社部领导的多次表扬嘉奖，吸引了无数一二线城市的同事来学习考察，一些措施被全国推广，也算是真的把小事做成了大事，最后做成了事业。

在做小事的时候，父亲他从来没有想过这些小事会有什么回报，从来没有想过自己会因此得到什么。但幸运的是，命运自然而然地给了他回报。（作者：山中异草）

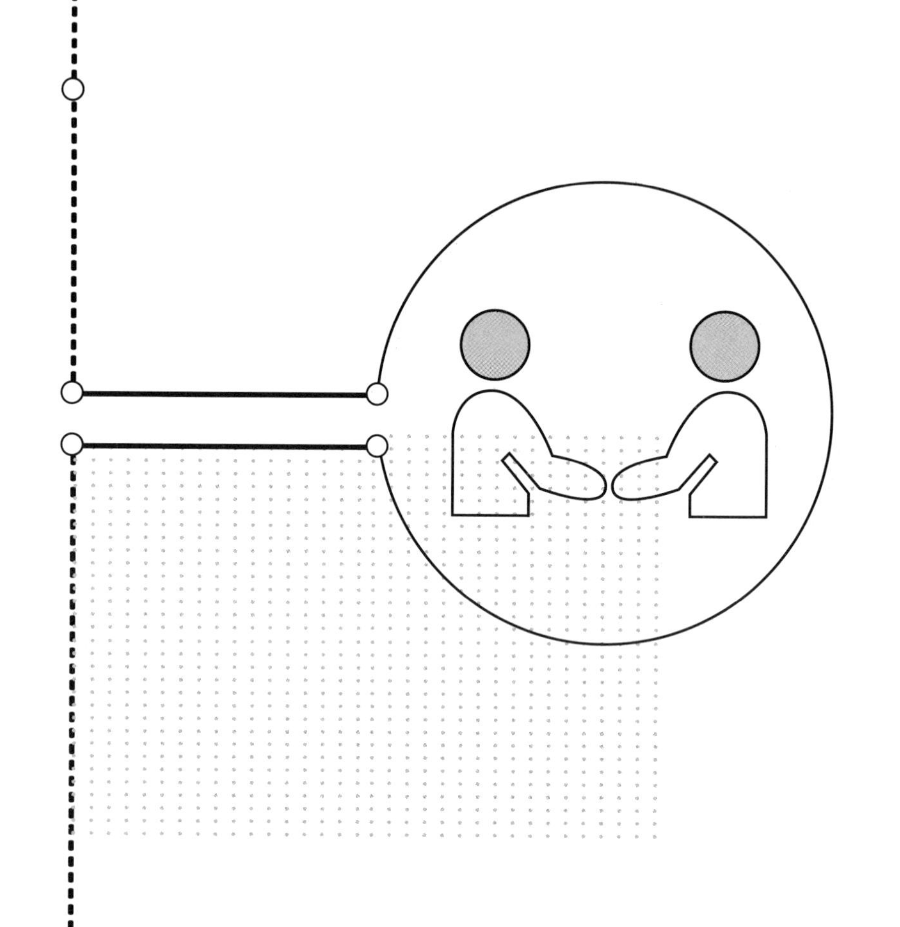

做事不可不知的 **礼仪和规矩**

给领导拍照，你闹过哪些笑话

在给领导拍工作照的时候，一个不小心，经常会闹出一些笑话，大度的领导可能会一笑了之，但是个别小气的，搞不好要记仇很久。

宣传工作关系着一个机关、一个领导的形象，上级领导有时候对一个单位的印象，往往就是从单位的新闻稿开始的。

下面来说说帮领导拍照的一些趣事。

故事的主角，我们就叫他小马好了。

这个年轻人是名校中文系毕业，文笔倒是不赖，但是有点儿马大哈，他手上的工作照，总会出现这样那样的笑话。

领导的绿帽子

单位里常常会有各种会议，尤其是上级领导来视察，兄弟单位来学习，开完会一般还会合个影，握个手，这本来天经地义，没有任何问题。

有一次，我们领导盛装打扮，出席一个多人的大型会议。小马又不容辞跟拍。会议结束，领导按照惯例跟一些同志在主席台下合影。

于是，咱们的小马同志，为了显示自己工作积极，“啪啪啪”冲上去帮领导拍了好多张美美的（自以为）照片，并且以迅雷不及掩耳之势，放到了我们机关的网站上。

领导本来很高兴，对小马一顿夸奖，但是，第二天领导回到办公室，脸都黑了，把小马叫到办公室一顿教育。

小马丈二和尚摸不着头脑，一直不明白为什么领导会骂他，说什么工作不仔细，什么粗心大意。但是，到底是哪出了问题呢？

我听到领导办公室传出来的声音，偷偷地打开工作网站一看，原来如此。

一般情况下，会议所用的椅套颜色都是红色的。偏偏那天我们领导去开会时，椅套颜色是绿色的。

一般会议合影的背景是党旗，每个人头上都有一抹革命的鲜红。

但那天我们椅套的颜色，是非常环保、非常原生态的绿色。我们领导是男性，站的位置比较远，于是头顶呈现的是椅套的绿色，让人浮想联翩。

领导的长耳朵

小马有个特点是“三快”，即做事快、讲话快、走路快。

那是一个风和日丽的上午，小马跟着领导去调研。

因为人比较多，所以小马拍照的时候，领导的身后难免有很多人，所以就会出现人头重叠的现象。

领导的后面有其他的同事，刚露出半边脸，恰恰在领导的头顶的一左一右，好像长出了两只耳朵。

小马“啪啪啪”拍完之后，领导拿过相机一看，“扑哧”一下笑了：“小马，我变成米老鼠了，你帮我修修看。修完再发网站，注意细节啊。”

见此情景，我们笑得前仰后合。

机关工作照如何拍

对于人物拍照，特别是领导的拍照，还是有一些细节需要我们去注意的。网上很多教程，讲什么测光、构图等，但对于我们会议人像摄影来说，都不用这么复杂。首先我们时间紧张，研究测光、构图是来不及的。其次我们后期工具多，实在无须过分纠结。

机关工作照的要点，主要有以下几个。

（1）领导必须作为主体突出。领导必须处于构图的中心位置，如果不在中心位置，那么就要把这张照片删了。

（2）动作表情不能尴尬。面部表情和肢体动作不能尴尬。工作场合，拍到领导捧腹大笑是不太合适的。另外，也不能有闭眼睛、挖鼻孔、听电话等行为出现在照片里，这会让人觉得对工作不尊重，那是绝对不行的。

当然，如果一众人在镜头里是微笑和蔼的表情，而领导却是严肃到令人感觉到寒冷的表情，最好也不要拍，更不能拍到领导在工作中打哈欠的样子。

（3）后期方法要练好。做后期修图的时候要注意领导的头上、脸上，或者是其他部位，不要有奇怪的东西遮挡，或者是后面多出一个奇怪的东西，周围的环境最好比较整洁，没有杂物。如果有障碍物，直接模糊掉，或者修掉。

（4）平时要注意观察。

自己拍回来的领导照片，要注意观察领导的哪个侧面最好，什么表情最好看，哪些部位不适宜暴露。要注意在以后的工作中捕捉这些比较好看的角度。

还要注意多去人民网、新华网等网站学习摄影高手拍摄的角度、构图，参考别人的经验，为自己所用。

（5）尽量多拍几张。

因为人物是动态的，不太容易捕捉到合适的镜头。尤其是人物多的活动，拍得少容易选不到心仪的照片，所以要多拍几张，以做到有备无患。

大家在给领导拍照时，能将镜头里的领导拍出霸道、潇洒、稳重、睿智的特点，就很好了。（作者：子夜华歌）

给领导订车票怎样能体现高水平

最近，因为一张截图，我万分尴尬。在给领导们订好高铁票后，我把车票截图发给了大领导，见领导没回复，于是我又打开微信检查，突然发现，车票截图上大领导的名字居然排在了众人之后，我的天，这让人情何以堪!

那一刻，我脑子里闪过了一万个撤回截图的念头，但已经不可能了，我只能在心里祈祷，愿大领导不要在意这些细节。

虽然领导后来回复了我微信，也没说什么，但生活的阅历告诉我，跟一个人在一起舒不舒服，通常是由生活细节决定的，而不是思想品质决定的。

如果你在细节上不讲究，工作迟早会和你不讲究。

在上次订票事件之后，算是吃一堑长一智，仔细想想参加工作这些年来，陪领导出差也有很多次，为领导和同事预订车票也是常事，今天一总结，发现虽然订票事小，可讲究却不少。

要查好车程长短

订票之前一定要查看下车程长短，一般领导都不愿坐太长时间的车。如果车次选择的空间较大，首选耗时短的高铁票，其次是动车票。

如果没有高铁或者动车，只能选普通火车票的话，那就更得注意车程的长短了。如果超过一个小时，最好订卧铺票，除非没有其他选择了。

我就曾经栽过一个跟头，有次去偏远的地市出差，只有火车和飞机两种交通工具可选，领导选了火车。

年轻的我没多想就快速订好了火车票，可一上火车还没落座呢，领导就指示我去换补卧铺票，因为这趟火车足有 4 个小时的车程，我居然蠢到忘记可以买卧铺票了。

通过这件事之后，我在订票时就特别注意车程时间，根据时间首选高铁或动车，两者都没有的话，时间长的则选择卧铺。

要问清领导要求

这个要求，指的是位置上的要求。

在预订车票前，最好先问下领导是否优先考虑靠窗位置的车票，或者是靠近过道位置的车票。

一般来说，靠窗的座位可以方便欣赏沿途的风景，有利于消减旅途的疲劳，而且也相对不易受到干扰。而靠过道的座位，由于过道上人来人往，磕磕碰碰就较难避免了，因而容易受到干扰。

但靠近过道的位置也有个好处，那就是行动方便，如果领导会频繁去接开水或者去洗手间，或者去抽烟，那不妨考虑靠过道的座位。

要方便集体行动

如果需要预订车票的人较多，那么在订票的时候最好订成连号的车票，即使不能，也最好订在同一节车厢，这样方便集体统一行动，避免出现成员掉队的情况。

一般来说，选好车次之后，添加进去的乘车人，买到的车票大概率是在同一节车厢。

当然，现在所有车票都是进入售票系统的，电话、窗口、互联网同时都在订票，所以你在用手机进行网上购票时，几张票之间会有一个时间差，而可能就在这个时间差内，窗口或电话就把连号的票订走了，因此就可能出现网上订到几张票出现不连号的情况。

鉴于此，如果不怕麻烦的话，买连号票最好去窗口买，尤其是卧铺，网上订票无法选择铺位，而窗口则能做到。

感性细节掌控理性大局。只要允许，工作中尽量多注意细节，多讲究细节，即使小到像订票这样的事情。把细节照顾到让领导和同事舒服的境界，假以时日，职场也会非常顺利。（作者：任异）

怎样把领导的门守住

作为秘书，挡人是必须学会的一门学问。该不该挡，以及怎样挡，我们都需要进行分析并掌握技巧。

01

当副职、其他领导或外面的人找你的领导时

比如局长正在领导的办公室里谈事，副局长或者书记也来找领导。你告诉他办公室有人说事儿，但是到访者并不会在乎，他只会认为自己的事情很重要，让你开门或者他自行敲门。如果你不开，到访者会对你有意见；如果你开了，后面领导会劈头盖脸训斥你：我在里面谈事儿，你作为秘书连门都看不住？

这时怎么办呢？

（1）要礼貌对待，先告知来访者领导有客人，以及客人进去了多久，让来访者心中有数；如果来访者执意要进去，也不要强拦，要让他稍等，请示领导后，根据领导意思进行处理。

（2）如果目的是劝退，直接告知来访的人，领导交代这段时间有重要事情处理。讲明你的处境：你想帮他的忙，但是夹在中间左右为难，请来访者体谅自己的工作。并承诺：如果您需要，等领导事毕，第一时间再给您打电话。然后再根据领导的意见择机通知来访的人。

（3）迫不得已只能扯点理由，说领导外出开会了，领导有点私事要处理等。该说的说到了，该做的做到了，剩下的就不是一个秘书能力所及的了。

当缠访户非要见领导时

如果是不重要的情况，就不要去打扰领导，有情况一定要汇报，这里有个度，就是是否达到汇报标准了。一般性的事件交付对口部门即可。

如果是对口部门推过来的，建议先向其负责人了解情况，如果这个人懂事的话，应该会接下来；如果他推卸责任，那办法就多啦。

对于群众上访的情况，能帮忙解决的还是要帮忙解决，不能解决的千万不能引发大的骚动，量力而为，如有不好的苗头一是先报告领导，二是迅速组织人员维持，千万不能引发大规模骚动。

对于内部职工见领导的情况，一是要想领导能不能见此人，二是要想领导想不想见此人。如果这两条有一条不允许的话就要挡下。具体来说有两种方法：一是劝，从个人角度出发开解；二是联系其负责人，劝不住的就要用手段了，联系其负责人让其领人回去。

绝大多数人来找领导的目的就是要解决问题，如果总是来上访说明问题没解决。此时，可以以个人的身份和他们部门负责人谈谈，如果职级对等的话甚至可以施压，因为这种事说破天闹到领导那里也不会是办公室的责任，只会是对口部门的责任，只要让部门负责人想明白这一点，没有不妥善解决的。

如果还解决不了那就让其部门负责人向领导汇报，不愿汇报的可以代为汇报，那事情就没那么简单了，要让领导知道这个部门负责人控制能力不行。

还有一种情况比较少见。有的部门负责人去找领导汇报，但谈着谈着就出问题了，提出一些领导无法当面回答的话题，这个时候就需要我们去救驾。我曾问过几位老大哥这种情况该怎么办，几位老同志呵呵一笑："倒茶。"总之，要见缝插针地转移一下双方谈话人的注意力，给领导以思考的时间，还能让问话人有台阶下，避免双方的尴尬或者冲突。

搞定老信访，要多走点心

办公室是综合科室，不仅仅是处理收文、发文、综合协调等事务，而且还会接待来访群众。

对于脾气好点的群众，简单解释工作性质、协调相关科室就可以搞定；对于脾气不好的，他们不仅吵着见领导，还可能大闹单位，更有甚者会录音、录像传至网上，造成舆论影响。那么，来看看有经验的前辈们是如何做的吧。

攀亲

专业信访有一句话："把来信当家书，把来访群众当家人，把来访事项当家事。"这句话不无道理，面对来访群众，不要横眉冷对，既然群众来上访，肚子里肯定是窝着火，如果你态度不好，很可能火上浇油。我们是要解决问题的，而不是放大矛盾的。虽然说与群众除了工作没有任何关系，但群众问题无小事，要奔着解决问题的目标出发，要心平气和地耐心听完，再具体情况具体解决。

对待来访群众，就当是朋友、亲属见面，送上一杯水，唠唠家常。如果领导不在，积极解释；如果领导在，积极协调，争取其与领导见上面；如果领导实在没有时间，力所能及范围内帮忙协调安排时间见面。

解疑

来访群众大多都带着一股气，都有很多怨言、很多委屈。换位思考一下，如果来访的是你，所有人都对你推脱、敷衍，不听你的话语，不替你着想，当然会很生气。

如果领导不在，有的时候群众知道你这里是不能满足他所想达到的要求，但往往有一个人能够认真地听他把事情叙述完，帮助他分析目前的形势，他心中的那股气也会化解不少，谁都不想给别人找麻烦，大多数群众在知道见不到领导后都会拍拍屁股走人。

协调

群众来上访时，要本着积极的态度帮助群众协调事项，这其实是办公室人员的一项职责，但很多时候工作人员都忘记了，或者忽视掉这份职责。会觉得浪费自己的时间去干这吃力不讨好的活不值得。但矛盾就是在这“你推我，我推你”这种不负责任的态度中形成的。

在接待工作中，常常发现某些基层工作人员把明明是自己职责范围内的事情推出去，互相推托，造成群众越级上访。

而按照“归口受理，属地管理，谁主管，谁负责”的原则，上级收到反映，还是会按程序转给下级办理。可是下级已经把群众得罪了，群众便不会配合工作，甚至还会提出更高的要求，就会造成更大的麻烦。

所以，群众来上访时，不要推托给其他人，要认真对待，尽力解决。

记录

群众上访时，办公室人员要将每一位来访群众的情况记录下来，如何处理，如何解答，何时向领导汇报，领导如何安排。都要记录清楚，这不仅对下一步工作有帮助，还可以了解领导处理该事件的态度，有利于下次接待群众来访做出正确处理。

解缠

对于难缠的上访群众，可能有的人会想法推托，实际上这是不负责任的态度，可能有人说：“说的容易做起来难，被来访群众缠上，看你怎么办！”

其实，我们只是办公室里的工作人员，这件事情不仅我们自己清楚，来访群众比我们更清楚，自打见到我们第一面，群众就知道我们帮不了他，但如果第一眼见我们，就觉得我们这个人面善，心挺好，挺实成，他们也会气顺一些。

群众是想来解决问题的，又不是来闹事的，你对他的友善他自然能感知到，自然也就不会找你麻烦。当然，光靠群众自己来理解还不行，还需要在谈话中，将自己的位置、自己的职责、自己的能力一点点渗透给群众。这样才能达到事半功倍的效果。

防线

古人云“害人之心不可有，防人之心不可无”，这句话不无道理，在你与群众大聊特聊的时候，一定要注意言行，虽然让你当他是亲人，你也不能大开批判之门，想到啥就说啥。

一要防说者无心听者有意，二要防各种高科技设备，三要保持尽力服务的态度。

每个来访群众都有着些许不易，请善待他们，对于群众的问题，能够帮助解决的，尽己所能；解决不了的，要解释清楚。（作者：职场小白）

退工作群，也很有讲究的

在职场人微信中，活跃度最高、最受关注的，恐怕就是工作群了。

工作群的优势不言而喻，通过它，能改进工作、提升效率。

现实中，很多人常不止一两个工作群。群一多，受到的干扰也会多。

特别是，面临离职、调岗、升迁、临时工作结束等情况下，该如何优雅退群，既不尴尬又显情商高？

主动退

创立工作群的目的在于方便群内成员沟通、联系。

待在一个工作群的人，都是工作中的同事，或在同一个科室或在同一个单位。

当你离职、离岗后，群内的工作将与你无关，你对其他群成员而言就好比“陌生人”，根本没必要留在群内。这个时候，就要主动退群，而不是等着别人把你“踢”出去。

有的人会觉得：工作岗位虽然变动，但我跟同事的情谊仍在，没必要退群，不然显得太不礼貌。其实，这种想法是不正确的。

情谊是情谊，工作是工作，根本就是两码事。职场群中应以利益为上，情谊为下。要多站在利益角度去换位思考，去考虑“别人在意什么”“别人希望看到什么”。

事实上，别人在意的，是你岗位变动后，继续待在群里会不会泄密；别人在意的，是你为什么赖着不走，是想在群里抢红包?

这个时候，主动退群，是高情商的表现，不会让自己被动，更不会让别人尴尬、嘲笑。

避害时悄悄退

至于退群的方式，因人因事而异。

但整体来说，如果你的离群会引发负面情绪，让人反感、触动、觉得被冒犯时，那要学会避害，悄悄退。

通常情况是，如果你在群内一直不被关注、没多少存在感，或退群发声会扰乱其他人情绪时，悄悄退是最好的选择。

悄悄退群，会比较干脆、不纠结，更不至于遭受冷言冷语、让场面尴尬。

比如，你只是单位小职工，在大群里，一直就没人关注你，除了几个领导外没人知晓你。这次因为工作调动要离群，那么，悄悄退群为上策，没必要给自己加戏。不然，别人会把你的离群消息当成“垃圾信息”，毕竟，别人跟你不熟。

再比如，你因身体原因离职了，临退群前，你在群里发布了告别消息。

看到消息，别人情绪上多多少少会有触动，甚至会有离职冲动，这对单位的整体稳定性是非常不利的，领导会对你有意见。

这时候，应该啥也不说，悄悄退。

当然，为了避免被误会，悄悄退群前，跟认识的领导、同事还是要有告别。

趋利时大张旗鼓退

如果你的离群会让人受到鼓舞、倍感温暖、凝聚人心，那要学会趋利，退群前不忘客套、共情。

通常情况是，当你面临升迁、调离而退群，当群内成员相互间都比较熟悉时，就不能悄悄走了，要温情告别、合理客套。

要知道，群成员这时候等着聆听你的“感言”呢。不然，别人会觉得你不近人情。

客套的常用模板是：原因 + 回顾 + 感情 + 祝福等。

比如：尊敬的各位领导、同事，因 ××× 原因我这次要去 ××× 单位任职，今天就要去报到，衷心感谢你们一直以来的关心、照顾和支持，衷心祝愿 ×××。为避免打扰到你们工作，今天我就先退出这个群了，以后有用得着小某我的地方，我一定尽心尽力。欢迎随时来 ××× 指导工作，我的联系方式没变……

你这时候的客套，能给人带来好情绪：回首往事，共叙情谊，温暖人心；展望未来，振奋人心。

你在合适的时候，表达了合适的情绪，在群内获得频频点赞、祝福的同时，还收获了情感，是一种情商高的表现。

当然，退出前，如果条件允许，可以发个红包，并要保证每个人都能领到，好添加点人情味儿。

常联系

退工作群，只是说你不再充当某个角色、不再负责某项工作，不再与某些人在某些方面有交集，但不等于不再联系。

退出工作群后，对于领导、同事，还是要常联系，平时多些互动交流，促进感情交流。毕竟，无论你做什么、在哪里，总可能要跟这些人打交道。

如果你退群后就不再联系他们了，以后相见多多少少会有些别扭。

总之，如果离职离岗了，在退群方面，要主动点，考虑更细更全一点，情商高一点，优雅离群，于己于人都是好事。（作者：浪子燕青）

出差在外，怎么安排住宿体现高水平

现在接待工作通常有定点宾馆，办公室的常规套路一般是按照住宿标准帮忙预订。

在宾馆房间富裕的情况下，尽可能把一起出差的同志安排在同一楼层，在会议须知或接待指南上注明房号，等等。

但是多年出差住宿的经历，深感如果接待方有时多注重些细节，多用心一点，对出差同志的睡眠、心情和工作效率将会有很多帮助。

01

提前查看住宿环境

安排住宿最好提前踩点，到房间实地感受房间设施、噪声、灯光污染等住宿条件。

比如，一次出差到某市，安排的宾馆俯瞰市政府门口广场，初看方便工作。但是从晚上 9 点到 11 点，广场舞高音喇叭播放歌曲一首接一首，节奏欢快、高亢入云，严重干扰睡眠。第二天早上 6 点半又响起了晨练的大喇叭声，严重影响睡眠和休息。

同理，最好也不要安排靠近电梯口的房间。

又比如，某次出差安排的房间，正对着 KTV 的霓虹灯，普通窗帘无法遮光。这种吵闹、亮如白昼的客房对一些常年从事文字工作而神经衰弱、无法顺利入眠的同志来说，可谓非常煎熬。

另外，南方城市多蚊虫鼠蚁，一些民宿或农家乐的底楼容易迎来蜈蚣等“不速之客”，建议最好选高的楼层。

确认下吸烟楼层，制作额外房卡

随着禁烟的深入，越来越多的宾馆酒店加入禁烟行列。对一些烟瘾很重的笔杆子来说，不能抽烟相当于卡住了灵感的源泉。所以，需要事先和宾馆打招呼安排，最好和酒店确认下吸烟楼层。

此外，越来越多的宾馆，进出电梯需要刷房卡才能到目的楼层，因此，可以为指定同志的房卡多制作一张，以备工作不时之需。

明确公务卡结算要求

在忙碌的工作中，午后小憩片刻，对体力的恢复效果会很好，有些城市的宾馆酒店退房都可以自动延长到下午 2 点。但有些宾馆下午一点多前台就无预警地打电话催续房，让人心情很不爽。所以预订酒店时，最好事先要求酒店延长退房时间。

记得某次出差，当地酒店前台工作人员只认可卡面有公务卡字样的信用卡，不接受私人信用卡付账。结果因一位同志的结算问题耽误了整个团队的发车时间。所以，还要事先明确公务卡结算要求。

经过几次打交道，办公室同志还可以形成个人的定点酒店“白名单”。和靠谱的酒店销售经理建立稳定的工作关系，便于提供有人情味、个性化的住宿。

比如，机关同志患腰椎间盘突出的比较常见，如果酒店可以提供软硬适度的床垫，那是极好的。

又比如，北方冬春之际房间有暖气，比较干燥，很多南方同志出差很不适应，可请酒店方准备加湿器。

还比如，一些宾馆客房的顶灯比较暗淡，而且没有台灯，对一些出差还要写、改材料的笔杆子来说，缺乏基本办公条件，可以事先要求酒店提供写作台灯。

从这个意义上说，有温度的接待确实是生产力。（作者：阿锋）

给领导发拜年短信，到底有哪些讲究

农历新年临近，对于刚参加工作的人来说，借春节这一时机，及时给领导拜年，表达真情实感，无疑有利于上下级关系维护，给领导留个好印象。

拜年有多种形式，除传统的登门拜年外，还有微信拜年、短信拜年等。目前来看，短信（微信）拜年最稳妥，且效果好。那么，发信息拜年时要注意些什么？

01

节日当天发

一般地，祝福短信最好是在节日当天上午发，不能过早也不能过晚，更不能在领导休息时发。不然就显得没有诚意，甚至会弄得领导不高兴，反而弄巧成拙。

这里要注意的是，零点不一定是发送祝福短信的最佳时间。因为，这个点可能是领导熟睡的时间，还可能是领导手机接收各种信息“密集轰炸”的时间。

你满满诚意发过去，把领导吵醒了，他能对你有好印象？或者，你发过去后，领导匆匆点阅，甚至连是谁发的都没记住，你发了又有什么用呢？

要抓住重点

逢年过节，为了显示自己的真诚，加强彼此间联系，有的人常会给通讯录中所有好友都送上一份温暖的祝福。

为了方便省事，最常见的就是群发短信。短信发是发了，但对方不一定领情。甚至，会把你的祝福当成“垃圾”短信，把你的行为当成“骚扰”，甚至厌烦你，认为你这是不尊重他。

这样来看，岂不得不偿失？

像这种情况，就是典型的“不会抓重点”。

其实，通讯录上有些人，他连你长啥样都不一定记得，你群发给他送祝福，人家不一定念你的好。对于他们，你发不发祝福都无所谓。

但是，平时跟你打交道多的，特别是你的分管领导、大领导等，就一定要一个字一个字地编辑内容，认认真真写好发过去。

内容有讲究

给人送祝福，最重要、最能体现诚意大小的，当属短信内容。

一般地，给领导的短信祝福，要想显示真诚，常可用这个公式：称呼＋感谢＋祝福＋署名。

（1）称呼要带上。比如，你的领导姓刘，那就发“刘局长，祝您春节快乐”。而不是连称呼都不带，直接“祝您春节快乐”“祝您万事吉祥”这样发过去。

不带称呼的信息，看起来苍白无力，一点感觉也没有，发出去意义不大，甚至给人造成一种敷衍了事完成任务的感觉。

（2）感谢要具体。在“感谢”这一部分，一定要具体，最好是能举举例子，列举那些让人印象深刻的事情，这样才更显得真情流露，也更能彰显真诚。

比如：感谢领导跑了 ××× 等几个部门，帮我小孩协调解决了入学难题；感谢领导对我的信任与栽培，特别是在此次干部调配中，把我任命为 ×××。

（3）祝福要贴合实际。祝福千万条，真心实意第一条。一个真正能打动人心、获得认同的祝福语，莫过于真诚、具体、贴合实际的话语。所以，千万不要去复制网上的模板，最好自己写。要根据节日特点、他的具体情况和他的追求、爱好等，来致以祝福。

比如，他被提拔了，那就祝福他“新的一年在新的岗位上再创佳绩”“在新的一年身体健康、工作顺利、心想事成”等。

要注意的是，中国文字博大精深，同样的词语解读起来可能会有很大的差异。如果你的祝福对象是领导，那尽量不要用“财源广进”“恭喜发财”之类的词语，毕竟体制内对金钱还是比较敏感的。

（4）篇幅一定要精简。现代人生活节奏很快，作为领导，也没有太多时间来一一看短信。因此，内容一定要精简干练，切忌花花绿绿的表情和密密麻麻的文字。不然，对领导而言，你只是发了一条“垃圾”短信。

（5）要记得署名。我们发送祝福短信，是想加强跟领导间的沟通，倘若发完祝福短信后，不自报家门，而领导又没有备注你的手机号或微信号，那谁知道这条短信是哪个发的。

甚至，可能因为你没署名，领导还以为是你某个同事用心良苦给他送的祝福呢。所以，发送短信后，要记得署名。（作者：浪子燕青）

自己很忙做了很多事，怎样让领导知道有技巧

基层工作大部分都在电脑上解决，通常是往上面二级单位交，而且基层这一类工作大家不是很重视，也不太配合。所以，即便是长期加班，别人也不知道。那么，怎样才能让领导和同事知道你很忙，做了很多事呢？

一是多记录。每天把自己做的主要工作记录下来，否则你自己做过了，也都忘了自己到底忙了些什么。工作日志、表格、台账等，一定先记清楚了。

二是多总结。将自己所做的工作，分每周或者每月，以及分门别类地进行一下总结。哪项工作做了什么，以及做了多少，都要进行记录整理。

三是多汇报。如果你所有的工作，做完后只对上面汇报，但又不向领导汇报，也不向同事分享，人家怎么可能会知道你究竟有多忙？究竟做了什么呢？

所以，过一段时间可以用工作报表的形式，把你的工作向同事通报，可以专门地向领导汇报。

四是巧加班儿。俗话说干得好不如干得巧，你的加班要让别人知道，你的加班才有意义。总是自己默默地加班，别人还不知道你干了什么，

有什么意义呢?

所以，偶尔也要让大家知道你在加班，你在努力，你在干活。开着门办公或者发发朋友圈啥的。

五是多出亮点。你要有一些可以拿得出来的工作亮点，被大家所讨论或者称赞，这样你的工作才有价值，才有意义。否则只是一堆琐碎的工作，即使大家知道你忙，也没有太大的意义。（作者：王主任）

体制内高人在这件事上反而都很迟钝

在体制内职场，不可能事事顺心，会受到很多批评与委屈，会面临很多失败与困境。

遇到这些问题时，有的人比较敏感，喜欢过度理解和自我恐吓，因此早早抛弃了自己、放弃了努力。而有的人，在困难面前做到了钝感，宠辱不惊，久久为功，最终一鸣惊人。

这就是为什么，体制内很多人能力并不比你厉害，但却混得比你好。因为他们钝感力比你强。

那么，钝感的人是什么样的？

批评过去就过去了

职场中有的人，被领导批评、责骂时，感觉丢面子了，会立马以牙还牙，大声反驳甚至出言不逊。丢下一句“这份工作谁爱干谁干”，然后一拍桌子走人，搞得领导下不来台……

这样的人，对批评太敏感，是典型的“职场巨婴”。为了面子，逞一时口舌之快，在职场会举步维艰，事后势必会后悔不已。

而钝感的人就不会这样，他们脸皮厚，把面子踩在脚下。面对他人的批评、责骂和嫉妒时，能从大局出发，控制得了情绪。

同时，善于思考面子背后的问题，反思不足，查漏补缺，处事极为稳健成熟。

比如，我单位同事 A 君，所处岗位是直接服务大领导的。因为跟大领导打交道多，所以出错次数也多，工作上没少被大领导骂。

但他情绪似乎很稳定，也从没跟大领导顶过嘴。每次被骂完之后，都能迅速忘掉不快，脸上云淡风轻。

至于原因，跟他相处过的都知道，A 君这个人脸皮厚，对自己要求不高，不那么贪慕虚荣。对于别人的批评建议，他总是选择性吸收，只听取对的。对于其他部分，他直接过滤掉。

所以，他的情绪波动小，更不会出现一言不合就跟领导顶撞的现象。

02 不容易放弃

职场有的人，心理承受能力弱，典型的玻璃心，遇到困难喜欢绕着走，选择辞职、转岗、自杀来逃避。还有的，长期以负面情绪对待困难，最终给身心健康带来极大损失，甚至英年早逝。

这些，对困难太敏感的人，职场之路会走得很累。

而钝感的人，逆商高。一旦笃定目标，不管遇到什么困难，都不会轻言放弃。即使失败了，也能对自己有个清晰的定位，知道自己优势是什么、想要什么、该怎么办。

能从困难中迅速恢复，调整情绪，摆正心态，始终以一个积极向上的心态来实现理想。

比如，《士兵突击》里的许三多，凭借着坚定的信念，从一个默默无闻被人嫌弃的劣等兵，终究练成了兵王。用自己的成长故事，生动诠释了“不抛弃不放弃”的内涵。

不过度解读

职场中有的人敏感脆弱，面对领导一个眼神，他们会胆战心惊，担心是不是工作没做好。跟领导打招呼，领导在忙没回应，他们会想是不是把领导给得罪了。听到同事在背后无心的一句负面议论，他们会心情抑郁很久，思考自己到底哪里做错了……

这样的人，对别人的无意之举太敏感，让自己活得小心翼翼，平白无故给自己施加很多压力。

究其原因，是自己太闲，喜欢胡思乱想，喜欢过度解读别人的言行。

比如《小公务员之死》，刻画的就是一个喜欢胡思乱想、过度解读，最后走向悲剧的主人公形象。

而钝感的人，不会敏感多疑、胡思乱想。即使面对流言蜚语、外界质疑，也能及时调整心态，有错就改，有事就做。因为他们知道，真正决定自己能走多远的只有自己。而那些过于在乎他人眼光的人，是活不出自我的。

面对表扬不得意忘形

在职场，谁不想得到重视和表扬呢？有的人，面对表扬时，很容易就有飘的心态。

比如，有的人听到领导大会小会上的表扬，在荣誉的激励与驱使下，会认为：不好好干工作，势必会对不住领导的信任与厚爱。

于是，他们会拼命干活。

直到某一天幡然醒悟，意识到自己被“忽悠”后，再细想才发现：原来，这样的表扬，一开始就是个套路，听得越多、信得越多，就越被动。

钝感的人，面对表扬时，他们会冷静分析，思考领导表扬自己的目的是什么、自己值不值得被表扬、下步该如何办，不至于得意忘形而被忽悠、被利用。

总之，拥有钝感力的人，能厚着脸皮对抗外界，能准确认识自己，正确对待顺、逆境，真正做到宠辱不惊。

无论身处怎样的境况，都要拥有一往无前的勇气，都能克服各项干扰与障碍，最终成为职场的终极赢家。（作者：浪子燕青）

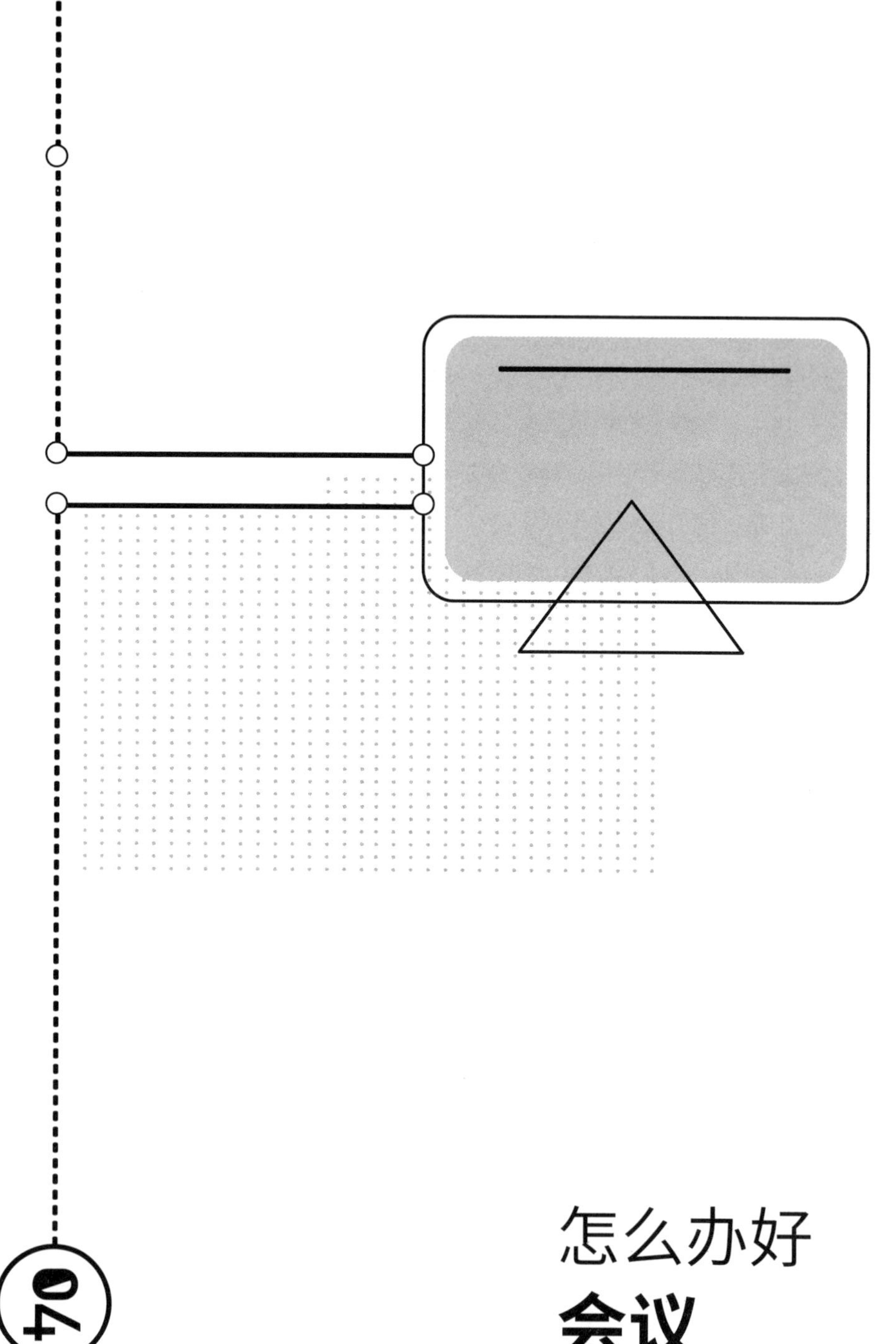

04

怎么办好**会议**

办一场让领导满意的会议，要注意什么

在党政机关工作的人想必都有筹备会议的经历，从下通知到做桌签，从文件撰写印发到会后信息总结上报，每一个环节都不能松懈。

(01)

一是脑中“过电影”

会前把领导交办的和自己所负责的所有工作认真梳理一遍，在本子上逐条列举，每完成一件打对勾标记，反复认真核对。

会前要静下心来，在脑中像演电影一样过一遍，每一个环节先怎么做，后怎么做，具体到几点几分自己应该出现在会场的哪个点上，都要做到“历历在目”。

比如笔者有一次在“过电影”时想到会议进行到此时，主要领导刚好结束半个小时的讲话，会感到比较口渴，此时应该给领导续上茶水。

为减少会场上不必要的走动，会前应该把盛满热水的水壶放置在自己触手可及的地方，利用好会议间歇（领导讲话之后，下一个议题开始

之前）给领导续好水，这样既不会打乱会场节奏，又不会显得突兀。

02

二是心中“拉紧弦”

许多会务组人员在会前筹备严谨细致，可一旦会议真正开起来就觉得任务完成了一大半，很容易放松警惕，松懈下来。

但笔者认为越是开会进行时越应该保持高度警惕，以时刻准备着的姿态观察整个会场的状况，就像心中紧紧地拉着一根弦一样。

记得有一次，笔者所参与组织的会议进行到一半时，主席台上的一位领导环视整个会场，像是在找寻什么而无果的样子。

笔者敏锐地捕捉到了这一情况，与领导眼神交汇后，领导示意我文件出现差错，我迅速与材料组联系，及时对文件进行了调整更换。

03

三是手中“备足货”

开会期间，我们会务组人员要做到包不离身，这个包好比“哆啦A梦的口袋”，是个“百宝箱”。

里面要备足笔（钢笔、签字笔、铅笔）、纸巾（干、湿）、录音笔、U盘、大信封、曲别针、皮筋等常备办公用品，在突发应急时能迅速派上用场。

一次全市重要扶贫会现场，主要领导在实地察看完几个现代农业示范园后，没有按照原定路线返回，而是要求就近走访几个贫困户，这时原来的录音笔没电了，接下来的情况可想而知，笔者的百宝箱拯救了措手不及的秘书。

做会场上的有心人就是要站好岗位、沉下心来去琢磨、去领会每个环节自己能做点什么、学点什么、干点什么。同时，天下大事必作于细，办会更是离不开一个“细”字。

会议注意事项

要办一场完美的会议，一定要注意会议的全流程，下面看一下各流程注意要点。

1. 文字材料

文字材料包括讲话稿、主持词等，一般由领导把关，不至于出太大的纰漏。

2. 座次安排

对于主席台座次，我们都会慎之又慎，基本不会出错。

这里要说的是其他与会人员的座次，比如，有时候我们会安排典型代表发言，那么，这些人的座位应尽量安排在靠前、靠过道位置，以方便进出。要做到对特殊情况提前考虑到，安排好。

3. 印发文件

会上需印发的文件，一定要审核、审核，再审核，消灭一切字、词、句、标点、排版错误，稍有不慎，办公室人员严谨细致的工作形象将大受影响，还会招致领导的批评。

文件要提前印制好，且要多准备若干份，以备不时之需。

4. 会场布置

会场的环境卫生要提前整理好，尤其是主席台，重点是大领导的座位。音响设备和灯光也要提前调试好。

为啥说到灯光，最近一次大会，提前只调试了主席台的灯光，结果开会时，会场后半部分的灯不亮，或多或少影响了领导的心情。

无线麦克风不能忽略，有时领导一时兴起，要当场询问工作进展或让即兴发言，若是麦克风不能正常工作，岂不大煞风景。

对于座签，要提前准备到位，一点也马虎不得，坚决不能把领导的名字弄错。

5. 通知下发

下发会议通知不宜太早，容易遗忘。太晚也不行，与会人员可能会觉得太仓促，影响他们原来的工作计划。还要注意收集信息，谁请假了，谁替会了，都要统计好，要做到心中有数。

6. 会中应急

会议过程中，难免会发生各种突发状况。一定要反应迅速、沉着冷静，从容应对。刚开始可能会手忙脚乱，多经历几次，慢慢就会有经验了。

我的做法是：明确分工、责任到人、各负其责，哪方面出现问题，都有人应对。

7. 会后总结

办会时，不管如何细心、如何精心准备，会议都难免会出现不尽如人意的地方。

这就需要事后学会认真反思总结，善于总结才能有所进步，才不至于同样的错误一犯再犯。学会总结和反思，以后才会做得更好，才会不断进步。（作者：赵文敬、丽英）

熟悉这30条流程，再也不怕办歌咏比赛、知识竞赛了

在单位待久了，会发现单位里会经常组织一些演讲比赛、歌咏比赛、知识竞赛等活动。然而，外行看热闹，内行看门道。有的时候看似规模不大的一场比赛，要想做到每个环节衔接融洽，不出任何问题，也不是一件易事。

今天，笔者就以一场歌咏比赛为例，简单梳理一下各项流程。一般歌咏比赛分预赛、决赛，本文只以决赛为例。

赛前

（1）起草比赛方案。一场完美有序的活动，都离不开一份详细、周密的活动方案。方案要包括活动主题、比赛时间、地点、参加人员、比赛流程、奖项设置、人员和部门分工安排等，另外，还要明确一名总指挥。

（2）召开赛前筹备会。召集相关职能部门和工作人员召开赛前筹备会，将会议方案印发给大家，请大家协力配合做好比赛。这里需要注意

的是，职能部门中一定要包括公安、医疗、消防、信访、电力等部门，以确保活动万无一失。

（3）下发决赛通知。给相关部门下发决赛通知，要求各单位在规定时间内根据情况上报参赛队伍及参赛曲目。

（4）实地查看部分参赛单位准备情况。待通知下发后几天，组织部门可以去部分参赛单位实地查看演练情况，并提出一些具体意见和建议。视情况组织几场预赛，从而最终选拔出参加决赛的参赛队伍，根据时间安排，一般选 7 或 9 支队伍为宜。

（5）寻找冠名单位。可以寻找第三方企业或单位为比赛冠名，当然，费用肯定是需要赞助的，不过宣传力度也是很不错的，包括场地条幅、电视台企业形象宣传、赛前企业形象宣传等。

（6）汇总决赛队伍参赛人数、曲目及伴奏方式。如果重合曲目过多，抓紧建议有关单位更换。伴奏方式包括乐队伴奏或光盘伴奏等。

（7）安排一到两个节目供开场或比赛结束时用。比赛结束时，一般工作人员都要汇总分数，整理出一、二、三等奖，这时需要一定时间，为避免空场，可以适当安排一到两个节目供群众观看。如果参赛队伍较多，也可以在中间再穿插一个节目，避免群众出现疲劳感。

（8）舞台搭建。决赛时间确定后，要根据时间抓紧布置舞台。包括背景板（或 LED 大屏）、合唱阶梯架等。舞台美术设计要坚持简单、节约、大方的原则，避免奢侈浪费和过度追求奢华。

（9）准备相关文字材料及表格。包括主持人串台词、领导致辞、比赛规则、打分表、分数汇总表、领导席签、比赛流程单（届时供领导阅）等材料，要提前准备好。

（10）准备比赛奖品。包括奖牌、奖杯、证书等。

（11）邀请或确定相关人员。邀请出席领导及评委人员，评委人数以奇数为宜。如果有条件，可以邀请对口上级部门分管领导出席。确定颁奖领导，并及时通知其为哪类奖项颁奖。

（12）抽签确定参赛队伍上场顺序。确定一个时间，召集各参赛队伍领队现场抽签来确定上场顺序，如果相邻两支队伍采用不同乐队伴奏，要考虑乐队上下场交替的时间差，可在串台词上多介绍些。

（13）制定决赛座区表。尽量将决赛人员座区安排到场地两侧，既方便决赛人员上下场，又能确保中间的部门人员保持固定，保证电视台录像效果。

（14）联系新闻记者。包括摄像、摄影等记者，要提前联系好。

（15）下发决赛正式通知。

（16）赛前排练。赛前一天，组织决赛队伍到比赛实地进行彩排，熟悉决赛场地，走一遍上下场。有条件的话，主持人也要到场，严格按照决赛流程走一遍。灯光、音响等设备也要进行测试，在合唱架上空及前面，要放置倒挂、立式的话筒。

赛中

（1）赛前签到。决赛开场前一个小时，要对各参赛队伍领队、职能部门负责人进行点名，以确保比赛能够正常进行。各工作人员要各就各位，严格按照各自分工，落实各项职责。

（2）准备好化妆间及更衣室。供演职人员使用。

（3）引领领导入场。如果领导到场较早，可以引领其到休息室稍作休息。

（4）引导群众席热身。电视台可以组织人员对现场观众进行赛前热身，捕捉一些热烈场面的镜头，虽看似有些多余，但从其他角度想一想，也是为了现场氛围和艺术效果。

（5）确保各环节衔接有序。尤其是上场，要确保至少两支队伍按顺序整队候场。另外，下场速度要快，不能拖拉、逗留。

（6）参赛队伍上下场要进行灯光切换。由于是合唱比赛，参赛队伍人员较多，上下场需要一定的时间，这时一定要把舞台灯光切换到主持人这里，合唱席只保留暗光即可。

（7）及时公布比赛成绩。一般第四支参赛队伍演唱完毕，就要公布前三支队伍的比赛成绩，之后，每支队伍比赛完，都要公布上一支队伍的比赛成绩。

（8）召集领队准备领奖。最后一支队伍演唱结束时，就要召集所有参赛队伍领队集合，准备颁奖，并告知领奖后不要离开，准备集体合影留念。

（9）安排节目演出。为了给工作人员留出汇总分数的时间，适当安排一些文艺节目。有的地方在这个环节会组织一次全场大合唱，选择一首激昂的红歌，效果也挺好的。

（10）合影留念。出席领导与获奖队伍代表、演职人员进行合影留念。

赛后

（1）要对现场人员及物品进行清点。待所有人员离场后，工作人员再离场。

（2）进行媒体宣传。通过微信、互联网、电视台、报纸等多种渠道，对活动进行全方位报道。

（3）整理比赛活动的材料。包括活动的档案材料，要从头到尾，整理出一份备案，形成闭环。还要整理活动中的图像、视频素材，进行留存备案。

（4）召集工作人员召开总结会。对整个比赛活动进行总结，包括经验和教训，只有多总结才会有提高。

以上是一场歌咏比赛的一些“素材”，仅供读者参考，对于不完善或不当之处，在实际工作中要依情况进行改进。

一场活动就像一场战役，大家必须分工明确、协作配合、齐心协力、相互补台。心往一处想，劲往一处使，比赛才能发挥作用，取得成绩，才能确保活动圆满成功，不留遗憾。（作者：胜之）

开会也有门道：秘书长教你用节点法办会

在机关单位，大会小会不断，掌控好了组织会议的技巧和门道，能够省力不少。

会前筹备

（1）拟订会议方案。会议方案是组织安排会议的总纲，是会议意图、目标、计划实施的书面表现形式。内容包括：会议名称、时间、地点、规模、主要内容、议程、拟请出席领导、参会范围、日程安排、文件材料目录、宣传报道、食宿行安排、安全保卫、工作班子组成及职责分工等。制订会议方案要坚持复杂程序简明表述、简单问题慎重对待的原则，增强方案的指导性和可操作性。方案报送相关领导审定后，要立即召集相关单位负责人召开协调会，对各项任务进行分解。

（2）起草、审核会议通知。会议通知是会议组织者向参会人员传递会议信息的主要方式，也是参会人员反馈信息的前提和条件。起草会议通知要做到表达准确、条理清楚、言简意赅、一目了然。通知的内容应包括会议名称、主送单位、主要内容、报到时间和地点、参会范围、报名要求、有关事项等。会议通知一般由会议的承办单位负责起草，然后报有关部门和领导审核签批。做好这项工作，关键在于落实会签制度与提高效率相结合，既要严格按程序逐级审核把关，又要迅速及时。

（3）下发会议通知。要把握好两点：一是及时，使参会人员有充裕的时间做好准备；二是准确，防止重发、错发、漏发。在召开紧急会议需要电话通知时，要注意语言的使用，避免出现“明天”“后天”等字眼，必要时说明“星期几”，防止产生歧义。

（4）落实与会人员。按照会议通知要求的时间，对与会人员逐一落实并做好登记，必要时进行电话核查、督促，统计汇总后拉出请假人员名单，并及时向有关领导报告。

（5）协调出席领导。根据会议性质拟写领导出席安排，报请秘书长同意后，逐一进行电话通知，内容包括会议时间、地点、议程。并帮助衔接、督促讲话稿或主持词的起草与报送，确保及时送到相关领导手中。会前半小时再对出席领导进行一次手机短信提醒。

（6）预订会议室。会议时间确定之后，要立即与会议场所联系沟通，预订会议室，并安排做好前期准备工作。

（7）编印会议须知。与会者通过会议通知得到召开会议的信息，但会议的有关安排、要求，需要通过会议须知来了解和掌握。大型会议活动需要编印会议须知，会议须知的编排要求准确、周密、合理、简洁，内容包括日程安排、与会人员名单、分组名单、食宿安排、乘车安排、值班电话、作息时间、注意事项等。

（8）制作会议证件。有些会议需要制作会议证件，包括出席证、列席证、工作证、车辆通行证等。证件要根据会议主题，从易于识别、方便管理、利于安全的原则设计制作。

（9）布置主席台。主席台是会场的重点和中心部位，是会议性质、规格和气氛的集中体现。主席台的布置要从会议性质、领导人数、主席台大小及方便领导出入席等方面综合考虑。

（10）制作会标。会标体现会议的主题，会标制作一定要准确无误，并注意把握会标的长度、字体与会场是否协调一致。某些法定会议，还需要悬挂党徽。

（11）检查音响和灯光。根据会议议程安排话筒的数量和摆放位置，并严格落实“三检查”：布置会场时检查，会前半小时检查，会前十分钟检查。某些法定会议播放《国歌》《国际歌》，要提前进行演练并做好备份，以确保万无一失。检查会场内是否有灯泡损坏，如有损坏，提前进行更换，有投影演示时需及时调节灯光。

（12）编制座区图，摆放座签。根据统计整理后的与会人员名单，合理安排与会人员的会场座次。座区图和座签要反复进行核对，防止遗漏、重复，防止出现错别字。

（13）组织调度会议用车。大型会议活动，需要借用或租用车辆。要安排专人负责车辆的召集和调度，车辆较多时要编排乘车分组，并对车辆进行编号。

（14）安排新闻报道。需要新闻报道的会议，要提前通知有关新闻媒体单位，并要求其将记者名单报市委值班室，再按名单通知到具体人。

（15）安排会场警卫和交通疏导。通知相关部门做好会场警卫及交通疏导工作，防止会议过程中出现意外情况。规模较大的会议，由于到会车辆较多，要安排交警在会场附近进行交通疏导。

（16）电力保障。会前与供电部门沟通联系，安排保电任务，同时安排专门人员在会议场所进行内部检修。会议过程中还需安排专人值班，以便应对突发情况。

会中服务

（1）组织会议报到。会议报到是与会人员身份再确认的过程，是与会人员领取会议证件、文件材料、办理驻会手续的必要环节。通过报到能及时使与会人员了解会议安排，掌握会议动态，同时也能使会议组织者及时知晓与会人员情况。会议报到工作要求热情周到、迅速准确、有条不紊。

（2）分发会议材料。会议材料可以在会前通知各单位派人领取，也可以在会场签到处一并发放，或是提前放置到与会人员桌上。要做到“三不”，即不错一字，不漏一份，不少一人。对摆放在主席台上的材料，要从头到尾检查顺序和页码，确保不出差错。

（3）与音响师对接。准备一套会议材料，包括会议的主持词交给音响师，以方便其把握议程安排与音响的调配。

（4）会议值班。会议值班的作用是收集和发送有关会议的信息，协调处理会议期间各项工作和突发事件，落实领导交办的事项等。安排一人在会场内、一人在会场外值班，以及时沟通情况，确保联络畅通。值班人员要时时将会议的实际进展情况与会议议程进行对比，掌握会议进程。

（5）会场服务。提醒工作人员定时供应茶水，巡回检查会场内的音响、灯光、室温、通风、屏蔽等情况，发现问题迅速补救。遇到特殊情况需要向会议主持人汇报时，要采取灵活的方式处理，最大限度地减少对会议的影响。

（6）维护会场秩序。会场秩序包括会场外秩序和会场内秩序。会议召开时，在会议室门口安排专人值班，防止无关人员进入会场，禁止大声喧哗。发现会场内不遵守纪律的行为，予以提醒和制止，要注意做到言辞温和有礼，态度严肃认真，行动不温不火。会议开始后安排专人到会场清点人数，对迟到、缺席者进行登记。

会后总结

（1）会议资料总结归档。会后将会议所有文件包括会议方案、会议通知、会议须知、会议简报、会议发言材料、领导讲话等收集起来，按顺序装订成册，以备查考。有些会议还要做好录音、录像资料的收集整理。根据保密原则，对需要回收的会议材料要逐份清查回收。

（2）召开分析总结会。分析总结会务工作中的经验和教训，找出规律性的东西，以指导做好今后的会务工作。注意收集参会人员对会务工作的意见，虚心采纳、整改提高。有的会议还应写出专门的总结，连同其他会议文件，一并归档。（作者：曹景群）

大型活动组织流程：明确六大方面150个环节

为优化工作流程，提高工作效率，提高活动的质量和水平，根据实际情况，特制订活动组织工作预案，明确六大方面 150 个环节具体任务。

01 会场布置流程

活动现场分为内场和外场，无论内场还是外场都要做好布置。

（一）外场

活动外场的布置主要包括条幅、气球、花篮、地毯等。

1. 条幅

（1）落实标语。

（2）刻字，制作条幅。

（3）悬挂条幅。

2. 气球

（1）落实气球的数量，明确大小，购买气球。

（2）刻字，制作条幅。

（3）悬挂气球。

3. 花篮

（1）落实花篮的数量，明确大小并购买。

（2）拟定花篮上的标语。

（3）确定花篮摆放位置。

4. 地毯

（1）购买地毯。

（2）摆放到位。

（3）进行效果维护。

（二）内场

活动内场的布置主要包括会标、鲜花、音响设备等。

1. 会标

（1）拟定文字，落实标语。

（2）刻字，制作条幅。

（3）悬挂条幅。

2. 鲜花

（1）联系租花。

（2）摆放到位。

3. 音响设备

（1）调试话筒效果。

（2）会前播放音乐，查看效果。

（3）确定颁奖时间播放什么音乐。

02

领导接待流程

在组织活动时，一定要做好领导的接待工作，体现出组织活动的能力和水平。

1. 成立机构、明确职责

（1）建立领导机构、明确职责。

（2）建立工作机构、明确职责分工。

2. 邀请领导

（1）确定活动名称、议程、时间、地点、参加人、要求等事宜。

（2）确定邀请领导的名单。

（3）购置纸张、请柬。

（4）印制请柬、车证。

（5）绘制活动路线图。

（6）拟定领导讲话 / 发言稿。

（7）装袋：请柬、议程、车证、路线图、拟请领导名单、领导讲话代拟稿等整理装袋。

（8）发放邀请领导信函，保留联系单位、联系人，以备查询。

（9）确定参加活动领导名单。

（10）分类、分页打印到场的领导名单。

3. 聘请礼仪服务人员

（1）明确礼仪服务人员的数量，并明确要求。

（2）通过电话、实地联系，确定联系人。

（3）活动前实地演习，明确岗位分工（门岗服务、廊岗服务、贵宾室服务、贵宾室签到、主席台服务、发奖引导、迎送服务等）。

（4）联系、确定礼仪服装。

（5）确定礼仪酬劳。

4. 实地勘察活动现场

（1）确定贵宾室及宾客行走路线。

（2）安排接待岗位及人员。

（3）落实贵宾室饮水用具。

（4）落实签到用具。

（5）贵宾室内码放会议材料。

5. 准备座签

（1）购置座签。

（2）打印人名。

（3）按顺序码放座签。

（4）收存留用。

6. 安排签到

（1）购置签到簿、签到笔。

（2）现场要有专人负责指引签到。

（3）签到完再将签到簿和笔进行收存。

7. 现场接待

（1）活动现场迎接领导入贵宾室。

（2）在贵宾室安排领导休息等候。

8. 选送礼品

（1）购置礼品。

（2）将礼品码放到适宜位置。

（3）发送礼品（直接在门口分发、在贵宾室分发或在进餐时分发）。

9. 引领领导入场

（1）确定活动开始——听主办方主要负责人安排。

（2）引领领导进入活动现场座席，观看演出 / 会前录像。

（3）引领领导到主席台就座。

（4）引领领导发放奖章 / 奖杯 / 奖状 / 奖牌 / 证书。

（5）陪同 / 引领领导进餐。

（6）再次引领领导进入活动现场。

（7）引领领导与演员 / 工作人员合影。

10. 送别领导

（1）安排车辆提前到岗。

（2）直接将领导送到车上，交代行驶路线。

（3）活动后与领导联系确认有无交办、指示及其他需落实事宜。

材料准备流程

活动前，要准备齐各种材料，以确保活动的顺利进行。

1. 确定活动文件材料内容

（1）拟定活动的流程。

（2）确定发放的文件。

2. 写作活动的文件材料

（1）明确写作人员。

（2）召开专题会议，明确写作指导思想、思路，确定框架。

（3）集中写作。

（4）召开专题会议，修改稿件。

（5）修改、定稿。

3. 印制活动文件材料

（1）印刷、装订活动文件材料。

（2）将材料装袋。

（3）运送文件材料到活动指定地点。

4. 分放文件材料

（1）贵宾室摆放。

（2）主席台摆放。

（3）发放给参会人员。

（4）收集、运送剩余文件材料。

（5）收存剩余文件材料。

04

新闻宣传流程

凡是活动都离不开宣传工作，做好宣传工作才能充分发挥活动的最大效果。

（一）新闻宣传

（1）策划：拿出宣传意向，请领导定范围、定主题、定方向。

（2）形成新闻稿：提供相关材料，形成新闻稿件。

（3）邀请媒体：联系、落实人员，制作签到表。

（4）落实宣传效果。

（二）信息报送

（1）撰写信息：结合领导讲话、会议内容、效果编写信息。

（2）信息报送：向主管部门报送。

（三）摄影照相留资料

1. 摄影（录像）

（1）邀请专人或通知新闻中心进行拍摄、录像。

（2）落实设备、准备磁带保留资料。

（3）落实摄影机进行录像。

（4）对录像进行编辑整理归档。

2. 照相

（1）联系专人或通知新闻中心拍摄照片。

（2）备好设备、相机、胶卷、电池以进行现场拍照。

（3）将照片整理归档。

3. 录音

（1）落实专人负责录音。

（2）准备空白磁带等设备进行录音。

（3）将录音整理成文字，归档。

05

后勤保障流程

为保证大型活动的顺利进行，一定要做好后勤工作。

（一）落实场地

（1）联系、落实活动场地。

（2）落实联系人的联络方式。

（3）明确活动始、终时间。

（4）明确活动参加人数，合理摆放桌椅。

（5）明确贵宾级别、人数，确定贵宾室。

（二）用水

1. 参加活动人员用水

（1）落实活动到场人数。

（2）确定人员用水的摆放地点、摆放形式。

（3）购买杯垫、毛巾等。

（4）购买、落实矿泉水。

（5）准备茶水。

2. 贵宾室领导用水

（1）落实贵宾室领导的人数。

（2）确定摆放地点、摆放形式。

（3）保证开水数量、质量。

（4）购买、落实矿泉水。

（5）购买、摆放茶叶。

（6）购买、摆放茶杯。

（7）购买并摆放面巾纸。

（8）活动后进行清点。

（三）用餐

1. 食堂用餐或自助餐

（1）统计用餐人数。

（2）印制餐票。

（3）确定餐票发放形式。

（4）指派餐票发放人。

（5）发放餐票。

2. 饭店用餐

（1）确定用餐指标。

（2）根据活动规模、级别指定菜谱。

（3）请示领导调整菜谱。

（4）根据最终结果落实用餐指标。

（5）落实用餐时间。

（6）安排用餐座次。

（7）安排领导餐桌。

（8）安排清真餐桌。

（四）住宿

（1）确定人数，分配房间。

（2）安排车辆，去往住宿地点。

（3）确定并公布工作人员房间。

（4）发放钥匙。

（5）回收钥匙。

（五）娱乐活动

（1）确定娱乐活动形式、活动内容、活动时间。

（2）指派娱乐活动的具体负责人。

（3）明确各项活动参加人数。

（4）落实娱乐活动场所、地点。

（5）发放活动门票。

（六）落实活动用车

（1）落实用车数量。

（2）明确发车时间。

（3）明确发车地点。

（4）指派每辆车的负责人。

（5）安排人员乘车。

06

安全保卫流程

对于活动，无论是会议部分，还是活动现场都要做好安全保卫工作。

1. 安全警卫

（1）设置路障和警戒带。

（2）准备对讲机、话筒等。

（3）进行安全检查，消除隐患。

2. 治安秩序

（1）引导观众入场。

（2）维护活动或会议秩序。

（3）活动开始后，在各门备勤。

3. 环境秩序

（1）检查照明、音响等设施、设备。

（2）保证出入口通畅，紧急情况下组织人员疏散。

4. 交通管制

（1）对活动场所周边交通进行管制，预留车位。

（2）根据不同人员类别，引导车辆停放。

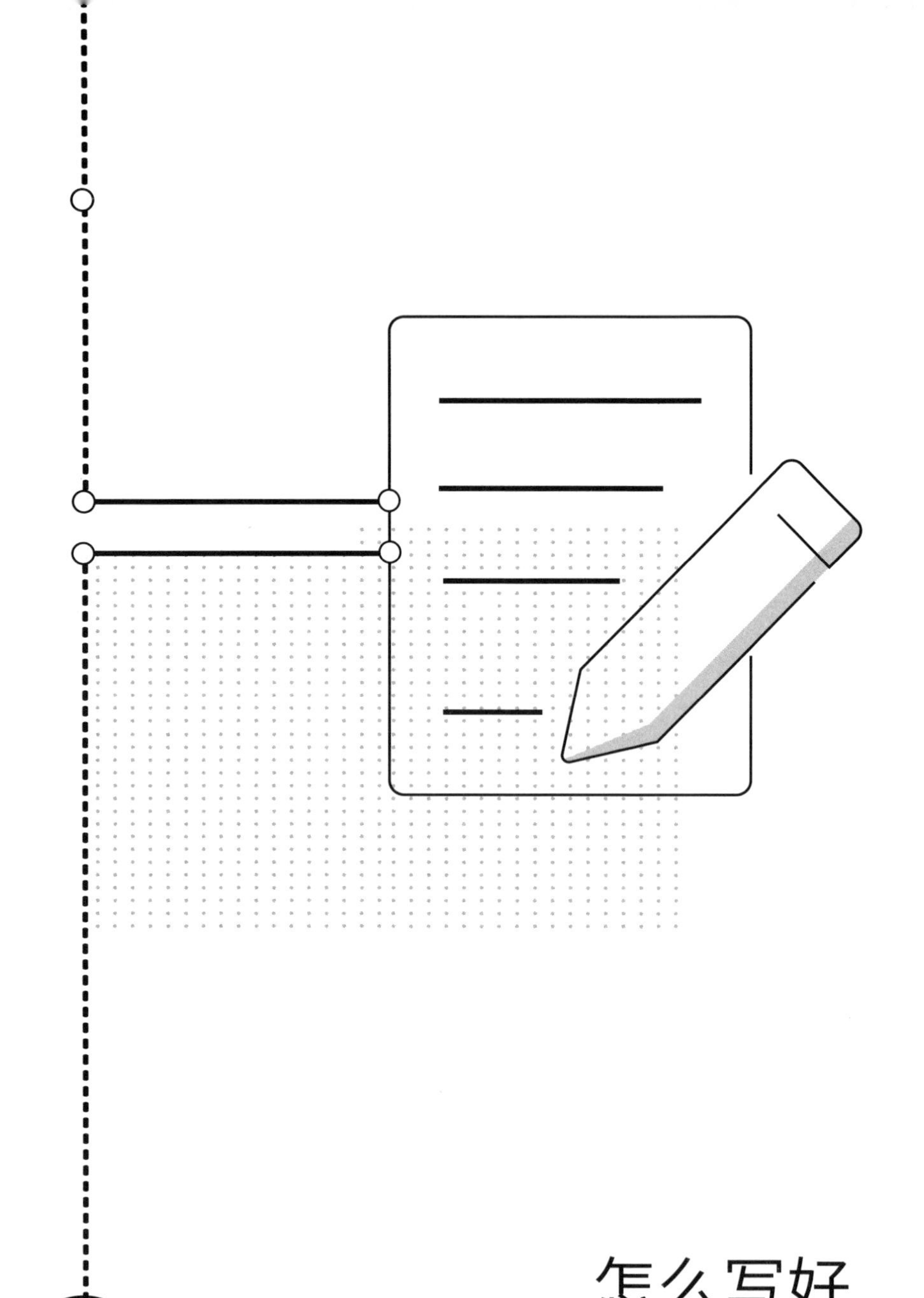

05

怎么写好 **材料**

都说写材料吃亏，我才不这么看

现在，好多单位的领导经常感叹“太缺写材料的”或者“没有好写手”，一个好的“材料匠”在基层就像大熊猫一样稀缺。

为啥特别强调在基层？因为上级单位缺了写手，那很好办，招考、调动、提拔，而基层没有这些招数。

要知道写材料的能手不但要勤奋，还要有一点天分，于是，好多单位出现了一“匠”难求的局面。

有人说，这主要是因为写材料太苦、太累，但在“上面千条线，下面一根针”的基层，有哪个部门不苦不累又有前途？

环保（生态环境）部门不累吗？每天四处巡查，动辄被追责。

信访部门不累吗？跟上访群众打交道，不但要练就好口才和心理素质，而且间或会遇到一言不合就动手的。

每次岗位调整，都会看到有人喜气洋洋换了岗，个把月后，就吐槽新科室一点也不轻松，“出了一个坑又是一个坑”。其实，工作也如人饮水，冷暖自知。

没人愿意写材料，其实是大多数人不会写，工作太辛苦绝不是缺少“笔杆子”的主要原因。有这个能力的年轻人，大可不必“谈写色变”，反而应该积极展现写作才能，争取写个几年。

写材料能拉近与领导之间的距离

为领导写材料的人是与领导距离最近的人之一。除写材料外，那些给领导跑腿的、办事的，都会比较熟悉领导，更容易获得领导的认可。

在基层，写材料的通常会安排在党政综合办公室。那么，都会写哪些材料呢？工作干得漂亮，要写大会上的典型发言，展示亮点、介绍经验；落后了，要写表态发言，表决心、亮明态度；有困难了，要写工作请示、汇报，摆出实际问题，向上级求助……

还不止这些，有可能还会帮领导起草家长会发言稿、孩子婚礼上的致辞、工作出现问题后的检讨书。这意味着，为了写出合格的文稿，领导会把自己的想法全部告诉你，对你高度信任。

为了更好地了解全盘工作，提高站位，写材料的人要跟领导班子开会，做会议记录、会议纪要，从党建到信访，从脱贫攻坚到项目建设，从乡村振兴到生态环保，对领导们所干的工作了然于胸。

听领导们怎么说话，看领导们如何办事，这也是向领导们学习的过程，能够迅速提高自己。

如果材料写得好，领导发现后，一定会将你放到党政办留用。而你写得时间长了，也会更得心应手。负责任的领导，会将你的付出看在眼里，记在心上，找机会提拔你。

我曾经从宣传干事，做到党政办干事、副主任、主任，主要原因就是写材料，所以，除了感谢领导和组织的认可，我也感激写材料这份工作，让我得以发挥才能，获得进步和成长。

拉近与其他科室的距离

综合材料的起草需要高站位、高水平，我对自己的要求是：经党政办撰写的稿件，必须是全单位水平最高的，不论是篇幅短小、文字平整的“豆腐块”信息，还是长篇材料，都要无可挑剔。

业务科室的材料呈报主要领导后，领导经常会让我也看看。时间长了，各个部门有了重要文字材料，也会私下找我把关。

其实，这样的文稿基础材料内容非常充足，只是条理性不强，措辞不准，主题不鲜明，还有的就是结构混乱、标题不工整、格式不正确等，修改起来并不难，有个一二十分钟就能搞定。

改得狠不狠取决于我当时的状态，如果时间精力允许，会改得精细，会有理论、有亮点，即便改得粗糙的，起码结构、语句、格式不出错，也能过关。

这一过程，拉近了与其他人的距离，也展示了我的写作水平。在以后的工作中，需要协调、督导其他科室工作时，大多数人都会看在我改材料的面子上不会为难我，工作起来比较顺利。

带来成就感、获得感

你见过生完二胎休产假期间，拖着疲惫身体去单位写材料的大姐吗？

你感受过在外地培训期间，晚上加班写材料的辛苦吗？累不累？真累，但是，也有收获。

一篇材料一气呵成，写完后如释重负有多么酣畅淋漓？一篇讲话稿送到领导手中，只字未动、通篇宣读是什么感觉？所写的信息在本地报刊百发百中是何种心情？

大大的成就感、满足感，会让你的疲惫一扫而空，激励你积极投身到下一场写材料的“战役中”，与文字成为亲密战友。

给自己留了退路

通过写材料，能与领导、同志们关系处得好，能力得到一致认可，在需要助推时，也会一呼百应。

如有意外，无法坚持写下去，想退步抽身，可以留出退路去其他科室，因为平时接触多，业务上不会太陌生。

再有，哪个副职领导不愿意接收一个有文字功底的人？

千万不要产生“写上了材料就等于带上了枷锁，难以离开”的错觉，很多写材料的同志都顺利走上了领导岗位。有一定文字基础、想进步的年轻人，如果有机会去写材料，就紧紧抓住吧，你定会发现写材料的乐趣。（作者：落花人独立）

写材料的独门秘籍

一说写材料，大家都会觉得很枯燥，但是如果掌握了一些方法和技巧，写起来也是比较得心应手的。

（1）角色代入感很重要，尤其是起草领导讲话。我通常不在白天写这样的稿子，白天事务性工作太多，思路容易打断。

晚上，办公室就一个人，冥想一下，你就是“60后”的局长，而不是“90后”的科员。那么，你的角色应该是沉稳、睿智、果敢的。

你要想，领导讲话时会场的布局，你坐在主席台上的样子。

那么你的文笔就不稚嫩了，格局就有了，措辞也就不会不痛不痒了，心态也不是为了应付在电脑上凑字数了。

当然，这招是催化剂，是基于一定的文字基础的，属于锦上添花。

（2）通过阅读订阅的本行业、本系统报刊，了解掌握同期工作的他山之石，摘录好的做法及好的文字描述。将会非常受用。

（3）找例文参考，多用排比句，也可适当用古文，平时多收集材料，以前写过的稿子不能删，总能借鉴到。

（4）录音笔随身带，领导会议讲话反复听。

其中，对于高频词汇、高频案例，还有自己觉得讲话较为出彩的部分，输入电脑中，或者记到小本本上反复看。

写相关材料时直接将其先复制粘贴在提纲内，找机会再粘贴到内容里。

（5）七分时间谋篇布局，三分时间填充内容。

多用巧妙的比喻、对仗等修辞，力求生动、有气势。

多看和分析研究大神级稿件，借鉴其写作方法和技巧。

善用基层情况和人民群众反响，学会借嘴说话。

穿插哲理故事、经历故事、典型案例等，既能充字数，又显得有内涵。

建立个人写作资料库，将好的领导讲话、好的网络文章、好的话语，分类纳入库中，以备随时调用。

（6）我自己的工作经验，大多来自参加各种经验交流会时看的别单位的经验交流材料。之所以这么说，原因有以下三种。

一是，对于这种经验交流，大家可能都在做工作，但都做得差不多，怎么把单位工作写出亮点，这其实很考验功力。

二是，观察现场大家听的专注度。有的单位经验发言能让人全程听得高兴，记得清楚，回去和主管领导汇报也容易；有的经验交流开头就是部署、措施、成效三件套，和平时总结没差别，大家听得兴致不高。

这种经验交流材料就是在第一种层次上再拔高一层，其实都在写措施成效，为什么有的单位的材料念起来就是好听呢?

这种材料如果能要一份就要一份，如果和自己工作相关更要留着，揣摩几次很快就能用上。

三是，要看这些单位为什么能被上级单位选去做经验交流，然后挖掘出当中的工作特点，即吃透上级文件，理解上级要什么。

但对于新手，要多想想为什么这些单位的工作可以作为经验交流，是哪些部分让上级满意了，并不是所有经验交流会上级都会指明这点的。

这需要琢磨，虽然写材料不是时时刻刻能用上最后这点，对这点的思考要慢慢累积，效果自然会呈现在材料当中。

（7）最好请大领导本人确定调子，或是给个主要框架，这样去做能够事半功倍，还能体现领导权威和你的忠诚度。工作汇报、典型发言一类，开头套话不要太啰唆，要开门见山，多用事例和数字说话，做法可以穿插进去。写完初稿，别着急修改，可以先放一放，还会有新思路，想好了再动手；写完二稿，也别着急修改，再放一放，一直重复前边的，前提是时间允许，稿子要求比较高；如果是全新体裁，实在憋不出来怎么写，可通过百度看看其他类似的，平常要多研读近几年国务院、省、市政府工作报告，会有很大帮助。

自从学会优化标题，领导对我越来越喜欢

写材料有很多窍门，有的讲究风格，有的讲究细节，而我写材料是靠标题来引人入胜。优化标题后的材料常常能脱颖而出，得到领导夸奖。

01

我靠标题战遴选

之前在网上看到一个在机关工作多年的朋友小白写的求助信，大致是因为写材料陷入困境，而不得要领，想离职却又没有去路，看完心里挺不是滋味的。

今年，我在偏远贫困县驻村扶贫，也认识了一个小白一样的女孩子，听她倒了很多苦水，所以很能体会小白的不容易。但作为曾经遴选成功的师兄，不得不鼓励一下小白。

我原在边缘部门工作，也是像她一样的整天看不透，过着牛马一样笔耕不辍的日子，但看不透又能如何，自己是改变不了环境的。

既然改变不了环境，就来改变自己，然后换个好环境。

换环境哪有那么轻松容易？没关系，没门路，那就考。如何考？学写作，提能力，待机会。

把工作中的每件事，都当作学习，都当作为离开做的储备，工作也就不那么煎熬了。苦闷、苦恼都是过眼云烟，凡事都快快乐乐地面对，好运气才会离自己近一些。

从小白的感慨里，我觉得她的三年文字材料没有白写，已经初显水平，已经在同类人中具有相当优势。不要以为考试会很难，只要自己的水平高，一切都会水到渠成。

我的遴选考试，文章内容没有特别丰富，但大小标题我都提炼得比较精辟，也就是用比喻类标题，最后得以进入面试。

02

怎么点亮标题

对于如何点亮标题，先做个示范。

例如，要求写关于环保方面的发言稿，大小标题都可以用上比喻，让阅卷官眼前一亮。

大标题：

下足生态绣花功，打赢环保攻坚战。

小标题：

用好环保督察“撒手锏”；

弹好部门联防“协奏曲”；

做好环保服务“后卫队”。

要知道，生动比喻类标题在当今公文写作界地位极高，尤其在基层单位十分受欢迎。这类标题善用比喻，文风朴实，脍炙人口，生动形象，很容易让人印象深刻。其适用程度仅次于单字单词重复类标题。

以至于有些地方领导看到材料员拟的标题中不带引号，也就是没有用比喻，就觉得不够生动，发展到“无引号，不成文”的程度。

比如以下这些标题，都属于生动比喻类标题。

上下同欲，举好发展“指挥棒”。

突出重点，做对管理“运算符”。

精确谋划，出准制胜“撒手锏”。

抓住思想政治建设这个“定盘星”。

用好党内政治生活这个“净化器”。

突出选人用人导向这个“指挥棒”。

坚持补短板促提升这个“驱动力”。

走好人才优先发展这个“先手棋”。

聚焦主业、突出主责，细耕“责任田”。

坚定信仰、提升能力，牵住“牛鼻子”。

总结经验、把握规律，把好“方向盘”。

明确责任、奖优罚劣，激活“一池水”。

在《秘书工作手记2：怎样写出好公文》里说过一个故事：有一次作者撰写筹备学校党代会相关经验的总结文章，领导提出要从分工、预案、协调、创新这四个方面来写。他在起草的时候就分别为四个方面拟了“细化分工，打赢主动仗”“推敲方案，明确路线图”“注重协调，当好总枢纽”“积极创新，展现新气象”四个标题。

用“主动仗”“路线图”“总枢纽”“新气象”来对应和比喻四个方面的工作，从意思上看十分形象、易于理解，从发音上铿锵有力、朗朗上口，领导十分满意。

比喻标题很好写

其实，生动比喻类的标题还是挺好写的，只要身边的事物跟我们想表达的意思有点关联，都可以被我们拿过来做比喻。

一套比较贴切的生动比喻类标题，可以在多个场合、多个主题中反复去用，放之四海皆准，是一种万金油式的标题类型。

举个例子，有段时间我比较喜欢一套用“唱歌”来做比喻的提纲，用来表决心、摆措施。基本套路如下。

作为一名长期在高校工作的基层党办干部，我体会，只有不断从“五个坚持”中汲取力量，自觉唱好“五重奏”，才能奋发向上，争创一流，高效率、高质量、创造性地做好“三服务”工作。

一是唱好绝对忠诚的“主旋律”。

二是唱好服务大局的“协奏曲”。

三是唱好极端负责的“进行曲”。

四是唱好无悔奉献的“咏叹调”。

五是唱好廉洁自律的“紧箍咒”。

这套比喻型的标题，把唱歌的主题和唱的曲子换一下就能用好久。也可自主增删条数，丰俭由人。比如：唱好经济发展的“主旋律”，唱好服务民生的“协奏曲”，等等。

这类标题如果腻了，或出现了审美疲劳，又挖掘了一套新的比喻类提纲，把一些事情比作在学校里拿学分，简称“拿学分”提纲，也是可以用来表决心、摆措施，还能提要求。基本套路如下。

××是一门精深的课程。在我看来，要回答××这些问题，修好建设中国特色世界一流大学这门“必修课”，必须拿下四个学分。

第一，坚持党的领导不松劲，拿好“政治分”。

第二，坚持立德树人不偏离，拿好“育人分”。

第三，坚持四个服务不懈怠，拿好“服务分”。

第四，坚持追求一流不停步，拿好“质量分”。

同理，把坚持的主题和拿什么学分换一下，又能用好久。同样，也可自主增删，丰俭由人。

比如：坚持工业引领，拿好“发展分”；坚持服务百姓，拿好“民生分”之类的。

有人会问想不到比喻词怎么办，搜啊，互联网是我们取之不尽、用之不竭的灵感源泉。这虽然是一个捷径，但最好的方式是要靠我们平时的积累，以免“书到用时方恨少”。（作者：水草）

要想写好总结性材料，怎样避免痛点和困惑

我在单位写材料有三四年了，正儿八经写也有两年了，称呼从“小李”变成了“老李”，再到“前辈”，挨过骂，当然，也受过表扬，其中坎坷不足与外人道也。好了，言归正传，我们今天主要说一下如何写好一份年终总结。

写作前的准备

对于秘书的材料工作，可以总结为八个字“领导满意，同事爱看”。要做到这八个字，说易也易，说难也难，功夫在平时，效果很显著。在写作前，我们需要做以下工作，会为写作加分。

1. 熟悉领导的个人风格

如果领导个人风格属于务实型的，那么报告就需要多一些数据支撑，各部分言简意赅，结构紧凑些。

如果领导属于理论型的，那么报告尽量可以从一些理论展开，多添加一些领导在之前场合里的各种论述。

当然，领导个人的喜好也应注意到，比如说有些领导个人说话不是很清楚，在材料写作的时候尽量避免使用过长的标题和比较冗长的句子，用字的话也不要用太过于生僻和音比较难发的字。这是一个积累的过程。

2. 熟悉单位的整体情况

有朋友说，这个熟悉也是一个漫长的过程，怎么办？

老李的建议是分版块标记，具体来讲就是搞明白本单位的主要业务是什么，重点项目是什么，短板是什么。我觉得这个最好的方法就是大量和反复阅读单位的会议纪要、工作总结、工作计划等现存资料。

领导肯定比我们更了解单位的情况，虽然我们不是领导，但是我们可以站在领导的角度去看问题，去进行更深层次的思考，写出的材料才更有深度。

3. 量化相关情况

材料这种东西，不是写出来的，而是改出来的。老李在刚参加工作那会，常常一份材料改七八遍，好的材料不是一个人的智慧，是大家的结晶。

比如，我们在写年终总结的时候，先把单位上年度的工作总结拿出来进行对比，将上年度的工作计划单列出来，通过询问各个部门，来看年终任务完成了多少，还有多少没有完成，还差多少，是什么原因引起的，下一步怎么补救和落实。这些都是总结应体现的核心内容。

说直白点，年终总结就是上年度计划落实情况的一个说明。

4. 和领导积极交流

有很多同志见了领导很犯怵，不敢和领导交流，这其实很不好。领导之所以为领导，必然有他过人之处。他的格局和眼界必然远超于我们这些单位普通职员。

当然和领导交流不是光去听训斥和闲谈去的，而是带着问题和解决问题的候选方案去的，是去请领导“圣裁”去的。当然一些比较负责任的领导，会在写作前告诉你一些写作重点，以及需要突出的核心。

一般比较稳妥的方法是，向主管交流思路，向主任交流半成品，向大领导请示成品，反复修改，这个需要根据自己在单位所处的位置等实际情况进行处理。

正文的写作

一篇年终总结，大致可以分为本年工作回顾、存在问题、下一年工作计划三个版块。老李喜欢用谈成绩、谈问题、谈希望来做概述。

在写这三点之前，老李习惯先列个提纲，这个提纲可以笼统到哪一部分大致写什么、怎么写，也可以具体到最低一级的小标题，建议标题不要超过三级，不然结构太过于复杂，也不易掌控。

1. 谈成绩

（1）材料的收集。在这部分，可以重点阐述本年工作成绩也就是做了什么部分，可以将从各部门收集上来的信息部分全部单列在一张纸上。

（2）材料的分类。具体可以参照去年年终总结里的计划部分，这样的好处有，一方面表现单位运营的规范性，另一方面可以表现单位各类重点项目的持续性。

材料的分类容易划清版块，比如说，老李喜欢用项目进展、资金收入、内部建设、员工成长这四部分。同时在提纲中像连线题一样归好类，这就完成了材料的预先处理。

（3）材料的写作。因为收集和分类的材料是一堆参差不齐的东西，老李需要进行处理，这种处理体现了秘书工作人员的综合素质。在写作中需要坚持“三个一”：一个写作思路，一种语言风格，一种表达态度。

很多同志们说，最难的就是这个具体的每段话不知道怎么去写。这里老李提供一种思路，对于成绩部分，可以去繁就简，只谈干了什么，做到“三个一”，注重语言的简洁性，具体内容可按照领导的风格进行处理即可。

2. 谈问题

在谈问题的时候，“问题部分”是一个承上启下的部分，承接着上版块本年的工作成绩，又连接着下版块下一年的工作计划。

（1）谈什么？好多同志说谈问题。没错，是谈问题，但不是什么问题都谈，关键是谈什么样的问题。要谈影响单位发展的重点问题，谈突出的问题，谈首要问题。这个就需要好好地归纳总结。

（2）怎么谈？谈问题是有技巧的，尤其是在这种书面报告中，在书写问题时，不能什么都不写，也不能什么都写，要注重主客观一致，既要有主观，也要有客观，既要有大环境，又要有内部问题。

还有一个问题，是具体突出谈，还是泛泛而谈？其实，这个不能一概而论，需要看具体情况，有些问题适合具体谈，重点谈，有些问题只能泛泛而谈。具体的需要在具体工作中仔细把握。

3. 谈希望

最后一点是谈希望。往大了说，“希望”关乎着单位下一年的工作计划，关乎着全单位人的干劲；往小了说，“希望”关乎着秘书工作人员的态度。

（1）做到两个结合。一个就是和去年年终总结的工作计划的结合，另一个就是与本年度年终总结中问题的结合。这样做的好处是一方面体现了整体的有序性，另一方面表现了本单位立行立改的态度。

（2）具体怎么写？每到这个环节，很多人会纠结于到底怎么写。老李的建议是按照是什么、为什么、怎么做这三个写作逻辑来写。

是什么，旨在告诉别人这个东西的概念；为什么，则能告诉别人意义；怎么做，解决的是步骤问题。这样写下来，一方面有逻辑性，比较有层次感；另一方面显得很有水平，能把工作说清楚。

4. 关于引言、连接语和结尾的一些问题

为了文章的整体性，老李就把引言、连接语、结尾放在这块。

（1）开篇引言一般没有什么实质意义，这都是有套路的，通常可以简单，也可以复杂，下面举个简单的例子。

简单些的，比如说：我受 ××× 的委托，现就 ×× 单位年度工作进行报告。一句话言简意赅。

复杂些的，比如说：在 ××× 的正确领导下，在 ××× 的支持下，我们学习了 ×××，按照 ××× 等一系列原则……但是大家要注意一点，即使复杂的开篇引言，也最好不要超过一百五十字，以避免头重脚轻。

（2）连接语是版块与版块之间的转折。比如说在成绩和问题两个版块之间，以及问题与希望两个版块之间就需要一定的连接语。这种连接

语，可以是一句话，也可以是一段话。

常见句式就是，“虽然……但是……”和“在……的同时，我们更要……”，只要能体现出转折的意思，可以很顺利地承上启下就可以。

（3）结尾的作用也是不容小觑的。结尾更多的是一种号召。比如号召大家团结在以习近平同志为核心的党中央，再如号召大家在 ××× 的坚强领导下。

在写作时，可以在开头引用一两句古诗或者名人名言，注重把握气势，要有一个从低到高的过程，不能开始气势很高，但又骤然低下。在写作结尾时，字数也不宜太长，最好可以一段结束。（作者：老李）

看到中直单位的笔杆子，再也不怕写稿子了

文稿写作是机关党员干部的基本功，是一项复杂的脑力劳动，综合性很强，对能力素质要求很高。

写作又是件苦差事，常常有人发感慨“如果哪天再也不用写东西就好了”“要我干什么都行，就是别让我写稿”，反映的就是这个基本事实。结合自身的工作学习体会，深知要想笔杆子硬，需要做好如下几点。

01

苦读书，广积累，厚积薄发

叶圣陶说：“阅读是吸收，写作是倾吐，倾吐能否合于法度，显然与吸收有密切的关系。”所以很有必要大量阅读经典名著、名人传记等，尽量回避“浅阅读”。“学海无涯苦作舟”，写作要肯吃苦，耐得住寂寞，甚至多熬夜。熬上几年，品尝一下熬的艰辛，加上正确的方法，就必然会领略到熬的喜悦。

罗永浩在《我的奋斗》中这样写自己学英语的。先背单词，然后做题，做题做恶心了背单词，背单词背恶心了做题。几经折腾，终于有了提高。然后，他去应聘新东方学校，后来成了该校有名的英语培训老师。同理，写材料的人只要下功夫，经过一阵密集的训练，也完全可以拿好笔杆子。

勤动笔，中要害，思想升华

对于文稿写作，要敢于写，在干中学。有人曾说过两句很有哲理的话：“光看不写眼高手低，光写不看进步很慢。”就是说，只看材料，而不动笔去写，就会觉得别人弄的水平不行，可自己一弄，还不如人家。但是，我们也不能把写作看得太神秘，不能有自卑感。万事开头难，敢写就不难。

要逼着自己坐下来，把笔拿起来写出第一行。写东西的同志有个共同的感受，一旦有了灵感或好的信息、线索，要趁热打铁，立马动笔及时写下来，以免耽误自己的思路。如果一放一拖，冲动少了，灵感也没了，一停笔就懒得动笔，因此要有点马不停蹄的精神。

03

善借鉴，采众长，能者为师

开始写作公文，没有别的办法，只有老老实实地模仿。当你接受一项公文写作任务的时候，你首先要搞清采用哪个文种，就可以下笔起草公文了。如果心里还不踏实，应当多看人家写的东西，找一份同文种的现成文件，照着文件的模式套写即可。这个套写的过程，即熟悉公文写作、完成领导交办任务的过程。

但如果仅仅停留在这个阶段，每次动笔都模仿，不模仿就不会写，那就成问题了。要学会创新，做到无大话空话，有新话实话。平时参加上级、本级的会议，看到或听到领导讲话时，遇到在某一行业、某一方面学有专长的人时，就要做现实的有心人。海纳百川，放低姿态，总能从中有所悟、有所得。

“三人行，必有我师”，不管是起草文稿，还是处理具体事务，都要注意学习先进，体悟他们的思路、经验和方法，最终目的是要提升自己的能力素质。从根本上说，我们的工作必须在思路方面下足功夫，才能找到上级精神、本级特色和领导意图的最佳结合点。

多推敲，出精品，千锤百炼

文章不厌千遍改，反复推敲修改才能出力作。修改一般包括以下几个方面：关于主题的修改，看主题是否明确，主题论述是否集中，主题挖掘是否深刻；关于观点的修改，修改公文要考虑到观点是否正确，表达有无问题；关于材料的修改，材料是文件的基础，有了正确的观点，还要通过适当的材料表现出来；关于结构的修改，修改文件的结构，包括文件总体结构的修正，使全文更加严谨；关于语言的精练，主要是除废话，去错话，修改不严谨的表达，以及不规范的字和标点符号。

05

下一线，熟情况，民生为本

为民服务是本分，须臾不可忘。有些东西虽然感觉到了，但不一定能理解它，只有理解了才能更深刻地感觉到它的存在。机关工作的性质决定了必须深入实际了解情况，随时掌握第一手资料，才能既接“天线”，又接“地气”，才能保证写出的东西有数据、有事实、有对策，才能切实解决实际工作中的问题。（作者：庄振华）

唱的比说的好听：写材料引用歌词添彩

在现实生活中，人们常听、常说这么一句话——说的比唱的还好听。意思不难理解，是嘲讽那些夸夸其谈之人。

但其中的“还”字同时也在透露出这样的信息：正常情况下，唱的应该比说的要好听。

和旁征博引名言警句、唐诗宋词一样，在讲话或文稿中恰如其分地引用一些歌词，把要求“唱”出来、把想法“唱”出来，常会收到意想不到的好效果。

我在区委研究室工作期间，我们的区委书记就是个优秀的“歌唱家”，见什么人“唱什么歌”，到什么山“唱什么歌”，最关键的是大家普遍感到耐听、受用、受启发。

唱出潮流

春节上班第一天召开全区工业经济发展大会，已是区里坚持多年的规矩。某种程度上来说，这个会也是个“收心会”，会议发言稿也都是在假期前就赶出来的。

2014年的大会上，领导在做工作报告时，向大家问了一个问题：“时间都去哪了？”用歌手王铮亮的春晚献曲向干部发问，既问出了干部的精气神，同时也是在提醒干部要收拢五指，集中精力，着力解决发展短板的问题。

又比如，2015年，领导到中西部某大学招才引智，面对一群朝气蓬勃的大学生，在发言结束时，领导即兴发挥，灵活运用流行歌曲《快乐老家》中的一句歌词：“跟我走吧，天亮就出发！”

现场的大学生被这般邀请逗得开心一笑，但同时也感受到了区委、区政府对人才的真心渴求，纷纷投递简历。

唱出思考

围绕群众路线教育实践活动的深入推进，区里先后召开过动员会、督导会、约谈会、推进会，每一次会议主题都不同。

在一次乡镇（街道）党（工）委书记约谈会上，领导即兴发挥时说，年轻时常听一首《大海航行靠舵手》的歌，有句歌词印象深刻，叫“鱼儿离不开水呀，瓜儿离不开秧，革命群众离不开共产党”。

他认为，前两句说得没错，是自然规律，是生存法则，但最后一句需要调整，不是革命群众离不开共产党，而是共产党永远离不开人民群众！

这句话给在场的基层书记们留下了极为深刻的印象。说实在话，有些领导干部在与人民群众接触过程中，自觉不自觉地就会有一种优越感。

当听到这句歌词转换时，不亚于是一次醍醐灌顶、灵魂警醒，身在基层，必须心在基层，否则，走群众路线就是空谈。

唱出感情

这些年市里每年都在搞乡镇街道分档竞赛，全区 16 个乡镇街道，分属 4 个档区，在“大干 100、冲刺四季度”大会上，领导围绕“干”字，提出了“干才能干出智慧，干才能干出办法，干才能干出出路，干才能干出成绩，干才能干出好汉”的论述，鼓励基层干部在年底的时候“掀起你的盖头来”。

不言而喻，这个“盖头”不是新娘的盖头，而是大家埋头苦干、务实拼搏的盖头，传递了“千斤重担大家挑”的沉甸甸责任。

记得有首歌里的歌词是“有没有那么一首歌，会让你轻轻跟着和”，根据这种共鸣心理，在大会发言讲话和文稿撰写中，触景想起一首歌曲，灵活运用其中的一句歌词，听众容易形成共鸣，达成共识，乃至跟着“哼唱”，这就是唱的比说的好听的最好佐证。

组织部的文章应该怎样写

一篇《组织部的灯》照亮了朋友圈。有人说，这是事实，组织部的灯是长明灯、不灭灯，黑漆漆的夜晚机关大楼里星星点灯。

有人嗤之以鼻，认为这是标榜，如果没有“进了组织部，一年一大步”，有谁愿意去干？也有人义愤填膺，认为自己虽然不是组织部的干部，但自己的付出丝毫不少……

按下葫芦浮起瓢，好像谁也说服不了谁。如果换个角度来问，争论一定会平淡些，那就是“灯下的人在干什么”。

白天“走干讲”，晚上“读写想”。即白天走下去、干起来、讲出水平，晚上耐心读、勤于写、创造性地想。

较之于读和想，夜晚的灯光下更多的还是写，马不停歇地写，奋笔疾书地写，绞尽脑汁地写，写多了、写久了，自然形成了文章。

如果询问组织部的文章，文风最大的特质是什么？相信答案应该就是两个字——严谨。

领导语重心长地说，起草文稿要上看看、下看看、左看看、右看看。

最重要的是上看看，即看看上级机关怎么说的。领导批评、批判的时候会说：你不要到网上瞎找，要找原文原著，看看到底是怎么表述的！

一定要保证文章的准确性，要万无一失，否则“差之毫厘，失之千里”！领导有疑问疑惑的时候还会接连发问：这句话有没有出处？因此，在引用表述的时候一定要做到一个字都不能少，一个词都不能颠倒！

组织部的文章要逐字修改、逐词推敲、逐句调整，以确保万无一失。进一步了解组织部的文章可以先看以下三样东西。

主持词

组织部的主持词很有特色，主持人在主要领导进行大会讲话后，经常喜欢类似下面这样的表述。

贯彻 ×× 领导的讲话要做到三个字。

一是做到“度”。所谓“度”就是速度、力度、角度。

二是做到“实”。所谓“实”就是要落实、求实、抓实。

三是做到“精”。所谓“精”就是精准、精细、精品。

三个字瞬间变成了九个词，九个词又立马变成了九个观点，触类旁通，可用于多种场景。

新进组织部的同志对比领悟很快，也渐渐习惯这种方式，甚至喜欢这种在字上打磨的表述。窥一斑而可见全貌，这些主持词或文章都从另一个角度证明了组织部的文章是全面辩证、周密严谨的。

组工信息

组织部门重视信息工作有口皆碑，组工信息也是以中规中矩而有口皆碑。尽管目前在文风上已经有了些许进步，但总体感觉还是略显格式化。

最常见的是《×× 组织部贯彻 ×× 会议精神做到“四个下功夫”》，虽然有时只想到了三点，但如果再拼凑一点，少林、武当、昆仑、峨眉的功夫大会就可以开演了。

组工信息的二级标题讲究文字对仗，特别体现在两句话的标题上，比如，加强 ×××，提升组织力；加强 ×××，提增凝聚力；加强 ×××，提高执行力。

有些时候，工作刚刚部署，就已经开始总结做法，只为抢占先机，对于上一篇组工信息，新进部的同志可以简单地学一学，但千万不能陷得太深。

如十月怀胎一朝分娩。要因为真正地做事了，才写信息，才总结提炼，而不能为了写信息而编信息、造信息。否则，文风只能是束缚的而不是舒展的，工作只会是形式的，而不是真实的。

汇报材料

篇幅短不下来是组织部文稿另一个显著标志，发言超时也是个普遍现象。有些领导甚至把文稿长短作为衡量文稿质量和工作责任的一项重要标尺。

为什么短不下来？有人说那是组织部做的事情太多，干部、组织、人才、自身建设，个个都很重要。

其实，说得苛刻些，还是驾驭能力不够。喜欢讲上级要求，习惯讲具体事情，四平八稳的多了，一针见血的少了，缺少短小精悍的观点和判断。

曾经有机会旁听岁末年初的组织系统工作思路研讨会，材料相似度、雷同度都比较高，有时甚至是“一个模子刻下来”的。

不得不承认，优点和缺点往往在一条直线上，很多时候，优点的延长线就是缺点。

组织部的文章的确严谨，但总感觉，严谨不应该是观点上照搬照抄；严谨也不是把别人正确的话再重复N遍；严谨更不能让人产生味同嚼蜡、拒之千里的感觉。

试想，一篇文章即使再怎么严谨，可是没人愿意看、愿意听、愿意记，这又有什么意义呢？毕竟，文字是给人看的，而不是让人生厌的。

文风即作风。在严谨之外，还想和你再去吹吹风，这个风应该就是一缕清风、一丝暖风和桃李春风。（作者：一种植物）

这样写材料不伤身

单位专司写材料的人，大家一般都统称为“笔杆子”。写材料这种工作常常让人费心劳神、加班无常、生活无序，不光工作辛苦，而且生活清苦，多数人敬而远之。而一些“明知山有虎，偏向虎山行”不服输的人，总是带着一些梦想进入此门。

久而久之，随着写的材料越来越多，头发却是越来越少；单位和领导的政绩虽然因笔杆子妙笔生花而日益出彩，自己的颈椎、腰椎却日渐突出……

总之一句话，笔杆子们材料越写越多，身体却越来越差。这是多数人的看法。

笔者也是众多笔杆子中的一员，写材料加班多，确实也辛苦，但硬要说是笔杆子伤了“腰杆子（身体）”，那也不见得。

近日，我有意走访了一下市委办、政府办、组织部、宣传部等部门几个身强体健的“大笔杆子”的日常，发现他们各自的小妙招既好用，又管用。

用他们的话说，只要经常用、坚持用，不仅能保证你的笔杆子越来越利索，而且也能使你的“腰杆子”杠杠的。

为此，我把它写下来，供大家参考学习。

不吸烟，多嚼糖

A 君，市委政策研究室副主任，写龄 20 年，曾有 10 年烟龄，人称“二杆子”。

他这样跟我说：

“跟许多笔杆子一样，我刚入道时，碰到难写的材料、反复修改的材料，比较着急的时候或比较无感的时候就点上一支烟，一边吞云吐雾，一边苦思冥想寻找好点子、好词。

材料写好后，也是一边吞云吐雾，一边自我欣赏；领导称赞表扬时，更是喜欢点上一支烟自我满足、自鸣得意……

烟，已经成了我工作和生活的一部分，有的领导和同事称我为‘二杆子’（笔杆子和烟杆子）。

久而久之，烟的副作用也随之而来，经常咳嗽，时常感冒，药越吃越多，睡眠也越来越差。医生告诫我‘要根治气管炎，必须彻底戒烟，否则没戏’。

就这样，在爱人强力监督下，我开始戒烟。一开始，确实难受，有种抓心挠肺的感觉。怎么办？正在难以忍受之际，还是爱人一句话点醒了我这个梦中人。

她说‘林彪指挥千军万马也不吸烟，每当大战前夕他不是嚼几颗炒黄豆吗？当然，你在办公室嚼豆子嘎嘣响也不合适，要不你就嚼口香糖试试’。

无奈之下只能用这个办法，每当烟瘾上来我就拿出口香糖来转移注意力，当然这个过程是痛苦的。

坚持一个月之后，慢慢开始习惯了，一年之后，我用嚼口香糖彻底戒掉了10年的烟瘾。

慢慢地，咳嗽确实是越来越少了，现在完全不咳了，身体轻松了许多，今年体检除了体重有点超标，各项指标都还正常。

嚼口香糖的习惯也一直坚持到现在。每当写材料、改材料着急的时候或是加班的时候，我会习惯地拿出一两颗口香糖。

你别说，它对牙齿、对口腔还很有益处呢！”

02

少挠头，多梳头

B君，市委组织部副部长，写龄12年，分管组织科，主管写材料，人称“材料大王”。

他这样跟我说：

“我刚调进组织部组织科时，高个子大眼睛，一头浓密的黑发，说仪表堂堂有点自夸，但用一表人才来形容也不过分。

写材料的确是个苦差事，加之求胜心切，每当材料写到山穷水尽之时，我就急得抓耳挠头。

这个不是形容，是真的，是急得用手挠头。时间一长，不知是材料写不出来急火攻心影响的，还是手抓手挠造成的，反正是头发越掉越多，一头黑发日渐变灰、变少。

眼看不到30岁的人，很快就要有一颗60岁的头。情急之下，四处寻医问药。

一日看中医，一老中医师问明缘由，除开药外，嘱咐我务必买一把牛角梳。每天弃用手挠，坚持由前向后、先左后右梳头不少于三百下，当然是多多益善。最后他还文绉绉地说‘如此坚持半年，发必生矣’。

我将信将疑。又想起一个大领导说过‘无害即有益’的话。抱着‘死马当作活马医’的心态，买了一把小牛角梳子随身带着，没事没人的时候就拿出来如法炮制，前后左右梳。

梳着梳着还怪舒服的，慢慢喜欢上梳头了。每当写材料遇到难处，我干脆放下材料，拿出梳子，靠着椅子，仰着头闭上眼睛梳上几分钟。

一边梳一边养神一边思考，这样一来，头脑反而慢慢清醒起来，颈椎也慢慢舒服起来，观点也逐渐形成了。

如此坚持三个月后，头发真的是掉得越来越少，坚持半年后，原来稀疏的地方真的开始长头发了。

我喜出望外，那个中医没骗我。从此，我喜欢上了梳头，没有落下一天。到现在，这种天天梳头法我已经坚持了 7 年，这是我用过的第四把梳子了。”

说着他把梳子从口袋里掏出来递给我看，又说：“我现在不光用梳子梳头，而且还梳手，梳手掌手指，左手右手轮着梳。

从中医角度讲，手的穴位丰富，不同的穴位对应不同的脏器，梳手确实可以健身。”最后，他还劝我试试。

03

少喝咖啡，多喝红茶

C 君，市委宣传部理论科科长，写龄 9 年，随身带个保温杯，人称“茶缸子”。

见到C科长，我单刀直入地说：请您传授下既写得一手好材料，又有一副好身板的窍门。

他也直爽地说：窍门真没有，爱好倒有一个，就是喝保温红茶。

他说："无论是上班还是下班，无论是开会还是办公，无论是出差还是下乡，我都带着这只保温杯。所以大家戏称我为'茶缸子'"。

他又指指桌上的保温杯："不是有句调侃的话吗？你要留住你爱人的心，就首先要留住他的胃嘛！

同理，你要有一个健康的身，首先要有一个健康的胃。这个道理每个人都应该明白，胃好，胃口就好，吃嘛嘛香，身体肯定倍棒。

我不喝咖啡，那玩意儿太苦，太刺激神经、刺激胃，再者，冲一杯喝完，想喝还要再冲一杯，麻烦不方便。

我也不喝绿茶，不仅头泡刺激胃，而且那玩意儿也不经泡，一泡两泡就没味儿了，没意思。

红茶好啊，香味浓郁淳厚，不仅没有咖啡、绿茶的清苦刺激，而且回味甘甜养胃，还可反复冲泡。有研究证明，红茶经过发酵，产生了大量有益微生物。在众多的茶品中是最养胃的一种。

每当繁忙时，喝一杯暖暖的红茶可以静心；每当写材料捉襟见肘时，喝一杯热热的红茶可以助你文思泉涌。晚上喝一杯淡淡的牛奶红茶，还可以助眠呢！你说，红茶这么多好处，何乐而不为呢？"

听C君讲这番话，感觉他有点不像个写材料的，倒像个卖茶叶的！不过，他说的确实在理。

以上小妙招的确方便实用，可单用、可组合，各位"笔杆子"不妨一试。

小白写材料学习模板：“老笔杆”谈四步生产标准化公文

进入机关单位后，常常浸泡在文山会海中，写材料也就成了家常便饭。而如何把这顿家常便饭做得有滋有味、色香味俱全，则让无数的人伤透了脑筋。

有时候冥思苦想半天也想不出一句话，有时候写了一大段却“驴唇不对马嘴”，严重偏题，面对这些问题，真的是有如热锅上的蚂蚁，备受煎熬。

刚参加工作的时候，我也是深受写材料之苦，不知怎么写、不知何处落笔。自己就像个孤独的孩子无人理睬，不禁感慨，自己为何于千万工作中选择了写材料这份苦差事?

时至今日，历经千难万险我终于小有成就，摸出了写文章的一些小门道。时至今日，我才大彻大悟，发现写文章也有规律可循，就如同制造汽车一样可以标准化生产。

下面，我就以写年度工作总结为例，告诉初入职场的小伙伴如何快速写出高质量的材料。

01

起草，勾勒出文章的模样

写材料的人，电脑上一般都存放着以前的文章。当写某类文章的时候我们可以从中寻找类似的材料，直接复制、粘贴，不改变文章框架和结构，只是把里面的内容稍微改变一下。

写年度工作总结，开头是紧紧围绕上级精神之类的话，中间写工作成绩，结尾写未来如何做。

我们所要做的就是开头部分用新的上级政策和精神替换以前的内容，比如说用“两学一做”活动替换“解放思想大讨论”活动。

中间部分用今年开展的各项工作替换去年的工作，比如说用“扶贫工作‘回头看’”成绩替换“精准脱贫”工作。

结尾部分用新的口号替换旧的口号，比如说用“撸起袖子加油干”替换“踏石留印、抓铁有痕”等。

这样下来，一篇文章的草稿很快就会出炉，取得“踏破铁鞋无觅处，得来全不费工夫”的效果。

02

填充，让文章变得有血有肉

文章和人一样，要有精气神。要想让文章精神饱满，我们就得下一番苦功夫，最好的方法就是上网查找资料，勤问“度娘”。

一是查找类似文章。

写文章的时候，我们要学会借鉴别人，看看别人是如何写的，从中寻找有用的句子和段落。

比如说，今年开展了哪些工作，我们自己归纳总结的方面可能不全。如果看看别人总结提炼的几大方面，我们写作起来可能也就有了方向和目标。

当我们百度出好几篇文章的时候，不要大段大段地抄，那样显得自己很没水平。应该从多篇文章中各自摘抄一小段，并修改成自己的话，这样才能显示出你的能力。

二是查找中央、省、市政策和习近平总书记的讲话。

写文章要紧跟上级步伐，紧紧围绕中心、服务大局。上面提倡什么我们就写什么，比如说“两学一做”学习教育常态化、制度化，我们的工作总结中就要留出一段来写“两学一做”的开展情况。

同时，习近平总书记的系列讲话、最新讲话，也一定要引用。

比如说在年度工作的结尾段落，我们可以引用习近平总书记对干部工作的要求，在今后的工作中努力做到“实事求是、求真务实，善始善终、善做善成”。通过引用中央政策和习近平总书记的讲话，文章就会显得站位高、立意深。

三是查找脑海里灵光一闪的句子。

写文章需要灵感，而灵感都是一闪而过的。我们写作的时候会突然想起一个好例子或者句子，这个时候就要抓紧搜索完整的材料，要不然可能就忘了。

比如说，写年度工作总结的时候，我想起了赵乐际同志在全国组织部部长会议上讲过的某一句话，我会先把大概内容写下来，然后再慢慢去网上查找原句。

03

润色，把文章修饰得完美无缺

文章能不能呈现让人心里一颤、眼前一亮的效果，关键看修饰文章的能力，那么文章应该被修饰成什么样子呢?

一是符合本领域的语言风格。

我们读文章时，能感觉出有的文章是行家写得，有些却敷衍了事。为什么会出现这样强烈的反差呢？因为作者的文化底蕴和文字功底不同。

所以，如果你是组织部门的干部，就应该多读与此工作相关的报刊，领悟各地组织部长的讲话精神，掌握本领域的最新动态，最终慢慢形成符合专业的语言套路。

比如说加强自身建设这块内容，我们就可以引用报刊上“不学习就会陷入无知而迷、无知而乱的困境”这样的语句，从而引出学习的重要性。

二是符合实际情况。

处于什么样的位置，就要写出相应站位的文章。我初入研究室时，满腔热血，恨不得立即表现自己的文笔和才华。老主任布置完写作任务后，我连夜加班，凭着考公务员所积累的知识，洋洋洒洒写了三千字，一挥而就、一气呵成。

写完之后，自我感觉文章鞭辟入里、入木三分，心想这下可要受到表扬啦。谁知，交上去之后，老主任不慌不忙地写上三个字“假大空”，让我羞愧难当、无地自容。

这次经历让我明白，中央、省一级的文章一定要高屋建瓴，而市、县一级则需要给出具体措施，明确具体责任人。

三是符合领导的风格。

写文章如同做饭，众口难调，但最终要由领导通过，所以我们要了解领导喜欢的风格。

有的领导喜欢干净利索、言简意赅的文章，有的领导可能就觉得写得太少好像没干工作一样，所以摸清领导的脾气和文笔也很重要。

我们平常可以阅读和研究领导的讲话，一方面可以了解这些文章风格和语气，另一方面也可以摘抄领导的讲话。这样更容易让自己的文章顺利通过。

④

晾晒，让文章历久弥新

正所谓“好事多磨”，写完文章后，应该把文章放一放，沉淀一下。第二天再去看它，可能会发现有不太合适的地方，可以及时更新补充。

然后，再次修改完善，一篇高质量的文章就会腾空而出。

其实，写文章说难也不难，关键看是否掌握了写作技巧。只要大家按照上面的四步走，好文章就可以信手拈来。（作者：尘埃）

委办主任亲授“真经”，写好公文要有“三心”

印制和核发领导讲话、文件通知、信息简报等材料，是办公室的重要工作之一。这些文件材料的质量高低，无疑是办公室人员综合素质的直接写照和显示。因此，善于咬文嚼字确保公文质量应是每个办公室人员必备的基本功。

在长期的办公室工作中，我体会到要练就咬文嚼字真功夫，把好文字材料关，须具备“三心”。

01

有“良心”

咬文嚼字是个细活、苦活、费力活，能认真细致地做好这项工作，确保印制的材料万无一失，往大里说，是一种责任心和敬业精神的问题，往小里说，实质上是一个“良心”活。

有时错一个字或一个标点，一般人也不会细看，就算看出来了，也不会计较或追究。但你肯不肯花时间和精力去做、用不用心去做好，裁量权其实在自己，凭的是责任心。

但我认为，办公室同志绝对不能有这种视而不见、得过且过的心理。基层的干部群众拿着这份文件材料，获悉的是上级政策，感受的是一级组织或机关的水平。

有时候一个错别字、一个语法、一个标点，可能导致基层干部群众对文件的解读和把握有偏误，更有甚者会闹出笑话。

我在县里工作时亲身经历过一件事，闹出了笑话。有一天，办公室机关组织干部学习上级领导讲话，正当大家聚精会神之际，突然听到一句“全市项目建设如火如茶”，大家忍俊不禁，继而哄然大笑，主任当即纠正，“什么如火如茶，是如火如荼”。

念讲话稿的同志随即答道，“材料上是如火如茶呀！”主任不服，接过材料一看，确实是“如火如茶”。事后我想，这份堂而皇之出现在我们面前的材料，其错字竟然顺利地连闯输入、校对、签审三关，暴露了多少问题呀！

这样的文稿发出去了，那就是残次品，作为生产者，责任很大。生活中，谁都希望自己用的产品是最好的，没有瑕疵，工作中何尝不是这样呢？

出一次差错情有可原，如果出错多了，形象就没有了。

有“匠心”

咬文嚼字既是个细活，更是一个技术活。“匠”不仅指工匠，现代汉语词典还有一种解释，即指在某方面很有造诣的人。做好文字把关工作，光有责任心还不够，还必须有匠心和过硬的功夫，否则就像个庸医，有病看不出来。

练就匠心就要求我们平时多看、多学、多记，熟练掌握过硬的语言文字知识，练就火眼金睛，一眼知文病。

同时，还有很重要的一点就是要爱较真、敢较真，案头常备词典，不放过任何疑点。

比如，区县一级党委办公室发文件主送单位常常是县委各部办委局、各乡镇办事处党委等，对这样的表述人们司空见惯、习以为常，都认为没什么问题。

有一天，办公室一名选调生拿到这样一份党委文件找到我说："领导，我仔细琢磨了一下，这个文件主送单位有问题。"

看来，他是做足了功课，有备而来。他接着说："乡镇办事处党委表述不正确，乡和镇都是建制，乡镇党委没有问题，而办事处是县政府的派出工作机构，不是建制，办事处党委就是指在政府工作机构设的党委，而不是在建制单位设的等位级的党委，这个建制正确表述应是街道，所以规范的称谓是乡镇街道党（工）委"。

他说得非常正确，很有道理，我立即要求文书科从即日起改过来，并在一次大会上讲了这个事。事后我在想，若是这个选调生没有爱较真且敢较真的精神，这个"带病上岗"用了好多年的名称可能还会用下去。

有"耐心"

咬文嚼字是个细活，更是一个考验人心气和静气的"耐心"活。"细活”出错多是马虎所致。

一是因工作催得紧而导致马虎。因工作需要而紧急发出文件讲话材料，可能会因时间紧而“一目十行”，这时就更需要耐住性子，做到每逢急事有静气。要静下心来仔细咀嚼，认真把关，千万不能急中出错、忙中出乱，宁可加班加点，也不能心急火燎、粗枝大叶。

二是因文件材料篇幅较长，容易让人产生疲劳而马虎。将写好的材料临时放一放、停一停不失为一种好方法。放一放不仅适用于写稿，更适用于校稿，中间停 3~5 分钟，或喝口水，或踏踏步，放松一下再来，效果会更好。

要想写出好公文，需要从精心、精细起步，最后才会达到精致、精美、精品、精彩的境界，这对于做好办公室工作启发很大。（作者：木子）

这样工作才能受重用：乡镇组织委员的公文办理心经

5年前，我大学毕业后直接考到本县县委办公室工作，从此与公文结下了不解之缘，直至年前我作为“90后干部”到乡镇任组织委员，也未曾与材料脱离关系。

有县委办公室的金字招牌做旗帜，乡镇书记会特别信任地把材料交给我写，甚至办公室主任也会邀请我给办公室人员讲公文写作，真真是责任与使命同在，砥砺与担当同行。

但是总结那几年紧张而又充实的工作，我感到收获颇大，可以说公文办理过程就是自己素质和能力不断提高的过程。

01

公文办理无小事，必须养成严谨细致的工作作风

刚来到县委办公室工作，最先接手的就是公文审核。老秘书们成文后，我们几个“小兵”挨个校对，这是一个“捉虫”的过程。我心想自己大学毕业，具有一定文化基础，做好这项工作应该不是什么难事。

真没想到，在刚进入角色后，就给我迎头一击。一天，办公室主任有点生气地将一摞下发的通知，扔到桌子上，问我们："这份通知是谁出的？谁对的版？"我心里"咯噔"一下，心想：不会吧，这份通知我真的是特别认真地对版的呀，能出错吗？主任指着文件接着说：看下最后的落款！

我瞅了下最后落款"中共 × 县县委办公室　× 县人民政府办公室"我的脑袋"嗡"地一下子，一行字我看了好久，久到不敢抬起头，心想这下可完了，这次是自己负责校的版，因时间紧急，正文真的是逐字逐句来查看的，谁曾想到会在最后出现问题。

主任并没有因为我是初犯而迁就我，对我提出了严厉批评，他说县委办公室是全县第一办公室，县委办公室的文件代表了县委的权威，百分之一的失误就可能造成百分之百的错误，以后要学会反思，工作要认真再认真，细致再细致，绝不能再犯这种低级错误，更不能因为一点小错酿成难以挽回的后果。这次虽然挨了批评，我反而觉得特别值，为我今后的工作敲响了警钟。

02

公文办理涉及面广，需要锻炼较强的综合协调能力

公文办理工作本身也是办公室对外服务、联系、沟通的一个重要岗位，需要同各个方面、各个部门及各级领导打交道。

随着形势和任务的不断变化及工作的深入，公文办理中各种新情况、新问题层出不穷，我体会到要处理和解决好这些情况和问题，光靠自己一个人的力量是不行的，必须同起草单位和有关部门进行大量的沟通、

协调，在协调中统一思想，形成共识，解决问题，从而提高公文审核的质量和效率。

我们起草的很多文件，需要相关部门提供初稿，但部门的起草质量参差不齐，特别是在格式规范方面普遍存在着这样、那样的问题，有的行文关系不正确，有的发文范围不准确，等等。对于这些格式规范方面的问题，我们可以协调起草单位及时改正。

但是涉及文稿中的有些提法与中央、上级不太一致的地方，政策上前后不一致的地方，站在部门角度看问题的地方，不符合本地实际或与县委及主要领导工作意图不一致的地方，具体安排部署不科学、不合理、不周到的地方，以及自己不很熟悉而又有怀疑的地方，一定要同相关部门和领导进行沟通协调。

协调要注意掌握原则性与灵活性相结合的原则，对于可改可不改的地方，一般尊重原稿，尽量不改；对于吃的准、有把握的地方要敢于进行大刀阔斧的修改；对于不符合科学发展观要求和违背上级政策及法律法规的，就要坚持原则，秉公办事，退回起草部门重新修改，并向部门同志做好解释，以理服人。

公文运转也需要协调。公文办理有一套严谨的运转程序，从公文起草到逐级领导把关签发，是一个连续的过程，如果某个环节出现延误、积压，就会影响整个公文的制发。

在实践中，县委常委、办公室主任负责处理县委机关日常事务及信访等方面的工作，工作量大、任务繁重，而且所有公文都必须经手审核签批，很容易出现几个文件积压在案头的现象，如果签批不及时，就会在一定程度上影响公文的运转效率。

后来，我想了一个办法：在文件签批卡上另附一张纸条注明这个公文是由哪位领导审核同意的，或是经过哪次常委会议或某领导小组研究通过的，或是根据哪位县领导的批示办理的，或是按照上级文件结合我县实际套改的，或是文件起草的政策依据是什么等背景情况，以及哪个文件急一些。

有时还会主动到领导办公室向他解释这些情况。经过提示和解释，可以帮助领导及时了解文件起草的背景及办理的轻重缓急，减少公文留滞时间，提高公文运转效率。

03

公文办理综合性强，需要具备较高的政策理论水平

县委办公室与基层单位工作性质完全不同，这里没有基层工作的琐碎繁杂，但充满了紧张、严肃的气氛；这里也没有基层同志下村入户、奔走在田间地头的风尘仆仆，但是要伏案久坐，或翻阅学习文件资料，或斟酌推敲撰写公文。

清苦、寂寞是可想而知的，但这里却是一个学习充电的好地方，也是一个人才辈出的好地方。

这里接触最多的就是各类学习资料，不仅有中央、省市文件及基层部门简报，有人民日报、省市日报等党报党刊，还有秘书工作等业务指导刊物。面对这么多参考资料和庞杂的知识，我针对自己的实际情况，制订了学习计划，并在工作中进行落实。

一方面坚持在实践中学。在审核办理公文的同时，我更加注重吃透公文涉及的有关政策和主要精神，遇到不懂的、不熟悉的地方，马上找来相关资料进行学习或向有关部门同志请教。

并将重要内容按照工业经济、城市建设、农业农村、和谐社会建设、党建等分门别类存储起来，以备今后学习和查用，时间久了，资料越积越多，经过反复翻阅学习，可以掌握某类工作的思路、措施等发展情况，对于以后审核和起草此类文件将有很大的帮助。

另一方面坚持从书本学。分阶段制订学习计划，集中时间重点学习一些关于经济、科技、法律法规等方面的知识，以完善知识结构，增强解决复杂问题的能力。同时，注重向同事学习、向领导学习、向部门学习，不断增加知识点和知识面。几年来的实践使我体会到，学习可以增进知识、促进工作，而工作上取得的进步也更能激发学习的热情和动力。

公文办理给了我很多有益的帮助和很多美好的回忆。初次从事公文办理时的提心吊胆、战战兢兢，以及发生的一些疏漏、失误，仍然历历在目，时刻在警醒自己；每次文件得以及时、准确印发后，那种如释重负、放松愉悦的心情，回味起来总是那么享受。

虽然离开办公室了，但办公室严谨细致的工作作风，已经内化于行，让我无论在哪个岗位都能坚持在实践中锻炼自己，提高自己，任何困难都能够克服，任何任务都可以高标准、高质量地完成。（作者：小娇）

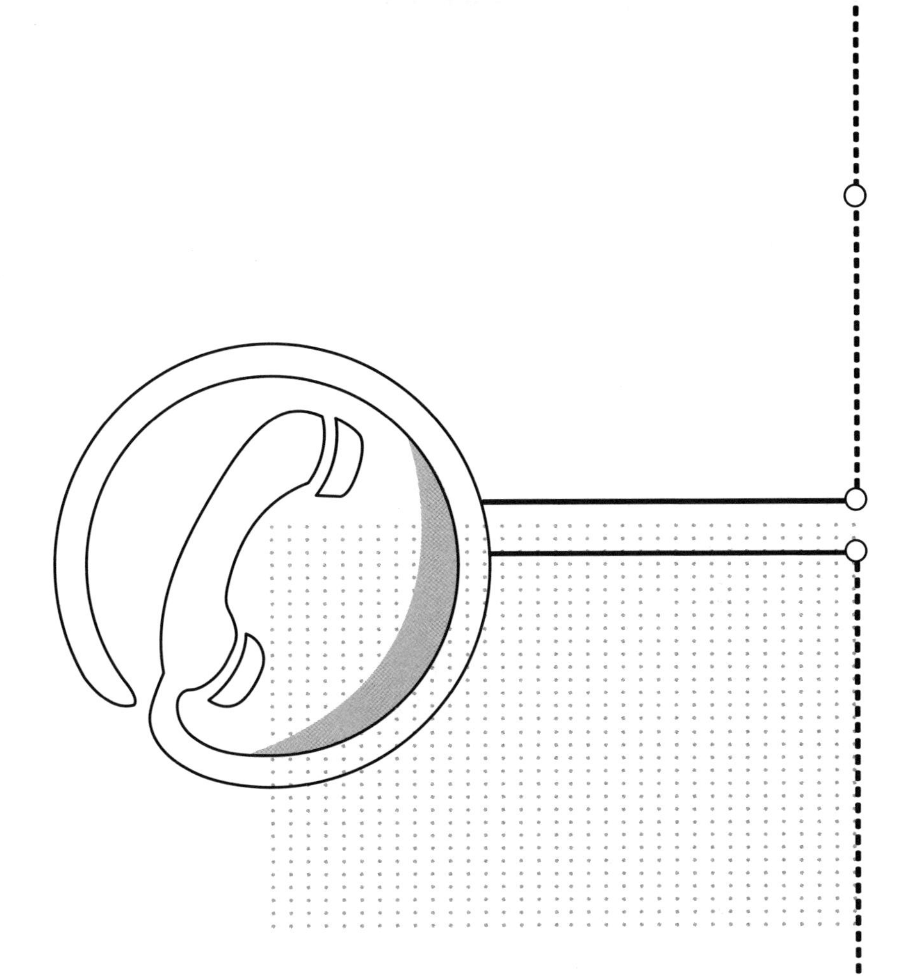

怎么搞好 **接待**

在享受“首长级”服务后受到的启发

第一次来北京时，似乎还能感受到“一带一路”国际合作高峰论坛的余热和气氛。那天，天朗气清，乘坐出租车前往此次培训指定酒店报到。司机是一位地地道道的北京人，对沿线路况、胡同文化、京城变迁等门儿清，一路热情地介绍着北京的发展。

到达酒店，车刚刚停稳，酒店的两名礼宾人员立即迎上来。说时迟那时快，一名礼宾人员帮忙打开车门，并顺手给司机递上一瓶准备好的矿泉水；另一名礼宾人员则走到车的尾部，打开后备厢提取行李。

下车后，其中一名礼宾人员递来一张名片大小的卡片，并温和地说：“先生您好，若您有物品遗忘在出租车上可以通过车牌号进行查询。”

定睛一看，卡片的一面印有礼宾人员所说的提示语和出租车牌号（礼宾人员到后备厢处取行李时抄写的车牌号“京 B·×××××”）；另一面印着酒店标识、地址、电话及服务标语“××宾馆——您在首都的家”等元素。

随后，礼宾人员随行到报到处、大堂前台协助办理相关的入住手续，并帮忙将行李送至电梯处。

到了房间没过几分钟就有人敲门，客房服务人员随即送来了酒店总经理签发的设计和印刷都很精致的“温馨提示单”，内容包含简短的欢迎词、入住期间的天气、用餐和培训地点等信息。

姑且不论酒店完善的硬件设施了，就这几样软性服务已经足以令人惊叹，宾至如归之感油然而生。

这些年以来，大江南北各种类型的酒店、宾馆、旅社、民宿住过不少，但如此细致入微、温馨周到的服务并不多见。

也许是延续了部队招待所的优良传统，窃以为用“首长级”服务来形容一点不为过。

这也让笔者不禁想起了之前读过的一本书《参谋助手论：为首长服务的艺术》，深感为首长服务确实是一门艺术。

有人总结了服务的三重境界，即让人满意、让人惊喜、让人感动。就首都这家酒店的服务而言，办公室工作人员可以从中得到一些做好服务工作的启示。

优质的服务是高于期待的

无论是酒店礼宾人员给辛苦开车的司机递上饮用水，还是礼宾人员帮助宾客记录出租车牌号码，每一项服务都是那么精细、周到，又是如此自然、贴心。

服务的每个环节致力且完美地抵达服务对象的内心深处，令人感动、感慨、感怀。要想高于服务对象的期待，就需要主动服务、热情服务、细致服务。

02

优质的服务是正逢其时的

一瓶矿泉水可以缓解司机夏季开车途中的口干舌燥，一张卡片可以消解乘客不小心遗失行李后的束手无策，一页温馨提示单可以化解置身陌生环境的不知所措。

要想提供的服务正逢其时，就需要立足本职，开拓创新，自觉在更高层次、更宽领域、更广范围考虑我们的服务工作，想他人之所想，急他人之所急。

03

优质的服务是周到贴心的

服务无小事，服务无止境。出租车司机渴不渴与酒店有多大关系？客人把行李物品遗忘在出租车上与酒店有多大关系？

如果说天气情况属于酒店经常性告知的信息内容，那么客人接下来几天的培训地点告知与酒店总经理又有多大关系？

其实，和酒店的关系真的不大，但他们将服务做到了细致入微、宾至如归，用八个字来形容，那就是“想得周到，做得贴心”。由此，我们对待工作也应做到开拓创新，细心周到。（作者：展翼）

接待领导调研，你经历过哪些惊险时刻

公务接待，看似简单，却也处处是雷区。

必须要以“如履薄冰、如临深渊”的谨慎之心处理每一个细节，关注每一个细节，精雕每一个细节，在细节的把握中提升服务水平。今天要跟大家分享的，是我曾经经历过的三个故事。

那时还是“菜鸟”的我，猝不及防，惊心动魄。

故事一

“你们先回酒店休息一下吧，我们等下午两点再出发去调研。我到时去酒店接你们。”

“我们上午出来的时候已经把房间退了。”

兄弟城市来访，上午跟部门座谈，下午到企业调研，行程还算简单。两个城市之间的距离不算远，他们就自己开了车过来，还提前了一个

晚上到。

本想着是一个轻松愉快的小任务，没想到，用完午餐之后，让人猝不及防的一幕发生了……

吃完午饭接近 13 点了。步行前往上车的地方，领导们在后面谈笑风生，我在前面带路，快到车旁的时候，放慢了脚步，跟对方对接的同事说："你们先回酒店休息一下吧，我们等下午两点再出发去调研，我到时去酒店接你们。"

对方一脸错愕地说："上午出来的时候，酒店的工作人员说 12 点之前要退房，所以我们上午出来的时候已经把房间退了。"

我像被泼了一盆冷水，感觉心里拔凉拔凉的，因为之前还特意跟酒店协调过，那几个房间在 14 点之前退房即可。

后悔已经来不及，脑袋里是一片空白。

我迅速跟科室领导简单汇报了情况，姜还是老的辣（科室领导以前长期跟过公务接待），当机立断安排客人去附近的市规划展览馆（5 分钟车程），并迅速给对方打了电话，安排了一个 1 小时左右的参观。

幸亏市规划展览馆也是见惯了大场面，15 分钟的参观、30 分钟的参观、60 分钟的参观，应有尽有，可任意选择。

就这样，出发去了展览馆，而对方的领导和我们的领导对这个小插曲浑然不知，都以为是事先安排好的。

而我，也趁机加了展览馆负责人的微信……

启发：心中常备几个用来消磨时间的备选点十分重要，某个时候可能就会派上用场。

除此以外，提前熟悉好每个参观点的大概时间和内容、对方的联系方式等，这样有突发情况的时候也能应对自如了。

02

故事二

“现在时间还早，另一个小组应该没那么快结束，不如我们去某某公司看看？”

“没问题，立刻落实！”

上级部门来调研。每一天的行程都十分紧凑，一天要走访6~8个企业，基本是早上8点出门，晚上10点收队，回到酒店还要再开碰头会整理会议记录。

不得不感慨，这种工作强度，估计不比世界500强的外企差多少。

最后一天由于企业太多，分成了两个小组去调研。A组一切顺利，比B组早了1个小时结束所有行程。

A组带队的领导看时间还早，临时起意说要去某某企业看看，刚好那个企业之前有去过。

我一听，心里有点慌张，怕张罗不及，跟我一起陪同调研的另一位同事自信地应道：没问题，立刻落实！

原来，他早有准备，把事先准备好的参会人员名单发给了企业的对接人，也让其帮忙安排好了座谈的会场，一切都那么地秩序井然，有条不紊。

事后聊起才知道，这个调研组原来每年都会来，而那个企业基本每年都会去，这次来没有点名说要去这个企业，事先他也觉得纳闷，以为是调研主题变了，所以换了企业。

到了上午一看行程（本次调研行程由对方指定），觉得时间可能会有富余，况且那个企业距离集合点不远，所以也提前跟企业打了招呼。

不得不说，心细的人，永远都是准备最充分的。

启发：经历过这个事，我忽然想到了一个词——富余。

对于接待工作，有时候不是看着方案是 1 就只准备到 1，而是有可能要准备到 2 甚至是 3，充分的准备才能有效应对各种状况。

就像有时候安排车辆，在不确定的情况下，安排一个商务车，永远会比安排一个轿车更合适，因为，那两个多余的位置，说不定什么时候就会派上用场了。

故事三

“如果大家有空的话，就顺便一起去参加我们的奠基仪式？”

“好啊！好啊！”

全市重大项目动工的奠基仪式。仪式之前，领导要先在另一个地方（车程约 25 分钟）参加一个高端人才的座谈会。

掐着时间准备要去提醒领导的时候，刚好座谈会宣布结束。

原本想着按部就班就过去了，没想着风云突变，领导突然来了一句：今天难得各位高端人才齐聚一堂，如果大家有空的话，就顺便一起去参加我们的奠基仪式？也给我们捧捧场？

一呼百应，纷纷说“好”，我听完当场就蒙了。

临时增加了 12 个人，上哪找车？会场的座位怎么安排？这些都是大问题，而且，肯定不能当面跟领导说：安排不了车，安排不了座位，所以不能让大家去啊。

危难之际，方显英雄本色。

趁着领导还在跟高端人才寒暄之际，一位负责协调公务的科长找到了高端人才座谈会及奠基仪式的对接人员（两个不同的活动），简单了解了短时间内能否调度车辆过来。

座谈会的主办方说，他们有一部大巴在来的路上，可能要 10 分钟左右到，本来是接送员工下班的，他现在就去协调一下，让自己的员工先等一等。听到这句话就像在沙漠中挖到了水，在大海里抓到了浮板一样，太珍贵了。

用车问题解决后，也迅速跟奠基仪式那边说明了情况，幸亏举办方也是聘请了经验丰富的第三方专业公司承办了整个活动，凳子、手册等物料准备得十分充足，趁着路上过去的时间，就全部准备好了。

启发：不得不佩服那位科长的冷静。后来就此事跟他聊起，说如果不是刚好那么幸运有一部大巴，那应该怎么办？

他说，那也就只能实话跟领导汇报，看领导是等车辆调度还是适当压减参加的人员了（5 个左右富余的座位还是有的）。

他还提到，其实比较“完美”的做法是，要提前跟领导确定是否需要会上的高端人才参加，但这些环环紧扣的细节，不是每次都能想到，更多的只能是“事后诸葛亮”，下次注意就是了。

不得不感叹，公务接待处处都要注意细节。（作者：眼里有光）

我照着这几点搞接待，领导满意地上车走了

我是沿海二线城市的一名公务员，在市政府办公室工作。所在科室的业务比较杂，写材料、办文办会、公务接待都有，这也给我提供了不可多得的锻炼机会。

入职至今，办理过国办、省府办、兄弟城市的各类公务接待，因工作细致，受到领导的一致好评。

其实公务接待工作并不难，但就是细节特别多，而且要时刻保持状态在线，稍一分神就可能导致衔接不好。但做多了，就会对很多事情形成本能反应。今天就跟大家分享分享公务接待的五个必备技能。

01

一颗拥抱变化的心

接到接待任务后，一般会制定一个方案，包括参加人员、行程安排、会议安排等。不过有时候，计划赶不上变化。

如果是平级来访，出于礼貌和尊重，一般都是按方案执行，临时改

变的可能性不大。

但如果是上级领导来访，领导心血来潮，聊着聊着就可能说要去哪个企业或者村里看看，实际了解了解情况。所以，千万不要以为方案做好了就一定会按照方案执行，有一颗拥抱变化的心很重要。

举个例子：一次某个比较高级的督导组到我们市里检查工作，方案里安排的调研点刚走完，带头的督导组长一看时间还早，临时起意要去某某企业看看，那个企业几年前他刚好去过。

当时已经在高速路上了，距离那个企业也只有 30 分钟的路程，听到之后，我心跳瞬间加快。

但督导组领导发话了，也没有讨价还价的可能，所以当机立断，完成了以下四件事。

（1）跟我们上头的领导报告，告知督导组新增了调研点，让领导心里有数。

（2）与属地党政办主任联系，告知要去调研，让其立刻通知熟悉情况的领导赶往企业，同时也让企业做好相关准备。

（3）将事先存在手机微信里的督导组人员名单发过去，打印牌位摆位置做好座谈的准备，同时也让其准备好到生产线参观的方案路线，以防万一。

（4）悄悄给司机打了招呼，让他尽量在不被察觉的情况下控制好车速，以让前往的企业留出更多的准备时间。到达之后，座谈参观的所有事情都已准备妥当了，督导组也说，你们的执行力真强！

在这里，有两个小技巧分享。

一个是手机里要存好市里所有单位和乡镇的办公室主任（党政办主任）的电话，临时有事找他们帮忙协调是最有效率的。

另一个是，最好能有一个人在前线，一个人在后方支援，前线临时有变，就让后方帮忙安排落实，因为一般都会在一个车上，打电话也不会特别方便。

一张反复锤炼的清单

公务接待虽然细节多，每一次都不一样，但其实主体的框架还是离不开“衣食住行”四个字。

比如，是否有着装的要求？又如，食物是否有忌口？再如，是否需要帮忙订酒店？还如，对方是通过什么交通方式过来？等等。

每做完一个接待之后，多总结、多思考，不断锤炼完善一张属于自己的清单，等以后有类似的任务，对着清单确认任务的落实情况，心里就会有底了。

在这里，也有一个小技巧可以分享。

我做事的心态就是想着能一次性把事情都办好，也就是最好能打一个电话就把所有不清楚的都问清楚，然后再也不打扰对方，能打一个电话的绝对不会打两个电话。

不过这样往往会让自己很有挫败感，因为公务接待的细节实在太多，而且每一次都不一样。

所以，现在我在接到来访函之后，会对照自己的清单勾选函中几个没有说或者不方便说的问题，然后先跟对方联系上，最好能加个微信，有问题的时候及时咨询，情况有变化的时候也及时通报。

用微信也不会觉得打扰到对方，更关键的是也当交了一个朋友，以后兄弟城市有什么创新的政策之类的，也可以让其帮忙要一下，一举两得。

放电影式的查漏补缺

每次接待开始前的一个晚上，我都会利用20分钟左右的时间，在脑海里放电影，把方案里写的行程过一遍，想到哪些细节漏了，然后立刻拿笔记下来（千万不要想着等最后的时候一起记），再继续冥想，最后统一对接查漏补缺。

当然，可能有人会问，你是怎么发现漏洞的呢？其实最关键的就在于经历和积累。

说起来玄乎，其实并不难，只要完整地做过两三次接待，放电影般回想的时候自然就很容易发现漏洞，反之，因为心中根本没有那杆秤，可能连哪个点是漏洞都不知道。比如，一般比较正式的用餐都会打桌签，如果根本都不知道要打桌签，那就更不可能知道漏了打桌签了。

04

画龙点睛的惊艳一笔

整个公务接待过程，给人印象最深刻的，可能就是刚接到的那一小瞬间，心理学上讲这是首因效应。

一般来说，如果准备时间充裕，我会给来访人员都准备一本调研手册，其实就是把接待方案里的行程安排、座谈会的会议议程、参会部门的发言材料、调研点的简介等简单汇编在一起，条件允许的话就制作成小册子打印出来，在对方刚到达的时候就给到手里。

这个步骤是可有可无的，如果没有，对方也不会觉得什么，但如果有的话，就会让对方有一种备受尊重的感觉，也会让自己的领导觉得这个小伙子做事还挺用心，确实能起到画龙点睛的效果。花费力气不多，却可以让人眼前一亮。

扎扎实实的基础积累

凡事预则立，不预则废，平时的积累对于做好公务接待也是至关重要的，毕竟有些接待任务真的是时间紧、任务重、难度高。有几个基础性的工作，在日常工作中是可以慢慢积累的。

（1）住宿：比如，一般安排什么酒店？酒店的房型和价格是多少？酒店是否有早餐（这个很重要）？订酒店电话是多少？

酒店一般需要准备两种，一种是商务型的，一种是生态型的，以符合不同级别、不同偏好的来访者，毕竟优美的生态环境也是人民对美好生活向往的一部分。

（2）用餐：比如，一般在哪里用餐？餐标是多少？订餐电话是多少？

（3）用车：比如，租车公司的联系方式是多少？商务车、小轿车等不同车型的租车费用是多少？

（4）会议室：比如，座谈会一般在哪里召开？不同规格的会议室大概可以坐多少个人？会议室是否有麦克风、投影仪等设备？

（5）参观点：市里有什么比较有特色的参观点？对于常用的参观点，

要备好简介，以便能即来即用。

总而言之，正如一千个读者心里有一千个哈姆雷特，每个接待任务有它的共性，也有它的个性，不能一概而论，但只要能抓准其中共性的地方，应对起来也能得心应手。

同时，每做完一个接待，多总结纰漏，多思考方法，就能提升得更快。（作者：小火龙）

领导对接待工作是否满意，主要看这些细节

公务接待主要包括迎来送往、食宿安排、活动协调和安全保障，看似很简单，里面却包含很多细节，如果掌握好细节，也就做好了接待工作。

01

选定一个框架，然后持之以恒地用

公务接待方案是工作中常见的公文类型，上级领导过来调研，要拟订方案；兄弟城市过来参观学习，要拟订方案；领导平时下乡检查，也要拟订方案。

这里的框架稳定，指的是根据领导的阅读习惯，选择一个最符合阅读偏好的框架，并坚持一直沿用，长此以往会发现做事有思路了，风格也对路了。

比如，有些领导习惯先看谁参加，那就把参加人员放在最前面；有些领导习惯先看行程安排，那就把行程安排放在最前面；有些领导还习惯先看总体安排，再看细节安排的，那就把行程安排分为两个部分，按“总—分”的格式来写。

公务接待方案，内容来来去去不外乎几样：参加人员、调研主题、时间地点、行程安排、注意事项等。

公务接待方案跟公文写作一样，也是有规范的，千万不要过度自由发挥，要根据领导的阅读习惯做好内容的摆布，通过观察总结慢慢摸准一个稳定的框架，每次往里面填不同的内容，你会发现，这样做起来，会有事半功倍的效果。

02

行程安排，百度地图标记工具可以帮到你

行程安排是公务接待方案里的骨干部分，最重要也最难安排，往往有时候，一个调研点的更换就会“牵一发而动全身”。

在这里，分享做好行程安排的两个小技巧。

第一个技巧，利用百度地图电脑版，把对方到达位置、调研点位置、用餐位置等，通过百度地图的标记工具一一标注出来，然后截图保存，这样安排起来能更加得心应手——起码保证不会走回头路。

在此基础上，排好顺序，用手机导航查一下路程时间标注在图上，大致的行程安排也就出来了。

百度地图标记工具的使用方式是：电脑打开百度地图，输入调研点，单击右上角工具箱，单击标记，输入调研点名称，然后重复输入下一个调研点，以此类推，做到“心中有图，遇事不慌”。

第二个技巧，就是要发挥“地陪”的作用，每一个调研点都会有属地的领导在，如果好几个调研点都在同一个乡镇或者街道，打电话问他们行程怎样安排、从哪里下高速等，这是最省心省力的方法了。

⑬

细节安排，再细一点

如果是兄弟城市来访，或者是领导下乡检查工作，这类型的接待方案一般勾勒出粗线条即可，其他细节自己心中掌握，不一定要写出来。

但如果是上级领导来调研，尤其是上级主要领导的话，那就得高度重视，方案上的内容能有多细就写多细，一般包括下面几个内容。

一是行车路线，比如，从 A 点到 B 点，开车要多久（一般以分钟为单位），走哪些路，等等。

二是陪同人员，比如，在 A 点陪同调研的有哪些领导，在 B 点陪同调研的有哪些领导，哪些是全程参与的，哪些是只参加部分环节的，都必须写得清清楚楚。

三是汇报安排，比如在车上时，沿途经过哪些地方时汇报什么内容，在调研点时，谁来汇报，汇报什么内容，是否需要做展板，等等。

四是调研路线，比如，到达调研点之后，在哪里下车，步行到哪里，步行时间要多久，沿途汇报安排，在哪里离开，等等。

五是用餐安排，比如，安排了哪些领导一起陪同用餐，用餐地点，用餐时的座次安排，等等。

六是座谈会安排，如果有安排座谈会，就需要把座谈会的参加人员、议程安排、主持人等都在方案上写清楚。

目前，中央八项规定及其实施细则对调研的陪同人员、用餐等都有严格的规定，所以方案的制定必须遵守有关规定，避免在源头上就“犯错误”。

上传下达，保证沟通到位

公务接待方案拟好之后，做好沟通对接是十分必要的。既表示对对方的尊重，也方便提前安排好工作（往往方案一确定就按方案执行是最舒心的）。这里有两个技巧分享。

一是“同步给”。

方案一般是基层的工作人员在拟定，如果层层审批的话，流程链条会非常长，如果严格按程序走，就可能会耽误事情。

如果是兄弟城市来访等情况，可以尝试“同步给”，一边走流程，一边先给到对方，看对方有没有意见（根据经验判断，一般是客随主便），到时搜集好两边的意见，一次性核改，同时也做好变动情况的解释工作。

如果是上级主要领导来调研的话，一般会比较慎重，如果能让本单位领导直接开会敲定行程安排是最为高效的方法，如果不行也只能等层层报批审核完才能把方案给到对方。

二是“预通知”。

在已经确定这个事情要做，但没有确定这个事情什么时候做的时候，预通知是一个很好的工具。

一来形式简单，直接通过微信通知即可，不一定要套红头，二来也方便基层提前准备。

等方案确定了，再发一个正式通知下去，这时候很多事情都能准备得差不多了。（作者：小火龙）

接待上级调研，哪些环节最容易出彩

岁末年初，领导交替频繁，新的领导到位以后，也希望能尽快适应新岗位、学习新知识、带好新队伍。其中，积极开展“三服务”，到基层单位调研，就成了各领导深入了解一线情况的有效手段。

对于上级部门的到来，我们该如何接待？笔者根据自己的工作经验总结出“三善”，即“事前善谋、事中善察、事后善成”。

事前善谋

俗话说“善谋善为，善作善成”。

（1）提前了解上级部门带队领导、来的人数，以便及时跟单位领导汇报。

我曾经在乡镇当过一年时间的收发员，上级领导来调研之前，“两办”（市委办公室和政府办公室）会有“函件”先过来，上面会写明此行的目的，来的人数，重点调研哪些个企业（场所），了解哪方面的知识。

总之，当你拿到收发员给你的这封“函件”的时候，要第一时间跟本单位领导汇报，然后根据领导的指示去办。

此外，还要多提一句，若自己在两办有熟人那最好了，若有一些不清楚的情况，还可以提前要来上级来调研单位联络人的联系方式，便于对接细节。

（2）提前预订会议室。为了防止大家抢着用会议室导致冲突，许多单位的会议室钥匙都有专人负责保管。因此，务必要提前预订会议室，免得当天人到齐了却发现会议室门还锁着，或者，想用的会议室早就已经被预订了，无会议室可用。

（3）提前打印好资料。每个科室都有一些自己拿得出手的亮点工作。这或者是上级领导早已听闻“大名”，准备来做深入了解后再做成本系统典型的，或者是本单位作为某项工作试点，经过一段时间实践总结经验打算汇报成果的。

无论哪一种情况，准备资料前记得事先请示单位领导。比如某镇在美丽城镇评比当中得到省考察组一致认可获评“××地区第一名”，那这些完全可以写进交流材料里。

另外，如何获得、获得后做了哪些宣传工作也完全可以向上级领导汇报。

年底了打印机工作量巨大，尤其是阴雨天总是容易出现卡纸的情况。因此资料务必提前打印好，一般以提前 1 ~ 2 小时为宜。因为有些本单位领导要求严格，交流材料会让科室同志改了又改，若过早打印容易让自己被动。

（4）有必要的话就准备桌牌。此事亦要征求领导意见，比如省发改局某主任科员在 A 乡镇挂职副科级领导岗位。他带队去 B 乡镇交流学习，B 乡镇领导一听非常重视，主要领导亲自到门口迎接，为 A 乡镇每个人都打印了桌牌，为后面交流打下了良好的基础。

又比如省住建厅到某镇参加“重走 ×× 路，牢记革命史”的主题党日活动，总体安排是当日来回，对于这样的情况，省厅大概率不会安排座谈。在他们经过的主要路段要注意城市形象建设，在他们打算进行入党宣誓的地方、计划就餐的地方做好服务保障就可以了。

事中善察

在接待上级调研期间，要记得及时拍照，且要拍笑脸、抬头照便于识别。另外。还要做好服务工作。

1. 拍照留存巧做事

虽然有许多人说基层“工作留痕”是形式主义，但是我还是力挺积极留痕。因为上级部门之所以来交流学习，想必我们一定是有做得比较好的地方。

而且通过交流，可能会给启发融合某些新观点新做法，为未来工作打下良好基础，为上级决策提供新依据，为增进感情埋下伏笔。因此还是要主动拍照并及时上传单位工作群。

在这里，科室里负责宣传的同志就显得尤其重要，要记得及时把照片及编辑好的文字发给上级做宣传的同志。因为，他也缺素材，尤其是他走的地方多，对于人名、地名这种细节确实记不住搞不清。

若你能主动对接，相信一定会给上级部门留下好印象，发出的宣传稿件也会更多，能更好地宣传你们单位。

大领导日理万机，若不主动汇报，他很少会注意到你。因此一定要积极地把自己的工作宣传出去，等到上级部门负责宣传的同志发到他们的省市级平台，将会是你的加分项。

因此，我们不仅要勤做事，还要巧做事。

2. 倒茶续水服好务

北方冬天有暖气，南方冬天有空调，但它们有个共同点就是容易干燥。

因此，在上级领导来会议室的 10 分钟内要把茶泡好，且在适当的时候及时续水就显得十分重要。

若会议室的杯子是透明的最好，若不是透明的可以通过领导喝水时杯子的倾斜程度来判断杯子里还有多少水。

一般来说，当杯子倾斜超过 45° 的时候就要起身去给（上级部门、自己的）领导续水。

在这里特别强调一点，就是最好按照“资料在左，杯子在右”的顺序安放。因为许多人都是右手拿茶杯，之前我们单位就发生过统一把杯子放左边，从而导致坐中间的人没水喝的情况。因为他左手的杯子被左边的人拿走了，右边的杯子又被右边的人拿走了，当时场面一度非常的尴尬。

3. 察“外”安“内”会做事

即使在业务科室工作也需要眼观六路，耳听八方，下面说一个我们老科长 C 的例子。

当时，恰逢上级部门领导带队来调研工作，忽然会议室外楼道里吵声震天，他马上派人出去察看了一下。

原来是群众D非要找C的分管领导投诉，但是其实此事根本不在该领导的范围且D应该先找综合治理办公室投诉，C跟分管领导信息汇报后，及时出面把D引导到了综合治理办公室，引导其最终通过正常流程解决了问题。

在这个事里面，C以"真心换真心"引导D走正常流程，同时也维护了分管领导的面子，没有让分管领导在上级面前出丑，最终获得重用。

化危机于无形，才是高手所为。

事后善成

上级调研完之后，不要以为工作就此结束了，还要做好调研的善后工作。

1．及时获得联系方式并发送资料

在交流学习的过程当中，非常重要的一点就是上级肯定是带着问题来的。有些大领导能到那个位置，靠的就是他们敏锐的观察力、缜密的思考力、果敢的决断力。

因此，无论上级部门看不看我们的资料，他们一定都有许多问题。

他们看过资料以后，有些问题自然迎刃而解，有些可能会持续深入发问，这个时候怎么回答，就非常考验智慧。

在此处建议，最好让单位领导先来说。

若单位领导指定某某来讲，那说话的同志就要力争重点突出、逻辑清晰，比如"三看""三做"等。

讲完以后，上级部门一定会主动要求拷贝一份资料。

这时，就要主动和上级部门联络人加个微信，留下联系方式，待交流会结束之后及时给上级部门联络人发过去并及时告知发送情况，发过去后记得及时跟单位领导汇报，便于单位领导与上级部门领导汇报。

因为体制内是流通的，做事靠谱，说不定就会“被指定”借调到上级部门，从而走出人生新的天地。因此，提前布局、广结善缘、有始有终也是在为未来谋划。

2．由上级牵线组织兄弟单位的交流学习

上级来本单位调研完过段时间之后，可以由上级牵线进行一次兄弟单位的交流学习。上级部门拿去我们的汇报材料之后，可能会高屋建瓴地从整体对体制机制做一些创新、改进。兄弟单位在这些新思想指导下可能发展出更好、更新的做法，所谓“流水不腐，户枢不蠹”，就是这个道理。

把身边工作做细、做实、做好，尽量考虑周全，无论是体制内还是体制外，都做一个精益求精的人。只有这样，我们的路才会越走越宽。（作者：天天向上）

接待中出彩的小技巧

在单位迎来送往是不可避免的。如何通过迎来送往，让自己的领导、上级领导，或者兄弟单位的领导注意到你，知道你是一位健谈、知识渊博、有趣的人？下面分享一些小技巧。

接待路线要熟悉

你接到外地的领导或者朋友之后在去自己单位的路上聊什么？

其实可以聊一聊路上当地主要的建筑物，如果你能够做一个有心人，能对一路的建筑物或者主要单位如数家珍，就会让别人刮目相看。

尤其是对一些地标性建筑，能够说出个子丑寅卯，特别重要。比如，我们省有一个大玉米建筑，我通过查资料，知道了它的设计师、设计理念、高度，以及领导人参观过的历史等。

有一次迎接上级领导的时候，车经过这里，有领导问了一句，这是什么啊？我有条有理地讲了出来，车上的人都听得津津有味，领导对我也是赞赏有加。

对从机场或者高铁站到自己单位路上的主要建筑物，要做到心中有数。

对自己家乡美食要心中有数

接待的时候，一起吃饭是不可免避的，不管是到外边饭店去吃，还是在自己单位的餐厅来吃，接触到的肯定会有自己家乡的美食。

如果你能收集记录一些自己家乡美食的种类、做法、历史渊源等，一定会让你的接待工作增色不少。

一般我在接待外地领导的时候，如果他们问道：王主任你们这儿的烩面哪家的好吃啊？我就会把“萧记”“何记”“裕丰源”等各家烩面的特点逐一说出来，然后再告诉他正在吃的这一家或者我们食堂做的特点又在哪里，每次让他们吃得既开心又有收获。

还有要对当地美食的一些做法和吃法有所了解。也许你不怎么会做饭，但是，对当地一些比较知名菜肴的做法、食材还是要有所了解。当别人提起来的时候，也能说出个一二三，会让大家吃得津津有味。

对家乡主要旅游资源要心中有数

工作场合谈工作，但是，在你接待的时候，闲聊的时候聊什么呢？实际上家乡的特色旅游资源是一个很好的话题。

你所在的省的主要旅游资源，你所在市的特色景点，市周边的风景名胜，这些东西就够你聊上半天了。

我上大学的时候，我有个同学问，你们家乡有什么好玩的呀？我当时回答说，我们家乡没什么好玩的。

这被同学笑话了好久，说第一次听到有人说自己家乡没什么好玩的呢。

所以现在在接待的时候，如果有人问“你的家乡有什么好玩的”，我可以从省级的旅游景点，到市级的旅游景点，到各个景点的特色，以及从省会城市出发所需的大概行程时间或最好的旅游季节等都能如数家珍。

尤其是在陪着被接待人员出差到省里其他地方路上经过的一些重要旅游景点，虽然我没去过，但是我也都能说个子丑寅卯出来。

好多人感慨说，你都可以当导游了。这话还真是说对了，我买了一本本省导游辅导书，会经常翻看翻看。

还有，我的领导对我们省的经济排行、地理面积、人口总数等也都了然在心，张口能讲。我曾经感慨过，到底要会多少东西才能当好一位领导啊。

我的领导告诉我说，处处留心皆学问，机会总是会给有准备的人。（作者：王主任）

实例详解公务接待方案，框架和要点都有了

在职场中，很多人都会有接待任务，尤其是办公室人员，接待任务是少不了的。做好一个接待工作，撰写一个详细的接待方案是基础。

下面是一个完整详细的接待方案。

自治区党委督查室到我市督查调研
招商引资工作接待方案

自治区党委督查室组成督查组一行4人，拟于2016年5月3日至5日到我市督查调研招商引资工作。为做好相关工作，制订如下方案。

一、行程安排

5月3日（星期二）

16:20 督查组×××处长一行3人乘坐动车从××出发前往×××站。（行程××分钟）

17:20 抵达×××站，抵达后入住×××饭店，市投资促进局负责派车接送。

17:53　督查组 ××× 副处长乘坐动车从 ××× 出发前往 ××× 站。

18:38　抵达 ×××，抵达后入住 ××× 饭店，市投资促进局负责派车接送。

（解读：因为督查组两位领导的时间安排，所以分批次到达；要跟自治区督查组联系人对接具体行程安排和到访领导及估计达到时间以便迎接；根据上级领导的级别和检查工作确定迎接的单位或领导。）

18:50　在 ××× 饭店三楼 ××× 厅安排工作晚餐。请市委督查室、市投资促进局各一名领导陪同。

（解读：要提前对接接待办安排好食宿；要根据领导安排确定陪同晚餐的领导。）

5 月 4 日（星期三）

08:30　自助早餐。

09:00　前往 ××× 调研，请市委督查室、市投资促进局各一名领导陪同。（行程约 40 分钟）

09:40　抵达 ×××。请 ××× 负责人介绍项目推进情况和存在的问题。（停留 20 分钟）

10:00　前往 ×××。（行程约 10 分钟）

10:10　抵达 ×××。请 ××× 项目负责人介绍项目推进情况和存在的困难。（停留 20 分钟）

10:30　前往 ×××。（行程约 5 分钟）

10:35　抵达 ×××。请 ××× 项目负责人在现场介绍项目推进情

况和存在的问题。（停留 15 分钟）

10:50　前往 ××× 会议室。（行程约 10 分钟）

11:00—12:00　在 ××× 会议室召开座谈会，与 ×××、经发局、国土局、投资服务局、行政审批局及港区部分企业座谈。请 ××× 负责会议通知及会务工作。

（解读：跟督查组联系人对接调研内容后与领导商定调研路线安排；与调研对象对接，提前准备调研材料及落实汇报人；途中有一个座谈会，因此需要下属机构提前布置好会场。）

12:10　在 ××× 工作午餐。午餐后督查组在 ××××× 宾馆午休。

（省略途中类似的调研经过）

19:00　晚餐后返回 ××× 市区。

5 月 5 日（星期四）

08:00　自助早餐。

08:40　督查组从 ××× 前往市行政信息中心。请市投资促进局负责落实车辆接送。

09:00—10:00　在市行政信息中心 A620 会议室召开座谈会。

1. 参会人员

（1）自治区督查组全体人员。

（2）市政府副秘书长 ×××。

（3）市委督查室，市工商联合会、政务服务管理办、投资促进局及驻 ××× 商会各一名领导。

2. 会议议程

会议由市政府副秘书长 ××× 主持，议程如下。

（1）主持人介绍我市出席会议人员。

（2）自治区党委督查室决策督查处副处长 ××× 介绍督查组人员和此次调研目的。

（3）双方交流。

（4）自治区党委督查室决策督查处副处长 ××× 讲话；10:00—12:00 在市行政信息中心 A620 会议室，督查组与市发改委、国土资源局、商务局、工商局、投资促进局，钦州港区、××× 公司负责同志一对一访谈。

（解读：召开座谈会要根据调研内容安排参会单位并提前汇报好汇报材料；确认出席座谈会领导，并准备发言稿和主持词；因为是督查，要对接督查组督查的具体安排，现在确定了要跟各单位同志一一谈话，因此要准备好一间会议室。）

（后面晚餐同上）

二、工作分工

（1）市政府办公室负责通知市政府领导参加接待活动；负责通知相关单位参加 5 月 5 日上午的访谈活动。

（2）市委督查室负责通知市委领导参加接待活动；负责对接自治区党委督查组和全程陪同考察。

（3）市投资促进局负责对接自治区党委督查组、市委督查室落实行程安排，并通知相关考察点做好接待工作；负责通知相关单位参加5月5日上午的座谈会；负责预订酒店和安排5月3日晚餐及5月5日中餐；负责做好近年来我市招商引资工作情况汇报及相关会议、文件资料；负责座谈会会议记录；负责落实车辆接送督查组。

（4）市工商联合会负责通知相关各驻 ××× 商会参加5月5日上午座谈会并准备相关资料。

（5）××× 港区管理委员会负责通知港区相关部门及企业做好接待准备工作，并参加5月4日上午的座谈会；负责安排5月4日午餐和午休房间。

（6）××× 保税港区管理委员会负责做好相关接待工作，并对接钦州北港投公司做好接待准备。

（7）××× 产业园区管理委员会负责通知园区内相关企业做好接待准备工作；负责安排5月4日工作晚餐。

（解读：接待方案的分工一定要明确到具体单位。）（作者：thz）